RÉPERTOIRE

UNIVERSEL ET RAISONNÉ

DE JURISPRUDENCE

CIVILE, CRIMINELLE,

CANONIQUE ET BÉNÉFICIALE;

OUVRAGE DE PLUSIEURS JURISCONSULTES :

Mis en ordre & publié par M. GUYOT, Écuyer, ancien Magiſtrat.

TOME HUITIÈME.

A PARIS,

Chez PANCKOUCKE, Hôtel de Thou, rue des Poitevins.

Et ſe trouve chez les principaux Libraires de France.

M. DCC. LXXVI.

Avec Approbation & Privilége du Roi.

RÉPERTOIRE

UNIVERSEL ET RAISONNÉ

DE JURISPRUDENCE

CIVILE, CRIMINELLE,

CANONIQUE ET BÉNÉFICIALE.

C

ASUEL. C'est ce qui est accidentel, incertain.

Le Casuel d'une cure consiste dans les rétributions des messes, des baptêmes, des enterremens, &c.

Une déclaration de Louis XIII du 18 décembre 1634, porte que le Casuel des cures ne doit pas être compris dans les portions congruës.

Lorsqu'il s'agit de remplir un gradué, on ne doit pas comprendre dans le revenu dont il jouit, le Casuel d'une paroisse de campagne, quand il paroît n'être que de peu de conséquence. Telle eft l'opinion de Duperray qui fe trouve appuyée fur un arrêt du 24 janvier 1662 rendu au profit du fieur l'Enfant pourvu en vertu de fes grades, de la cure d'un des fauxbourg d'Etampes, laquelle n'avoit en revenu fixe que 200 livres. La partie adverfe qui faifoit monter bien haut le produit des baptêmes, des mariages, des enterremens & des offrandes ne fut point écoutée, parce qu'on fait que dans un tel lieu ces chofes ne peuvent pas former un objet confidérable. Le grand confeil a jugé de même le 29 août 1729, relativement à la cure de Frontignan.

Mais il en feroit différemment du Cafuel des cures des villes, qui fait ordinairement le principal revenu des curés; finon il faudroit dire qu'un gradué ne feroit pas même rempli par la cure d'une paroiffe de Paris; ce qui feroit déraifonnable.

Il faut faire la même diftinction relativement aux penfions auxquelles les cures peuvent être affujetties. Lorfque le Cafuel compofe prefque tout le revenu de la cure & qu'il eft confidérable, il n'y a point de doute qu'on ne puiffe le charger d'une penfion, parce qu'il eft regardé comme un fonds certain fur lequel on peut compter. C'eft fur ce fondement qu'a été rendu l'arrêt du 27 juin 1679, qui a condamné le réfignataire de la cure de Vitry-le-François à payer au réfignant la penfion de deux cens livres que celui-ci s'étoit réfervée, quoique le Cafuel de cette cure en compofât prefque tout le revenu.

Lorfque le curé eft interdit ou que la cure eft en litige, & que l'évêque nomme un deffervant, celui-ci ne peut exiger que les honoraires qui lui ont été fixés, sans pouvoir s'approprier le Casuel provenant des baptêmes, des mariages, des offrandes, &c. ou du moins il ne peut prétendre dans ce Casuel que la portion que l'usage ou le tarif du diocèse attribue au vicaire. On cite à la vérité contre cette décision un arrêt du 15 Mars 1707, par lequel le curé de la paroisse de Monthier en l'Isle, diocèse de Langres, fut débouté de sa demande en restitution du Casuel que durant son interdiction avoit perçu dans sa paroisse, le desservant commis par l'évêque : mais cet arrêt fut rendu dans des circonstances particulières & sur les offres que le desservant avoit faites au curé de lui payer tous les ans la somme de 500 livres, toutes charges acquittées, pour éviter une discussion & une reddition de compte embarrassante. Ainsi cet arrêt ne doit pas être tiré à conséquence contre l'usage communément suivi, sur-tout à Paris, dans les paroisses que l'archidiacre fait desservir durant la vacance ou le litige des cures, & dans les autres lieux considérables où le Casuel fait la meilleure partie du revenu. En effet, si de droit commun, le Casuel appartenoit aux desservans, le clergé assemblé à Paris en 1710, n'auroit pas représenté au roi comme il le fit alors, que trois cens livres ne suffisoient pas pour l'honnête entretien d'un prêtre dans les lieux considérables, puisque le Casuel joint à cette somme formeroit un revenu important.

Les profits Casuels des seigneuries annexées aux bénéfices, tels que les lods & ventes, les droits de relief, &c. appartiennent à celui qui étoit titulaire lorsqu'ils sont échus : Chopin

rapporte un arrêt de l'an 1263 qui l'a ainsi décidé entre les héritiers d'un évêque de Soiſſons
& l'économe de la Régale. La même choſe a été
jugée par deux autres arrêts des années 1600 &
1601 rapportés par Louet & par le Prêtre.

On appelle *revenus Caſuels du roi*, les droits
ſeigneuriaux dus aux mutations des biens mouvans du domaine du roi, tels que les lods &
ventes, & les biens échus comme vacans, par
confiſcation, aubaine, bâtardiſe, &c.

Nous parlons de chaque objet ſous le nom qui
lui eſt propre.

Voyez *la déclaration du 18 décembre 1634 ;
le journal des Audiances ; le code des curés ; le
traité des bénéfices de Gohard, les œuvres de Henrys ; les mémoires du Clergé ; Chopin, du domaine ;
les arrêts de Louet & de le Prétre; &c.* Voyez auſſi
les articles GRADUÉ, PENSION, PORTION CON-
GRUE, CURE, LODS ET VENTE, RELIEF, RA-
CHAT, AUBAINE, ÉPAVE, CONFISCATION,
BATARDISE, DESHÉRENCE, &c.

CASUISTES. On déſigne par ce nom ceux
qui s'appliquent à traiter, diſcuter & réſoudre
ce qu'on appelle les *cas de conſcience*, c'eſt-à-dire
tout ce qui regarde les penſées, les paroles &
les actions des hommes, relativement aux obligations de la conſcience. Or comme la conſcience ou le for intérieur eſt eſſentiellement
lié au for extérieur, on ſent de quelle importance il eſt pour un Caſuiſte de connoître la juriſprudence de ſon pays. L'étude des cas de conſcience indiſpenſable pour les gens d'égliſe en
général, a commencé d'être ſuivie d'une maniere
particuliere, & a formé une claſſe d'écrivains à
part dans le courant du quinziéme ſiècle.

Depuis quelque tems la morale, (c'eſt ainſi que l'on nomme cette ſcience) avoit été, comme toutes les autres parties de la théologie & de la philoſophie, aſſujettie à la méthode des ſcholaſtiques.

Au lieu de cette manière noble, élevée, ſublime, dont les pères & les docteurs s'étoient ſervis pour développer, avec la dignité qui leur convient, les préceptes de l'évangile, & faire aimer aux hommes ce qu'ils devoient accomplir; on avoit réduit la morale à des queſtions froides, ſèches, oiſeuſes; on avoit dépouillé de tout mouvement, pour ainſi dire, une doctrine qui doit régler & animer tous les nôtres.

On alla plus loin encore dans la ſuite, & de nouveaux écrivains arrachant à la morale l'ombre de vie qui lui reſtoit dans les traités qu'on dictoit dans les écoles, n'en préſentèrent plus qu'une eſpèce de ſquelette dans des recueils & des ſommes de cas de conſcience, à chacun deſquels ils appliquoient en particulier les déciſions & les règles générales. Ceux-ci furent ſpécialement appelés Caſuiſtes.

Le travail de ces écrivains quoique peu fait, par ſon aridité, pour préparer & obtenir de grands ſuccès, n'auroit pas laiſſé d'avoir ſon genre de mérite & d'utilité, ſi fidèles à ce qu'exigeoit d'eux l'importante & périlleuſe fonction dont ils ſe chargeoient d'inſtruire, d'éclairer & de décider les hommes ſur ce qu'il y a de plus intéreſſant pour eux en ce monde, ces auteurs s'étoient rigoureuſement attachés à ne puiſer eux-mêmes leurs déciſions que dans les ſources les plus pures & les plus reſpectables. Mais l'amour de la nouveauté & de la contro-

verfe les entraîna prefque tous. A la place de
l'écriture-fainte & de la tradition, fur lefquelles
les anciens pères & docteurs de l'églife s'étoient
toujours fait un devoir d'appuyer leurs décifions
fur la doctrine des mœurs auffi bien que fur la
profeffion des dogmes, ces Cafuiftes ne fuivi-
rent plus que l'autorité de certains novateurs
ou les lumières d'une raifon obfcurcie par plufieurs fiècles d'ignorance & de barbarie ; ils s'é-
garèrent dans des régions inconnues & tranfpor-
tèrent la morale à une diftance infinie des lois
civiles. De-là ces décifions bifarres, indécentes,
téméraires, que l'on rencontre à chaque pas
dans leurs ouvrages.

Le fcandale qu'elles excitèrent enfin, attira
l'attention & anima le zèle de ce qu'il y avoit
d'hommes véritablement éclairés & pieux dans
l'églife. Les docteurs combattirent & les prélats cenfurèrent plus d'une fois ces monftrueufes
opinions ; mais la licence & le relâchement
qu'elles avoient occafionnés n'en continuèrent
pas moins à fe répandre.

Il feroit trop long & trop éloigné du but de
cet ouvrage d'entrer fur cet objet dans un
grand détail : peut-être même s'étonnera-t-on
de trouver un pareil article dans un recueil de
jurifprudence. Mais fi l'on fait attention que plufieurs des matières dont la morale s'occupe font
du reffort de la jurifprudence ; & que les rois
& les fouverains, fans pouvoir contre les préceptes de l'évangile, n'en ont pas moins le droit
de porter des lois, lois qui obligent & lient
étroitement tous leurs fujets, non-feulement fur
les intérêts civils & temporels, mais fur le
culte public même & fur tout l'extérieur de la

religion, alors on pensera peut-être que nous aurions du nous étendre davantage sur cette matière.

A l'égard de ceux qui relativement aux questions de droit qu'ils ont à discuter, se trouveroient engagés à traiter de quelque point de morale ou de discipline ecclésiastique, & qui voudroient sur ces points consulter des recueils de Casuistes, il est nécessaire de les prévenir qu'on ne doit point adopter sans discernement toutes les décisions qu'on y trouve & toutes les autorités qu'on y cite ; car la plupart de ces Casuistes manquent de logique & d'exactitude dans les faits. Cette précaution est surtout indispensable aux curés qui sont chaque jour consultés par les personnes dont ils ont la confiance, sur les obligations qu'elles ont à remplir, & même sur des entreprises & des dispositions qu'elles voudroient faire. Pour le décider sûrement dans ces rencontres, même par rapport à la conscience seule, il ne suffit pas toujours à ceux qui les conduisent d'avoir bien approfondi les principes de la morale chrétienne, il faut qu'ils puissent y joindre une connoissance assez étendue des lois civiles de l'état dans lequels ils vivent. Ces lois dans tout ce qu'elles ont réglé pour les *alliances*, les *contrats*, les *engagemens* divers, les différens rapports qui peuvent exister entre les citoyens & les lier les uns aux autres, forment autant d'obligations que la religion elle-même nous apprend à respecter & nous ordonne de remplir. Elle nous enseigne cette religion que ce n'est pas sans nécessité que Dieu a remis son glaive entre les mains des souverains ; que nous devons leur obéir, non pour

éviter les peines dont ils puniroient nos infrac-
tions, mais pour satisfaire au devoir de notre
conscience, que nous devons rendre l'honneur
à qui il est du, & payer le tribut à qui il appartient.

Il faut donc que ceux qui conduisent les ames
connoissent les lois pour bien remplir ce ministère, ou que du moins ils sachent s'arrêter,
douter & consulter toutes les fois que le cas le
demande : sans cela de combien de fautes ne se
rendront-ils pas responsables & souvent dans
quels embarras ne jeteront-ils pas ceux qu'ils
s'étoient chargés de diriger.

Parmi le petit nombre d'ouvrages estimables
sur cette matière on doit surtout distinguer les
conférences d'Angers ; la nouvelle édition du
dictionnaire des cas de conscience. On trouvera
dans la théologie de Collet, dans celle du père
Thomas, & dans celle qu'on a imprimée à Poitiers quelques principes généraux sur la *restitution,* sur la *justice,* sur les *contrats.* Le fastidieux
traité *de legibus de Suarès* renferme aussi plusieurs
questions intéressantes. Et sur la question si dé-
licate & si difficile du *mariage,* on pourra consulter non le fameux traité de Sanchès, mais les
conférences de Paris. Article de M. L. R.

CATEL, CATEUX. Voyez CATTEL, CAT-
TEUX.

CATÉCHÈSE , CATÉCHISTE , CATÉ-
CHISME. Le terme *Cathéchèse,* est tiré d'un
mot grec qui signifie *instruction de vive voix :*
c'est une courte & méthodique instruction des
mystères de la religion laquelle se fait de bouche ; car on n'enseignoit pas anciennement ces
mystères par écrit, de peur que les écrits ne

vinffent à tomber entre les mains des infidèles
qui les auroient tournés en rifée faute de les
bien entendre. C'eft d'où eft venu le nom de
Catéchifte, pour marquer celui qui enfeigne ces
myftères; & celui de *Catéchifme*, pour fignifier
auffi cette inftruction. L'origine des Catéchèfes
vient de Jefus-Chrift même, lorfqu'il envoya fes
difciples pour enfeigner & baptifer toutes les
nations, joignant la doctrine au baptême, comme
en effet elle l'a toujours précédé dans la primitive églife : il nous a auffi donné l'exemple de
cette fainte inftruction, lorfqu'entre fes difciples il examina & inftruifit Philippe ; entre fes
auditeurs, Marthe & la Samaritaine ; entre les
affligés l'aveugle né ; entre les étrangers, le Sa-
maritain ; entre les grands du monde, Nico-
dème (pour faire connoître le progrès qu'ils
avoient fait dans la foi, & les y inftruire davantage). Les apôtres ont fuivi l'exemple de leur
maître, comme on voit en divers endroits du
livre des actes, Saint-Pierre ayant été envoyé à
Corneille pour ce fujet, & Philippe à l'eunuque
de la reine de Candace. L'apôtre des gentils
parlant d'inftruire les autres, fe fert du mot
catéchifer, comme le porte l'original. Les
pères ont de même imité les apôtres, comme
Saint-Cyrille de Jérufalem, dont nous avons un
ouvrage intitulé *Catéchèfe.* Saint-Auguftin a écrit
un traité de la manière de catéchifer les igno-
rans ; Saint-Grégoire de Nyffe a compofé un
difcours catéchétique ; & plufieurs autres nous
ont laiffé de femblables inftructions. Et afin qu'on
ne s'imagine pas que quelque tems après la
mort des apôtres & de leurs difciples, cette
louable coutume de catéchifer ait été négligée

ou interrompue, Eufebe témoigne que Démé-
trius évêque d'Alexandrie, avoit commis Origène pour cette fonction, de laquelle Pantène
& Clément s'étoient acquittés avant lui. Au refte
la charge de catéchifte étoit une des plus importantes & des plus honorables dans l'églife.
Jean Gerfon, Chancelier de l'Univerfité de
Paris, faifoit gloire parmi fes grandes occupa-
tions d'inftruire les enfans & de les catéchifer,
répondant à ceux qui lui confeilloient de s'appliquer à des emplois plus confidérables, qu'il ne
croyoit pas qu'il y en eût de plus néceffaire &
de plus glorieux que celui-là.

On choififfoit fouvent les Catéchiftes parmi
les lecteurs. On les appelloit quelquefois *nauto-
logi*, par allufion à ceux qui dans les vaiffeaux
recevoient des paffagers le prix du tranfport,
& leur expliquoient les conditions du péage,
parce que les Catéchiftes enfeignoient aux catéchumènes les conditions néceffaires pour entrer dans l'églife que les pères & les écrivains
eccléfiaftiques comparent fouvent à une barque
ou un navire. Leur fonction étoit donc de préparer les catéchumènes au baptême par de fréquentes inftructions qu'ils leur faifoient, non
pas publiquement, ni dans les églifes, du moins
dans les premiers fiècles à caufe des perfécu-
tions, mais dans les écoles particulières, qu'on
bâtit enfuite à côté des églifes. La plus célèbre
de ces écoles a été celle d'Alexandrie, & l'on
y trouve une fuite de Catéchiftes célèbres dans
l'antiquité eccléfiaftique ; favoir Pantène dont
nous avons déja parlé, établi par l'apôtre S.
Marc ; à Pantène fuccéda Clément d'Alexandrie ;
à Clément, Origène ; à Origène, Héraclas ; à

celui-ci Denys : quelques-uns ajoutent Athéno-
dore, Malchion, Saint-Athanafe & Didyme :
d'autres rapportent qu'Arius, avant de tomber
dans l'héréfie, étoit chef de cette école. Il y en
avoit de femblables à Rome, à Céfarée, à
Antioche, & dans toutes les grandes églifes.

On donne encore aujourd'hui le nom de Catéchiftes aux clercs & aux prêtres chargés dans
chaque paroiffe par le curé, de faire les inftructions publiques aux enfans pour leur enfeigner
les principaux points du dogme & de la morale
chrétienne, & les préparer à la première communion.

Le concile de Trente veut que les évêques &
les curés s'attachent à expliquer en langue vul-
gaire aux peuples la force & l'ufage des facremens, fuivant la forme prefcrite dans le Catéchifme du diocèfe.

Le même concile ayant ordonné qu'on fît un
Catéchifme à l'ufage de toute l'églife, & l'ordre
s'étant exécuté, c'eft d'après ce Catéchifme
général qu'ont été formés les Catéchifmes particuliers de chaque diocèfe.

On ne doit enfeigner dans chaque diocèfe
que le Catéchifme qui y eft approuvé de l'ordinaire (*).

_____

(*) _Le fieur Caboche étant contrevenu à cette loi,
l'official de Paris rendit contre lui la fentence qui fuit._
Vu par nous Nicolas Regnauld, prêtre, docteur en
théologie de la faculté de Paris, chanoine de la Sainte-
Chappelle royale du palais à Paris, vicaire général & official de Paris, le procès criminel & extraordinaire inftruit,
fait & parfait à la requête du promoteur général de l'ar-
chevêché de Paris demandeur & accufateur ; contre Me.
Gabriel Caboche, fous-diacre de ce diocèfe, défendeur

Par arrêt du 23 juillet 1706, le parlement de

& accufé ; la plainte à nous rendue par ledit promoteur contre ledit Caboche ; notre ordonnance enfuite du 6 août dernier, portant acte de plainte, permis d'informer des faits contenus en icelle circonftances & dépendances ; information par nous faite en confequence les 8 & 11 dudit mois d'août ; notre ordonnance enfuite de foit communiqué au promoteur du 11 dudit mois, conclufions dudit promoteur du 13 dudit mois, décret d'ajournement perfonnel par nous décerné contre ledit Caboche ledit jour 13 août ; réquifitoire dudit promoteur, à ce que différens cahiers trouvés chez ledit Caboche, & dépofes au greffe de l'officialité par ordre du roi, lui fuffent repréfentes lors de fon interrogatoire, pour fervir à conviction ; notre ordonnance enfuite de foit fait ainfi qu'il eft requis du 24 dudit mois d'août ; interrogatoire fubi devant nous par ledit Caboche le 26 dudit mois ; notre ordonnance enfuite de foit communiqué au promoteur dudit jour ; conclufions dudit promoteur à ce que l'interrogatoire fût joint au procès du 27 ; notre ordonnance enfuite dudit de foit fait ainfi qu'il eft requis ; autre interrogatoire fubi devant nous par ledit Caboche le 30 dudit mois ; notre ordonnance enfuite de foit communiqué au promoteur dudit jour ; conclufions dudit promoteur du premier de ce mois, à ce que l'interrogatoire fût joint au procès ; notre ordonnance enfuite de foit fait ainfi qu'il eft requis dudit jour ; autre interrogatoire fubi devant nous par ledit Caboche le 10 de ce mois par lequel ledit Caboche a déclaré qu'il prenoit droit par les charges, joint fes interrogatoires ; notre ordonnance enfuite de foit communiqué au promoteur dudit jour ; conclufions définitives dudit promoteur de ce jourd'hui, par lefquelles ledit promoteur a déclaré qu'il prenoit droit par les interrogatoires dudit Caboche, & confentoit que le procès fût jugé en l'état où il étoit, fans paffer à plus ample inftruction ; interrogatoire en jugeant fubi devant nous cejourd'hui par ledit Caboche, en préfence de meffire Nicolas Bonnaventure Thierry, prêtre, docteur en théologie de la faculté de Paris, maifon & fociété de Sorbonne, abbé de faint Barthelemi de Noyon, vicaire

Paris a jugé en faveur du curé de faint-Jacques
de la Boucherie, que quand une fondation portoit que les Catéchiftes & les prédicateurs d'une
paroiffe feroient choifis par les marguilliers, le
curé devoit être appelé pour concourir à ce
choix.

Au refte, lorfque les curés veulent faire par
eux-mêmes le Catéchifme, non-feulement ils en
ont le droit, mais ils peuvent encore empêcher
tout autre prêtre de remplir cette fonction dans
leur paroiffe, fans leur confentement, quels
que foient les termes des fondations.

---

général de Paris, & de maîtres Guy Nouet & Pierre le
Merre, anciens avocats au parlement, que nous avons
pris pour confeil. Tout vu & confidéré, le faint nom de
Dieu invoqué; nous attendu la retractation faite par ledit
fieur Caboche de différentes propofitions repréhenfibles &
contraires à la doctrine de l'églife, qu'il a avancées dans
des cahiers par lui reconnus écrits de fa main, diftribués
dans plufieurs écoles, & qu'il a fait réciter par les enfans
en différens Catéchifmes duns l'églife paroiffiale de faint
Gervais de cette ville, l'avons renvoyé de l'accufation
intentée contre lui à la requête du promoteur; & néanmoins lui faifons inhibitions & défenfes de faire fonction
de Catéchifte dans le diocèfe, fans en avoir obtenu une
permiffion fpéciale de monfeigneur l'archevêque; défendons
en outre, tant audit fieur Caboche, qu'à tous autres Catéchiftes, maîtres & maîtreffes d'école, de diftribuer ou
d'enfeigner lefdits cahiers, & généralement d'enfeigner
aucun autre Catéchifme que celui qui eft approuvé pour le
diocèfe de Paris, à peine d'être procédé contr'eux ainfi qu'il
appartiendra. Et fera notre préfente fentence, lue & publiée au prône de la paroiffe faint Gervais le dimanche qui
fuivra la notification qui en fera faite au fieur curé de
ladite paroiffe, & envoyée aux curés des paroiffes du diocèfe
à la diligence du promoteur. Jugé au prétoire de l'officialité le 23 feptembre 1735, Signé, Regnault official,
Thierry, Bauin, Nouet & le Merre.

I's peuvent aussi se dispenser de faire approuver par l'ordinaire les ecclésiastiques qu'ils choisissent pour faire le Catéchisme : c'est ce qui résulte d'un arrêt du 2 septembre 1756, par lequel le parlement a déclaré abusives les ordonnances données par l'évêque d'Auxerre, en ce qu'elles exigeoient l'approbation par écrit de l'évêque relativement aux Catéchismes & aux prières du soir, & a maintenu les curés du même diocèse, dans le droit de commettre tels ecclésiastiques du diocèse qu'ils jugeroient à propos pour les instructions, autres que les prédications, sans qu'ils fussent obligés de faire approuver ces ecclésiastiques par l'évêque.

Voyez *les actes des apôtres ; les œuvres de Gerson ; les mémoires du Clergé ; le dictionnaire des sciences ; le recueil de jurisprudence canonique ; le dictionnaire de droit canonique ; les décisions du concile de Trente , &c.* Voyez aussi les articles EVÊQUE, PRÉDICATEUR, &c.

CATHÉDRALE. C'est l'église épiscopale d'un diocèse.

Dans les premiers siècles de l'église il n'y avoit d'autre clergé que celui de la Cathédrale.

L'évêque y choisissoit des prêtres & des diacres qu'il envoyoit tour à tour desservir les autres églises, tant de la ville que de la campagne. C'est ce clergé que saint-Jérôme appelle *le Sénat des évêques.*

Les canons 22 & 23 du quatrième concile de Carthage prouvent la nécessité où étoit chaque évêque de communiquer les affaires importantes du diocèse au clergé de la Cathédrale.

Alexandre III prononça la nullité de tout ce
que

que feroit un évêque fans avoir pris confeil du chapitre de la Cathédrale.

C'eft d'après ces autorités que les chapitres des églifes Cathédrales de la province de Rheims s'oppofèrent en 1233 à l'interdit que les évêques avoient jeté fur toutes les églifes du pays pour forcer le roi Louis IX à rendre juftice au métropolitain qu'ils fuppofoient avoir été maltraité par ce prince. Ces chapitres fe plaignoient qu'ils n'avoient pas même été confultés fur cet interdit.

Le concile de Trente fut fortement follicité par les ambaffadeurs de France de rétablir l'anciennne difcipline qui obligeoit les évêques à prendre l'avis du clergé de leurs Cathédrales dans les affaires importantes ; mais ce concile ne jugea pas à propos de prononcer fur cette queftion qui fut vivement agitée : cependant il ne la négligea pas, puifque dans le chapitre 12 de la feffion 24, il recommanda aux évêques de ne donner les canonicats des Cathédrales qu'à des perfonnes capables de les aider de leurs confeils. C'eft dans le même efprit qu'il a voulu que la moitié au moins de ces canonicats fuffent donnés à des prêtres, & le furplus à des diacres & à des fous-diacres. c'eft encore d'après les mêmes principes, que Louis XIV dans fa déclaration du 8 février 1677, a exhorté les chapitres des Cathédrales à fe conduire avec tant de fageffe qu'ils puffent dignement porter le titre glorieux de fénat de l'églife que leur a donné faint-Jérôme.

Les canons déclarent nulles les aliénations ou les donations des biens de l'évêché faites fans le confentement & l'approbation du chapitre de la Cathédrale.

Tome VIII. **B**

Les chapitres des Cathédrales doivent être appelés aux conciles provinciaux, & leurs procureurs doivent avoir part à toutes les affaires qu'on traite dans ces conciles, surtout à celles qui peuvent concerner les chapitres.

Suivant le concile de Latran célébré en 1215, l'évêque doit établir dans sa Cathédrale, quelques ecclésiastiques distingués par leurs lumières, pour le soulager dans les fonctions de son ministère, entendre les confessions des fidèles, & administrer le sacrement de pénitence : telle est l'origine des pénitenciers & des théologaux des Cathédrales.

Pendant la vacance du siége épiscopal, le chapitre de l'église Cathédrale exerce la juridiction. Il peut par exemple, absoudre des excommunications dont l'évêque auroit donné l'absolution ; il nomme les grands vicaires, les officiaux ; il approuve les prédicateurs ; il permet des quêtes ; il accorde des dispenses, &c.

Quand une église soumise a un archidiacre, vient à être érigée en Cathédrale, l'archidiacre ne peut plus y exercer sa juridiction.

Les particuliers qui composent le chapitre d'une église Cathédrale, ne peuvent pas interdire cette église ; ce pouvoir est réservé à l'évêque.

Voyez *l'histoire du concile de Trente : le traité des bénéfices ecclésiastiques ; la déclaration du 8 février 1677 ; les extravagantes de Jean XXII ; les lois ecclésiastiques de France ; les mémoires du clergé ; le recueil de jurisprudence canonique ; le dictionnaire de droit canonique, &c.* Voyez aussi les articles CHAPITRE, EVÊQUE, PRÉBENDE, EGLISE, JURIDICTION, COLLATION, OFFI-

CIAL, PÉNITENCIER, THÉOLOGAL, PRÉDI-
CATEUR, &c.

CATHÉDRATIQUE. On appelle ainsi une
sorte de droit que quelques évêques perçoivent
dans leurs diocèses.

Quelques-uns ont mal-à-propos confondu le
Cathédratique avec le *synodatique*, qui est un
autre droit également dû à l'évêque; mais ce
dernier est aussi dû à quelques archidiacres qui
n'ont jamais rien prétendu dans le premier. C'est
ce que prouve le capitulaire de Toulouse que
le père Sirmond rappelle dans le troisième tome
de ses conciles, & le cartulaire de l'église de
Chartres rapporté par Ducange. D'ailleurs le
Cathédratique paroît avoir toujours été fixé à
deux écus, & le synodatique a de simples deniers dont la quotité a encore beaucoup varié (*).

Au reste le canon 2 du concile de Brague de l'an
572, & le pape Pelage II, prédécesseur immé-
diat de saint-Grégoire, permirent aux évêques
d'exiger le Cathédratique de toutes les églises
tant séculières que régulières de leurs diocèses,
comme une espèce de reconnoissance de la pré-
minence que la cathédrale a sur elles. Ces décisions sont rapportées par Yves de Chartres &
par Gratien. Le Cathédratique y est fixé à deux
écus par an, ainsi que dans le décret d'Innocent
III, & dans celui d'Urbain II, où ces écus sont
appelés des sous, que le Maître prétend avoir
été d'or. Le même auteur assure qu'il y avoit

_____

(*) Le pape Honoré III écrivant à l'évêque d'Assise,
confond le Cathédratique & le synodatique, & le met au
nombre des droits dus à l'évêque dans les églises soumises à
sa jurisdiction.

B ij

trois de ces fous à l'once. Ainfi douze curés payoient chaque année une demi-livre d'or, poids de marc, à leur évêque.

Le capitulaire de Touloufe dont nous avons parlé, laiffoit aux curés le choix de payer le Cathédratique en efpèces ou en denrées. Charles le Chauve adopta ce règlement & l'inféra dans le fecond de fes capitulaires.

Saint-Fulbert, évêque de Chartres, dit dans fa cinquante-huitième lettre, que de fon temps les évêques, furtout en Normandie, obligeoient par cenfures les curés à leur payer les droits de Cathédratique & de fynodatique; mais il ajoute que les évêques de Chartres avoient généreufement fait la remife de ces droits dans la plus grande partie de leur diocèfe. Camufat rapporte dans fes antiquités, que les évêques de Troyes en avoient ufé de même longtemps auparavant; il obferve néanmoins qu'ils ne firent pas la remife entière de ces droits, mais qu'ils les convertirent en une modique redevance ou preftation annuelle.

Au furplus, l'affemblée du clergé de France tenue à Melun en 1579, défendit aux curés & aux autres eccléfiaftiques de refufer le payement des droits de Cathédratique ou de fynodatique auxquels ils étoient affujettis.

Le concile de Bourges ordonna en 1584, que le droit de Cathédratique & les autres feroient payés par tous les eccléfiaftiques, fans diftinction, à peine d'excommunication & d'autres pourfuites extraordinaires.

Ces décifions n'empêchèrent pas que ces droits ne fuffent dans la fuite conteftés à plufieurs évêques. L'affemblée du clergé de 1602

chargea ſes agens de ſolliciter en faveur de l'é-
vêque d'Autun qui avoit un procès avec différens curés de ſon diocèſe au ſujet du droit de
Cathédratique ou ſynodatique.

Les conteſtations de cette eſpèce ont fait
abandonner ces mêmes droits par la plupart des
évêques. (*) Cependant on les paye encore dans
pluſieurs diocèſes ; & l'auteur des mémoires du
clergé rapporte un arrêt du conſeil du 26 avril
1672, par lequel le chapitre de Caſtres fut condamné à payer à l'évêque pour droit de ſynodatique, trente-une livres, trois ſous, trois deniers chaque année, à cauſe des cures unies à
la menſe capitulaire.

Voyez *l'hiſtoire des conciles ; le décret de Gratien ; le recueil des capitulaires ; le Maître, dans
ſon traité de juribus epiſcoporum ; les antiquités de
Camuſat ; les mémoires du clergé ; Zerula, in prax.
epiſc. Barboſa, de jur. eccléſ. le dictionnaire de
droit canonique ; le traité des bénéfices eccléſiaſtiques*, &c. Voyez auſſi les articles EVÊQUE,
CURÉ, CLERGÉ, JURIDICTION, SYNODE, &c.

CATHOLIQUES. (NOUVELLES) Ce ſont
des filles qui dans le ſiècle dernier ſe ſont érigées
en communauté ſous ce titre, ou ſous celui de
la propagation de la foi, pour inſtruire à l'exemple des miſſionnaires dans les vérités de la religion, les perſonnes de leur ſexe qui ont été
élevées dans l'héréſie.

_____

(*) Dans une cauſe où M. Bignon, avocat général,
portoit la parole le 23 février 1637, il ne traita pas favo-
rablement le droit de ſynodatique. Il repréſenta que l'aſſiſ-
tance au ſynode étant un droit révérentiel dont aucun curé
ne pouvoit s'exempter, il ne devoit être payé à cet égard
aucune choſe.

Les perfonnes qui entrent dans ces communautés pour s'inftruire, y font entretenues jufqu'à ce qu'elles aient fait leur abjuration, & qu'elles foient bien affermies dans la foi. Elles peuvent même y être reçues au nombre des fœurs.

Dans quelques-unes de ces communautés les filles qui s'y attachent font des vœux fimples de pauvreté, de chafteté, d'obéiffance & promettent de s'employer à l'inftruction des nouvelles converties. Dans d'autres, ces filles ne font qu'un vœu de ftabilité; dans d'autres enfin elles s'engagent par un contrat d'affociation.

Chacune de ces communautés a des règlemens particuliers fuivant qu'il a plu à l'évêque du lieu de leur établiffement de les leur donner. La communauté de Paris eft fous le nom de *nouvelles-converties;* celle de Sedan & quelques autres fous celui de *la propagation de la foi.* (*Article de M. DAREAU , Avocat , &c.*)

CATTEL. Ce mot fignifie *effet mobilier.* Il eft fréquemment employé dans la coutume du chef-lieu de Valenciennes, & dans les chartes générales du Hainaut, qui renferment deux chapitres exprès fur le droit de *meilleur Cattel.* Ce droit purement Seigneurial confifte à prendre le meilleur effet mobilier que laiffe en mourant un affranchi, ou defcendant d'affranchi, ou l'habitant d'un lieu affranchi.

Le Hainaut étoit autrefois rempli de ferfs, comme les autres provinces de France : la comteffe Marguerite donna aux feigneurs de fa cour l'exemple des affranchiffemens, par une charte de l'an 1252. On s'empreffa de l'imiter, & la liberté devint enfin un bien propre à tous fes fujets; mais les feigneurs en affranchiffant leurs ferfs, fe réfervèrent, à l'exemple de cette Princeffe, une certaine portion dans leur fucceffion mobilière, que l'on appelle droit de *meilleur Cattel* ou de *morte-main*.

Comme les affranchiffemens étoient perfonnels ou locaux, c'eft-à-dire, qu'ils étoient bornés à un ou à plufieurs ferfs, ou qu'ils étoient généraux pour toute une ville ou tout un village; il y a auffi deux fortes de droits de *meilleur Cattel*, l'un perfonnel, l'autre local. C'eft ce que fait voir l'article premier du chapitre 125 des chartes générales du Hainaut, qui s'exprime ainfi : *meilleurs Cattels ne peuvent être dûs autrement que par deux voies, la première par la condition de la perfonne, & la feconde par la condition du lieu.*

Le droit de *meilleur Cattel perfonnel* peut auffi provenir de l'affujettiffement volontaire d'un homme libre à un patron.

Le *local* provient ou de la réfidence, ou de la poffeffion d'une maifon meublée, ou du decès de quelqu'un dans un lieu affujetti à ce droit.

Une perfonne née de parens non fujets à ce droit, s'y foumet en fixant fon domicile dans un lieu où ce droit eft *local*; & réciproquement une perfonne née dans un lieu où ce droit eft *local*, s'en exempte en transférant fon domicile dans un lieu où il eft perfonnel, fi elle eft *d'origine franche.* C'eft ce qu'établit clairement l'article 21 du chapitre 124, & l'article 25 du chapitre 125 des chartes générales.

Il fuit delà qu'une perfonne affujettie à ce droit par la condition de fa naiffance, ne peut jamais s'en affranchir en quelque lieu qu'elle fe fixe, à moins que ce ne foit à Mons, fuivant le privilége accordé à cette ville par Jean d'Avenes comte du Hainaut en 1295.

Perfonne n'eft préfumé exempt de ce droit ; le comte du Hainaut, qui eft aujourd'hui le Roi, & fes feigneurs vaffaux *en font entendus & tenus poffeffeurs, fi par fait fpécial n'apert du contraire.* C'eft ce que porte l'article 9 du chapitre 124.

Un curé qui meurt dans fon presbytère, un religieux profès dans fon monaftère ou prieuré, un feigneur haut-jufticier dans fa haute-juftice, ne font point affujettis au droit du *meilleur Cattel* même *local*, à moins qu'il ne foit impofé nommément fur le manoir ; mais un vicaire, un religieux non profès & tous les autres gens d'églife y font foumis indiftinctement. C'eft ce qui réfulte de l'article 20 du chapitre 124 & de l'article 25 du chapitre 125.

Dans les villes où ce droit eft *local*, le feul décès y donne ouverture, quand même il n'auroit point été précédé d'une réfidence permanente. Si un étranger, par exemple, en paffant par Maubeuge où ce droit eft *local*, venoit à y mourir, le droit feroit dû.

On convient néanmoins généralement que l'intendant de la province, les officiers de l'état-major, de l'artillerie & du génie, & les militaires en garnifon en font exempts, parce qu'ils ne réfident dans ces fortes de villes que pour le fervice de l'état & par ordre du Roi.

Il en feroit de même d'un confeiller du parlement qui mourroit dans une ville fujette à ce droit, & dans laquelle il feroit allé pour procéder à une enquête ou à une information.

Les officiers d'un fiége royal devroient jouir du même privilège, parce que, comme dit Dumées, le peuple reconnoît en eux l'image de fon fouverain, & refpecte fon autorité dans l'adminiftration de la juftice: il ne feroit donc pas jufte que l'on trouvât dans leur perfonne le moindre veftige de fervitude. Cette queftion fut décidée il y a quelques années en faveur des officiers de la prevôté de Maubeuge, par arrêt du parlement de Douai.

La mort de tout chef de famille & par conféquent d'un enfant émancipé, donne ouverture à ce droit. C'eft ce qui réfulte de l'article 20 du chapitre 124, & de l'article 8 du chapitre 125. Le genre de mort eft indifférent, un criminel exécuté par autorité de juftice n'y eft pas moins foumis qu'un autre. L'article 11 du chapitre 124 le décide ainfi.

Quelques-uns ont foutenu que le droit de *meilleur Cattel* ne pouvoit appartenir qu'à un feigneur haut-jufticier; mais la coutume décide précifément le contraire par l'article 3 du chapitre 124.

Il arrive fouvent que plufieurs feigneurs fe difputent ce droit fur une feule fucceffion. La coutume accorde la préférence à celui qui a donné la liberté à l'affranchi ou à fa mère; après lui, au feigneur du domicile du défunt, fi c'eft dans un lieu où ce droit eft général & commun à tous les habitans. Vient enfuite le feigneur du lieu du décès. Le dernier en ordre eft le patron de celui qui étant *de franche origine*, s'eft foumis volontairement à lui. Telles font les difpofitions des articles 5, 6, 12 & 13 du chapitre 125.

Le feigneur ne peut prendre pour ce droit,

les dettes actives du défunt, ni les marchandises dont il faisoit commerce, ni une toile qui est imparfaite sur le métier, ni des fruits pendants par les racines. Cela est ainsi réglé par les articles 16, 18, 24 & 25 du chapitre 124.

Le droit de *ligé*, c'est-à-dire, le droit qu'a un seigneur de prendre le meilleur cheval de son vassal à sa mort, est préféré au droit de *meilleur Cattel*. C'est ce qui résulte de l'article 7 du chapitre 125.

L'article 9 du même chapitre oblige l'héritier mobilier d'une personne sujette à ce droit, de représenter au sergent exploitant pour le seigneur, les trois meilleurs effets de la succession ; à peine de confiscation des choses recelées.

Toute disposition à cause de mort, au préjudice de ce droit, est inutile. Il en est de même d'une donation qualifiée d'entrevifs, faite dans la dernière maladie. C'est ce que portent les articles 10 & 18 du chapitre 124.

On doit aussi regarder comme frauduleuse la donation qu'une personne sujette à ce droit fait de tous ses effets mobiliers, à la charge d'être nourrie le reste de ses jours. C'est le sentiment de Dumées, & on peut l'appuyer de l'article 20 du chapitre 125, qui décide que si un homme se retire dans un hôpital pour y passer le reste de ses jours, en y donnant tous ses meubles, le droit de *meilleur Cattel*, s'il y est sujet, se levera dès ce moment sans attendre la mort.

La connoissance des contestations relatives à ce droit, appartient dans le Hainaut-Autrichien à la cour de *morte-main*, établie à Mons ; & dans le Hainaut-Français aux juges royaux, sauf l'appel au parlement de Douai.

Ce droit eſt auſſi connu dans la coutume de Luxembourg.

Voyez *les chartes générales du Hainaut ; Dumées en ſon traité des droits féodaux, & dans ſa juriſprudence du Hainaut ; la coutume de Luxembourg, &c.* Voyez auſſi les articles HAINAUT, JURÉS DE CATTEL, VALENCIENNES, CATTEUX, SAINTEURS, &c. (*cet article eſt de M. MERLIN, avocat au parlement de Flandres*).

CATTEUX. Dérivé de *Cattel*, qui ſignifie un effet mobilier. On entend proprement par *Catteux*, non des meubles réels, mais des immeubles auxquels on donne les mêmes attributs & les mêmes effets qu'aux meubles.

Cette troiſième claſſe de biens n'eſt guères connue que dans les coutumes de Beauqueſne, de Montreuil, de Boulenois, d'Artois, de Lille, de Douai, & quelques autres de la Flandre Françoiſe & Flamande.

Les *Catteux* ſont diſtingués en *verds* & en *ſecs*. Les premiers ſont des arbres, les autres ſont des bâtimens.

Catteux verds. Tout ce qui pend ſur un fond par racines, ne doit point être indiſtinctement rangé dans la claſſe des *Catteux verds*. Un paſſage de Philippe de Beaumanoir ſur les coutumes de Beauvoiſis, chapitre 33, nous mettra à portée de diſtinguer ce qui caractériſe les *Catteux* d'avec les biens qui ne le ſont pas.

Héritages dit-il, *ſy ſont choſes qui ne puent être mues, & qui valent par années as ſeigneurs à qui ils ſont : ſy comme terres gaaignables, bois, prés, &c.*

Ainſi, ſuivant cet auteur, pour qu'une choſe ſoit réputée immeuble, il ne ſuffit pas qu'elle

ne puiſſe pas être tranſportée d'un lieu à un autre, il faut encore qu'elle rapporte un revenu
annuel & ordinaire.

C'eſt d'après cette idée, que les coutumes citées ont établi une diſtinction entre les meubles
& les immeubles. Elles ont réputé immeubles
tous les bois taillis, les arbres fruitiers, & les
chênes qui portent des glands dont ſe nourriſ-
ſent les porcs; & elles ont réputé *Catteux* ou
meubles tous les arbres qui ne portent point de
fruits.

Les chênes ne portent guères de glands avant
ſoixante ans; avant cet âge ils ſont réputés
Catteux; c'eſt ce que décide l'article premier
du titre 7 de la coutume de la châtellenie de
Lille. Après avoir ſpécifié les parties de bâtimens auxquelles elle laiſſe leur qualité naturelle
d'immeubles, elle y ajoute, *tous arbres renfor-*
cés, (c'eſt-à-dire greffés,) *& portant fruits,*
vignes, halots à têtes, chénes de ſoixante ans & en
deſſus, bois à taille ordinaire, haies à pied, & un
gauſquier, c'eſt-à-dire, un noyer.

La coutume de Beauqueſne renferme la même
diſpoſition. *Tous arbres non portant fruits* (dit-elle,
article 11) *ſont réputés* Catteux, *ſauf les chênes âgés*
de trois coupes, qui ſont réputés immeubles, comme
ſemblablement le bois à coupes ordinaires eſt réputé
immeuble, s'il n'eſt ameubli, c'eſt-à-dire, *coupé.*

Quand on dit qu'un arbre qui porte des fruits
eſt réputé immeuble, on entend des fruits dont
on puiſſe faire uſage; ainſi un arbre fruitier qui
n'a pas été greffé eſt réputé *Catteux*, parce
qu'il ne produit pas de fruits dont on puiſſe tirer parti. C'eſt ce que décide l'article de la
coutume de la châtellenie de Lille que l'on

vient de citér, & c'eſt ce que fait encore voir
un paſſage de la ſomme rurale de Bouteiller,
auteur Flamand, très-inſtruit des uſages de ſon
pays.

Des arbres de bois, dit-il, *ſachez que tous arbres portant fruits ſont héritages ; fors ceriſiers,
boſcages & meſpliers qui ne ſont pas entés, ſont
tenus pour meubles, pommiers, poiriers, ceriſiers
qui portent ceriſes, meſpliers entés, vignes, halots à couppes, ceux ſont déclarés héritages ; &
tous autres arbres, ſoit en jardin ou dehors, ſont
tenus pour meubles.*

L'article 143 de la coutume d'Artois, porte
que les *bois-blancs non-ſéans à coupe ordinaire,
ſont réputés Catteux.* Quoiqu'elle ne s'explique
pas davantage ſur cet objet, il ne faut pas croire qu'elle n'attribue cette qualité qu'aux bois-
blancs, il ſuffit qu'elle ait dit dans le même article que les *bois à coupe ordinaire* ſont réputés
immeubles, pour que l'on en conclue que tous
les bois qui ne ſont point à coupe ordinaire, &
qui ne portent point de fruits, doivent être réputés *Catteux ;* auſſi l'uſage de cette province
comprend-il ſous le nom de *bois-blancs*, les ormes, les frênes, &c. C'eſt ce que fait voir une
ſentençe du conſeil d'Artois dont la teneur ſera
rapportée ci-après.

Il s'eſt élevé dans le même tribunal une queſtion qui n'y fut pas décidée, mais que les vrais
principes décident ſuffiſamment. Il s'agiſſoit de
ſavoir ſi les arbres de haute futaie qui ſe trouvent dans les bois à coupes ordinaires, & qui
ne portent point de fruits, doivent être réputés
Catteux. Les Officiers de ce ſiege ne crurent
pas devoir prononçer ſur çette queſtion, ſans

avoir préalablement ordonné qu'il fût informé de l'ufage. La fentence qui fut rendue le 30 juin 1716 entre le fieur du Rietz comte de Willerval & le fieur Palifot, premier préfident de ce confeil, eft conçue en ces termes :

« Nous .... avant faire droit fur la qualité » des ormes & frênes, & autres bois blancs & » tendres en deffous de trois âges, croiffans » dans les bois à coupes ordinaires; ordonnons » qu'à la requête du procureur-général, pour-» fuite & diligence des parties, il fera informé » de l'ufage, pour favoir s'ils font immeubles » & héritages, ou réputés *Catteux* ».

Cette information ne fut point faite, le comte de Willerval ayant appris que l'ufage mettoit ces efpèces d'arbres au rang des *Catteux*, fe déporta de fes prétentions & il fit bien, car la décifion de cette affaire ne pouvoit lui être avantageufe.

En effet, les coutumes d'Artois, de Lille, de Beauquefne, &c. réputent *Catteux* tous les arbres qui ne produifent point de fruits, ni de revenus ordinaires, fans diftinguer s'ils font plantés dans les chemins, dans les jardins ou dans les bois taillis. Pourquoi donc iroit-on diftinguer lorfqu'elles ne le font pas? Quand la coutume de Beauquefne dit *tous les arbres non portant fruits*, elle n'excepte rien. Quand celle de Lille après avoir fpécifié les efpèces d'arbres plantés dans les jardins & les bois taillis qui font réputés immeubles, ajoute *& le furplus des bois montans & croiffans font réputés pour meubles*, elle a certainement en vue les arbres croiffant dans les bois, auffi bien que dans les jardins.

L'autorité du feul Bouteiller fuffiroit d'ailleurs

pour décider cette question : c'est dans sa *somme rurale* qu'est déposé l'esprit des coutumes de Flandre ; car il n'écrivit que d'après l'usage qu'il vit pratiquer cent ans environ avant qu'on les rédigeât. Voici comme il s'explique sur cette matière au titre 74 du livre premier.

« Tous estalons *en bois à taille* , puisqu'ils ont
» quarante-un ans ou plus , sont meubles, &
» en dessous ce sont héritages. Bois à taille ordi-
» naire de sept ans, comme aunois, haies de cinq
» ans, capilles de halots de trois ans, chênes de
» glands sont héritages ; & chênes qui ne sont de
» gland dessus cinq ans jusques à soixante ans,
» sont meubles , & dessous cinq ans ; & en dessus
» soixante ans, sont héritages ».

Il y a plus, non-seulement les arbres de haute futaie qui croissent dans les bois taillis, sont réputés *Catteux* , les bois taillis mêmes le sont aussi lorsqu'ils ont passé le tems ordinaire de leur coupe, & que le propriétaire veut les laisser parvenir à leur maturité. Car alors ils cessent de produire un revenu ordinaire , & par conséquent, la raison qui les faisoit réputer immeubles, venant à cesser , leur qualité d'immeubles doit cesser également.

Par arrêt rendu à la cinquième chambre des enquêtes du parlement de Paris le 26 janvier 1736, au rapport de M. de Salaberi , il fut jugé que les *testars* qui sont dans les haies, sont *Catteux*. La même chose avoit été jugée par une sentence du conseil d'Artois du 30 juin 1716 dont nous rapporterons la teneur ci-après.

Les coutumes d'Artois , de Montreuil , de Beauquesne , & de Boulenois , différentes en cela de la plupart de celles qui admettent aussi les *Catteux*, rangent dans cette claſſe les *bleds verds & autres adveſtures après la mi-mai*. Avant ce tems, elles les réputent immeubles.

Maillart dit ſur l'article 141 de la coutume d'Artois, que par *bleds verds & autres adveſtures*, la coutume n'entend que les fruits induſtriaux ; & que les fruits purement naturels, c'eſt-à-dire, les fruits des arbres, les poiſſons en étang, les foins, ſont regardés comme immeubles, même après la mi-mai, juſqu'à ce qu'ils ſoient ſéparés du fond.

Suivant le même auteur, les oignons de fleurs ne ſont jamais *Catteux*, même après la mi-mai, à moins que celui qui en eſt propiétaire, n'en faſſe commerce.

Les bois à coupes ordinaires, les arbres fruitiers, les grains verds après la mi-mai, ne ſont regardés comme immeubles que par rapport au propriétaire. Car à l'égard du fermier, on les partage dans ſa ſucceſſion comme meubles, en quelque tems que ce ſoit, parce que le droit de percevoir les fruits échus & à écheoir, fait dans le fermier une propriété ſéparée & principale, qui doit être regardée comme mobilière, ſuivant la nature de toutes les actions purement perſonnelles : c'eſt la diſpoſition de la coutume du Cambreſis, dont l'article 5 du titre 16 porte *baux & marchés de terre à cenſes, de moulins, prés, bois ou autres héritages à ferme ou louage, ſont tenus & réputés meubles.* On trouve la même déciſion dans la coutume de Lorraine, & dans celle de la châtellenie de Lille.

Catteux ſecs. On entend par *Catteux ſecs* des bâtimens légers qui peuvent aiſément ſe détacher du fond. On ne ſçauroit les caractériſer

plus

plus clairement qu'en rapportant les propres termes des coutumes. Celle d'Artois s'explique en ces termes :

Article 144, « granges, étables & maré- » chauffées font Catheulx, mais maisons mana- » bles, châteaulx, portes, fours, & coulom- » biers font héritaiges ».

Article 145, « La croifée, eftache, arbre, » gaiole & le gifant d'un moulin à vent, font ré- » putés héritaiges ; & le demeurant, meuble ; » & en moulin à eau, la maifon, & belfroy, le » gifant, & le rayere font réputés héritaiges ; & » le demeurant meuble ».

La coutume de la châtellenie de Lille con- tient à peu près la même difpofition. « La maî- » trelle chambré (dit-elle, titre 7 article pre- » mier) *deux couplés* (*) en la maifon manable, & » la porte fur quatre efteulx étans fur héritage, for- » tiffent telle nature que l'héritage. Comme auffi » les colombiers, porchil, carin & fournil, s'ils » font féparés des autres édifices, le burg du » puich.... pierres de grez.... & le furplus des » édifices :.... font réputés pour meubles ».

L'arrêt du 17 janvier 1736 que nous avons déjà cité, a auffi jugé, fi l'on en croit Maillart, que toutes les *portes* grandes ou petites étoient *Catteux*, fans diftinction de la principale d'avec les autres.

Il faudroit connoître les circonftances de l'ef-

_____

(*) Un ancien praticien explique ainfi ce terme dans fes notes manufcrites fur cette coutume : « Deux couples, c'eft- » à-dire, deux pièces de combles à prendre en la cheminée » de la chambre maîtrelle pour garnir la cheminée de ladite » chambre contre les vents & les pluyes ».

pèce fur laquelle fut rendu cet arrêt , pour
fçavoir s'il a vraiment décidé cela. Ce qu'il y
a de certain , c'eft que la coutume d'Artois dans
laquelle il fut rendu, décide expreffément le
contraire en réputant les *portes* immeubles.

Néanmoins cette difpofition , quelque générale qu'elle foit, doit admettre une reftriction, & l'on doit réputer *Catteux* les portes
des bâtimens auxquels la coutume attribue cette
qualité, l'acceffoire étant toujours de la même
nature que le principal.

Une fentence rendue par le confeil provincial d'Artois le 30 juin 1716 contient une énumération fort étendue des biens qui doivent
être réputés *Catteux verds & fecs.*

« Nous .... déclarons *Catteux* & partageables
» dans la fucceffion mobilière, les étables,
» écuries, bergeries, rêmifes de chariots, han-
» garts, granges, maréchauffées, ormes, or-
» meaux, peupliers, frênes, & autres bois blancs
» & tendres croiffans dans les allées, avenues
» des châteaux, chemins, flégards, voiries,
» manoirs, & dans les haies; ordonnons qu'à
» la fucceffion immobilière appartiendront les
» châteaux, jardins, murailles garnies d'arbres
» à fruits, portes de fer, maifons, pigeonniers,
» grandes portes des fermes.... Et les arbres
» à tête fitués dans les haies defdits manoirs,
» pour être partagés conformément à la nature
» des fonds, & coutumes des lieux fur lefquels
» ils font .... Et avant faire droit fur la qua-
» lité des ormes, &c. » *le refte comme ci-deffus.*

Une autre fentence du 11 février 1717 rendue par le même fiége, porte: « La cour ....
» déclare héritages, toutes les grandes portes

» qui servent d'entrées ès maisons & fermes
» dont il s'agit ».

Le mot *hangart* employé dans la première
sentence, signifie un endroit destiné à mettre à
couvert les harnois, les charrues, les chariots.
Il est plus connu dans les Pays-bas sous le nom
de *charterie*.

Le mot *maréchaussée* dont se sert la même sentence ; ainsi que les coutumes d'Artois, de S.
Pol, de Beauquesne, de Montreuil, &c. n'a pas
toujours été bien entendu. Les rédacteurs de la
coutume de Montreuil l'ont expliqué en ces termes : *maréchaussées qui sont matières assemblées
pour bâtir*. Si c'étoit-là le sens de ce mot, il ne
faudroit pas s'étonner que les coutumes des
Pays-bas réputassent les *maréchaussées* meubles ;
elles seroient en cela conformes au droit commun. La loi 17 §. 5 digest. *de actionibus emti*, y
est formelle: Il n'y a peut-être que la coutume
du Hainaut qui répute pour héritages *toutes pierres, briques, sommiers, autres bois & matériaux
préparés, étant appropriés sur le lieu pour mettre
en œuvre à l'édifice encommencé*. Chapitre 122
article 6.

Si le sens du mot *maréchaussée* étoit celui que
lui attribue la coutume de Montreuil ; il faudroit
dire que les coutumes ont décidé ce qui l'étoit
déjà de manière à écarter tous les doutes, en
rangeant ces sortes de biens dans la classe des
meubles ; il faut donc dire avec Maillart, que
ce mot vient de *marach* ; expression tudesque
qui signifie *cheval*, & qu'il désigne une écurie &
un travail où l'on ferre les chevaux.

Quoiqu'originairement on n'ait réputé *Catteux
secs* que les bâtimens légers, aujourd'hui on ne

laisse pas de réputer tels des granges bâties de briques & de grès, & couvertes de tuiles. C'est ce que jugea la sentence du 30 juin 1716 dont nous avons rapporté quelques fragmens. La même chose fut encore jugée depuis par les officiers du conseil provincial d'Artois, & leur sentence fut confirmée au parlement de Paris; il s'agissoit des granges du château d'Olhain.

Dispositions communes aux Catteux verds & aux Catteux secs. Les coutumes qui admettent les *Catteux*, les défèrent à l'héritier des meubles, mais elles accordent à l'héritier qui succède à l'héritage sur lequel ils sont situés, la faculté de les retenir en en payant la valeur. Telle est la disposition des coutumes d'Artois, article 147; de Boulenois, article 73; de Beauquesnes, article 12; de Montreuil, article 46; de de Saint-Pol, titre 4, article 5; de la châtellenie de Lille, titre 1, article 56. Cette disposition doit être étendue aux autres coutumes qui ne décident rien sur ce point, parce que le droit commun permet à tout propriétaire du fond de retenir ce qui y est attaché, s'il veut en payer l'estimation.

De sorte que l'héritier mobiliaire ne peut rien *démolir, abattre ou emporter, que préalablement il n'ait fait signifier auxdits héritiers* (du fond) *s'ils le veulent retenir ou non.* Ce sont les termes de la coutume de la châtellenie de Lille.

L'héritier du fond ne peut pas diviser la faculté qui lui est accordée, il faut qu'il l'exerce en entier ou qu'il y renonce tout-à-fait; il ne peut pas retenir quelques arbres, en en offrant la valeur, & laisser abattre les autres, comme l'a jugé l'arrêt du 26 janvier 1736 que nous avons déjà cité. C'est une suite du principe général qu'une obligation alternative ne souffre point de division dans l'un de ses membres, & qu'elle doit être pleinement exécutée dans l'un ou dans l'autre. Ce principe est fondé sur différentes lois du digeste.

Le même arrêt du 26 janvier 1736, a encore jugé que les intérêts de l'estimation des *Catteux* étoient dus à cinq pour cent, depuis la demande judiciaire, quoique l'estimation y fût postérieure.

Les coutumes de Lille, de Douai, & plusieurs autres ne s'expliquent point sur la manière dont les *Catteux* doivent être estimés. Il faut pour en avoir une juste idée, consulter les coutumes voisines. C'est le moyen de connoître l'esprit général des dispositions qui concernent ces sortes de biens.

La coutume de Saint-Pol, titre 4, article 5, porte que *la prisée desquelles maréchaussées se doit faire, comme bois, étant en un mont, sans faire prisée de l'ouvrage, & ce pour le regard des bois & non des autres matériaux.* Cette restriction n'est point admise dans les autres coutumes : on y estime les bois & les autres matériaux, sans avoir égard à la main d'œuvre. C'est ce qu'a jugé la sentence du 30 juin 1716 citée ci-dessus.

La coutume d'Artois, article 147, dit que *la valeur & priserie de Catheulx se doit estimer, comme si le tout étoit démoli en un mont.*

Celle de Beausquêne, article 12, dit : *& l'héritier succédant esdits manoirs, peut avoir & retenir lesdites maréchaussées, en payant à qui elles pourroient appartenir, la valeur & prisée raisonnable d'icelles, comme si le tout étoit démoli & en un monceau.*

Celle de Montreuil, article 46, renferme la

C iij

même difpofition en d'autres termes. *Et fe doivent partir par appréciation qui fe fait tout ainfi que lefdites granges, étables, maréchauffées & blancs bois étoient à terre & non-dreffés.*

La conférence de ces coutumes fait voir que l'eftimation des *Catteux fecs* doit fe faire fans avoir égard à la main d'œuvre qui eft néceffaire pour en faire des bâtimens : il eft fi vrai que cette difpofition doit s'étendre aux autres coutumes, que Bouteiller en fait une règle générale. » Sachez, dit-il, que celui qui a le gros de la » maifon, *c'eft-à-dire le fond de l'héritage*, doit » avoir tous les héritages qui font tenus pour » meubles, pour au tel prix qu'ouvriers à ce » connoiffans le priferoient en valeur *pour empor-* » *ter hors.* » C'eft-à-dire fuivant ce qu'ils pourroient valoir, fi on les employoit à d'autres bâtimens.

La raifon pour laquelle on n'eftime pas la main d'œuvre eft fenfible. L'héritier mobilier n'en eft pas propriétaire, elle appartient au fond, par la règle des acceffoires. Les *Catteux* feuls font exceptés de cette règle, & l'on ne peut étendre cette exception, fans violer la lettre & l'efprit des coutumes.

L'eftimation des *Catteux verds* doit fe faire de la même manière, c'eft-à-dire que l'on doit avoir égard à l'ufage que l'on peut en faire fuivant leur deftination naturelle. Ainfi les bois dont on fe fert ordinairement pour bâtir, doivent être eftimés plus cher que ceux qu'on employe à brûler ; car puifque l'eftimation doit fe faire *comme fi le tout étoit en un monceau*, on doit confidérer la valeur intrinfèque de chaque chofe : fi les bois étoient abattus, l'héritier mobilier

pourroit en faire tel ufage que leur qualité lui
permettroit, c'eſt-à-dire les brûler ou les employer en bâtimens; & comme le prix doit remplacer la choſe, il eſt juſte que l'héritier mobilier retrouve dans l'eſtimation que fait faire
l'héritier du fond, les mêmes avantages que lui
auroient procuré les arbres en nature; autrement les coutumes en permettant à l'héritier du
fond de les retenir, auroient porté atteinte au
droit de propriété qu'elles donnent à l'héritier
mobilier ſur les *Catteux*.

C'eſt conformément à ces principes que furent rendues deux ſentences au Conſeil provincial d'Artois, dont la première du 30 juin 1716,
porte : » feront les arbres *Catteux* eſtimés comme
» bois abattus en un mont ou en corde, & les
» bois de charpente & maréchauſſées ſans au-
» cune main d'œuvre, ſiage, ni autre façon,
» mais ſelon leur bonté intrinſeque, comme
» étant en un mont; & les grès, pierres blan-
» ches & briques au pied, ſans façon de croque-
» tage, taille, ni autrement.

La ſeconde qui fut rendue ſur des difficultés
élevées touchant l'exécution de la première eſt
du 11 février 1717. Elle porte : » La Cour a
» ordonné & ordonne..... en expliquant &
» interprêtant ſon jugement du 30 juin dernier,
» que les *Catteux verds* ſeront eſtimés comme
» bois abattus par rapport à leur bonté intrinſe-
» que & valeur.

L'arrêt du 26 janvier 1736 déjà cité ci-deſſus
a décidé également que les *Catteux verds & ſecs*
doivent être eſtimés ſuivant leur valeur intrin-
ſéque.

Il a auſſi jugé que le prepriétaire du fond ne

peut pas déduire de cette valeur la dépenſe
qu'auroit dû faire l'héritier mobilier, pour démolir les Catteux ſecs & pour abattre les verds.

. Pour ſavoir ſi des arbres ou édifices ſont *Cat-*
teux, ce n'eſt point à la coutume du domicile
du propriétaire.qu'il faut s'en rapporter, c'eſt
à celle du lieu où ils ſont ſitués.

Mais dans le cas où l'une & l'autre coutume
s'accorde à réputer *Catteux* ces arbres ou édifices, laquelle doit-on conſulter pour régler toutes les difficultés qu'ils peuvent occaſionner. Par
exemple, la coutume de la châtellenie de Lille
accorde au ſurvivant de deux conjoints avec
enfans, la propriété de tous les meubles & *Cat-*
teux de la communauté. La coutume de la châtellenie de Caſſel ne lui en accorde que la moitié. Si de deux conjoints domiciliés dans la châtellenie de Lille, l'un meurt en laiſſant des enfans, l'autre pourra-t-il prétendre la totalité de
tous les *Catteux* ſitués dans la châtellenie de
Caſſel ? On dira pour l'affirmative que la coutume de la châtellenie de Lille, titre 2, article 9,
ordonne que *les biens meubles & réputés pour*
meubles, ſuivent le corps & ſe partiſſent ſelon la
coutume du lieu de la maiſon mortuaire.

· On dira pour la négative que l'on ne doit
point donner à cette diſpoſition un ſens trop
étendu. L'empire de chaque coutume eſt borné
par.ſon territoire : celle de Lille peut bien ordonner que les réputés meubles ou *Catteux* ſitués
dans ſon reſſort, ſe règlent ſur une coutume
étrangère, mais elle ne peut elle-même faire
loi à ceux qui ſont ſitués dans une autre province. Si une coutume attribue à quelques immeubles la qualité fictive de meubles ou *Cat-*

teux, c'est pour certains effets qui lui font particuliers, & non pour les affujettir à une coutume étrangère.

Cette dernière opinion paroît la plus analogue aux vrais principes : le parlement de Flandres s'y est conformé par arrêt du 3 décembre 1700, rendu de l'avis de toutes les chambres ; il est rapporté par M. Desjaunaux, tome 2, article 293.

L'entravestissement a lieu entre conjoints dans l'échevinage de Lille, mais non dans la châtellenie. Les Catteux situés dans la châtellenie, appartenans à deux conjoints domiciliés dans l'échevinage entrent-ils dans *l'entravestissement* ? D'après les principes que nous venons d'établir & l'arrêt qui les a confirmés, il sembleroit que non. Mais il faut se rappeller la disposition particulière de la coutume de la châtellenie de Lille ; l'article 9 du titre 2 porte que les *réputés pour meubles* doivent se régler sur la loi du domicile, de même que les meubles réels ; ainsi dans l'espèce que nous venons de proposer, les *Catteux* situés dans le ressort de cette coutume, doivent entrer dans l'entravestissement. C'est ce que jugea le conseil provincial de Gand, par sentence du 7 octobre 1417.

Les *Catteux* ne sont considérés comme meubles que dans les cas marqués par les coutumes. Celle d'Artois, article 146, dit qu'*en matière de succession ils sortissent nature de meubles*, d'où il faut nécessairement conclure qu'en tout autre cas la fiction cesse, & que les *Catteux* sont regardés comme de vrais immeubles ; ainsi dans cette coutume ils n'entrent point en communauté.

Dans la châtellenie de Lille & dans la plupart des coutumes de Flandres, ils font réputés meubles, tant pour la communauté conjugale, que pour les fucceffions, de forte que le furvivant, a fur ces fortes de biens les mêmes droits que fur les meubles réels. Mais cette fiction ne fouffre pas la moindre extenfion. Dans la coutume de Douai, le furvivant de deux conjoints qui fe font *entraveftis* l'un l'autre *par fang* ou *par lettres*, eft propriétaire incommutable de tous les meubles de la communauté; il l'eft auffi des immeubles qui étoient propres au prédécédé, mais c'eft à la charge de les laiffer aux enfans qu'il a eus de lui, au cas qu'il fe remarie : dans cette réferve font compris les *Catteux*, comme des immeubles réels. C'eft ce que la coutume décide elle-même, chapitre 1, article 4.

En général on peut dire qu'il en doit être des *Catteux* comme des rentes que plufieurs coutumes réputent meuble. Cette fiction n'a lieu que dans ce qui fe règle par la coutume & elle ceffe dans les difpofitions de l'homme. S'il eft ftipulé par un contrat de mariage que les meubles appartiendront en totalité au furvivant, & que les acquets fe partageront également entre lui & les héritiers du prédécédé, il ne pourra prétendre que la moitié des rentes quoique réputées meubles par la coutume. C'eft ce qui fut jugé au parlement de Flandres par arrêt du 12 mai 1739, au rapport de M. Odemaer, en faveur du fieur Becquet contre le fieur Dubois d'Havelay. Ce dernier s'étant pourvu en révifion, fut débouté par arrêt du 17 février 1742, au rapport de M. Eloy. La même chofe a encore été jugée depuis au même parlement entre le fieur Mullet & M. Hériguer, confeiller en cette cour.

. Par la même raifon, on doit décider qu'un legs univerfel de meubles ne comprend pas les *Catteux*, comme l'a jugé une fentence de la gouvernance d'Arras, rapportée par M. Maillart.

C'eft par une fuite du même principe que fut rendu au parlement de Flandres un arrêt dont la décifion eft remarquable. La Comteffe d'Halennes, après la mort de fon mari, demanda fon douaire, tel qu'il étoit réglé par la coutume de la châtellenie de Lille. La comteffe de Zweghem héritière immobilière du comte d'Halennes, confentit à le lui délivrer ; mais elle foutint qu'il ne devoit pas s'étendre aux *Catteux* fitués fur les héritages qui y étoient affujettis, & qu'elle avoit rachetés de l'héritier mobilier du défunt. Elle fe fondoit fur ce que le douaire ne comprenant point les meubles réels qui fe trouvoient fur ces héritages, il en devoit être de même des meubles fictifs ; que par la mort du propriétaire du fond les *Catteux* avoient paffé à l'héritier-mobilier ; que le douaire ne peut avoir fur ces fortes de biens plus de droit que le propriétaire même du fond, & que les dépenfes faites par le propriétaire pour les racheter ne doivent pas rendre meilleure la condition de la douairière.

Par arrêt rendu le 12 avril 1704, le parlement de Flandres ordonna que les *Catteux* feroient compris dans le douaire. M. Pollet qui le rapporte, en rend raifon en ces termes : « l'ufu-
» fruitier a droit de jouir de tous les fruits du
» fond, naturels ou civils, & de toutes les com-
» modités qui en proviennent. La fiction de la
» coutume touchant les arbres, édifices, & au-

» tres chofes adhérentes au fond eft bornée à la
» matière des fucceffions. . . . Le feigneur qui
» jouit du fief tenu de lui, faute de relief, en
» jouit fans exception des réputés meubles. Le
» droit de l'héritier mobilier ne peut faire de
» conféquence pour celui de la douairière Si
» l'héritier féodal confent qu'il retire les réputés
» meubles, le douaire demeure fur le fond ; s'il
» aime mieux les retenir en payant l'eftimation,
» comme ils font partie du fond, ils demeurent
» naturellement affujettis au douaire. »

De ce que les *Catteux* ne font réputés meubles que dans les cas défignés par les coutumes,
il réfulte que fi l'on vend un héritage fur lequel
fe trouvent des arbres ou des édifices de cette
qualité, le feigneur peut prétendre les droits de
lods & ventes du prix entier, fans que l'on puiffe
en déduire la valeur de ces meubles fictifs. Il s'eft
fait à Lille dans le dernier fiècle une enquête
par turbes où tous les praticiens ont dépofé
unanimement que tel étoit l'ufage.

Nous avons dit que les *Catteux* entroient en
communauté dans la plupart des coutumes de la
Flandres. Il faut remarquer qu'on déroge fouvent
à ces coutumes par les contrats de mariage ; &
dans ce cas on demande fi au moins l'accroiffement que produifent les *Catteux verds* pendant
le mariage, n'entre point dans la communauté ?

On peut dire pour l'affirmative que la communauté comprend tous les fruits qui chez les
Romains appartenoient au mari pour la dot.
Or, l'accroiffement que prennent les fruits d'un
fond dotal pendant le mariage appartient au
mari, puifque fuivant la loi 7, *digeft. foluto matrimonio*, fi le mariage dure onze mois, le mari

prénd la onzième partie des fruits quoiqu'ils foient encore pendans par les racines au temps de la diffolution du mariage.

On peut dire pour la négative que tout cela eft vrai à l'égard des chofes qui produifent des fruits, & faux à l'égard des autres. Le contrat de mariage rend aux *Catteux verds* la qualité d'immeubles que la coutume leur avoit ôtée ; or, les immeubles n'entrent point en commu-nauté, il n'y a que les fruits qui en proviennent. Il refte donc à favoir fi l'accroiffement des ar-bres de haute-futaye peut paffer pour fruit de ces arbres. Un argument tiré à fens contraire de la loi 7, §. 12 & 7, *digeft. foluto matrimonio*, fait voir que non.

Cette dernière opinion eft fuivie au parle-ment de Flandres, M. Pollet en rapporte plu-fieurs arrêts.

- La fubftitution d'un fonds affecte auffi les *Cat-teux* qui s'y trouvent au temps de la mort du teftateur, quoique la coutume les répute meu-bles ; & l'accroiffement qu'ils ont pris durant la vie de l'héritier fiduciaire entre dans la fubftitu-tion, & paffe avec le fonds à celui qui y eft appelé, fans que l'héritier du fiduciaire y puiffe rien prétendre. Le parlement de Flandres l'a ainfi jugé par arrêt du 16 janvier 1692, rap-porté par M. Pollet, & par un autre du 28 juin 1709, rapporté par M. Desjaunaux.

Il nous refte à obferver une erreur dans la-quelle font tombés quelques jurifconfultes, qui s'arrêtant à l'écorce des mots, ont cru qu'il y avoit des Catteux dans les coutumes du Hai-naut & du chef-lieu de Valenciennes. Il eft vrai qu'elles parlent d'une efpèce de biens qu'elles appellent *Cattels*, mais ce ne font pas des *Cat-teux* véritables, c'eſt-à-dire des meubles fictifs ; ce ſont des meubles réels. De ſorte que dans ces coutumes *Cattel* & *meuble* ſont exactement ſynonimes. Il ne faut pour s'en convaincre que jetter les yeux ſur les textes. Les chartes générales du Hainaut, chapitre 122, article 11, diſent que *les arbres croiſſans, adveſtures de bled, d'a-voines, & d'autres grains en terre, n'ayant pied coupé, ſeront tenues pour héritages.*

La coutume du chef-lieu de Valenciennes renferme la même diſpoſition, article 31. » *Tou-*
» *tes adveſtures & autres choſes & wariſons étants*
» *ſur les héritages, terres & prés, ſont réputées de-*
» *voir tenir la condition du très-fond, juſqu'à ce*
» *qu'ils ſoient coupés ou cueillés, que lors ils ſont*
» *tenus pour meubles.*

Article 32. » *Toutes choſes tenantes à la maiſon*
» *ou héritage à clou, fer, cheville ou maſſonne-*
» *ment, ... ſeront réputées immeubles* ».

Puiſque dans ces deux coutumes, toutes les eſpèces de fruits, d'arbres & d'édifices ſuivent la condition du fonds, il eſt clair que les *Catteux* proprement dits y ſont inconnus.

Voyez *le placard rendu pour l'inſtitution du conſeil de Gand, du 15 octobre 1661 ; Vanden-hane ſur la coutume de Gand ; Maillart, ſur celle d'Artois ; Brunel, en ſes obſervations nota-bles ſur la coutume d'Artois ; le même en ſes pro-jets de réforme pour la coutume d'Artois ; les cou-tumes de Flandres traduites par le Grand ; celles d'Artois, de Saint-Pol, de Beauqueſne, de Boul-lenois, de Montreuil, &c.* Voyez auſſi les arti-cles CATTEL, JURÉS DE CATTEL, ENTRA-VESTISSEMENT, BIENS, &c. (*Cet article eſt*

de M. MERLIN, avocat au parlement de Flan-
dres.

CAVALERIE. C'eſt un corps de gens de
guerre deſtinés à combattre à cheval.

On ſait que la Cavalerie eſt de la plus grande
utilité à la guerre pour les détachemens, pour
les eſcortes & pour combattre en plaine.

Suivant une ordonnance du roi du 25 mars
1776, chaque régiment de Cavalerie doit être
compoſé de cinq compagnies formant autant
d'eſcadrons, dont quatre de Cavalerie & un de
chevaux-légers (*).

Il doit y avoir dans chaque eſcadron un capitaine commandant, un capitaine en ſecond, un
premier lieutenant, un lieutenant en ſecond,
deux ſous-lieutenans, un maréchal des logis en
chef, un ſecond maréchal des logis, un fourrier
écrivain, huit brigadiers, un cadet gentilhomme, cent cinquante-deux maîtres ou chevaux-légers, deux trompettes, un frater, &
un maréchal ferrant, ce qui fait en tout 174
hommes y compris les officiers.

Les deux premiers eſcadrons ont en outre à
leur tête, l'un le meſtre de camp en ſecond, &
l'autre le lieutenant colonel du régiment.

L'état major eſt compoſé d'un meſtre-de-camp
commandant, d'un meſtre de camp en ſecond,
d'un lieutenant-colonel, d'un major, d'un quartier-maître tréſorier, de deux porte-étendards,
d'un adjudant, d'un chirurgien-major, d'un aumônier, d'un maître maréchal, d'un maître ſellier & d'un armurier.

(*) L'article 2 a réglé qu'il ſeroit en outre attaché à
chaque régiment un eſcadron d'auxiliaires en temps de
guerre.

Le maréchal des logis en chef de chaque compagnie eſt chargé ſupérieurement au ſecond maréchal des logis, qui lui eſt ſubordonné ; de tous les détails du ſervice & de la diſcipline ; ſous les ordres des officiers de la compagnie.

Le fourrier eſt un écrivain qui ne fait d'autre ſervice que celui de tenir les regiſtres, former les états & pourvoir au logement de la compagnie.

Le quartier-maître tréſorier eſt chargé de tenir les regiſtres de recette & de dépenſe, & de recevoir l'argent qui doit être dépoſé dans la caiſſe. Il a le rang & les prérogatives de lieutenant.

L'adjudant a rang de premier maréchal des logis en chef : tous les maréchaux des logis lui ſont ſubordonnés. Il doit remplir toutes les fonctions de détail que rempliſſoient précédemment les aides-major & les ſous-aides-major qui ont été ſupprimés.

Le major doit être ſuppléé tant pour ſon ſervice que pour ſes fonctions, par le plus ancien capitaine préſent au corps.

Le maître maréchal & le maître ſellier ont rang de ſeconds maréchaux des logis, & en portent les marques diſtinctives.

A l'égard de l'armurier, du frater & du maréchal ferrant, ils n'ont d'autre rang que celui de cavalier.

L'article 15 a réglé les appointemens & ſolde attribués à chaque régiment de Cavalerie. Il doit en conſéquence être payé par mois à chaque capitaine-commandant 200 livres.

A chaque capitaine en ſecond, 150 livres.

A chaque

A chaque lieutenant en premier, 83 livres 6 fous 8 deniers.

A chaque lieutenant en fecond, 75 livres.

A chaque fous-lieutenant, 60 livres.

Les cadets-gentilshommes doivent être payés des fonds de l'école militaire, fur le pied réglé par l'ordonnance particulière qui les concerne.

A chaque maréchal des logis en chef, 30 livres.

A chaque maréchal des logis en fecond, 24 livres.

A chaque fourrier écrivain, 24 livres.

A chaque brigadier, 15 livres 10 fous.

A chaque cavalier, 11 livres 10 fous.

A chaque trompette, 18 livres 10 fous.

A chaque frater, 15 livres 10 fous.

A chaque maréchal ferrant, 11 livres 10 fous.

ÉTAT-MAJOR.

A chaque meftre-de-camp-commandant, 333 livres 6 fous 8 deniers.

A chaque meftre-de-camp en fecond, 150 livres.

A chaque lieutenant-colonel, 316 livres 13 fous 4 deniers.

A chaque major, 266 livres 13 fous 4 deniers.

A chaque quartier-maître tréforier, 100 livres.

A chaque porte-étendard 60 livres.

A chaque adjudant, 40 livres.

Au chirurgien-major, 100 livres.

A l'aumônier 50 livres.

A chaque maître maréchal, 25 livres.

A chaque maître fellier, 25 livres.

A chaque armurier, 11 livres 10 fous.

Ces appointemens & folde doivent être payés fans aucune retenue, foit au fujet des quatre deniers pour livre deftinés pour l'entretien de l'hôtel des invalides, foit pour la capitation ou pour toute autre dépenfe : tous ces objets doivent être acquittés fur la maffe générale du corps dont on parlera tout à l'heure.

L'article 16 veut que fur la folde réglée par l'article 15, il foit retenu fur le pied de quarante fous tous les mois par chaque maréchal des logis, fourrier, brigadier, cavalier, trompette, frater, maréchal ferrant & armurier, pour les entretenir de linge & de chauffure. Cette retenue doit être confervée dans la caiffe du régiment, & le décompte en être fait tous les quatre mois. Il doit y être joint la demie-folde des hommes abfens par congé, & la folde entière de ceux qui n'auront pas rejoint à l'expiration de leurs congés.

Suivant l'article 17, le roi doit faire remettre annuellement à la caiffe du régiment une maffe générale formée de cinquante-fix livres par homme au complet, ainfi que de quatre fous de bénéfice fur chaque place de fourrage, également au complet ; ce qui revient en tout à cent vingt-huit livres par homme monté au complet.

Cette maffe générale doit être employée aux recrues, aux remontes, à l'habillement, à l'équipement, à l'entretien & à toute efpèce de réparations fans diftinction.

La même maffe générale doit être adminiftrée par le confeil qu'a établi dans chaque corps l'article premier du titre premier de l'ordonnance

du 25 mars 1776, portant règlement fur l'adminiftration de tous les corps tant d'infanterie que
de Cavalerie, dragons, huffards, &c.

Tout cavalier que fon âge, fes infirmités ou
fes bleffures ont mis hors d'état de continuer fes
fervices, a le droit de choifir un afyle à l'hôtel
royal des invalides, ou de fe retirer en tel lieu
du royaume que bon lui femble, pour y jouir
d'une penfion annuelle de quatre-vingt-dix livres
pour récompenfe militaire.

Tout cavalier qui obtient la penfion de récompenfe militaire doit être habillé d'un uniforme neuf en quittant fon régiment; & il doit
lui être payé trente-fix livres tous les huit ans
pour le renouveler.

Lorfqu'un cavalier ayant trente ans de fervice, fe retire avec la penfion de récompenfe
militaire dans une province où la taille réelle a
lieu, il doit jouir de l'exemption de la taille
induftrielle & de toute autre impofition perfonnelle pour raifon du trafic, induftrie & exploitation auxquels il juge à propos de fe livrer.
Si la taille n'eft pas réelle dans la province où
le cavalier vétéran fe fera retiré, il doit être
exempt de la taille ou fubvention perfonnelle
& induftrielle, ainfi que de toute autre impofition perfonnelle, quand même il feroit commerce. Au furplus, le cavalier vétéran qui exploite fes héritages ou qui prend les biens d'autrui à ferme, eft tenu de payer la taille d'exploitation & les autres impofitions acceffoires de
cette taille; enfin il n'eft difpenfé ni du vingtième,
ni des autres charges réelles que fupportent les
propriétaires des fonds & droits réels. C'est ce

qui réfulte de plufieurs articles du titre 8 de l'ordonnance d'adminiftration.

L'article 15 porte que ceux qui auront opté
pour être admis à l'hôtel royal des invalides,
ne pourront quitter l'hôtel & demander la penfion; mais que les penfionnaires qui par leurs
infirmités fe trouveront dans l'impoffibilité de
vivre chez eux, pourront, en remettant leurs
penfions, fe faire admettre à l'hôtel lorfqu'il y
aura des places vacantes.

Voyez *les ordonnances citées*, & les articles
RECRUE, REMONTE, HABILLEMENT, ENGAGE-
MENT, CONSEIL D'ADMINISTRATION, MASSE,
CONGÉ, SÉMESTRE, OFFICIER, DISCIPLINE,
RÉCOMPENSE, PUNITION, DÉSERTION, MES-
TRE-DE-CAMP, CAPITAINE, MARÉCHAL DES
LOGIS, &c.

CAVE. Lieu fouterrain faifant partie d'un
bâtiment.

Le propriétaire d'un fonds eft maître d'y faire
les Caves qu'il juge à propos, pourvu que fi elles
joignent l'héritage du voifin, il ait l'attention
d'y faire un contre-mur.

Ce contre-mur n'eft pas néceffaire quand le
mur voifin qui fert de pignon à une voûte faite
en berceau, fert pareillement de l'autre côté de
pignon à une autre Cave, parce qu'alors il eft
fenfible que ce mur ne fouffre nullement de part
ni d'autre. Mais fi du côté du voifin il n'y avoit
point de Cave, le propriétaire qui feroit creu-
fer de fon côté feroit tenu de faire un contre-
mur pour appuyer ce mur voifin, & le garantir
de la pouffée des terres de la partie oppofée à
la nouvelle Cave : au furplus, ce contre-mur ne
s'exige ordinairement pas quand le mur mitoyen

eft d'une certaine épaiffeur, & qu'il eft évident
que foutenu & buté par la voûte, il réfiftera
fuffifamment à la pouffée des terres : on ne le
juge néceffaire que quand la voûte eft d'une très-
grande élévation, parce qu'alors il fe trouve
une trop grande partie du mur à découvert.

Lorfque le mur mitoyen, au lieu de fervir de
pignon à la Cave, doit recevoir le ceintre de
cette même Cave, on examine fi du côté du
voifin il y a une autre Cave ou s'il n'y en a pas.
S'il y a une Cave, il faut favoir encore fi le
mur mitoyen reçoit le ceintre de cette Cave,
ou s'il ne fert que de pignon : s'il reçoit le ceintre, ce n'eft pas le fatiguer que de lui faire recevoir de l'autre côté le ceintre de la nouvelle
Cave ; au contraire, il fe fortifie en fe trouvant
ainfi buté des deux côtés : mais fi ce mur ne
fervoit que de pignon à la Cave du voifin, on
feroit obligé de ceintrer la nouvelle Cave fur
un contre-mur, fans quoi le mur qui ne fert
que de pignon à la Cave voifine feroit expofé à
fouffrir de la pouffée de la voûte. Si au contraire il n'y a point de Cave du côté du voifin,
il ne paroît pas qu'il foit néceffaire d'un contre-
mur, parce qu'alors les terres oppofées contre-
balancent fuffifamment la pouffée de la voûte.

Si celui qui a la furface d'un terrein n'a pas
le deffous, & que le voifin y ait des Caves, ce
voifin eft obligé d'en entretenir les murs, les
contre-murs & les voûtes ; & fi le propriétaire
de cette furface veut bâtir au-deffus, il peut fe
fervir des murs des Caves, en payant moitié de
la valeur de ces murs ; mais il ne doit rien fupporter de la dépenfe des contre-murs ni des

voûtes, qui demeurent à la charge du propriétaire des Caves.

Quand le propriétaire de la furface a un paffage fur la voûte de la Cave de fon voifin, il
doit, fuivant Defgodets, réparer & entretenir
à fes frais le pavé de fon paffage ; mais Goupy,
dans fes notes fur les *lois des bâtimens*, obferve
que cela n'eft vrai que quand le paffage conduit
à une cour, à un chantier ou à une place vague
dont les eaux fortent par ce paffage, & que
quand ces eaux, au lieu de fortir par le paffage,
s'imbibent dans les terres, ce propriétaire n'eft
pas tenu de faire paver fur la voûte, s'il ne le
veut ; mais qu'il y eft obligé s'il a une cuifine au-
deffus, de crainte que les eaux de cette cuifine
ne pénètrent la voûte & ne l'endommagent.

Lorfque celui qui a le deffus & le deffous d'un
paffage y fait faire des Caves, c'eft à lui à payer
feul la plus baffe fondation pour les enfonce-
mens, le contremur, la voûte & les reins de fes
Caves, de forte que les voitures puiffent paffer
deffus, fi le paffage eft à porte cochère ; & celui
à qui eft le paffage doit en entretenir le pavé
de façon que l'eau ne puiffe endommager la
voûte de ces Caves.

Voyez *la coutume de Paris ; celles de Nivernois,
de Bourbonnois, d'Orléans, de Berry, de Bretagne, &c. les lois des bâtimens, &c.* (*Article de M.*
DAREAU, *avocat, &c*)

C A U S E. C'eft un procès qui fe plaide & qui
fe juge à l'audience.

Les Caufes fe diftinguent les unes des autres
relativement aux tribunaux devant lefquels elles
fe difcutent, aux formes par lefquelles elles font
dirigées & aux différentes matières qui en font

les objets. C'est de là que dérivent les dénominations de Cause principale, Cause d'appel, Cause incidente, Cause d'intervention, Cause majeure, Cause ordinaire, Cause sommaire, Cause provisoire, Cause pétitoire, Cause possessoire, &c.

Cause principale. C'est celle qui s'instruit & qui doit se juger par le premier juge devant lequel elle est portée. On l'appelle *principale* par opposition à une Cause d'appel ou à une Cause incidente.

L'article premier du titre 6 de l'ordonnance de 1667 défend aux juges de retenir aucune Cause dont la connoissance ne leur appartient pas; il leur est enjoint de renvoyer les parties devant les juges qui en doivent connoître, ou d'ordonner qu'elles se pourvoiront (*), *à peine de nullité,* est-il dit, *des jugemens,* & même de prise à partie, en cas de contravention.

Lorsque l'ordonnance menace de la peine de nullité les jugemens rendus au préjudice du renvoi, il faut faire attention que cette peine n'a lieu que lorsque le juge est notoirement incompétent pour décider l'affaire, comme si étant juge de grenier à sel, il vouloit prononcer sur une Cause en retrait lignager ou seigneurial: mais si le juge étoit un juge fait pour connoître d'une Cause de la nature de celle qui seroit portée devant lui, ce ne seroit plus la même chose;

_____

(*) On se sert du terme de *renvoyer,* lorsque le juge à qui appartient la connoissance de la Cause est un juge inférieur; & de celui de *se pourvoir,* lorsque le tribunal où l'on renvoie est égal ou supérieur à celui d'où le renvoi est émané.

D iv

fon jugement fubfifteroit jufqu'à ce qu'il fût réformé par le juge fupérieur. Il y a plus, c'eft que fi le juge devant lequel la Caufe eft portée étoit le juge d'appel de celui devant lequel elle auroit dû être portée en premier lieu, le défendeur ne feroit point partie capable pour demander fon renvoi; une telle demande feroit une efpèce d'indécence. Il y a à ce fujet deux déclarations, l'une du mois de juin 1559, & l'autre du 17 mai 1674, toutes les deux interprétatives à cet égard de l'édit de Cremieu. Il n'y a que le feigneur en perfonne qui pourroit demander ce renvoi dans fa juridiction; mais c'eft ce qui fera plus particulièrement expliqué à l'article RENVOI.

L'ordonnance de 1667 défend auffi fous les mêmes peines d'évoquer les Caufes qui font pendantes dans des fieges inférieurs ou dans d'autres juridictions, fous prétexte d'appel ou de connexité, fi ce n'eft pour les juger définitivement à l'audience & fur le champ par un feul & même jugement; ce qui eft fort fage, afin que des vues d'intérêt ne portent point les juges fupérieurs à dépouiller les juftices fubalternes des affaires qui pourroient procurer des épices. Cependant, quoique l'ordonnance veuille que les caufes évoquées foient jugées fur le champ, rien n'empêche qu'on ne puiffe les mettre en délibéré, pourvu qu'il n'y ait point d'épices. Au refte, voyez ce qui fera dit à ce fujet à l'article EVOCATION.

En fait de Caufes, il y en a pour lefquelles le miniftère des procureurs n'eft pas néceffaire, d'autres pour lefquelles ce miniftère eft indifpenfable, d'autres enfin où il faut celui des avocats.

Le miniftère des procureurs n'eft pas néceffaire dans les officialités, dans les maîtrifes des eaux & forêts, dans les élections, les greniers à fel, les traites foraines, les connétablies, les confervations des priviléges, les hôtels de ville, les commiffions du confeil, les juridictions confulaires, à moins qu'il n'y ait des procureurs créés exprès pour ces fortes de juridictions. Les parties elles - mêmes peuvent y plaider leurs Caufes ; mais dans les autres juridictions ordinaires, excepté pour les Caufes fommaires dont il fera parlé ci-après, les procureurs font chargés de les difcuter ; & lorfque dans ces juridictions il y a des avocats comme dans les préfidiaux & les bailliages, exerçant leur miniftère fans mêlange avec les fonctions des procureurs, les Caufes appartiennent aux avocats ou aux procureurs, fuivant la nature de ces mêmes Caufes. Les Caufes provifoires & d'inftruction, de défenfes & d'oppofition, peuvent être plaidées concurremment par les avocats & par les procureurs ; il en eft de même des Caufes fommaires ; mais à l'égard des autres Caufes qui touchent le fond de l'affaire, elles font réfervées au miniftère des avocats dans les fièges où il y en a qui exercent leur profeffion féparément de celle des procureurs.

Les Caufes qui peuvent intéreffer l'églife, le roi, le public, ou un mineur qui n'a point de tuteur, doivent être communiquées à ceux qui exercent le miniftère public pour y donner leurs conclufions.

A l'égard du mineur qui a un tuteur, celui-ci veillant aux intérêts de fon pupille, il femble qu'il ne foit pas néceffaire que la Caufe foit communiquée, & cette communication n'a pas lieu en effet au parlement de Paris ; cependant dans la plupart des sièges du ressort, que le mineur ait un tuteur ou non, la Cause qui le concerne ne se juge qu'après qu'il y a eu des conclusions prises par le ministère public. Un arrêt du parlement de Provence du 16 juin 1741, défend d'expédier ces sortes de Causes sans une communication préalablement faite aux gens du roi. Le parlement de Bretagne & le parlement de Dijon font observer la même chose ; & en Lorraine, cette pratique est établie par l'ordonnance du duc Léopold, du mois de novembre 1707.

. Les Causes où il s'agit de requêtes civiles, principales ou incidentes, doivent être communiquées aux avocats ou aux procureurs généraux ; c'est le vœu de l'article 27 du titre 35 de l'ordonnance de 1667, parce qu'il est de l'intérêt public que des parties ne s'avisent pas témérairement de renouveler des affaires qui ont déja reçu une décision. Cette communication est si nécessaire, que l'on a cassé des arrêts parce qu'elle n'avoit pas eu lieu.

La Cause au lieu d'être plaidée & discutée à l'audience, se vide quelquefois par expédient, & c'est ou lorsque les parties conviennent entr'elles d'un jugement à l'amiable, ou lorsqu'elles s'en remettent à l'arbitrage sommaire d'un ancien avocat, ou enfin lorsque les juges la renvoient d'office devant un ancien avocat pour en passer par son avis.

Les Causes où il s'agit d'appellations de déni de renvoi & d'incompétence, doivent nécessairement se vider, aux termes de l'article 4 du titre 6 de l'ordonnance de 1667, par l'avis des

gens du roi ; & les folles intimations ainſi que
les déſertions d'appel, par l'avis d'un avocat ;
c'eſt ce qu'on appelle encore *vider par expédient.*

Lorſque la Cauſe a été plaidée en pleine audience, les juges doivent prononcer ſur le champ,
à moins que l'affaire ne mérite un examen particulier ; & alors, ou ils ſe contentent d'un délibéré , ou ils prononcent un appointement.
Voyez à ce ſujet ce qui a été dit à l'article *Appointement* , où l'on explique quelles ſont les
Cauſes qui en ſont ſuſceptibles & celles qui demeurent appointées de plein droit, ou qui peuvent l'être, ſans même que la Cauſe ait été
plaidée.

Cauſe d'appel. C'eſt celle qui eſt pendante par
appel dans un tribunal ſupérieur pour faire réformer le jugement rendu à l'audience par le
premier juge. C'eſt la même Cauſe en quelque
ſorte que la Cauſe principale, parce qu'il ne
s'agit que de ſavoir ſi celle-ci a été bien ou mal
décidée dans la première juridiction.

La diſcuſſion des Cauſes d'appel eſt dévolue
aux avocats privativement aux procureurs : c'eſt
ce qui a été jugé par pluſieurs arrêts du parlement de Paris, notamment pour les avocats du
préſidial & de la ſénéchauſſée de Guéret contre
les procureurs de cette ville, par un arrêt du 26
ſeptembre 1741. Ceci eſt fondé ſur ce qu'il ſeroit indécent de voir des procureurs non gradués attaquer la déciſion d'un juge qui eſt pré-
ſumé n'avoir prononcé que d'après les loix &
l'équité.

Les Cauſes d'appel ſont ſuſceptibles d'appointement comme les Cauſes principales ; & l'on

appelle *appointement au confeil* celui qui eſt rendu à l'audience ſur ces ſortes de Cauſes. Voyez Ap-
POINTEMENT.

Cauſe incidente. C'eſt une demande particulière qui ſurvient dans le cours d'une conteſtation de la part de l'une des parties ; demande qu'on appelle *incidente*, parce qu'elle a quelque connexité avec la demande principale. Par exemple ; lorſque ſur une demande en payement de loyers, le locataire prétend que le demandeur n'a pas qualité pour les exiger, cette conteſtation particulière eſt un incident, tout comme c'eſt un autre incident, ſi ce locataire forme de ſon côté une demande pour le payement de certaines réparations dont il prétend avoir débourſé le montant.

Il peut y avoir des Cauſes incidentes d'une infinité d'eſpèces : c'eſt, par exemple, une autre eſpèce d'incident, ſi dans le cours d'une procédure l'une des parties s'échappe en injures contre l'autre, & que celle-ci en demande réparation ; ſi à défaut de ſolvabilité, on demande une caution ; ſi à défaut de titres on demande à être admis à faire une preuve par témoins, &c.

C'eſt encore une Cauſe incidente lorſque l'une des parties dans le cours de la conteſtation produit un jugement, & que l'autre partie qui craint que ce jugement ne lui nuiſe, en interjette appel incidemment. Autre Cauſe incidente, lorſqu'une partie en attendant que le fond de l'affaire ſoit jugé, demande que par proviſion il lui ſoit adjugé une certaine ſomme. Ces Cauſes incidentes ſe jugent quelquefois avant l'affaire principale, quelquefois en même-temps ; & quelquefois auſſi l'on remet à faire droit ſur l'incident dans un autre temps, ou l'on renvoye les parties devant les juges qui en doivent connoître si cet incident n'est pas de la compétence de ceux qui sont saisis de la Cause principale : tout cela dépend de la nature de l'affaire qui survient, comme on l'expliquera plus particulièrement à l'article INCIDENT.

Cause d'intervention. C'est celle qui a lieu lorsque sur une contestation formée entre deux parties, il intervient une tierce personne ou pour revendiquer ce que ces deux parties se disputent, ou pour venir au secours de l'une d'elles & faire valoir ses prétentions. J'apprends par exemple que deux particuliers se disputent une succession : je sais que je suis le seul habile à la recueillir, j'interviens dans leur contestation & je demande que cette succession me soit ajugée ; cette demande forme à mon égard une Cause d'intervention, tout comme ce seroit une Cause de la même nature si je me montrois dans une contestation pour garantir & faire valoir des droits que j'aurois cédé à quelqu'un. Ceci ne demande pas une plus grande explication; au reste on peut voir ce qui sera dit aux articles GARANTIE & INTERVENTION.

Cause majeure, en matière civile, signifie une Cause importante, dont la connoissance n'appartient pas à toutes sortes de juges, ou qui demande à être plaidée avec plus de solemnité qu'une Cause ordinaire. Telles sont les Causes concernant l'église, les bénéfices, &c. Il est défendu aux juges des seigneurs d'en prendre connoissance ; c'est aux baillis ou sénéchaux qu'elles sont attribuées. Il en est de même des Causes en matière d'abus, de régale, &c. Ces

Caufes font de la compétence directe des Parlemens.

Il faut en dire autant des Caufes qui peuvent concerner des princes & des ducs & pairs, ou qui peuvent donner lieu à des queftions d'état ; il n'appartient pas aux juges inférieurs d'en prendre connoiffance. Cependant, s'ils en avoient connu, il n'y auroit pas de nullité, mais ils pourroient être facilement dépouillés d'une connoiffance ultérieure par la voie de l'évocation.

En matière canonique on appelle *Caufes majeures*, certains cas réfervés au pape, tels que ceux où il s'agit d'affaires criminelles contre des évêques. On ne fait trop en France à quoi s'en tenir dans ces fortes de Caufes. On croit fuivant certains auteurs que ces Caufes doivent être jugées en première inftance par le concile de la province ; qu'après ce jugement il eft permis d'appeler au pape, conformément au concile de Sardique, & que le pape doit commettre le jugement de l'affaire à un nouveau concile jufqu'à ce qu'il y ait trois fentences conformes, fuivant la règle préfente de l'églife. René de Rieux, évêque de Léon en Bretagne, ayant fuivi la reine Marie de Médicis & s'étant retiré avec elle aux pays-bas, fut accufé de crime d'état fous le miniftère du cardinal de Richelieu. Le pape Urbain VIII, par un bref du 8 octobre 1632, commit l'archevêque d'Arles & les évêques de Bologne, de faint Flour & de faint Malo, pour lui faire fon procès. Ces commiffaires le jugèrent définitivement, le privèrent de fon évêché & le condamnèrent à de groffes aumônes. Mais fous la régence de la Reine Anne d'Autriche, le clergé affemblé en 1645 écrivit

du pape Innocent X qui donna commiffion à fept autres évêques pour juger l'appel que l'évêque de Léon avoit interjeté de la fentence des quatre commiffaires : cette fentence fut caffée & l'évêque de Léon rétabli.

Le cardinal de Retz, archevêque de Paris, ayant été accufé de crime de lèze-majefté, on envoya en 1654 une commiffion du grand fceau au parlement pour lui faire fon procès. Le parlement accepta cette commiffion ; il prétendit même qu'un crime de la nature de celui qui étoit imputé au cardinal, faifoit ceffer tout privilége. Le clergé ne vit pas avec indifférence cette commiffion : il foutint que les évêques ne pouvoient être jugés que par leurs confrères. La commiffion fut révoquée & le roi rendit une déclaration le 26 avril 1657, par laquelle il ordonna que le procès des évêques feroit inftruit & jugé par *des juges eccléfiaftiques* fuivant les faints décrets. Cette expreffion, *fuivant les faints décrets*, a donné lieu à des interprétations. L'auteur de la jurifprudence canonique penfe que ces *faints décrets* doivent fe rapporter aux anciens canons, fuivant lefquels les évêques ne peuvent être exempts des lois pénales de l'état dont ils font membres & fujets ; d'où il conclud que pour les cas privilégiés un évêque n'eft pas moins fujet au jugement des officiers royaux que les autres eccléfiaftiques. Le clergé n'adopte point à beaucoup près une opinion femblable ; mais c'eft ce qui fera plus particulièrement examiné à l'article ÉVQÊUE.

Il y a auffi en fait de Caufes majeures, en matière canonique, les *Caufes déléguées in partibus*, dont il fera parlé à l'article DÉLÉGATION ou DÉLÉGUÉ.

Cause ordinaire, est celle qui concerne le commun des citoyens en matière ordinaire, comme pour fait de promesse, d'obligation, de prêtage, de succession, &c. On l'appelle *ordinaire*, parce qu'elle est de la compétence des juges ordinaires.

Cause sommaire, est celle qui doit être promptement traitée dans un tribunal, c'est-à-dire sans toutes ces formes & ces procédures qui ont lieu pour les Causes ordinaires.

On met dans la classe des Causes sommaires aux cours de parlement, au grand conseil, aux cours des aides & aux requêtes de l'hôtel & du palais, les Causes purement personnelles qui n'excèdent point la somme ou la valeur de quatre cens livres. A l'égard des bailliages, des sénéchaussées ou autres juridictions royales, & de celles des seigneurs & même des officialités, on répute pareillement Causes sommaires celles qui n'y excèdent pas la somme ou la valeur de deux cens livres. Telle est la disposition de l'article premier du titre 17 de l'ordonnance de 1667.

On répute encore Causes sommaires dans toutes les cours & juridictions du royaume, suivant les articles 3 & 5 de la même ordonnances, les choses concernant, 1°. la police, à quelque somme ou valeur qu'elles puissent monter. 2°. Les achats, ventes, délivrances & payemens pour provision & fourniture de maisons en grains, farine, pain, vin, viande, foin, bois & autres denrées. 3°. Les sommes dues pour ventes faites dans les ports, les étapes, les foires & les marchés; les demandes pour loyers de maisons ou pour fermages, & les actions pour les occuper ou pour les exploiter, ou pour les

faire

faire vider foit de la part des propriétaires,
foit de celle des locataires ou des fermiers.
4°. Les demandes pour non-jouiffance, diminution de loyers, fermages & réparations foit
qu'il y ait bail ou non; pour dépenfes utiles &
néceffaires, améliorations, détériorations, la-
bours & femences. 5°. Les prifes de chevaux &
beftiaux en délit; les faifies qui en font faites, la
nourriture, dépenfe ou louage de ces animaux.
6°. Les gages des ferviteurs, peines d'ouvriers,
journées de gens de travail; les parties de chi-
rurgiens, d'apoticaires; les vacations de médecins; les frais & falaires des procureurs, des
huiffiers & fergens, & les droits d'autres officiers fous le titre d'appointemens ou de récompenfes. 7°. Les demandes à fin d'élargiffement
& de provifion des perfonnes emprifonnées;
celles qui font à fin de main-levée des effets mobiliers faifis ou exécutés; les établiffemens ou
les décharges des gardiens, commiffaires, dé-
pofitaires ou fequeftres; les réintégrandes; les
provifions requifes pour nourritures & alimens,
& tout ce qui requiert célérité & où il peut y
avoir du péril dans la demeure : toutes les Caufes qui ont trait à des objets compris dans les articles ci-deffus font réputées Caufes fommaires,
pourvu que ce qui fait la bafe de l'action n'excède pas la fomme ou la valeur de cent livres.

L'article 4 du même titre de l'ordonnance
répute encore pour Caufes fommaires les appo-
fitions & les levées des fcellés; les confections
& clôtures d'inventaires en ce qui concerne la
procédure feulement; les oppofitions faites aux
faifies, aux exécutions & aux ventes de meubles; les préférences & les priviléges fur le prix

qui en provient, pourvu qu'il n'y ait que trois oppofans, & que leurs prétentions n'excèdent pas la fomme de mille livres, fans y comprendre les cas de contribution au marc la livre ; à quoi il faut ajouter les tutelles, les curatelles & les émancipations.

Les Caufes fommaires diffèrent des Caufes ordinaires, en ce que dans celles-ci on fournit des défenfes par écrit avant d'en venir à la plaidoierie ; au lieu que dans les autres, incontinent après les délais échus, la caufe fe porte à l'audience fur un fimple acte pour venir plaider fans autre procédure ni formalité. L'ordonnance veut même que dans les fiéges il y ait des audiences particulières établies pour ces fortes de Caufes, & les parties peuvent y plaider elles-mêmes, excepté dans les parlemens, au grand confeil, dans les cours des aides & autres cours fouveraines, aux requêtes de l'hôtel & du palais & aux fiéges préfidiaux.

A l'égard des jugemens qui peuvent intervenir dans les Caufes fommaires, & de la manière dont ils peuvent être exécutés, voyez le titre 17 de l'ordonnance de 1667 & ce qui fera dit à l'article *Matières fommaires.*

Il faut mettre encore au rang de ces fortes de matières les Caufes purement perfonnelles non procédantes de contrats paffés fous le fcel royal & qui n'excèdent pas la fomme de quarante livres. La connoiffance de ces Caufes où les parties peuvent plaider elles-mêmes, eft attribuée aux bailliages & fénéchauffées du reffort du parlement de paris par un édit du mois de feptembre 1769, pour y être ftatué définitivement & fans appel par trois des officiers du fiége.

Caufe provifoire eſt celle qui eſt formée pour voir dire qu'en attendant le jugement du fond de la conteſtation, il ſera ordonné telle ou telle choſe par proviſion, ſoit parce que le demandeur eſt fondé en titre, ſoit parce qu'il y auroit du péril à laiſſer plus long-temps en ſouffrance la choſe qui fait l'objet de ſa demande.

Les Cauſes provifoires participent beaucoup de la nature des Cauſes ſommaires ; auſſi l'ordonnance de 1667 les range-t-elle ſous le même titre. Les Cauſes provifoires peuvent ſe plaider en tout temps, même en vacations. Ces ſortes de Cauſes ſont pour la plupart autant de Cauſes incidentes ; mais l'ordonnance veut que ſi le fond eſt en même-temps en état d'être jugé, il ſoit prononcé ſur l'un & ſur l'autre par un même jugement, ſauf à ordonner qu'en cas d'appel le jugement ſera exécuté par forme de proviſion en donnant caution ; ce qui paroît plus ſage que de ſuivre l'uſage où l'on étoit auparavant de donner en pareil cas la ſentence de proviſion ſéparément de la ſentence definitive : cependant lorſque le fond paroît ſuſceptible d'une grande diſcuſſion, & qu'il ſeroit trop long d'attendre qu'il fût jugé, on peut alors rendre un jugement ſur la Cauſe provifoire, parce que l'ordonnance ne veut qu'on prononce ſur le fond & ſur le provifoire tout enſemble, qu'autant que l'un & l'autre ſont en état de recevoir une déciſion définitive. Voyez ce qui ſera dit à l'article MATIÈRES PROVISOIRES.

Caufe petitoire eſt celle qui a trait à revendiquer la propriété d'un immeuble ; & cette Cauſe ne diffère de la poſſeſſoire, qu'en ce que par celle-ci on s'attache uniquement à

E ij

obtenir une jouiffance perdue, fans entrer pour
cela dans le fond du droit de propriété ; au lieu
que par l'action pétitoire on demande & le fond
& le revenu tout enfemble.

Caufe poffeffoire. Après avoir vu ce que c'eft
que Caufe pétitoire, on voit aifément qu'une
Caufe poffeffoire eft celle qui roule fur un fait de
poffeffion, abftraction faite du droit de propriété. Je fuppofe que je fois en poffeffion d'un
certain héritage, & que mon voifin vienne m'en
dépouiller de ion autorité ; fi je demande à être
réintégré dans cette poffeffion, ma Caufe fur
cet objet fera une Caufe poffeffoire, & je ferai
réintégré fans qu'il foit néceffaire d'examiner fi
au fond l'héritage m'appartient ou non, parce
qu'il fuffifoit que j'euffe la poffeffion de l'objet
qui m'a été ravi, pour qu'il fût défendu de m'en
dépouiller autrement que par juftice : c'eft fur
cette confidération que l'ordonnance de 1667,
au titre 18 des *complaintes* & des *réintégrandes*,
veut qu'il foit prononcé fur le fait de ma poffeffion, & que le jugement en foit même exécuté, avant de paffer au pétitoire concernant la
propriété de la chofe. Voyez à ce fujet les articles COMPLAINTE & RÉINTÉGRANDE.

On appelle *Caufe des pauvres*, celle où il s'agit
des intérêts des hôpitaux & des pauvres d'une
paroiffe. Boniface rapporte un arrêt du 27 février 1673, fuivant lequel il a été jugé que les
Caufes des pauvres devoient être portées en
première inftance aux cours de parlement. Ces
fortes de Caufes y font toujours fuivies des conclufions de MM. les gens du roi.

Lorfque dans une conteftation une partie eft
fi indigente qu'elle ne peut pas fournir aux frais

attachés à l'expédition des actes de justice, sur la représentation qu'elle fait aux juges de sa pauvreté attestée par des certificats du curé & du syndic de l'endroit, on ordonne que les actes lui seront expédiés & délivrés gratuitement.

Voyez les articles HÔPITAUX & PAUVRES.

On appelle *Cause graffe*, une Cause amusante qu'on avoit coutume de plaider autrefois dans quelque sièges & même dans quelques parlemens, l'un des derniers jours du carnaval. Cet usage ne subsiste plus que dans les basoches, où les jeunes gens pour s'exercer à la plaidoirie, imaginent des sujets plaisans fondés sur des aventures galantes ou sur des mécontentemens entre le mari & la femme. La pudeur étoit anciennement peu ménagée dans ces sortes de Causes ; aujourd'hui on les traite avec un peu plus de circonspection. Voyez l'article BASOCHE.

On appelle *Causes & moyens d'appel*, les écritures qu'on produit pour établir les raisons & les moyens en vertu desquels on s'est cru fondé à interjeter appel de la sentence sur le bien ou le mal jugé de laquelle il s'agit de statuer. On trouve à l'article APPOINTEMENT la formule de ces sortes d'écritures.

On appelle *Causes & moyens d'abus*, les écritures que l'on fournit pour établir les raisons qu'on a eues d'interjeter appel comme d'abus d'une sentence ou d'une ordonnance. Le style & le plan de ces écritures font à-peu-près les mêmes que des Causes & moyens d'appel.

On appelle *Causes & moyens d'opposition*, les écritures qu'on fournit pour justifier de son droit sur une opposition formée à des criées. La formule de ces sortes d'écritures se conçoit aisément ; il s'agit de conclure suivant ce que l'on a droit de demander , & d'établir enfuite les raifons fur lefquelles on fe fonde.

Voyez *la déclaration du mois de juin 1559 ; l'ordonnance de 1669 ; deux autres déclarations, l'une du 15 mars 1673, & l'autre du 17 mai 1674 ; le recueil de jurifprudence canonique , &c.* Voyez auffi les articles Renvoi, Déclinatoire, Incident, Intervention, Contrat, Obligation, &c. (*Article de M. Dareau, avocat, &c.*)

CAUTION, CAUTIONNEMENT. La *Caution* eft la perfonne qui répond de l'exécution d'une promeffe contractée par une ou par plufieurs autres perfonnes (*).

Le *Cautionnement* eft l'acte par lequel la caution s'oblige de remplir l'obligation de la perfonne engagée dans le cas où cette perfonne manqueroit à fa promeffe.

Nous n'avons prefque pas de lois en France fur ce qui concerne les Cautionnemens : ainfi nous emprunterons du droit romain ce que nous avons à dire de plus effentiel fur cette matière, fauf à faire remarquer ce que l'ufage a pu introduire de particulier dans notre jurifprudence.

Pour traiter cet article avec méthode , nous parlerons,

1°. Du Cautionnement en général, & des différentes fortes de Cautionnemens.

2°. Des perfonnes qui peuvent fe cautionner,

_____

(*) La Caution s'appelle auffi quelquefois *fide juffeur*, dénomination qu'elle tire de deux mots latins *fide jubere*, qui fignifient qu'elle veut qu'on prenne confiance en elle fur la promeffe qu'elle donne de la folvabilité du débiteur.

& de celles pour lefquelles on peut fe cautionner.

3°. De la manière dont fe forment les Cautionnemens.

4°. De l'effet qu'ils produifent.

5°. De la manière dont ils finiffent.

6°. De l'action à laquelle ils donnent ouverture contre les perfonnes pour lefquelles on s'eft obligé.

Du Cautionnement en général, & des différentes
fortes de Cautionnemens.

En général, on peut fe rendre Caution pour toutes fortes d'engagemens qui n'ont rien de contraire aux bonnes mœurs ; toute promeffe qui eft fufceptible d'exécution eft fans contredit fufceptible d'un Cautionnement.

Le Cautionnement participe en tout de la nature de l'obligation principale, c'eft un acceffoire qui en a tous les traits & toutes les qualités ; de forte qu'au moment où cette obligation principale s'anéantit, le Cautionnement s'évanouit avec elle.

Il eft auffi de la nature d'un Cautionnement de n'avoir pas plus d'étendue que l'obligation pour laquelle il eft donné ; de forte qu'on ne peut pas plus exiger de la Caution que du débiteur principal.

Quoique nous venions de dire que le Cautionnement ne fubfifte plus auffi-tôt que l'obligation qui en eft l'objet eft évanouie, il eft pourtant des cas où cette obligation fubfifte contre la Caution quoiqu'elle ne fubfifte plus contre le débiteur principal : on prête, par exemple, fous mon Cautionnement une fomme à un mineur ;

ce mineur parvient à se faire relever de l'obligation qu'il a contractée par cet emprunt, il est certain que quoiqu'on ne puisse plus rechercher ce mineur, on n'en est pas moins en droit de s'adresser à moi qui l'ai cautionné, comme on le verra plus particulièrement par la suite.

Il y a aussi des cas où la Caution n'est pas plus obligée que le débiteur qui revient contre son obligation ; c'est lorsque celui-ci est fondé en moyens tirés du fonds même de l'obligation pour la faire résoudre comme dans l'espèce que voici : Pierre s'étoit obligé envers Paul au payement d'une certaine somme pour demeurer quitte envers lui de différens objets qu'on lui assuroit avoir été légués par le testament de son père en faveur de Paul, & je m'étois rendu garant de l'obligation. Le testament s'est trouvé, & il a été reconnu que Paul n'avoit rien à prétendre ; en conséquence, Pierre à demandé la résolution de sa promesse : s'il a été déchargé de son obligation, il est certain que je l'ai été en même-temps du Cautionnement, parce que je n'ai entendu m'obliger pour Pierre qu'autant que Pierre seroit lui-même obligé.

Mais voici une autre espèce : Pierre a vendu un héritage, & je me suis rendu Caution que quand même il y auroit lieu à des lettres de rescision pour cause de lésion, Pierre n'en feroit point usage : cependant au bout de trois ans Pierre se pourvoit en lettres de rescision, & il parvient à les faire entériner ; suis-je garant de ses démarches en vertu de mon Cautionnement? La négative est la seule opinion accréditée ; elle est fondée sur cette raison, que l'obligation que l'on fait contracter à quelqu'un de ne pas récla-

mer contre le tort qu'on lui fait, eſt une obligation contre les bonnes mœurs; ainſi comme le
vendeur eſt toujours en droit de réclamer, quelque promeſſe qu'il ait fait par le contrat de n'en
rien faire, celui qui a été garant qu'il ne récla-
meroit pas, n'eſt point obligé d'empêcher cette
réclamation, & n'eſt point par conſéquent reſ-
ponſable des ſuites qu'elle peut avoir ; en un
mot, il n'eſt pas plus obligé que le vendeur dont
il eſt la Caution, parce qu'il eſt également contre les bonnes mœurs de faire rejaillir ſur une
Caution le tort qu'elles ne permettent pas que
l'on faſſe à un principal obligé.

Il en ſeroit de même ſi Pierre avoit vendu
avec promeſſe de garantir de toute éviction en
retrait lignager, & que je me fuſſe rendu Caution de cette promeſſe. Comme une promeſſe
ſemblable ſeroit une ſorte d'extravagance, parce
qu'on ne doit point chercher à obliger les autres
ſur des faits & des évenemens qui ne dépendent pas d'eux, je ne pourrois pas plus être
recherché à cette occaſion, que Pierre ne
pourroit l'être lui-même.

Il eſt donc comme de maxime certaine, qu'excepté quelque cas particuliers dont il ſera queſtion par la ſuite, un Cautionnement quelconque
ne ſauroit produire un effet plus étendu que l'o-
bligation principale, & que toutes les fois que
l'obligation ne peut ſubſiſter, le Cautionnement
ceſſe de plein droit.

L'obligation de la Caution ne peut pas être,
comme nous venons de le dire, plus forte que
celle du principal obligé ; mais rien n'empêche
qu'elle ne ſoit moindre. On peut, par exemple,
n'être Caution que pour un temps, tandis que

le débiteur peut rester encore obligé ; on peut ne l'être que jusqu'à concurrence d'une certaine somme, tandis que le débiteur peut l'être pour davantage : tout ceci dépend des clauses qu'on est maître de stipuler lors du Cautionnement, pourvu, comme nous l'avons dit, qu'il ne se passe rien contre les bonnes mœurs ; car en fait de délits, par exemple, non-seulement celui qui s'obligeroit de les commettre seroit coupable, mais encore celui qui se rendroit Caution des événemens envers le délinquant.

Une seule & même obligation est susceptible de différens Cautionnemens à la fois par plusieurs personnes. Celles-là peuvent être Cautions pour une partie & celles-ci pour une autre ; chacune d'elles peut l'être pour le tout, & chacune est censée l'être ainsi, à moins qu'on ne s'en soit autrement expliqué.

Lorsqu'on se rend Caution pour quelqu'un, l'engagement ne va pas au-delà de la somme ou de la cause exprimée ; de sorte que si la somme produit des intérêts, la Caution ne sera point responsable de ces intérêts, à moins que le Cautionnement ne soit général. On n'est point responsable non plus des dommages-intérêts qui peuvent naître d'une cause étrangère au Cautionnement. Si, par exemple, on a répondu d'un administrateur de revenus publics, & que cet administrateur prévarique dans sa gestion, on sera bien tenu du remboursement des deniers détournés ; mais on ne le sera pas des amendes qui pourront en être la suite (*).

(*) Dans la partie des fermes, il est porté par une décision du conseil du 15 août 1739, qu'une caution n'est pas

Il y a des emplois dans les fermes pour lesquels on exige que ceux qui en sont pourvus consignent une certaine somme dont on leur paye l'intérêt, & qui leur tient lieu de Cautionnement. Par un arrêt du conseil du 30 avril 1758, il fut dit que les receveurs des fermes, même les préposés aux entrepôts du tabac, remettroient à la caisse des fermes les sommes auxquelles ils seroient taxés pour leur Cautionnement. Ceux de la ferme des domaines & des aides furent dispensés de cette obligation.

Ce n'est pas seulement pour un débiteur principal qu'on peut se rendre Caution, on peut cautionner également la Caution même, lorsque le créancier ne la trouve pas suffisamment solvable; & l'on appelle *certificateur de Caution* celui qui répond ainsi de la solvabilité de cette Caution.

Il y a cette différence entre le fidejusseur & le certificateur, que le premier répond directement de la dette, au lieu que l'autre n'étant point Caution lui-même, ne fait que certifier la solvabilité du répondant; au moyen de quoi il ne peut être recherché qu'autant que le défaut de cette solvabilité est suffisamment constaté, quand même il s'agiroit d'un objet qui auroit trait aux fermes du roi, ainsi que l'a jugé la cour des aides de Paris par deux arrêts des 2 juillet & 6 août 1745 (*).

_____

déchargée de l'administration d'un commis, quoique le directeur n'ait pas été exact à se faire payer tous les huit jours, & à faire compter à la fin de chaque quartier.

(*) Elle avoit jugé le contraire par un arrêt du 2 juille 1723. Ces différens arrêts sont imprimés, mais la jurisprudence des deux derniers nous paroît la plus sage.

Il nous reſte à obſerver que lorſqu'un Cautionnement eſt fait ſans rapport à aucun acte ni contrat, le droit de contrôle en eſt fixé à quarante ſous : mais s'il donnoit ouverture à une action juſqu'à concurrence d'une certaine ſomme, le droit de contrôle ſeroit dû ſur le montant de cette ſomme : tel ſeroit, par exemple, le cas où je me ſerois rendu Caution juſqu'à concurrence de la ſomme de trois mille livres, que mon voiſin abſent depuis quelques années, reparoîtroit dans un tel temps.

Voilà ce que nous avions à dire ſur les Cautionnemens en général : voyons maintenant quelles ſont les différentes eſpèces de Cautionnemens particuliers.

On en diſtingue de trois ſortes : il y a ce qu'on appelle Cautionnemens *volontaires*, Cautionnemens *néceſſaires* & Cautionnemens *judiciaires*.

Les Cautionnemens de la première eſpèce ſont ceux qui n'ont pour principe que la bonne volonté d'obliger ceux des promeſſes deſquels on ſe rend garant. Ces ſortes de Cautionnemens ſe mettent au nombre des contrats de bienfaiſance.

Les Cautionnemens *néceſſaires* (*) ſont ceux que la loi exige dans certaines occaſions avant de pouvoir commencer une entrepriſe. Elle exige, par exemple, que les dévolutaires donnent une Caution de cinq cens livres : elle exige de même que les étrangers non naturaliſés, que ceux qui ont fait ceſſion de biens, & que les

_____

(*) On pourroit les appeller *légaux*, mais le terme de *néceſſaires* nous a paru le plus propre comme étant le plus générique.

françois expatriés & établis dans les pays étrangers, donnent Caution de payer les dépens & les autres condamnations auxquelles ils peuvent donner lieu en demandant ; & c'est cette espèce de Cautionnement qu'on appelle *cautio judicatum solvi*.

Les Cautionnemens *judiciaires* sont ceux qui sont exigés en justice sur la demande de l'une des parties, ou qui sont ordonnés par le juge. Ces sortes de Cautionnemens ont lieu, par exemple, lorsqu'il s'agit de l'exécution provisoire d'un jugement susceptible d'appel qui ordonne le payement d'une certaine somme. Des motifs de sagesse ont fait exiger des Cautionnemens en pareil cas, afin que si sur l'appel le jugement est réformé, celui qui a payé par provision, puisse exiger de la Caution ce qu'il a été contraint de débourser.

Il y a encore des Cautionnemens de cette espèce pour les baux judiciaires & pour d'autres adjudications. Lorsque ces Cautionnemens sont fournis à la suite des adjudications faites à la charge de fournir Caution dans un délai fixe & déterminé, ils doivent être contrôlés comme actes simples, pourvu qu'ils soient faits dans la huitaine des adjudications, & contrôlés en même-temps que ces adjudications. C'est ce qui résulte d'une décision du conseil du 29 avril 1727.

Le titre 28 de l'ordonnance de 1667 renferme tout ce qui a rapport aux cautions judiciaires. Il est dit par cette ordonnance que la Caution sera présentée par acte signifié à la partie ou au procureur, & que si elle est agréée, elle fera sa soumission au greffe ; soumission qui établit con-

tre elle la contrainte par corps. Si la Caution
est contestée, on donne copie de la déclaration
de ses biens (*), & l'on en communique les pièces justificatives sous le *récépissé* du procureur de
la partie adverse ; ensuite sur la première assignation donnée à comparoître devant le juge,
on procède sur le champ à la réception ou au
rejet de la Caution : si elle est reçue, elle fait alors
sa soumission au greffe. Cette soumission est un
acte par lequel elle s'oblige sous les peines ordinaires portées contre ceux qui contractent envers la justice de restituer la somme portée par
la condamnation provisoire, au cas que dans la
suite la restitution en soit ordonnée (**).

Observez qu'en matière de tutelle, les Cautionnemens ne peuvent être reçus que sur les

_____

(*) Dans les juridictions consulaires, si celui qui se présente pour Caution est un marchand ou négociant notoirement solvable, on ne l'oblige point de donner une déclaration de ses biens. Cela a été ainsi réglé pour la conservation de Lyon par un arrêt du conseil du 3 août 1668.

(**) Une décision du conseil du 15 décembre 1731,
porte que les Cautionnemens fournis pour l'exécution des
sentences nonobstant l'appel en donnant Caution, ne sont
point sujets au contrôle quand il est dit que la Caution sera
reçue en justice. De sorte que s'il est dit simplement qu'il
sera fourni Caution, comme on peut la fournir volontairement devant notaire, l'acte qui en est la suite est sujet au
contrôle dans la quinzaine.

Une déclaration du 16 mars 1720, ordonne que conformément à celle du 9 juin 1705, les sentences rendues
au profit du fermier des aides, seront exécutoires nonobstant l'appel en donnant pour Cautions ses directeurs ou ses
receveurs ; & les Cautionnemens sont sujets au contrôle
lorsqu'il n'a pas été dit par la sentence qu'il seroit fourni
Caution.

conclufions du miniftère public , à caufe de l'intérêt des mineurs , fuivant qu'il réfulte de l'article 12 d'un édit du mois de décembre 1732 ,
adreffé au parlement de Bretagne.

Les Cautionnemens judiciaires ont lieu quelquefois en matière crimmelle ainfi qu'en matière
civile. Lorfqu'il ne s'agit que de condamnations
pécuniaires portées par une fentence , & que
ces condamnations , outre les dépens , n'excédent pas dans les juftices des feigneurs quarante
livres envers la partie , & vingt livres envers
le feigneur ; dans les prévôtés ou châtellenies
royales , cinquante livres envers la partie &
vingt-cinq livres envers le roi ; & dans les bailliages & duchés-pairies , cent livres envers la
partie & cinquante livres envers le roi , l'article
6 du titre 25 de l'ordonnance de 1670 , veut
qu'elles foient exécutées par manière de provifion , & nonobftant l'appel *en donnant caution :*
mais pour ce qui eft des fentences de provifion
pour alimens & médicamens qui s'adjugent dans
le cours de l'inftruction , l'article 6 du titre 12
de la même ordonnance , porte qu'elles feront
exécutées *fans donner Caution.*

Quand un accufé demande fon élargiffement
provifoire , fouvent on ne le lui accorde qu'en
donnant Caution. On ordonne qu'à cet effet fa
demande fera communiquée à la partie publique
& à la partie civile. Si celle-ci par fes réponfes
fait entrevoir que l'accufé eft dans le cas d'être
condamné envers elle à des réparations pécuniaires confidérables , & que la fortune de cet
accufé eft infuffifante pour en répondre fans
une Caution , le juge peut alors ordonner un
Cautionnement préalable , tout comme auffi il

peut le refufer, fi par la qualité de l'accufé &
par l'état des chofes, il s'apperçoit que ce Cautionnement n'eft demandé que dans la vue de
retenir l'accufé plus long-temps prifonnier.

La partie civile eft plus facilement écoutée
lorfqu'en pareil cas elle fe borne à demander
qu'avant l'élargiffement, l'accufé lui paffera un
acte par lequel il lui hypothequera tous fes
biens, afin qu'il ne cherche point à la fruftrer
par des ventes, des donations & d'autres
actes préjudiciables dans le tems intermédiaire
entre le procès & la condamnation.

Au furplus lorfqu'on ne l'oblige pas à un
cautionnement, on ne l'élargit toutefois qu'à
fa Caution *juratoire* de fe repréfenter quand il
en fera requis. Cette Caution juratoire fe fait
au greffe de la juridiction, & l'acte qui conftate
la foumiffion de l'accufé à cet égard, fait mention du domicile qu'il a été obligé d'élire en pareil cas dans le lieu même de la juridiction. Il
fembleroit qu'on devroit toujours exiger cette
Caution juratoire avant qu'il fût élargi ; néanmoins dans l'ufage on commence par le mettre
hors de prifon, il fait enfuite fes foumiffions; il
eft vrai que s'il y manquoit, on feroit en droit
de le reconftituer prifonnier.

On s'en tient pour le plus fouvent à cette
Caution juratoire, fi le délit n'eft pas bien grave,
& fi l'accufé, à raifon de fa pauvreté, n'eft
pas en état de fournir un cautionnement.

On en ufe de même en matière civile, quand
la partie qui a obtenu un jugement n'eft pas
en état de produire une Caution bien folvable, & qu'il ne s'agit que de quelque fomme
légère, fur-tout fi cette partie fe trouve dans

un

un cas favorable ; on se contente alors de sa Caution juratoire. On se contente aussi de la Caution juratoire d'un ecclésiastique en matière bénéficiale. Les gens de main-morte sont pareillement dans l'usage de faire exécuter provisoirement les sentences qu'ils obtiennent, à la Caution de leur temporel, c'est-à-dire, en affectant leurs revenus à la restitution de ce qu'ils ont touché s'ils se trouvent dans le cas de le restituer.

Nous observerons que lorsqu'il s'agit d'un cautionnement pour l'exécution d'une sentence, ce cautionnement doit se donner quand même la partie condamnée ne paroîtroit point l'exiger ; autrement les poursuites que l'on feroit sans cela dégénéreroient en vexation : la chose a été ainsi jugée par un arrêt du 12 juillet 1519, dont il est fait mention dans des notes sur imbert. Ce Cautionnement est surtout nécessaire avant de pouvoir faire aucune saisie mobilière avec déplacement en vertu d'une telle sentence ; un arrêt du 2 août 1696, semble devoir le faire penser ainsi. Mais pour une simple saisie-arrêt entre les mains d'un tiers, rien n'empêche qu'on ne puisse la faire sans une Caution reçue : il suffit qu'on sache qu'une simple saisie ne met pas dans le cas de restituer, pour qu'on puisse la faire sans un Cautionnement préalable.

Nous finirons par observer qu'en matière de commerce, celui qui se rend Caution d'une lettre de change en y mettant son *aval*, s'expose à la contrainte par corps comme débiteur principal, quand même il ne seroit point négociant ; c'est ce qui résulte de l'article premier du titre 7 de l'ordonnance de 1673.

Remarquez auſſi que ſi un père & une mère avoient cautionné leur fils pour la ſureté de la reſtitution de la dot de leur bru, ce cautionnement ne pourroit point s'effectuer au point d'abſorber la légitime de leurs autres enfans; autrement on trouveroit le ſecret de donner atteinte à une réſerve qui parmi nous eſt ſacrée, & qu'on doit principalement reſpecter lorſqu'il s'agit d'avantager directement ou indirectement quelques - uns de ſes enfans au préjudice des autres.

Des perſonnnes qui peuvent ſe Cautionner & de celles pour leſquelles on peut ſe Cautionner.

Pour pouvoir ſe rendre valablement Caution, il faut être habile à contracter, être maître de ſa perſonne & de ſes biens; de ſorte que ceux qui ſont ſous la puiſſance d'autrui & qui n'ont point la liberté de diſpoſer de leurs biens ne ſauroient contracter à cet égard aucun engagement ſolide. Ainſi les religieux, les eſclaves, les femmes en puiſſance de mari, les mineurs, les interdits, les furieux & les imbéciles ne peuvent point être Cautions.

A l'égard des femmes non mariées, l'ancien droit Romain leur défendoit de ſe rendre Caution pour les affaires d'autrui: le ſenatus conſulte Velléïen annulloit leur obligation; mais Juſtinien leur permit dans la ſuite par ſa novelle 134, chapitre 8, de renoncer aux diſpoſitions du ſénatus conſulte Velléïen. L'uſage de cette renonciation devint ſi commun en France, que cette même renonciation n'étoit preſque plus qu'une clauſe de ſtyle dans les actes de notaires. La queſtion de ſavoir ſi elle

étoit suffisamment exprimée ou si on devoit la
regarder comme sous entendue, occasionnoit
souvent des procès. Henri IV pour obvier à
toute contestation à ce sujet, abrogea le senatus consulte Velléien par un édit de l'année 1606;
depuis ce tems là ce même sénatus consulte n'a
plus eu lieu dans le ressort du parlement de
Paris où l'édit a été enregistré. Mais dans la
Normandie où cette loi n'a pas été reçue, le
senatus consulte dont il s'agit est encore
observé dans toute sa rigueur ; la novelle
qui permet aux femmes d'y renoncer, n'y est
même pas suivie.

La diversité de jurisprudence qu'on doit remarquer à ce sujet entre le parlement de Paris
& celui de Rouen, nous conduit à observer
avec M. Pothier que c'est la loi du domicile
qu'avoit la femme lors du Cautionnement ,
qu'on doit suivre en pareil cas ; par la raison
que les lois qui réglent les obligations des
personnes, sont des statuts personnels qui exercent leur empire sur tous ceux qui habitent le
territoire où elles sont en vigueur, quel que
soit d'ailleurs le lieu de la situation des biens
de ces personnes ou celui de l'obligation qu'elles
ont contractées. En vain diroit-on que le senatus consulte Velléien peut être regardé comme
un statut réel en ce qu'il défend aux femmes
d'engager leurs biens pour les dettes d'autrui.
La réponse à cette objection est que l'obligation
des biens n'étant qu'un accessoire de l'obligation personnelle, celle-ci comme étant la principale est la seule qu'on doive considérer. Au
moyen de quoi si une femme de Paris s'est rendue
Caution par un acte devant Notaires, ses biens

quoique fitués en normandie, fe trouvent foumis à la même hypotèque que ceux qu'elle peut
avoir dans le reffort du parlement de Paris. Il
en feroit différemment fi la femme fans fe rendre
perfonnellement Caution, fe bornoit à affecter
fes immeubles à la fureté d'une créance étrangère ; il n'y auroit en ce cas que les biens fitués dans le pays où elle a pu les affecter qui
fuffent réellement engagés : le ftatut dont nous
venons de parler ne pourroit plus alors être
confidéré que comme un ftatut réel.

Nous avons dit que les mineurs ne pouvoient
pas valablement fe rendre Cautions, & cette
maxime eft vraie quand même ils feroient
émancipés, parce que les mineurs par leur
émancipation n'ont d'autre pouvoir que celui
d'adminiftrer leurs biens, & un Cautionnement
pour autrui ne fait point partie de cette adminiftration. Par une fuite de ce principe ils ne
peuvent pas non plus fe rendre Cautions pour
des marchands dans des affaires où ils n'ont
aucun intérêt, quand même ces affaires auroient
trait au commerce. Un mineur ne peut s'obliger
que pour ce qui regarde fon négoce particulier ;
& le commerce d'un autre marchand avec lequel il n'eft point en fociété, ne peut point être
confidéré comme appartenant au négoce qui eft
propre à ce mineur (*).

_____

(*) Remarquez toutefois que les mineurs ne peuvent fe
faire relever d'un cautionnement par eux donné pour fûreté
de deniers royaux. Il y a à ce fujet un arrêt du confeil du
18 février 1696 qui caffe un arrêt de la cour des aides de
Rouen, & qui fait défenfes de décharger à l'avenir aucun
adjudicataire des bois du roi, leurs Cautions, & leurs certificateurs de la contrainte par corps fous prétexte de minorité.

Il est encore de principe certain que quoiqu'un mineur soit revêtu d'un office public en
vertu d'une dispense du prince, cette dispense
ne le rend point habile à s'engager pour autrui.
Il ne peut contracter d'autres engagemens que
ceux qui sont relatifs à son office.

Un mineur peut cependant se rendre Caution
pour tirer son père de prison, lorsque celui-ci
n'a pas la voie de la cession pour en sortir.
Basnage prétend qu'il faut que le fils soit pour
lors âgé de dix-huit ans, époque de la puberté
complette à laquelle la novelle 115 obligeoit
les enfans sous peine d'exhérédation de racheter
leur père captif; il cite même un arrêt qui semble avoir annullé un Cautionnement fait en pareille occasion par un mineur de seize ans; mais
on trouve d'autres arrêts dans Louet & Brodeau qui ne s'accordent point avec cette jurisprudence; ainsi l'on peut toujours dire que le
fils en s'obligeant pour délivrer son père, ne
fait que remplir un devoir prescrit par la nature, & que l'engagement pris à cet égard doit
être exécuté.

Il ne suffit pas d'être libre de sa personne &
de ses biens pour contracter un Cautionnement;
il faut encore quelquefois être dans une situation propre à être reçu pour Caution. Pour
expliquer ce que nous avons à dire à ce sujet,
il faut rentrer dans la distinction établie précédemment entre les Cautionnemens volontaires,
les Cautionnemens nécessaires & les Cautionnemens judiciaires.

Pour ce qui est des Cautionnemens volontaires, quoique la solvabilité de la Caution soit ce
qu'il y a de plus essentiel à considérer, cepen-

dant, dès que le créancier a volontairement accepté un particulier pour Caution, il est à préfumer qu'il l'a trouvé fuffifamment folvable, au moyen de quoi ce créancier ne peut plus fe plaindre du défaut de folvabilité, quand même la Caution n'auroit pas d'ailleurs du côté de l'âge ou des autres qualités, quelques-unes des conditions requifes pour former un Cautionnement folide, & cette Caution venant à manquer par mort ou autrement, le principal obligé n'eft pas tenu d'en donner une nouvelle.

Mais dans les Cautionnemens néceffaires, c'eft-à-dire, dans ceux qui font exigés par la loi, il faut que la Caution ait de quoi répondre des engagemens qu'elle contracte. Lorfqu'elle n'a que du mobilier, fa folvabilité eft conteftable, parce qu'on fait que le mobilier peut facilement s'évanouir ; cependant quand la dette eft modique, on ne refufe point d'admettre pour Caution des marchands qui ont un commerce bien établi quoique leur fortune ne confifte qu'en mobilier. Les Cautions qui n'ont que des immeubles ou litigieux ou d'une difcuffion trop difficile à caufe du lieu où ils font fitués, font encore dans le cas d'être conteftées. Il faut de plus que la Caution foit domiciliée dans l'étendue de la juridiction où elle doit être donnée ; cependant lorfqu'il y a trop de difficultés à cet égard, & qu'on préfente d'ailleurs une Caution folvable, il dépend de la fageffe du juge de la recevoir. On peut de même faire rejeter le Cautionnement offert par une perfonne puiffante, par celle qui pourroit faire ufage de fon droit de *committimus*, & même par un militaire qui feroit dans le cas d'obtenir des lettres d'état. C'eſt l'avis de Deſpeiſſes & de Baſnage.

Obſervez qu'on doit mettre au nombre des Cautionnemens néceſſaires ceux qu'une partie en contractant s'eſt ſoumiſe de fournir. On convient, par exemple, qu'on ne pourra toucher une certaine ſomme dans le temps qu'en donnant bonne & ſuffiſante Caution. Pour que cette Caution ſoit telle qu'on l'a promiſe, il faut qu'elle ſoit à la rigueur, ſuivant que nous venons de le dire pour les Cautionnemens néceſſaires. Nous diſons *à la rigueur*, parce que celui qui a promis de la donner s'eſt obligé de donner une Caution qui ne laiſſât aucun doute ſur ſa ſolvabilité. Au ſurplus, cette rigueur n'eſt pas telle qu'elle ne ſoit ſuſceptible de tous les tempéramens que l'équité peut y apporter, ſurtout lorſqu'il s'agit de Cautionnement pour recevoir une dot; car, ſuivant le droit romain, ces ſortes de Cautionnemens ſont prohibés comme indécens; celui qui eſt capable de devenir maître de la perſonne, eſt habile à recevoir ce qui lui appartient : mais dans notre droit françois on les tolère : il faut néanmoins que le mari ſoit notoirement connu pour un diffipateur, pour qu'on ſoit difficile ſur les perſonnes qui ſe préſentent comme Cautions pour lui.

Pour ce qui eſt des Cautionnemens judiciaires, on eſt en droit d'exiger de plus que la perſonne que l'on préſente ſoit ſujette aux contraintes par corps : c'eſt pourquoi en pareil cas on peut rejeter les femmes, les eccléſiaſtiques qui ſont dans les ordres ſacrés, & les ſeptuagénaires. Mais ces perſonnes, en s'offrant pour Cautions, ne dérogent-elles pas tacitement à leur exemption de la contrainte par corps? Non, dès que leur qualité est connue : il est à présumer qu'elles n'engagent alors que leur bien.

Observez qu'en fait de Cautionnemens nécessaires & judiciaires, lorsque la Caution reçue tombe dans l'indigence, ou qu'elle vient à mourir, on est obligé d'en donner une nouvelle, suivant qu'il résulte de différentes lois du digeste, & de divers arrêts. Ceci est fondé sur la sûreté que le créancier doit continuellement avoir du payement ou de la restitution de ce qui lui est dû. Il n'en est pas de même, comme nous l'avons dit, des Cautionnemens volontaires ; la personne qu'on a donnée une fois, ou qu'on a promis de donner, suffit.

Nous venons de voir quelles sont les personnes qui peuvent être Cautions ; voyons maintenant quelles sont celles qu'on peut cautionner.

Il est d'abord de maxime qu'on peut se rendre Caution de tous ceux qui peuvent valablement s'obliger, & même des absens qui sont déja obligés. A l'égard de ceux qui ne sont maîtres ni de leur personne, ni de leurs biens, on peut aussi les cautionner valab'ement dans les choses pour lesquelles ils peuvent être légitimement recherchès. C'est pourquoi si je me suis rendu Caution pour des fourn'tures nécessaires faites à un mineur, à une femme mariée, &c. mon Cautionnement est valable à cet égard.

Mais dans les pays où une femme mariée ne peut contracter aucune obligation sans l'autorité de son mari, peut-on se rendre valablement Caution des engagemens qu'elle soulcrit ? Nous avons établi sur cette question la négative à l'article *Autorisation*, & malgré un arrêt du Parlement de Bourgogne que rapporte Bouvot, par lequel on a jugé valable un Cautionnement pour une femme qui avoit contracté sans la participation de son mari, nous persistons à penser avec M. Pothier que ce Cautionnement n'a pas plus de solidité que l'obligation principale qui est radicalement nulle, ou qui pour mieux dire, est censée ne pas exister. Il en seroit autrement si en prêtant, par exemple, de l'argent à une femme, il étoit dit par le contrat que quoiqu'on put arguer de nullité l'obligation de cette femme, la Caution n'en seroit pas moins tenue de rembourser la somme prêtée, parce qu'alors cette Caution prévenue du danger qu'elle couroit, n'auroit à imputer qu'à elle seule de s'y être volontairement exposé.

Doit-on dire la même chose de l'obligation d'un mineur ? Non ; car l'obligation d'un mineur n'est pas nulle comme celle de la femme. La voie de la restitution que les loix lui accordent, supposent au contraire qu'il est obligé : ainsi celui qui se rendroit Caution pour le remboursement d'une somme qu'on prêteroit à ce mineur, seroit valablement engagé quand même le mineur parviendroit à se faire relever de son obligation. La Caution ne seroit dégagée qu'autant que la restitution obtenue par le mineur porteroit sur un vice inhérent au contrat comme sur le dol, l'erreur, la violence, &c. & non simplement sur la qualité du mineur qui seroit censée avoir donné lieu au Cautionnement.

De la manière dont se forment les Cautionnemens.

On peut s'engager comme Caution de la même manière qu'on s'engage par une obligation perfonnelle ; c’eft-à-dire que le Cautionnement peut fe former pardevant notaires , fous fignature privée , par lettre miffive , & même verbalement. Il n’eft pas néceffaire que l’acte portant ce Cautionnement foit de la même nature que celui de l’obligation principale ; cette obligation peut être devant notaires , & le Cautionnement n’être que fous fignature privée : il n’eft pas néceffaire non plus qu’il foit de la même date. Je puis me rendre Caution d’avance pour mon frère d’une fomme qu’il fe propofe d’emprunter, ou je puis donner ce Cautionnement après l’emprunt fait (*).

Nous ne connoiffons point de Cautionnemens tacites : il faut que ceux que l’on recherche comme Cautions fe foient réellement obligés comme tels. Ainfi la fimple recommandation que je ferois auprès d’une perfonne pour mon ami ne fuffiroit point pour me rendre garant des

_____

(*) Un cautionnement porté par le même acte que l’obligation principale ne doit rien de contrôle, mais lorfqu’il eft donné par acte féparé, le contrôle en eft dû comme pour l’objet qui a donné lieu à l’acte principal ; c’eft ce que porte l’article 24 du tarif de 1722.

Il y a des cautionnemens qu’on appelle *purs & fimples*, parce qu’ils n’ont de rapport à aucun acte particulier ; le droit de contrôle pour ces fortes de cautionnemens eft de quarante fous, mais il eft de cent fous lorfque ces cautionnemens font pour des officiers en titre, comme des tréforiers, des receveurs de chapitres & de communautés, ou pour des commis qui ont un maniement de deniers. Le même droit n’eft que de cinq fous lorfqu’il s’agit fimplement de cautionner un domeftique. Obfervez qu’il eft dû autant de droits de contrôle qu’il fe trouve de perfonnes cautionnées.

services qu'il auroit reçus de cette personne. C'est sur ce principe qu'un arrêt rapporté par Papon a jugé qu'une lettre conçue en ces termes : *un tel doit mettre son fils en pension chez vous ; c'est un homme de probité qui vous payera bien*, ne formoit aucun engagement : autre chose est d'annoncer qu'on croit un homme solvable, autre chose est de se rendre Caution pour lui.

On n'est pas non plus réputé Caution pour avoir payé une partie de la dette de quelqu'un; on peut lui faire ce plaisir pour une partie de la créance, sans être garant du surplus.

A l'égard de ceux qui ont des commis ou des préposés pour leurs recettes ou pour leurs affaires, ils sont tacitement responsables des faits & des obligations qui ont trait aux affaires confiées à ces commis ou préposés ; mais ils en sont moins responsables comme Cautions, à proprement parler, que comme obligés eux - mêmes par le fait de leurs commis ou de leurs mandataires.

Les pères de famille sont de même responsables de leurs enfans, & les maîtres de leurs domestiques, si les engagemens contractés par ces enfans ou par ces domestiques ont rapport à l'administration qu'on est dans l'usage de leur confier.

Il y a une exception pour les armateurs de vaisseaux introduite par l'article 2 du titre 8 du livre 2 de l'ordonnance de la marine : ces armateurs peuvent être déchargés des engagemens contractés par le capitaine qu'ils ont préposé à la conduite d'un vaisseau, en abandonnant aux créanciers le bâtiment & le fret.

De l'effet que produisent les Cautionnemens.

L'effet d'un Cautionnement est que celui qui s'est obligé pour autrui doit payer la dette contractée par le principal débiteur, lorsque celui-ci ne l'acquitte point lui-même. Mais comme l'objet du Cautionnement dans l'intention des parties & dans la nature même des Cautionnemens, est de ne payer qu'autant que le principal débiteur n'est pas en état de le faire, on accorde à la Caution un bénéfice qu'on appelle de *discussion*, c'est-à-dire la faculté d'exiger que le créancier avant de la contraindre discute la solvabilité du débiteur.

Ce bénéfice qui n'étoit pas connu dans le droit ancien, a été introduit par la quatrième novelle de Justinien laquelle est suivie parmi nous. Le créancier qui n'est point payé dans le terme convenu par le principal débiteur, peut s'adresser directement à la Caution sans même que le refus du débiteur de payer soit constaté par un commandement, parce que toutes les fois qu'il y a un terme dans une obligation, ce terme vaut une interpellation, suivant la maxime *dies interpellat pro homine*; néanmoins dans l'usage, on ne laisse pas de faire faire un commandement, quoique cet acte ne soit pas absolument nécessaire.

Lorsque la Caution est attaquée, il dépend d'elle alors de demander la discussion; car cette discussion n'est due que quand elle est exigée par la Caution : le juge même ne peut l'ordonner d'office, suivant que le décide un arrêt du premier septembre 1705, cité par Bretonnier sur Henrys. Mais si la Caution a contesté au fond sur la demande, sans requérir la discussion, elle ne peut plus faire ufage de ce bénéfice, fuivant l'opinion de Guy-Pape, d'après les docteurs par lui cités ; c'eft une exception qui doit fe propo-fer d'entrée de caufe. Il y a pourtant un cas où l'on pourroit encore la propofer, celui où pen-dant la conteftation il feroit furvenu des biens au principal débiteur ; parce que fi auparavant la Caution a négligé de demander la difcuffion, il eft à préfumer qu'elle ne l'a fait que par la certitude où elle étoit que le débiteur n'avoit point alors dequoi payer ; préfomption dont l'ef-fet ceffe auffi-tôt que la fortune du débiteur s'eft accrue.

Quand le créancier eft dans le cas de fubir la difcuffion, cette opération n'eft pas bien diffi-cile : il lui fuffit de pourfuivre fon principal dé-biteur dans fon mobilier, & cette difcuffion fe conftate par un fimple procès-verbal de *ca-rence.*

Si après ce procès-verbal de défaut de mobi-lier, la Caution prétend que le débiteur a des fonds en valeur fuffifante pour payer, elle eft encore en droit de les indiquer au créancier pour les faire vendre : mais de crainte que le payement de celui-ci ne foit retardé par des in-dications fucceffives, la Caution eft obligée de comprendre tous ceux qui font à fa connoiffance dans une feule & même indication. Ceci fait le fujet d'un des arrêtés du préfident Lamoignon. La chofe a même été ainfi jugée par un arrêt du 20 janvier 1701, rapporté par Bretonnier fur Hen-rys. Mais comme une difcuffion immobilière de-mande des avances confidérables, la Caution eft obligée de fournir des deniers fuffifans à cet effet. Il ne faut pas non plus que les biens qu'on indique à difcuter foient litigieux & trop chargés d'hypothèques; qu'ils foient fitués hors du royaume, ou d'une difcuffion longue & difficile. Au furplus, lorfque cette difcuffion fe fait, c'eft toujours aux rifques de la Caution qui eft dans le cas de fupporter tous les frais que cette opération demande.

Une queftion qu'agite ici M. Pothier, eft de favoir fi le créancier qui a négligé la difcuffion eft tenu de l'infolvabilité du débiteur depuis que cette exception a été propofée. L'article 192 de la coutume de Bretagne porte formellement l'affirmative; mais nous penfons avec M. Pothier que la difpofition de cette coutume doit être bornée à fon territoire. Dès que le créancier a une Caution, il ne doit s'inquiéter que de la fortune de cette même Caution, & c'eft à celle-ci à veiller à ce que le débiteur dont elle eft garante, foit toujours en état de faire face à fon obligation. Henrys eft de ce fentiment, & il l'appuie d'un arrêt rendu dans une efpèce approchante: il attefte d'ailleurs que c'étoit de fon temps l'opinion commune du barreau de Paris. Il en feroit autrement fi l'on n'étoit Caution que de ce qui manqueroit au créancier après avoir épuifé le débiteur; on pourroit reprocher à ce créancier de n'avoir point fait tout ce qui dépendoit de lui pour fe faire payer.

Il y a des cas où le bénéfice de difcuffion n'a point lieu, c'eft lorfqu'on y a renoncé; & cette renonciation eft permife, parce qu'il eft libre à chacun de fe départir de l'avantage introduit par la loi en fa faveur: *unicuique licet juri in favorem fuum introducto renunciare.* Mais il faut que la renonciation à ce privilège foit formelle; on l'induiroit vainement de ces expreſſions de ſtyle *promettant, obligeant, renonçant* que les notaires ſont dans l'uſage d'inſérer au bas de leurs actes; on ſait que ce ſont des termes d'habitude qui s'emploient indifféremment dans toutes ſortes d'actes ſans ſçavoir ſouvent ce qu'ils ſignifient ; c'eſt ponrquoi on a ſagement adopté cette maxime que ce qui eſt purement de ſtyle ne produit rien : *ea quæ ſunt ſtyli non operantur.*

Le bénéfice de diſcuſſion ceſſe de plein droit au ſujet des Cautions judiciaires : ſi le principal débiteur ne ſe libère point, il faut que celui qui a répondu paye pour lui, ſauf ſon recours.

Il ceſſe pareillement entre marchands pour fait de commerce, par la raiſon que la longueur d'une diſcuſſion ne ſauroit s'accorder avec l'activité qu'exige le négoce. On trouve pluſieurs rrêts ſur cette doctrine, dans Carondas, Bacquet, Deſpeiſſes, &c.

Il en eſt de même de ceux qui ſe ſont rendus Cautions pour les fermes du roi : anciennement ils pouvoient exciper du bénéfice de diſcuſſion ; une ordonnance de Louis XII de 1513 le leur accordoit ; mais aujourd'hui qu'ils ſont préſumés être ſecrettement aſſociés du fermier débiteur principal, ils ne jouiſſent plus de cet avantage. Il n'en eſt pas de même des certificateurs, ſuivant que nous l'avons obſervé ; ils peuvent oppoſer la diſcuſſion.

Nous avons dit que pluſieurs perſonnes pouvoient ſe rendre Cautions pour un ſeul & même débiteur ; lorſque cela arrive, toutes ces perſonnes ſont reſponſables ſolidairement & de plein droit de l'engagement qu'elles ont contracté ; c'eſt ce qui réſulte du paragraphe 4 du titre *de fidej.* aux inftitutes. Mais l'empereur Adrien a apporté une modification à cette folidité, en permettant aux fidejuffeurs lorfqu'ils font folvables, d'exciper envers le créancier d'un autre bénéfice qu'on appelle de *divifion*, c'eft-à-dire, d'ufer de la faculté de répartir entr'eux la dette pour n'en payer chacun qu'une portion.

L'effet de ce bénéfice eft tel, que lorfque le créancier recherche un des fidejuffeurs pour le payement de la dette entière, ce fidejuffeur peut fe contenter de payer fa portion, en demandant que le furplus foit payé par les autres fidejuffeurs; ce qui eft fagement introduit, afin qu'un créancier n'ait pas la liberté de molefter une Caution plutôt qu'une autre. Ce créancier eft dès-lors obligé de difcuter les autres fidejuffeurs, & même leurs certificateurs, s'ils en ont; mais fi l'un d'eux n'eft pas folvable, la Caution attaquée fupporte une partie de cette infolvabilité pour les frais comme pour le refte.

Le bénéfice de divifion profite non-feulement à la Caution & à fes héritiers; mais encore à fon certificateur, parce que celui-ci eft préfumé n'avoir certifié la folvabilité du fidejuffeur que parce qu'il a vu qu'il y en avoit d'autres fur lefquels la créance pouvoit fe répartir. Mais ce bénéfice ceffe dans les cas fuivans. 1°. Lorfque l'une des Cautions ou toutes enfemble y ont expreffément renoncé. 2°. Lorfque celui avec lequel on s'eft rendu Caution eft incapable de s'obliger, comme fi je me fuis rendu Caution avec une femme qui n'étoit point autorifée de fon mari, ou même avec un mineur, parce que j'ai dû fentir que le Cautionnement de l'un ni de

l'autre

l'autre n'étoit point folide, & que le créancier n'exigeoit le mien que pour une plus grande fûreté.

La divifion ne peut pas avoir lieu non plus pour les Cautionnemens judiciaires ni pour ceux qui ont trait au maniement des deniers royaux.

On rejette également la divifion dans les cas où la folidité eft de droit : telle eft celle qui a lieu contre tous les endoffeurs d'une lettre de change ou d'un billet à ordre.

Nous avons dit en parlant de la *difcuffion*, qu'elle ne pouvoit plus être propofée après qu'on avoit contefté au fond fans avoir fait ufage de cette exception ; doit-il en être de même de la *divifion?* M. Pothier penfe fort bien qu'il y a de la différence entre l'une & l'autre, & que la divifion peut être propofée en tout état de caufe, même fur l'appel. La raifon qu'il donne de fon fentiment eft que la difcuffion n'eft qu'une exception dilatoire, au lieu que la divifion eft une exception péremptoire, & que les exceptions de ce dernier genre font recevables en tout état de caufe : il cite les lois romaines qui appuyent fon opinion.

Au furplus, qu'il s'agiffe de difcuffion ou de divifion, remarquez que ces deux bénéfices ceffent lorfque les Cautions fe font obligées folidairement avec le principal débiteur, ou qu'elles fe font fimplement rendues folidaires entr'elles-mêmes. L'expreffion de la folidité vaut une renonciation formelle à tous les avantages qui peuvent réfulter de la loi à cet égard.

Nous obferverons que fi le débiteur avoit des moyens fuffifans pour écarter l'action & qu'il

Tome VIII. G

les négligeât, le fidejuffeur feroit en droit de les
oppofer, parce que la Caution ne demeure obligée qu'autant que l'obligation principale peut
fubfifter.

De la manière dont finiffent les Cautionnemens.

Les Cautionnemens finiffent lorfque les obligations pour lefquels ils font donnés s'éteignent;
& ces obligations peuvent s'éteindre de différentes manières :

1°. Lorfque le créancier a reçu le payement
de fa dette en argent ou autrement ; & fuppofé
qu'il fe fût payé par la tradition d'un fond,
la Caution n'en demeureroit pas moins déchargée, quand le créancier fouffriroit dans la fuite
une éviction ; parce que dès le moment que le
fidéjuffeur a vu la dette payée, il n'a plus dû
s'inquiéter de la folvabilité du débiteur. Il en
feroit différemment fi le créancier n'avoit accordé qu'une prorogation de délai à fon débiteur : une prorogation n'empêche pas que la
dette ne fubfifte & que la Caution ne prenne fes
mefures ou pour contraindre le débiteur à s'acquitter, ou pour veiller à fa folvabilité. D'ailleurs on peut dire que la prorogation doit faire
autant de plaifir à la Caution qu'au débiteur lui-
même.

2°. Lorfqu'il y a une compenfation à oppofer ;
car il eft de maxime qu'on ne peut être créancier & débiteur tout enfemble à l'égard de la
même perfonne. La compenfation opère de plein
droit l'extinction de la dette ; & lorfqu'une fois
la dette a été éteinte de cette manière, on ne
peut plus écarter fecrettement les caufes de la

compenfation pour faire revivre la créance au préjudice de la Caution.

3°. Lorfqu'il y a une novation ; car fi au lieu d'exiger trois mille livres que me doit mon voifin, je me fuis arrangé avec lui pour qu'il me fourniffe un certain nombre de muids de froment ou de vin, je ne puis plus rechercher pour cette fourniture le fidéjuffeur qui n'avoit répondu que pour les trois mille livres. Cependant fi j'avois ftipulé que l'extinction de la première dette n'auroit lieu qu'autant que la fourniture me feroit faite, la caution ne feroit libérée qu'au moment de cette fourniture ; elle ne feroit pas obligée à la vérité de la faire elle-même, mais elle pourroit être contrainte ou à la faire faire, ou à payer les trois mille livres de l'obligation originaire.

4°. Lorfqu'il y a une remife de la dette ; parce que cette remife opère l'extinction de la créance tant en faveur de la Caution que du débiteur.

5°. Lorfqu'il y a une fin de non-recevoir furvenue depuis le Cautionnement. J'ai répondu par exemple, chez un marchand, des fournitures qu'il a faites à mon ami pour un vêtement. Ce marchand au lieu de fe faire payer dans le tems que la loi lui accordoit, a laiffé acquérir contre lui la fin de non-recevoir ; il eft certain que quoiqu'il puiffe bien encore fuivant l'ufage, demander à mon ami fon ferment fur le payement de ce qui a été fourni à ce dernier, l'affirmation que celui-ci fera de devoir ne pourra point me nuire, parce qu'il eft à préfumer que je n'ai pas entendu que mon Cautionnement durât plus que le tems qu'on avoit pour exercer l'action principale. Au moment même où la fin de non-recevoir a été acquiſe, j'ai dû penſer que le marchand étoit payé, & je n'ai plus dû m'inquiéter de la ſolvabilité de celui pour lequel j'avois répondu.

6°. Lorſqu'on parvient à découvrir que la créance n'eſt point légitime & que c'eſt par erreur qu'on l'a contractée, comme lorſque le débiteur s'eſt pourvu en lettres de reſciſion & qu'il eſt parvenu à les faire enthériner (*).

7°. Enfin lorſque le créancier s'eſt mis hors d'état de faire à la Caution une ceſſion ou une ſubrogation utile de ſes droits & de ſes hypothéques ; comme quand il a pris des arrangemens avec ſon debiteur ou avec des perſonnes tierces, de façon qu'en recherchant la Caution celle-ci ne pût agir contre le débiteur cautionné, que l'action ne refluât contre le créancier. A quoi bon ſeroit-il alors qu'un créancier pût exercer un Cautionnement dont il ne pourroit plus tirer aucune utilité ?

De l'action à laquelle les Cautionnemens donnent ouverture contre ceux pour leſquels on s'eſt obligé.

Lorſqu'un fidéjuſſeur a payé la créance dont

(*) Il faut que le motif de ces lettres de reſciſion parte d'un vice inhérent au contrat comme la lézion, l'erreur, le dol, la violence, &c. car ſi le principal obligé ne revenoit contre ſes engagemens que par des moyens tirés de l'état des perſonnes, ces engagemens pourroient ceſſer pour lui ſans ceſſer pour ceux qui ſe ſeroient rendus ſes Cautions, comme nous l'avons expliqué précédemment en parlant des mineurs.

il avoit répondu, il eft jufte. qu'il puiffe répéter contre celui qu'il a cautionné, le principal, les intérêts & les frais qu'il a pu débourfer, avec l'intérêt du tout, ce qui forme à fon égard un principal ; & pour cet effet il eft fondé à demander d'être fubrogé aux privilèges & aux hypothèques du créancier ; fubrogation qui eft de droit, quand même elle ne feroit point formellement exprimée par la quittance de payement.

Il n'eft pas néceffaire pour exercer valablement cette répétition, que le payement ait été forcé ; parce qu'une Caution pour éviter des frais, ou pour fa plus grande tranquillité, peut prévenir les démarches du créancier ; il fuffit que la chofe ait été due lorfqu'on l'a payée, pour que la Caution foit dans le cas d'exercer fon recours. Mais fi lors du payement offert le créancier faifoit une remife de la dette en tout ou en partie, cette remife profiteroit au débiteur, parce qu'en pareil cas la Caution étant cenfée traiter pour le débiteur dont elle feroit regardée comme mandataire, il ne paroîtroit pas jufte qu'elle profitât d'un bénéfice qu'il feroit plus naturel d'appliquer au débiteur.

Au refte quoique la Caution puiffe libérer le débiteur fans fa participation, néanmoins pour que la répétition foit légitime, il faut que lorfqu'elle eft exercée, le débiteur ne puiffe pas plus fe défendre du payement de la dette, qu'il ne le pourroit fi le créancier lui-même le demandoit ; de forte que fi lors du payement fait par la Caution, il y avoit une fin de non-recevoir acquife au débiteur contre le créancier, on pourroit objecter avec succès à cette Caution, d'avoir inconsidérément acquitté une dette qui n'exiftoit plus.

Queftion. Mais que doit-on penfer de l'efpèce que voici ? Mon père en 1735 s'eft rendu Caution envers un particulier de la fomme de trois mille livres pour un ami ; en 1760 cette fomme étant encore à payer, & mon père craignant que cette fomme n'occafionnât des frais au débiteur, en a fait de fon propre gré le payement au créancier qui lui a accordé quittance avec toute fubrogation pour la répéter. Je trouve aujourd'hui & le Cautionnement & la fubrogation dans la fucceffion de mon père ; je m'adreffe à l'héritier du débiteur pour être rembourfé : cet héritier m'objecte qu'il y a plus de trente ans que la dette a été contractée, & que par conféquent elle eft prefcrite. Je lui obferve que lorfque mon père l'a acquittée en 1760, elle n'étoit pas encore prefcrite ; qu'au moment où il l'a payée avec fubrogation, il a eu une action ouverte qui devoit durer trente ans ; que depuis 1760 jufqu'à préfent, ne s'étant écoulé que feize ans, il n'y avoit point de fin de non-recevoir à m'oppofer.

Malgré cette obfervation, il faut décider que l'héritier du débiteur eft fondé à perfifter dans fa fin de non-recevoir. La fubrogation acquife par mon père n'a point renouvelé la créance en elle-même, elle n'a fait que paffer par ce moyen d'une perfonne à une autre. Il en eft dans ce cas comme d'une ceffion, d'un tranfport : un acte pareil ne prolonge nullement la durée de l'action ; le fubrogé n'eft jamais que l'image du fu-

brogeant, au moyen de quoi fi avec la fubrogation on n'a pas le foin d'empêcher le cours de
la prefcription par des actes utiles, la créance
eft dans le cas de s'éteindre entre les mains du
fubrogé, comme entre celles du créancier originaire.

Il faut encore pour que la Caution puiffe
exercer une répétition légitime, que le débiteur
fe trouve folidement libéré envers fon créancier
par le payement qu'elle a fait ; car fi au lieu de
payer au vrai créancier, elle avoit payé à une
perfonne qui n'avoit ni droit ni qualité pour
recevoir, il ne feroit pas naturel qu'elle pût
exercer un recours contre le principal obligé,
dès que celui-ci feroit encore expofé à être recherché par fon vrai créancier.

Si après le payement fait par la Caution au
vrai créancier, celui-ci étoit affez de mauvaife
foi pour diffimuler ce payement à fon débiteur
& exiger de lui la même créance comme fi elle
n'avoit point été acquittée, le payement que
ce débiteur feroit mettroit la Caution dans le
cas de ne pouvoir plus exercer de recours contre
lui : on lui imputeroit de n'avoir point fait connoître ce premier payement au débiteur pour
l'empêcher de payer à d'autre qu'à elle : la Caution n'auroit de répétition à faire alors que contre
le créancier originaire.

Si le même Cautionnement a été en même-
tems en faveur de plufieurs débiteurs, la Caution a un recours pour exercer la répétition du
total de chacun d'eux, quand l'obligation des
débiteurs a été folidaire ; mais s'il n'y a point
eu de folidité entr'eux, il eft tout fimple que la

Caution ne puisse pas plus avoir de privilége à cet égard que le créancier originaire lui-même.

Observez que si la Caution avoit payé le créancier avant le terme accordé au débiteur, elle ne pourroit exercer son recours qu'après le délai expiré, parce qu'il ne doit pas dépendre d'elle de rendre le sort de ce débiteur plus dur qu'il ne l'étoit auparavant ; cependant si le dernier étoit dans le cas de faillir, rien n'empêcheroit la Caution de prendre ses sûretés : elle pourroit s'opposer à la levée des scellés mis sur les effets de ce débiteur, & à la vente de ses biens s'ils étoient saisis, quoique le terme du payement ne fût pas encore échu.

Une grande question est de savoir si la Caution d'une rente constituée dont le remboursement est pour un tems indéfini, peut obliger le débiteur à la racheter ?

Cette question se décide suivant les cas différens qu'elle presente. S'il est dit par le contrat que le débiteur sera obligé de faire cesser le Cautionnement en payant dans un certain tems, nous pensons avec Dumoulin & avec M. Pothier, que la convention est valable ; car quoique le débiteur ne puisse pas être forcé par le créancier à rembourser la rente, rien n'empêche qu'il ne puisse y être forcé par un tiers ; & s'il y a un inconvénient en ce qu'à la faveur d'un Cautionnement le créancier a l'espérance d'être remboursé plutôt qu'il ne le feroit sans ce Cautionnement, ce remboursement n'est toujours qu'en espérance ; & il y auroit un bien plus grand inconvénient à vouloir que des Cautions demeuraffent perpétuellement obligées pour un étranger.

Lorfqu'il n'y a aucune convention à cet égard entre la Caution & le principal débiteur, la queftion fouffre plus de difficulté. Dumoulin penfe que la Caution qui connoiffoit la nature d'une rente conftituée & qui a bien voulu la garantir, s'eft foumife à un engagement d'auffi longue durée que celui du principal, & on le juge de même au parlement de Touloufe fuivant la jurifprudence atteftée par Catelan. Mais on penfe différemment au parlement de Paris; & l'on décide que fi le Cautionnement dure depuis un tems confidérable comme de dix ans au moins, le fidéjuffeur eft bien fondé à demander au débiteur qu'il ait à le faire ceffer en payant ou en rapportant une décharge du créancier. Car fuivant que l'obferve M. Pothier, quoique le débiteur ne puiffe être contraint à un rembourfement par le créancier, il eft néanmoins de la nature des rentes conftituées d'être toujours rembourfables; & comme il eft très-ordinaire de les voir rembourfer dans un certain tems, il eft à préfumer que la Caution en s'obligeant, a compté que le débiteur la rembourferoit & que fon Cautionnement ne feroit pas éternel. On trouve à ce fujet dans le journal des audiences un arrêt du 4 décembre 1634, qui condamne le débiteur à racheter une rente dans deux ans; la Caution étoit pourfuivie pour une année d'arrérages (*).

_____

(*) Le juge ordinairement en pareil cas n'oblige pas le débiteur à racheter la rente fur le champ : il eft d'ufage qu'il lui accorde à cet effet un délai compétent.

La même chofe a été jugée le 5 juin 1764 au parlement de Paris en faveur du fieur Lallemand de Betz contre les fieurs Tourbilly & Tourtain pour lefquels il s'étoit rendu Caution. Cependant comme le fait remarquer l'annotateur de la collection de jurifprudence, « fi la demande » du fidéjuffeur étoit abfolument fans objet réel » ou apparent, que le débiteur de la rente fût » plus que folvable, que le gage du Cautionne- » ment exiftât toujours & ne pût échapper ni au » créancier de la rente ni à la Caution fans le » rembourfement même de la rente », le fidé- juffeur pourroit alors être débouté de fa de- mande, fauf à venir à fon fecours dans un autre tems, comme l'a jugé un arrêt du parlement de Paris le 4 avril 1767, dans une efpèce où le demandeur ne montroit pour appuyer fon action, qu'une mauvaife humeur déplacée.

Si la Caution avoit fait elle-même le rachat de la rente, elle n'en auroit pas moins le droit d'exercer fon recours contre le débiteur ; & fi elle s'étoit fait fubroger aux droits du créancier, elle pourroit demander en fa faveur la continua- tion de la rente ; mais en ce cas elle ne pourroit pas forcer le débiteur au rembourfement en vertu du Cautionnement porté par le contrat de conftitution.

Ce que nous venons de dire de la Caution à l'égard du débiteur, s'applique au certificateur contre la Caution elle-même. Car le certificateur étant en quelque forte, comme nous l'avons dit plus haut, la Caution de la Caution même, il peut agir contre elle tout comme celle-ci peut le faire contre le débiteur pour lequel elle s'ef obligée. Les principes & les règles font les mêmes dans les deux cas.

A l'égard de la fubrogation pour exercer fon recours contre le débiteur, cette fubrogation eft de droit, quand même elle ne feroit point exprimée par la quittance de payement ; il fuffit qu'il paroiffe que la Caution a payé de fes deniers, pour que la répétition foit ouverte fans difficulté en fa faveur.

Voyez l'ordonnance de 1667 ; celle de 1673 ; deux décifions du confeil, l'une du 15 décembre 1731, & l'autre du 15 août 1739 ; un arrêt du confeil du 30 avril 1758 ; deux déclarations du roi du 9 juin 1705, & du 16 mars 1720 ; l'édit de décembre 1732 adreffé au parlement de Bretagne ; le fenatus confulte VELLÉIEN ; les inftitutes & les novelles 4 & 134 de Juftinien ; l'édit de 1606 ; Bafnage fur la coutume de Normandie ; Taifand fur celle de Bourgogne ; Chopin & Auzannet fur celle de Paris ; Louet & Brodeau ; l'ordonnance de la marine ; les œuvres de Carondas, de Bacquet & de Defpciffes ; les arrêts de Papon, de Boniface, de Catelan & de la Rochcflavin ; la bibliothèque de Bouchel ; les lois civiles ; Bretonnier fur Henrys ; le traité des obligations de M. Pothier ; la collection de jurifprudence ; le dictionnaire des arrêts ; celui des domaines ; les arrêtés de Lamoignon, &c. Voyez auffi les articles DISCUSSION, GARANT, CIRTIFICATEUR, DÉVOLUTAIRE, ÉTRANGER, CARDE-BOURGEOISE, DOT, DOUAIRE, USUFRUIT, LÉGATAIRE, SUBROGATION, &c. (*Article de M.* DAREAU, *avocat, &c.*)

CÉDULE. Ancien terme de pratique qui fignifie une reconnoiffance donnée fous fignature privée, relativement à quelque promeſſe ou à quelque engagement. Ce mot qui vient du latin *ſcheda* ou *ſchedula*, a la même ſignification que celui de *Billet* dont il a été parlé à l'article qui concerne ce mot. Voyez auſſi l'article ACTE.

On nomme encore *Cédule* un acte que les procureurs mettent au greffe des préſentations, pour indiquer qu'ils ſont conſtitués procureurs dans telle ou telle affaire. Voyez PRÉSENTATION.

Une autre eſpèce de Cédule qu'on nomme *évocatoire*, eſt un acte par lequel on demande l'évocation d'un procès pendant dans une cour où il ne peut être jugé à raiſon de l'alliance ou de la parenté qui ſe trouve entre un certain nombre de juges & l'une ou l'autre des parties. Voyez ÉVOCATION (*). (*Article de M. DAREAU, avocat, &c.*)

_____

(*) Il faut diſtinguer d'après l'ordonnance des évocations du mois d'août 1737 entre évocation d'une cour ſupérieure & évocation d'un préſidial.

Formule de Cédule évocation d'une cour de parlement.

A la requête de Me.... S.... procureur en la cour du ſieur.... comte de.... ſeigneur, &c. fondé de la procuration ſpéciale dudit ſeigneur paſſée devant.... notaires, le.... dûment contrôlée au bureau de.... le....

Soit ſignifié à Me.... procureur en la même cour du ſieur.... marquis de.... ſeigneur de, &c. que lui ni ledit ſeigneur ne peuvent ignorer que le procès qui eſt pendant en ladite cour de parlement entre ledit ſieur marquis & le ſieur comte de.... (*étant en tel état, car l'ordonnance veut qu'il en ſoit fait mention, ainſi que de ſa qualité, c'eſt-à-dire, de la nature du fond de ce procès*) ne ſoit dans le cas de l'évocation réglée par l'ordonnance de 1737, attendu la parenté qui exiſte, 1°. entre ledit ſieur marquis

CÉLESTIN. Religieux d'un ordre qui vit suivant les conftitutions particulières qu'il tient de faint Pierre Céleftin fon fondateur.

& &c. (*Il faut ici énoncer les noms & furnoms des parens & alliés ainfi que leur degré de parenté & d'alliance*) qu'en conféquence le jugement du procès ne foit dans le cas d'être renvoyé dans la cour déterminée par la fufdite ordonnance, ce qu'il eft fommé ainfi que fa partie de reconnoître & de confentir au renvoi dans ladite cour aux termes de l'ordonnance. *Signé* Dartis, *procureur fondé de procuration fpéciale.*

Enfuite l'huiffier met au bas fa fignification en ces termes :

Le 24 mai 1776, fignifié le préfent acte enfemble la procuration y mentionnée à Me.... procureur en la cour, à domicile, parlant à fon clerc. *Signé (le nom de l'huiffier)* *Voyez fur ce genre d'évocation les articles 37 & fuivant de l'ordonnance.*

Formule pour évoquer au préfidial.

A Meffieurs, meffieurs les gens tenans le fiège préfidial de....

Supplie humblement (*tel*), difant qu'il a une conteftation pendante en votre fiége avec le fieur.... frère d'un des juges confeillers de ce même fiége, laquelle conteftation qui a pour objet (*détailler ici la nature de l'affaire*) feroit dans le cas d'y recevoir fa décifion en dernier reffort, fi elle pouvoit y être jugée ; mais comme la parenté dudit fieur.... avec le fieur.... l'un des confeillers en ce même fiége, eft un motif pour en demander le renvoi au fiége préfidial de.... qui eft le fiége plus prochain non fufpect ; à ces caufes le fupliant requiert, attendu la parenté fi proche entre fa partie adverfe & l'officier dont il s'agit, qu'il vous plaife, meffieurs, renvoyer la caufe & les parties au fiége préfidial de.... fiége plus prochain non fufpect, &c.

Ordonnance au bas de la requête. Soit fignifié & viennent. Fait, &c. Signé, &c.

Voyez l'article 87 & les autres articles fuivant l'ordonnance de 1737.

Dans l'origine les Céleſtins ſe nommoient *les hermites de ſaint Damien*, ou autrement les hermites *de Muron*, du nom de l'endroit où ſaint Pierre Céleſtin s'exerça pour la première fois à la vie ſolitaire (*). Ce ſaint inſtituteur fut appelé à rome pour y recevoir les ordres ſacrés & pour vaquer enſuite au ſalut des ames ; mais à peine les eut-il reçus que l'amour de la retraite ſe réveillant en lui, il retourna à ſa ſolitude. Contraint de la quitter lorſqu'on en eut abbatu les bois qui l'environnoient, il ſe retira ſeul au mont Majella dans une eſpèce de caverne. Deux autres ſolitaires vinrent ſe joindre à lui ; ſucceſſivement il eut pluſieurs compagnons ; enfin le nombre en augmenta au point qu'en 1254 il parvint à former une communauté.

Il ne propoſa d'abord aucune règle particulière : il ſe contenta d'être le modèle des vertus qu'il vouloit qu'on pratiquât. Ses auſtérités bien loin d'écarter ſes diſciples, ne firent que lui donner de nouveaux imitateurs ; & le monaſtère de Majella n'étant plus capable de les contenir, il fallut leur conſtruire des édifices aux environs. Cette congrégation fut approuvée en 1264 par le pape Urbain IV qui l'incorpora à l'ordre de ſaint Benôît. Grégoire X lui donna beaucoup de privilèges ; il l'exempta de la juridiction des ordinaires & même de la dîme de ſes fruits & de ſes troupeaux (**).

_____

(*) Cet endroit eſt celui d'une montagne qu'on appelle de *Mourono*, ſituée dans la Pouille en Italie.

(**) Ce privilège d'exemption de dîme lui fut diſputé au commencement du ſiècle dernier ; mais ſur l'exhibition des bulles de Grégoire X du 22 mars 1274, de Céleſtin V du

! Pierre de Muron ayant été dans la suite nommé successeur au pape Nicolas IV, il prit le nom de *Céleſtin V*, nom que l'on a donné depuis aux religieux de son ordre.

Pendant qu'il fut sur la chaire de saint Pierre, il ne perdit pas de vue cet ordre : il approuva les conſtitutions qu'il lui avoit données & confirma tous les monaſtères qui se trouvoient déjà établis au nombre de vingt.

. Il régla qu'on tiendroit le chapitre général tous les ans, & que l'abbé général seroit obligé de donner sa démiſſion tous les trois ans. Il lui accorda l'uſage des ornemens pontificaux & la permiſſion de conférer les quatre ordres mineurs à ſes religieux. Après avoir exercé le souverain pontificat pendant cinq mois & quelques jours, Céleſtin y renonça solemnellement dans un conſiſtoire qu'il avoit aſſemblé à Naples, & en quitta dès le lendemain toutes les marques.

. Son successeur fut Boniface ; Céleſtin le pria de lui permettre de retourner dans sa solitude ; mais ce nouveau pape ne voulut jamais le lui accorder. Céleſtin prit le parti de se retirer secret-

___

27 septembre 1294, de Grégoire XI du mois de janvier 1367, de Benoît XI, de Jean XXII, & du bref apoſtolique de Paul III du 26 mai 1547, on reconnut que ce privilège étoit suffiſamment établi, qu'il s'étendoit même aux héritages que ces religieux faiſoient cultiver par autrui à prix d'argent ; en conſéquence ce même privilège fut confirmé par un arrêt du parlement de Paris du 19 février 1606 ; mais on remarque dans la bibliothèque canonique qu'il a été jugé que ce privilège ceſſoit quand les terres étoient données à titre de fermage en deniers ou en grains, & que la dîme étoit due par le fermier pendant la durée du bail.

tement; Boniface le fit chercher partout; il donna les ordres les plus précis pour qu'on le lui amenât. On parvint à se faisir du transfuge; on le conduisit aux pieds de Boniface qui le fit renfermer dans la citadelle de Fumonne. Célestin y mourut, après avoir essuyé tous les mauvais traitemens dont les soldats commis à sa garde furent capables.

Après sa mort, l'ordre dont il s'agit ne laissa pas de faire des progrès & de s'étendre en France. Philippe-le-Bel demanda au général un certain nombre de religieux pour former un établissement dans ce royaume : le général lui en envoya douze auxquels le roi donna deux monastères, l'un dans la forêt d'Orléans au lieu appelé *Ambert*, l'autre dans la forêt de Compiegne au mont de Chartres.

Les Monastères que les Célestins ont en France n'ont d'autre titre que celui de prieurés. La seule abbaye de l'ordre est celle du saint Esprit de Salmone en Italie; elle est regardée comme le chef-lieu de la congrégation. Les religieux françois sont gouvernés par un provincial qui a le même pouvoir sur les monastères de France que le général sur ceux de l'ordre. Le monastère de Paris est réputé le chef-lieu des autres monastères que ces religieux ont dans ce royaume. Ce monastère fut fondé l'an 1318 par Pierre Martel, bourgeois de Paris. On a attribué aux Célestins de Paris une bourse semblable à celle des secrétaires du roi : ils en ont joui jusqu'en 1673; mais au mois de février de cette année Louis XIV ordonna qu'au lieu de cette bourse, ils toucheroient soixante-quinze livres par quartier sur les émolumens du sceau. L'origine de ce droit
vient

vient de ce que Robert de Juſſi, après avoir été novice chez les Céleſtins au mont de Chartres, ayant quitté l'habit, s'attacha au ſervice du roi Philippe de Valois & fut du nombre des ſecrétaires de ce prince. L'affection qu'il avoit conſervée pour cet ordre le porta à propoſer dans une aſſemblée des ſecrétaires du roi, d'ériger une confrairie dans l'égliſe des Céleſtins de Paris : la propoſition fut acceptée ; & pour donner moyen aux religieux de ſubſiſter plus aiſément, car ils n'étoient pas fort riches dans ce temps-là, les ſecrétaires leur accordèrent chacun tous les mois quatre ſous pariſis ſur l'émolument de leur bourſe. Dans la ſuite, Charles, dauphin de France, devenu régent du royaume pendant la détention du roi Jean ſon père en Angleterre, leur donna la bourſe dont nous venons parler.

Les Céleſtins de la province de France peuvent, quand bon leur ſemble, faire de nouveaux ſtatuts pour le maintien de l'obſervance régulière ; ceci leur a été accordé par leurs pères d'Italie & confirmé par les papes Martin V & Clément VII. En vertu de ce pouvoir ils dreſſèrent de nouvelles conſtitutions qui furent reçues dans le chapitre provincial tenu en 1667. Elles ſont diviſées en trois parties ; la première traite des chapitres provinciaux & des élections des ſupérieurs ; la ſeconde des obſervances régulières, & la troiſième de la viſite & de la correction des religieux.

Tous les trois ans, le quatrième dimanche d'après pâques, le chapitre provincial ſe tient au couvent de Paris ; tous les prieurs & un diſcret de chaque maiſon doivent s'y trouver : c'eſt là qu'on élit le provincial; mais pour que fon élection foit confirmée, il doit avoir les deux tiers des fuffrages. Immédiatement après cette opération, on procède à la nomination de cinq définiteurs qui, avec le provincial & celui qui fort de charge, compofent le définitoire. C'eft dans ce définitoire que, s'élifent les prieurs des autres monaftères, & ces prieurs élus élifent à leur tour les fous-prieurs & les autres officiers de leur maifon.

L'habillement de ces religieux confifte en une robe blanche, un capuce & un fcapulaire noir. Cet ordre a pour armes une croix de fable avec une S d'argent entrelacée. Les françois la portent d'or en champ d'azur avec deux fleurs de lis.

Dans la province de France font compris les monaftères d'Avignon, de Notre-Dame de Heuvre proche Louvain, & de fainte Catherine de Villarfalet en Savoie.

On trouve dans le journal des audiences un arrêt du parlement de Paris du 16 février 1696, qui a jugé que les Céleftins étoient habiles à pofféder des bénéfices réguliers de l'ordre de faint Benoît, attendu que leur congrégation n'étoit qu'une efpèce de réforme introduite dans cet ordre par faint Pierre Céleftin qui en étoit déjà membre.

Quand il fut queftion de l'exécution de l'édit de 1768 concernant les ordres religieux, les Céleftins tinrent à ce fujet un chapitre général au mois d'octobre 1770. Ils arrêtèrent que ne pouvant s'affujettir aux anciennes pratiques de leur inftitut, le roi feroit fupplié de les difpenfer de l'exécution des articles 5, 7 & 10 de l'édit de 1768, qu'autrement ils préféreroient l'extinction de leur ordre. Le roi ordonna en conséquence par un arrêt du conseil d'état du 21 mars 1771, qu'en attendant que sa majesté pût prendre à ce sujet des mesures conformes aux règles canoniques & civiles, & néanmoins pour conserver les biens & les revenus de cet ordre, les religieux demeureroient, jusqu'à une nouvelle résolution, chacun dans leur maison d'affiliation. Il fut enjoint aux évêques des diocèses où les Célestins ont des monastères, d'envoyer à la commission établie à cet effet des mémoires sur l'état de ces monastères, sur la nature de leurs biens & sur la meilleure destination qu'on en pourroit faire. Le Roi ordonna en même-temps qu'il seroit procédé sans délai à un inventaire de ces biens, soit pour les fonds soit pour le mobilier, dont les prieurs & les religieux demeureroient responsables; & que ces religieux ne pourroient vendre, emprunter ni recevoir de remboursemens, sans permission de sa majesté.

En 1773 il parut un bref du pape Clément XIV en date du premier mars de cette année-là, concernant les Célestins. Le roi, en conformité de ce bref, ordonna aux évêques de visiter les monastères de cet ordre qui étoient dans leurs diocèses, à l'effet d'y rétablir la réforme s'il étoit possible, sinon de proposer le parti qu'ils estimeroient le plus convenable, tant à l'égard des religieux que de leurs maisons & de leurs biens; que les procès-verbaux de visite seroient présentés à sa majesté, pour être communiqués de sa part au saint siége & pour être ensuite ordonné ce qu'il appartiendroit.

Comme la maison de Paris étoit celle qui méritoit le plus d'attention, il fut ordonné par un

H ij

arrêt du conseil du 2 octobre 1772 que la régie
& l'administration des biens de cette communauté seroit faite en commun par cinq religieux
nommés dans une délibération du 3 août de la
même année, sous l'inspection générale des commissaires désignés par un arrêt du 23 mai 1766,
& sous la direction particulière de M. l'évêque
de Meaux & de M. d'Ormesson, conseiller
d'état, auquel M. Feydeau de Marville a été
depuis subrogé par un arrêt du conseil du 20
mai 1775. Il fut permis à ces religieux de passer
des baux, de faire les réparations urgentes &
d'emprunter aux conditions portées par l'arrêt,
jusqu'à concurrence de cent soixante-trois mille
livres, pour parvenir à la libération du montant
des dettes exigibles dont cette communauté
pouvoit être tenue. Mais le roi voulant assurer
d'une manière encore plus certaine la conservation des biens de cette maison, en attendant
qu'il fût définitivement statué sur l'état des religieux, & établir à cet effet une régie conforme à celle qui avoit été précédemment ordonnée
pour les autres maisons de l'ordre, a ordonné
par un arrêt du conseil du 29 mars 1776, que
par M. l'évêque de Meaux & de M. de Marville, ou par telle autre personne qu'ils jugeroient à propos de nommer, il seroit incessamment procédé, en présence des religieux, au
récollement des biens meubles & effets compris
dans l'inventaire du mois de juillet 1771, & au
compte des revenus qui seroit rendu tant en
recette qu'en dépense sur le vu des pieces justificatives; que tous les biens, droits & revenus
de cette maison, sans exception, seroient régis
& administrés sous l'inspection de M. l'évêque

de Meaux & de M. de Marville , par le fieur
Bouilloud de Sain-Julien , receveur général du
clergé , ou par telle autre perfonne qu'il auroit
commife en fon nom , avec injonction à tous les
fermiers & débiteurs de payer en fes mains , à
peine d'y être contraints , quoi faifant ils feroient
libérés ; à la charge par l'adminiftrateur de rendre compte tous les trois mois de la recette &
de l'emploi des fommes touchées. Le même arrêt
porte qu'il fera remis annuellement par cet adminiftrateur , en fix payemens égaux de deux
mois en deux mois & d'avance , entre les mains
du procureur-fyndic de la communauté , la
fomme de trente-fix mille livres pour fournir ,
tant à la nourriture & à l'entretien des religieux
qui la compofent , qu'à toutes les charges inté-
rieures de la conventualité , fauf à diftraire fur
cette fomme de trente-fix mille livres le montant des penfions de ceux qui feroient abfens du
monaftère ; à la charge auffi par le procureur-
fyndic de rendre compte à la communauté des
fommes qui lui auront été remifes. Voilà en quel
état fe trouvent jufqu'à préfent les affaires de
l'ordre des Céleftins en France. (*Article de M.
Dareau , avocat, &c.*)

C E L I B A T. C'eft l'état d'une perfonne qui
vit fans être mariée.

Nous confidérerons le Célibat fous deux
points de vue , 1°. relativement aux lois politi-
ques , 2°. par rapport aux règles de la difcipline
de l'églife.

Le Célibat a été plutôt toléré qu'approuvé
par les nations policées. La plupart des légifla-
teurs l'ont regardé comme un mal dangereux

qu'il falloit réprimer par les peines les plus fé-
vères.

Si nous ouvrons les fastes de l'histoire ancienne, nous trouvons que Lycurgue nota d'infamie les célibataires. Il y avoit même une cérémonie particulière à Lacédémone, où les
femmes les conduisoient nuds aux pieds des
autels & leur faisoient faire une espèce d'a-
mende honorable à la nature. Elles leur infli-
geoient ensuite une correction très-sévère.

Lycurgue ne borna pas la sévérité de sa législation à cette espèce de cérémonie religieuse pour
punir le Célibat. Il marqua le terme dans lequel
on devoit se marier. Ceux qui ne se marioient
qu'après, étoient assujettis à des peines prononcées par des règlemens particuliers. Les maris
qui n'en usoient pas bien avec leurs femmes
étoient également punis par d'autres lois.

A Rome le Célibat n'étoit pas traité d'une
manière aussi rigoureuse qu'à Lacédémone. Cependant les censeurs étoient chargés d'empêcher
ce genre de vie préjudiciable à l'état. Pour rendre les célibataires moins communs, les Romains les privoient d'une partie des droits du
citoyen. Ils leur interdisoient la faculté de tester
& de rendre témoignage.

Le Célibat n'a pas été dans tous les tems
l'objet de la sévérité des lois romaines. Sous les
empereurs les peines prononcées contre les célibataires furent abrogées.

En France on ne contraint personne à se marier. Louis XIV pour favoriser la population,
accorda des récompensés aux pères de famille
qui auroient un certain nombre d'enfans ; mais

fi notre légiflation offre des exemples d'encou-
ragement pour la population, elle ne renferme
aucun règlement qui ait prononcé des peines
contre les célibataires.

Cependant il eft certain que le Célibat,
nuit à l'état par la corruption qu'il fait
circuler parmi fes membres ; auffi l'immortel
Montefquieu dit-il dans fon efprit des lois « que
» plus on diminue le nombre des mariages qui
» pourroient fe faire, plus on nuit à ceux qui
» font faits ; car moins il y a de gens mariés,
» moins il y a de fidélité dans les mariages ;
» comme lorfqu'il y a plus de voleurs, il y a
» plus de vols.

Le grand nombre des célibataires eft la fource
d'une foule de vices. Pour empêcher ou du
moins diminuer les défordres qui naiffent du
Célibat ; les romains annulloient les legs faits à
condition de ne fe point marier. C'eft la difpofition formelle de la loi papinienne. Ils annulloient
également la condition de garder le Célibat
qu'un patron avoit impofée à fon efclave en l'affranchiffant.

Les célibataires ne manquent point de prétextes pour tâcher de faire excufer leur conduite ; mais malgré leurs raifonnemens, il n'eft
pas moins certain que le Célibat (abftraction
faite du Célibat religieux qui eft prefcrit par la
difcipline de l'églife) eft contraire au bien public.

Confidérons maintenant le Célibat comme
une obligation particulière & indifpenfable à
ceux qui fe confacrent aux fonctions eccléfiaftiques.

H iv

Il y a deux clafses de chrétiens auxquelles le Célibat eft impofé comme une condition effentielle à leur état, & qui en eft indivifible ; ce font les eccléfiaftiques conftitués dans les ordres & les religieux. Les premiers y font obligés par la difcipline générale de l'Eglife, & les autres par un vœu particulier, lorfqu'ils ne font pas dans les ordres facrés.

L'ufage du Célibat pour les évêques, les prêtres & les diacres eft auffi ancien que l'églife. Cependant il faut convenir qu'il n'y a point de préceptes par lequel Jefus-Chrift ait défendu d'ordonner des prêtres mariés, ni aux prêtres de fe marier. Dans les premiers fiècles de l'églife on ordonnoit des prêtres & des évêques quoiqu'ils fuffent mariés. Il leur étoit feulement défendu de fe marier après la promotion aux ordres, ou de contracter un fecond mariage après la mort de leur première femme. On trouve dans l'hiftoire une foule d'exemples de mariages contractés par des prêtres & même par des évêques. L'obligation de garder le Célibat n'en a pas moins toujours été regardée comme inviolable pour les évêques, les prêtres & les diacres. Elle a été conftamment fuivie en occident. Le père Thomaffin dit, *dans fon traité de la difcipline de l'églife*, que fous Grégoire le grand, ce n'étoit pas une loi généralement obfervée, que les fous-diacres devoient garder le Célibat. Ce pape en effet défaprouva que fon prédéceffeur eût défendu aux fous-diacres de Sicile d'habiter avec leurs femmes & qu'il leur eût ordonné de les quitter. Il falloit, difoit ce pontife, leur impofer cette condition au moment de leur ordination ; auffi donna-t-il ordre aux évêques de ne plus conférer le fous-diaconat fans exiger la promeffe du Célibat. Il chargea encore les évêques de faire fubir de longues épreuves aux anciens fous-diacres avant de leur conférer le fous-diaconat. C'eft depuis cette époque que les fous-diacres ont fait vœu de chafteté, & la néceffité du Célibat eft devenue pour eux une loi comme pour les évêques, les prêtres & les diacres.

On peut confulter fur ces vérités hiftoriques le traité de la difcipline de l'églife par le père Thomaffin & l'hiftoire eccléfiaftique de Fleury.

Il paroît que les défenfes portées par le concile de Nicée n'ont eu pour objet que le concubinage ; puifque le neuvième canon du concile d'Ancyre permettoit expreffément le mariage aux fous-diacres, pourvu qu'ils euffent protefté dans le moment de leur ordination contre l'obligation du Célibat : mais cette tolérance n'a jamais été étendue aux évêques & aux prêtres. Le concile de Néocéfarée tenu quelque temps après celui d'Ancire, veut en effet qu'on dépofe le prêtre qui fe fera marié (*).

Le concile de Trente a enfin ordonné que les évêques, prêtres, diacres & fous-diacres garderoient le Célibat. Après ce concile la loi du Célibat eft devenue générale pour l'églife latine; les clers font feuls exceptés, & ils peuvent encore aujourd'hui fe marier ; mais Alexandre III a déclaré les clers mariés incapables de poffeder

(*) *Presbiterum fi uxorem acceperit, ab ordine deponendum.*

des bénéfices, & le pape Innocent III a confirmé ce décret.

On avoit élevé la question de savoir si le clerc devoit porter la tonsure quoiqu'il fût marié; innocent III décida qu'on ne pouvoit le forcer à la porter; mais il ajouta que le clerc marié ne pouvoir pas jouir du privilége clérical.

Malgré la loi générale du Célibat, le cardinal de Chatillon, Spifame évêque de Nevers & quelques ecclésiastiques du second ordre, osèrent pendant les guerres de religion, se marier publiquement; mais ces exemples eurent peu d'imitateurs, & n'eurent point de suite.

Lorsque dans l'église catholique, l'obligation du Célibat fut universellement établie, les ecclésiastiques qui la violèrent furent d'abord interdits pour la vie des fonctions de leur ordre, & mis au rang des laïques. Justinien ordonna ensuite que les enfans qui naîtroient de ces conjonctions illégales fussent déclarés illégitimes & incapables de succéder & même de recevoir des legs. Enfin on a regardé les ordres comme un empêchement dirimant au mariage; on a aussi ordonné que les mariages contractés par des ecclésiastiques constitués dans les ordres seroient déclarés nuls, & que les coupables seroient condamnés à une pénitence, & même à des peines corporelles suivant les circonstances (*).

(*) « Quiconque (disoit le célèbre Talon avocat géné-
» ral, dans une cause jugée en 1640, & dont l'arrêt est rap-
» porté dans le journal des audiences), sert à l'autel, qui
» est employé dans les sacrifices en qualité d'ordiné, &

De-là il résulte 1°. que le mariage est formel-

» sanctifié, est incapable du mariage par une résistance per-
» sonnelle & une incapacité canonique; par une obligation
» solemnelle qui procède du vœu raisible de continence, au-
» quel il s'est obligé, & duquel il ne peut se dédire, voir
» même par l'exemple de toutes les nations chrétiennes, de
» l'Orient & de l'Occident, dans lesquelles il ne se trouvera
» point qu'aucun prêtre ait jamais pensé au mariage depuis
» son ordination. L'opinion contraire à cette maxime est
» hérésie dans un royaume très chrétien, & l'action con-
» traire est un crime capital selon nos mœurs. Si un prêtre
» se marie, soit qu'il cache ou avoue son ordre, il peut
» être poursuivi extraordinairement, non seulement à la re-
» quête de celle qu'il a abusée, mais même à la diligence
» de M le procureur général ou de ses substituts. Les exem-
» ples en sont publics à la tournelle : & si un homme marié
» se faisoit promouvoir à l'ordre de prêtrise, son impiété
» passeroit pour un sacrilège, pour une profanation de sa-
» crement, crime qui mérite la mort ».

Le même magistrat cite plusieurs arrêts qui ont cassé des
mariages contractés par des personnes engagées dans les
ordres ou dans la profession religieuse. Nous ne rapporterons que celui d'un chevalier de Malte.

« Le sieur de la Ferté Imbault se plaignoit du mariage
» contracté par son frère le chevalier de Malthe, & en cette
» qualité religieux profès, lequel pour autoriser son maria-
» ge, avoit fait profession de la religion prétendue réformée.
» Celle qui l'avoit épousé soutenoit avoir été séduite, &
» être en bonne foi, & sous prétexte de la liberté de con-
» science en vertu des édits & du changement de religion,
» ne pouvoit être recherchée. Néanmoins (dit M. Talon)
» la cour par arrêt contradictoire après une plaidoierie de
» deux audiences, non-seulement cassa le mariage, mais
» même fit défenses au chevalier de Malthe de hanter ni
» fréquenter sa prétendue femme sous peine de la vie. Tou-
» tes fois & quantes (ajoute ce magistrat) qu'un religieux
» s'échappe de son cloître pour changer de religion, ou
» qu'un prêtre abandonnant sa profession, se marie, ils peu-
» vent être poursuivis par ceux qui étoient leurs supérieurs

lement interdit dans toute l'église latine aux évêques, prêtres, diacres, sous-diacres & à tous les religieux ; 2°. que les ecclésiastiques ou religieux qui violent la loi du Célibat en contractant mariage, peuvent être poursuivis par la voie extraordinaire à la requête du ministère public, & punis par les cours suivant les circonstances & les caractères du délit dont ils se font rendus coupables.

Plusieurs canonistes ont agité la question de savoir si le gradué qui se marie doit être dépouillé des priviléges attachés à ses grades. Duperray décide que le mariage anéantit l'effet des nominations. Gibert est d'un avis contraire. Piales est de ce dernier sentiment, & il soutient qu'il est plus conforme aux principes de la discipline que celui de Duperray :

Nous avons admis en France la décision du pape Innocent III, par laquelle ce pontife ordonne que les clercs qui se marient ne doivent plus jouir du privilége clérical ; quoique Boniface VIII & le concile de Trente aient décidé le contraire.

Toutes les fois qu'un bénéficier se marie, ses bénéfices vaquent de plein droit. Ce principe est non-seulement admis par les canonistes françois,

---

» dans l'église ou par leurs parens : les derniers étouffent ces » actions comme des monstres, ils les cachent autant qu'ils » peuvent ; & tant s'en faut qu'ils en fassent des poursuites » en justice, ils travaillent pour en ôter la connoissance au » public ; d'ailleurs ils n'y ont aucun intérêt en leur particulier, parce que les enfans issus de ces mariages n'étant » point légitimes, ni reconnus pour tels dans les familles, les » parens n'y ont point d'intérêt ».

il l'eft également par les ultramontains. Dumoulin a voulu faire une diftinction lorfque le mariage du bénéficier a été déclaré nul ou qu'il n'a
pas été confommé , & il a prétendu que dans
ces deux cas les bénéfices ne vacquoient pas de
plein droit; mais cette diftinction plus fubtile
que fondée n'a point été adoptée parmi nous.
On l'a même formellement rejetée en confa-
crant le principe général & en n'admettant aucune exception.

Si un collateur nommoit un clerc marié à un
bénéfice , fa nomination feroit nulle , & il feroit privé pour cette fois de fon droit de collation. Alors ce feroit au fupérieur du collateur
que le droit de nomination feroit dévolu.

Si les eccléfiaftiques qui contractent mariage
font condamnés à des peines canoniques & à des
peines corporelles fuivant les circonftances ;
ceux qui violent la loi du Célibat en vivant
publiquement en concubinage , ou en fe rendant
coupables d'adultère , peuvent être également
pourfuivis par leurs fupérieurs , & condamnés à
différentes peines ; mais dans le cas de violation
du Célibat , on diftingue les procès où il ne s'a-
git que des fimples foupçons d'incontinence ,
d'avec ceux où il y a des preuves d'une incontinence conftante & publique.

Lorfqu'un eccléfiaftique eft feulement foup-
çonné d'incontinence , fes fupérieurs doivent ,
avant de le pourfuivre , l'avertir trois fois , fuivant le vœu du chapitre , *fi quis facerdotum* , au
décret , *de cohabit. clericorum & mulierum*. Si après
les trois monitions l'eccléfiaftique ne change
point de conduite , alors on peut le pourfuivre
pour acquérir des preuves de fon crime & lui

infliger les peines prononcées par les canons.

S'il s'agit d'une incontinence publique & conſtante, l'ancienne diſcipline de l'égliſe n'exigeoit point qu'on uſât de monitions ; au contraire elle vouloit impérieuſement qu'on punît ſur le champ les eccléſiaſtiques qui s'en étoient rendus coupables ; mais dans la ſuite des tems, la diſcipline s'étant relâchée, on a fait uſage des monitions. Cependant au lieu d'en faire trois, on n'en fait que deux dans le cas d'un concubinage public, & auſſitôt après on paſſe au jugement. Les peines qu'on prononce contre les eccléſiaſtiques convaincus de concubinage public, conſiſtent dans des pénitences & dans la privation des honneurs de l'égliſe, & de la poſſeſſion des bénéfices dont ils ſont pourvus.

Le concile de Baſle veut que les concubinaires publics ſoient d'abord privés pendant trois mois de tous les revenus de leurs bénéfices, & que s'ils continuent après ce temps à mener une conduite criminelle, ils ſoient privés de leurs bénéfices mêmes.

Ce concile ne regarde pas ſeulement comme concubinaires ceux qui ont avoué leurs crimes ou qui en ont été convaincus par des preuves légales, il met encore dans cette claſſe les eccléſiaſtiques qui ont été avertis de chaſſer de leur maiſon une femme ſuſpeĉte (*), & qui continuent de l'y retenir.

Le concile de Trente renferme des diſpoſitions plus rigoureuſes : il veut expreſſément que

_____

(*) *Qui ſaltem mulierem de crimine ſuſpectam monitl non dimittant.*

si les concubinaires ne chaffent pas leurs concubines, ils foient privés *ipfo facto*, après le premier avertiffement du tiers des fruits de leurs bénéfices, après la feconde monition de tous leurs revenus, & qu'ils foient fufpendus de toutes fonctions eccléfiastiques, & enfin que s'ils perfévèrent encore à vivre dans le même défordre, ils foient privés à perpétuité de tous leurs bénéfices, penfions & revenus eccléfiastiques, & déclarés incapables d'en poffèder d'autres à l'avenir.

Mais comme les peines rigoureufes prononcées par le concile de Trente ne font pas conformes aux canons admis en France, on donne la préférence à ces canons, & on ne fuit point les difpositions du concile de Trente. Cependant comme la punition doit être proportionnée à la nature & aux circonftances du délit, c'eft aux juges à prononcer des peines plus ou moins fortes.

Quand l'incontinence fe trouve jointe à l'adultère, les eccléfiastiques qui fe font rendus coupables de ce crime doivent être, fuivant le vœu de la primitive églife, déclarés indignes des charges & des bénéfices qu'ils poffèdent.

C'eft ce qui a été jugé par un arrêt folemnel rapporté dans le journal du palais. Par cet arrêt rendu au parlement de Rouen, le 12 mars 1683, le fieur le Halleur de Franconville, curé de la paroiffe de Fontaine du Bourg a été déclaré non-recevable dans l'appel comme d'abus qu'il avoit interjeté d'une fentence rendue par l'official de Fecamp, le 27 octobre 1681, « par » laquelle le fieur le Halleur avoit été déclaré » duement atteint & convaincu d'avoir par réci-

» dive & aux mépris de deux précédentes moni-
» tions canoniques à lui faites, hanté & fré-
» quenté avec scandale une femme mariée dé-
» nommée au procès, même d'avoir, au préju-
» dice de la suspense à lui signifiée en personne,
» fait les fonctions curiales & négligé d'adminis-
» trer les sacremens à aucuns de ses paroissiens,
» & de les avoir administrés à d'autres indécem-
» ment : pour punition desquels crimes, confor-
» mément à la disposition canonique, il avoit été
» déclaré irrégulier, privé du bénéfice cure de
» de Fontaine-le-Bourg, lequel avoit été dé-
» déclaré vacant & impétrable, condamné en
» vingt livres d'aumône qui seroient distribuées
» par le trésorier en charge aux pauvres de la
» paroisse, avec injonction de se retirer incessam-
» ment dans un séminaire pour s'y recueillir &
» apprendre à bien vivre conformément à son
» caractère, d'y jeûner pendant six mois les
» mercredi & vendredi, dont il feroit apparoir
» le certificat du supérieur ; le sieur le Halleur
» avoit été en outre condamné en tous les dé-
» pens du procès envers la partie civile.

Cet arrêt offre un exemple de la jurisprudence
qu'on suit en France quand il s'agit de punir un
ecclésiastique qui a violé la loi du Célibat.

Lorsqu'un sous-diacre veut se marier il faut
qu'il obtienne une dispense du pape ; mais ces
sortes de graces s'accordent très-difficilement
& les exemples en sont rares. Cependant quelquefois sa sainteté relève un soudiacre de l'engagement qu'il avoit contracté ; mais pour obtenir une pareille dispense, il faut avoir les raisons les plus fortes.

Le pape accorde cette grâce lorsqu'un soudiacre

diacre a été obligé par violence à recevoir les ordres, ou lorsqu'un prince demande cette dispense pour contracter un mariage nécessaire au bien de son état. La dispense que vient d'obtenir le prince régnant de Salm Salm du soudiaconat dans lequel il étoit engagé, en fournit un exemple récent.

Nous ne parlerons point de la discipline de l'église Grecque sur le Célibat. Ceux qui voudront connoître les différences qui distinguent cette discipline de celle de l'église Latine, peuvent consulter le traité de la discipline de l'église par le père Thomassin.

Voyez *le traité de la discipline de l'église par le père Thomassin ; l'histoire ecclésiastique de Fleury ; le journal des audiences ; le dictionnaire des arrêts ; Depeisses, Fevret, Bardet, Soeffe, Mainard, Dumoulin, Paslor, Duperray, Gibert, Piales, &c.* Voyez aussi les articles MARIAGE, CONCUBINAGE, DISPENSE, BÉNÉFICE, CLERC, ECCLÉSIASTIQUES, VŒU, DIACRE, SOUDIACRE, PRÊTRE, EVÊQUE, EMPÊCHEMENT, &c. (*Cet article est de M.* DESESSARTS, *avocat au parlement.*)

CELLERIER. On donne cette qualité au religieux qui est chargé de veiller à l'approvisionnement d'une maison conventuelle.

Le Cellerier est ordinairement un officier claustral. Lorsque l'office de Cellerier n'est pas érigé en titre de bénéfice, ce n'est qu'une simple commission que les supérieurs peuvent révoquer ; mais dans la plupart des couvens cet office est devenu un bénéfice régulier.

Voyez OFFICES CLAUSTRAUX, OBÉDIENCE,

MONASTÈRES, &c. (*Article de M. Désessarts, avocat au parlement*).

CELLES. C'eſt le nom qu'on donnoit autrefois aux maiſons religieuſes que les moines poſſédoient dans les campagnes.

Les moines & les chanoines réguliers avoient des fermes conſidérables à la campagne. Pour les cu'tiver, ils y envoyoient un certain nombre de religieux qui avoient ſoin du temporel & qui célébroient le ſervice divin dans une chapelle domeſtique.

On appela d'abord ces fermes des Celles; on les a nommées dans la ſuite obédiences. Celui qui étoit le chef des religieux avoit le titre de prieur ou prévôt.

L'abbé pouvoit quand il le jugeoit à propos, rappeler dans le cloître le prieur ou le prévôt & les religieux qui étoient avec lui. Tous les ans ils étoient obligés de rendre compte de la ferme qui leur avoit été confiée, & de payer ce qui excédoit les dépenſes de leur nourriture & de leur entretien.

Les Celles ſont devenues des bénéfices réguliers. La plupart des prieurés qui exiſtent aujourd'hui étoient autrefois des Celles.

Voyez *d'Héricourt ; le traité de la diſcipline de l'égliſe par le père Thomaſſin ; l'hiſtoire eccléſiaſtique de Fleury*, &c. Voyez auſſi les articles OBÉDIENCE, OFFICES CLAUSTRAUX, PRIEURÉ, &c. (*Article de M. DÉSESSARTS, avocat au parlement*).

CENDRES. C'eſt la poudre qui reſte des matières combuſtibles après qu'elles ont été brûlées & conſumées par le feu.

Il eſt défendu aux adjudicataires des bois du

roi, aux usagers & à toute autre personne, de faire des Cendres dans les forêts du roi ni dans celles des ecclésiastiques ou des communautés, à moins d'avoir obtenu pour cet effet, des lettres patentes dûment vérifiées sur l'avis des grands-maîtres. L'ordonnance veut que ceux qui contreviennent à cette loi soient punis d'amende arbitraire, outre la confiscation des bois & des outils, & que les officiers qui auront souffert ou autorisé cette espèce de délit, soient privés de leurs charges. C'est ce qui résulte des articles 18 du titre 3 & 19 du titre 27 de l'ordonnance des eaux & forêts du mois d'août 1669, ainsi que de l'arrêt du conseil du 6 juillet 1756.

Plusieurs ordonnances antérieures, tant de François que de Henri II, avoient deja fait de semblables défenses.

Lorsqu'il plaît au roi d'accorder des permissions pour faire des Cendres, les marchés faits en conséquence doivent être enregistrés aux greffes des maîtrises, & ils ne peuvent être exécutés que dans les endroits désignés par les grands-maîtres ou par les officiers des maîtrises. C'est ce que porte l'article 20 du titre 27 de l'ordonnance des eaux & forêts.

L'article 21 de ce titre défend, même à ceux qui ont obtenu permission de faire des Cendres, de tenir leurs atteliers ailleurs que dans les ventes, & à toute autre personne de faire transporter des Cendres autrement que dans des tonneaux marqués du marteau de l'adjudicataire, à peine d'amende arbitraire & de confiscation.

Les contestations relatives aux contrats, baux, marchés & associations concernant la façon, les ventes & les achats de cendres, lorſque les marchés ont été faits avant que les marchandiſes aient été tranſportées hors du bois, doivent être portées pardevant les officiers des eaux & forêts. C'eſt une diſpoſition de l'article 5 du titre premier de l'ordonnance des eaux & forêts. C'eſt auſſi ce. qui réſulte de différens arrêts du conſeil & particulièrement de celui du 20 mars 1675 (*).

Lorſque Louis XI ſupprima par ſes lettres-patentes du 3 août 1465, en faveur de la ville de Paris, l'ancien ſou pour livre ſur toutes les marchandiſes, le bois & les boiſſons furent exceptés de cette ſuppreſſion & reſtèrent aſſujettis à ce droit : les Cendres & les gravelées.(**), comme provenant de ces deux eſpèces, y furent de même aſſujetties juſqu'en 1602, qu'elles ceſſèrent d'acquitter le droit parce qu'on ne les porta point ſur les nouveaux tarifs qui furent

_____

(*) « Cet arrêt fait défenſe à tous particuliers & communautés faiſant trafic de bois, merrein, Cendre & charbon, » de ſe pourvoir pour raiſon des différens qui pourront naître en exécution des contrats, traités, baux, aſſociations, » obligations & promeſſes concernant le trafic deſdites choſes, ailleurs que devant les officiers des eaux & forêts, » quoique les contrats aient été paſſés ſous le ſcel du châtelet de Paris ou autres ſcels attributifs de juridiction, à » peine de nullité des aſſignations, procédures & jugemens » qui pourroient être faits & rendus ailleurs, de mille livres » d'amende contre les parties qui contreviendront, & de » pareille amende contre les procureurs qui comparoîtront » ſur leſdites aſſignations, ou qui feront pareilles procédures ».

(**) On appelle *Cendres gravelées* ou ſimplement *gravelées*, de la lie de vin ſéchée & calcinée qu'on emploie dans la teinture.

alors dreſſés : mais la perception du même droit fut rétablie par un arrêt du conſeil du 20 janvier 1627 , par la déclaration du dernier mars de l'année ſuivante , & par des lettres-patentes du 14 octobre 1629 : en conſéquence ce droit fut compris dans le bail des aides de Guillaume Menant. Il fut enſuite aliéné par un édit du mois de novembre. 1644 à huit officiers contrôleurs priſeurs de Cendres , ſoudes (*) & gravelées créés par le même édit. Cette loi créa auſſi deux offices de jurés jaugeurs , auxquels il fut attri-bué cinq ſous par tonne , muid ou balle de ces marchandiſes.

Un nouvel édit du mois de mars 1647 , créa encore un pareil nombre de contrôleurs-priſeurs, ce qui les porta à ſeize , avec attribution à tous enſemble pour toute ſorte de droits , tant anciens que nouveaux , de trois livres cinq ſous par tonne de Cendres , cinquante ſous par balle , & ſept livres par poinçon de ſoude , & ſix livres par muid de gravelées : le même édit créa deux au-tres offices de jurés-jaugeurs , avec attribution de cinq ſous par tonne , muid ou balle , outre les cinq ſous accordés à ceux de la première création.

Le tiers de ces droits , ainſi que tous les au-tres droits d'aides qui avoient été aliénés à diffé-rens officiers , leur fut retranché par arrêt du conſeil du 8 octobre 1680 pour être perçus au

(*) On donne ce nom à la Cendre de la plante appelée *kali*. Elle ſert à faire du verre, à compoſer le ſavon, & à blanchir le linge dans les leſſives. L'édit cité eſt le premier règlement où l'on voit que les ſoudes aient été jointes aux Cendres & gravelées.

profit du roi : ce tiers forma la quotité qui fut réglée fur ces efpèces de marchandifes par l'article premier du tiers retranché fur les Cendres, foudes & gravelées de l'ordonnance du 22 juillet 1881 ; favoir, deux livres par balle de foude du poids de deux cent cinquante livres, deux livres dix fous par tonne de Cendres, & quatre livres par muid de gravelées.

Les deux autres tiers qui avoient été laiffés aux officiers ayant été réunis à la ferme des aides par les arrêts du confeil des 9 juin 1682, 8 janvier & 20 mars 1683, ces droits entiers compoférent la fixation qui en fut faite à quatre livres huit deniers par balle de foude, cinq livres dix deniers par tonne de Cendres, & huit livres quatre fous par muid de gravelées, y compris le parifis, fou & fix deniers pour livre.

Ces marchandifes font en outre affujetties aux domaine & barrage, doublement & poids-le-roi, qui fe perçoivent au profit de fa majefté, aux droits des officiers gardes-nuits, planchéeurs & au vingtième de l'hôpital.

Les droits font dus fur toutes fortes de foudes, foit noires ou blanches, fur les Cendres de bois, blanches, grifes ou noires & les gravelées qui font apportées, foit dans la ville & les fauxbourgs, foit dans l'étendue de la banlieue, tant par eau que par terre, pour y être confommées ou pour paffer debout, même fur celles qui font faites dans l'étendue de cette banlieue, aux endroits marqués par la police (*) ; & il eft enjoint

(*) Cette décifion concerne les gravelées provenant des lies que les vinaigriers font brûler hors de Paris dans des lieux défignés par la police, au fujet defquels ils ne vouloient payer que le tiers retranché.

en conféquence à ceux qui les font entrer, d'en faire lorfqu'elle arrivent, la déclaration au bureau, d'y repréfenter leurs lettres de voiture, lefquelles doivent contenir la qualité & la quantité de ces marchandifes, & d'en payer les droits avant l'enlèvement, à peine de confifcation & de cent livres d'amende. C'eft ce qui réfulte de l'ordonnance de 1681, de l'arrêt du confeil du 22 juin 1694, & de celui de la cour des aides du 4 juin 1685.

L'arrêt du confeil & les lettres-patentes du 24 juin 1755 ont des difpofitions particulières pour empêcher la fraude qui fe faifoit fur les Cendres confommées dans la banlieue. Elles ordonnent aux marchands, commiffionaires, voituriers & à tous autres qui feront arriver des Cendres, foudes & gravelées, par eau ou par terre, au Pecq, à Saint-Denys ou à la maifon de Seine, d'en faire déclaration au bureau des aides avant le déchargement, d'y repréfenter leurs lettres de voiture en bonne forme, contenant la quantité & la qualité de celles qu'ils feront arriver, d'indiquer les lieux où ils les déchargeront, & les noms & demeures de ceux chez qui ils les emmagafineront; de fouffrir les vifites & exercices des commis, de faire auffi déclaration des Cendres, foudes & gravelées qui en feront enlevées pour être conduites ailleurs; d'expédier une nouvelle lettre de voiture dans la même forme, de faire leur foumiffion au même bureau, d'y apporter dans un mois pour tout délai, certificat des commis aux aides du lieu de la deftination, portant que les Cendres, foudes & gravelées y ont été déchargées, & que les droits en ont été acquittés, faute de quoi ils feront tenus de les payer, fi mieux ils n'aiment les payer, avant l'enlèvement aux bureaux du Pecq & de Saint-Denis, & en outre d'être porteurs des lettres de voiture, & de les repréfenter en route à la première réquifition des commis pour les vifer & pour affurer la deftination indiquée : le tout à peine de confifcation des voitures & marchandifes, ou d'en payer la valeur, & de cent livres d'amende (*).

_____

(*) _Ces difpofitions viennent d'être modifiées relativement aux habitans du Pecq, par un arrêt de règlement de la cour des aides que nous croyons devoir rapporter ici._

Louis, par la grace de Dieu, roi de France & de Navarre : au premier huiffier de notre cour des aides à Paris, ou autre notre huiffier ou fergent fur ce requis, favoir, faifons, qu'entre Henri Vefnard père, Pierre Vefnard fils, Jacques Beffard & fa femme, & Catherine Jubert, veuve de Jofeph Poullet, marchands commiffionnaires au Pecq, demandeurs en requête du 23 mai 1764, tendante à ce qu'ils fuffent reçus oppofans à l'exécution de l'arrêt de notre-dite cour du 5 décembre 1755, portant enregiftrement des lettres-patentes obtenues par Jean-Baptifte Bocquillon fubrogé à Jean Girardin, adjudicataire général, le 4 juin précédent, en ce que par lefdites lettres-patentes il a été enjoint à tous marchands commiffionnaires & autres de faire au bureau des aides leurs foumiffions & de rapporter dans un mois, pour tout délai, certificat des commis aux aides, de la deftination des marchandifes qui feroient enlevées du Pecq, portant que les Cendres, foudes & gravelées y ont été déchargées, & que les droits y ont été acquittés ; faute de quoi ils feront tenus de payer lefdits droits, fi mieux ils n'aiment les payer avant l'enlèvement ; ils fuffent reçus auffi oppofans à la contrainte & aux commandemens à eux faits à la requête des ci-après nommés en date des 3 & 14 mai 1764 ; faifant droit fur lefdites oppofitions, que lefdits Vefnard & conforts fuffent déchargés de faire lefdites foumiffions, & de rapporter des certificats de la deftination des marchandifes par eux vendues, & qu'ils vendroient à l'ave-

Les conteſtations qui peuvent s'élever ſur la

nir, ſous les peines prononcées contr'eux par leſdites lettres patentes, à défaut de ſoumiſſion, & de ladite contrainte
contr'eux décernée, & que ledit ci-après nommé fût condamné aux dépens d'une part ; & Jean-Jacques Prevôt ci-
devant adjudicataire général des fermes-unies de France,
défendeur d'autre part : & entre ledit Jean-Jacques Prevôt,
demandeur ſuivant l'exploit d'aſſignation donnée au bureau
de la ville de Paris le 30 mai 1764, aux fins du procès-
verbal de ſaiſie des 24 & 25 deſdits mois & an, ſur laquelle
il a été ordonné par l'arrêt du 11 juin 1765, que les parties
procéderoient en notredite cour, tendante à ce que ladite
Catherine Jubert, veuve de Joſeph Poullet, fût condamnée
en l'amende de cent livres & à la confiſcation des choſes
ſur elle ſaiſies par le procès-verbal ſuſdaté, & aux dépens,
d'une part ; & ladite Catherine Jubert , veuve Joſeph
Poullet, marchande commiſſionnaire au Pecq, défendereſſe
d'autre part : & entre ledit Jean-Jacques Prevôt, demandeur ſuivant l'exploit d'aſſignation donnée audit bureau de
la ville le 9 mars 1765, ſur laquelle il a été pareillement
ordonné par ledit arrêt du 11 juin 1765, que les parties
procéderoient en notredite cour, tendante à ce que ladite
veuve Poullet fût condamnée en l'amende, & à la confiſcation des ſept balles de ſoude ou leur juſte valeur ſaiſies ſur
elle par procès-verbal du 26 février de la même année, affirmée véritable le 6 dudit mois de mars, & aux dépens
d'une part; & ladite veuve Poullet, défendereſſe d'une part:
& entre leſdits Henri Veſnard pere, Pierre Veſnard fils,
Jacques Beſlard & ſa femme, Louis Bernard Rooſt, ladite
Catherine Jubert, veuve Poullet, Etienne Velu & Alexandre Révoirat, demandeurs en requêtes inſérées en l'arrêt de
notredite cour du 23 février 1769, & au jugement de la
commiſſion intermédiaire du 5 ſeptembre 1772, tendantes
à ce qu'ils fuſſent reçus oppoſans aux contraintes contr'eux
décernées le 10 janvier 1769, ax ordonnances de viſa du
bureau de la ville du 15 deſdits mois & an, aux commandemens faits en conſéquence les 4 & 15 février de la même
année, comme auſſi aux contraintes contr'eux décernées &
viſées le 10 juillet 1772 & aux commandemens faits en

perception des droits dont il s'agit, doivent être

---

conféquence les 18 & 21 dudit mois de juillet ; faifant droit
fur lefdites oppofitions, que lefdits Vefnard & conforts feroient & demeureroient déchargés du payement des fommes
portées auxdites contraintes & commendemens, avec dépens, d'une part ; & ledit Jean-Jacques Prevôt & Julien
Alaterre, ci-devant adjudicataire général des fermes-unies
de France, défendeurs d'autre part : & entre ledit Jean-
Jacques Prevôt, demandeur en requête du 10 avril 1769,
tendante à ce que lefdits Vefnard & conforts fuffent déclarés
non-recevables dans leurs demandes portées par l'arrêt du
23 février précédent, ou en tout cas déboutés ; il fût ordonné que la contrainte contr'eux décernée le 10 janvier de
la même année, enfemble l'ordonnance du bureau de la
ville du 17 du même mois, feroient exécutées felon leur
forme & teneur ; que les contraintes & pourfuites encommencées feroient continuées avec dépens, & défendeurs
d'une part ; & lefdits Henri Vefnard & conforts, défendeurs & demandeurs en requête du 22 avril 1769, à fin
d'oppofition à l'exécution de l'arrêt par défaut du 11 defdits
mois & an, d'autre part : & entre Charles de la Voïepierre,
marchand épicier à faint Germain-en-Laie, intervenant &
oppofant à la contrainte contre lui décernée le 10 juillet
1772, au commandement fait en conféquence le 21 du
même mois, & à la faifie & exécution faite de fes meubles
& effets le 10 feptembre fuivant ; faifant droit fur ladite
oppofition, que le tout fût déclaré nul, avec dommages,
intérêts & dépens, d'une part ; & ledit Julien Alaterre défendeur d'autre part : & entre ladite veuve Poullet, Etienne
Velu affociés, Jacques Beffard & fa femme, Etienne & Jean
Vefnard affociés, Pierre Vefnard, Alexandre Revoirat, &
Louis-Bernard Rooft, tous marchands au Pecq, & Charles
de la Voïepierre, marchand épicier à faint Germain-en-
Laie, demandeurs en requête du 21 janvier 1773, tendante à ce qu'ils fuffent reçus oppofans à l'arrêt de notredite cour du 5 décembre 1755, portant enregiftrement des
lettres patentes du 4 juin précédent, en ce que par lefdites
lettres-patentes il a été enjoint à tous marchands, commiffionnaires & autres de faire au bureau des aides leurs fou-

portées en première instance à l'hôtel-de-ville,

missions de rapporter dans un mois pour tout délai certificat des commis aux aides du lieu de la destination des marchandises qui seront enlevées du lieu du Pecq, portant que les Cendres, soudes & gravelées qui y ont été déchargées, & que les droits qui y sont dus y aient été acquittés, faute de quoi ils seront tenus de payer lesdits droits, si mieux ils n'aiment les payer avant l'enlèvement, ensemble aux contraintes contr'eux décernées, & aux ordonnances obtenues sur icelles, au bureau de la ville, des 3 mai 1764, 17 janvier 1769, & 19 juillet 1772, ainsi qu'aux commandemens faits en conséquence; faisant droit sur lesdites oppositions, il fût ordonné que ladite veuve Poullet & consorts demeureroient déchargés de l'obligation de faire lesdites soumissions, & des peines contr'eux prononcées par lesdites lettres-patentes à défaut desdites soumissions, ainsi que des droits & sommes qui faisoient les objets desdites contraintes; que les saisies & exécutions fussent déclarées nulles, vexatoires & déraisonnables, que la main levée provisoire faite par jugement du 24 octobre 1772 fût déclarée définitive, que les saisies faites sur ladite veuve Poullet, par procès verbal des 24 mai 1764 & 26 février 1765, fussent pareillement déclarées nulles, vexatoires & déraisonnables, qu'il lui en fût fait main-levée pure & simple avec défenses aux ci-après nommés de plus à l'avenir décerner aucune contrainte & poursuite, & pour l'indue vexation que les ci-après nommés fussent condamnés en trois mille livres de dommages-intérêts, & en tous les dépens, même en ceux réservés, & défendeurs d'une part; & lesdits Jean Jacques Prevôt & Julien Alaterre, défendeurs & demandeurs en requête du 10 juillet 1773 à fin d'opposition au jugement par défaut du 16 juin précédent, d'autre part: & entre ladite veuve Poullet, Etienne Velu associés, Bessard, Pierre Vesnard, Etienne & Jean Vesnard associés, demandeurs en requête du premier juillet 1774, tendante à ce qu'ils fussent reçus opposans à la contrainte décernée contr'eux le 11 mai précédent, & aux commandemens faits en conséquence, les 3, 4 & 7 juin suivant; faisant droit sur ladite opposition, & leur adjugeant les conclusions par eux

& par appel à la cour des aides. C'est ce qu'a réglé l'ordonnance de 1681.

---

ci-devant prifes, que lesdites contraintes & commandemens fussent déclarés nuls & de nul effet, comme étant faits au préjudice des défenses portées par l'arrêt de notredite cour du 23 février 1769, & par le jugement du 24 octobre 1772; il fût ordonné que lesdits arrêt & jugement demeureroient définitifs, que ladite veuve Poullet & consorts seroient déchargés du payement des sommes portées auxdites contraintes & commandemens, avec dommages & intérêts & dépens, d'une part; & ledit Julien Alaterre, défendeur d'autre part: & entre lesdits Jean-Jacques Prevôt & Julien Alaterre, demandeurs en trois requêtes des 6 juillet, 9 août 1774, & 13 novembre 1775, tendantes entr'autres choses à ce que la veuve Poullet & consorts fussent déclarés purement & simplement non-recevables dans les oppositions par eux formées tant par la requête du 23 mai 1764, que par celles par eux données poftérieurement à l'arrêt d'enregistrement de notredite cour du 5 décembre 1755 des lettres-patentes du 24 juin précédent, il fût ordonné que lesdites lettres-patentes & arrêt d'enregistrement seroient exécutés selon leur forme & teneur; faisant droit sur la demande de Jean-Jacques Prevôt formée par exploits des 24 & 25 desdits mois & an, que la saisie des seize balles de soudes dont il s'agit fût déclarée bonne & valable, & les choses saisies à nous acquises & confisquées au profit dudit Prevôt, à la représentation & remise desquelles ou à en payer la juste valeur suivant l'évaluation faite par ledit procès-verbal, tous gardiens & dépositaires seront contraints même par corps, & que ladite veuve Poullet fût condamnée aussi par corps en l'amende de cent livres pour sa contravention; en tant que touche la saisie faite sur ladite veuve Poullet des trente-sept balles de soudes, le 26 février 1765: que ladite saisie fût déclarée bonne & valable, & les choses saisies à nous acquises & confisquées au profit dudit Prevôt, & ladite veuve Poullet condamnée même par corps en l'amende de cent livres. Faisant droit sur les oppositions formées par lesdits Vesnard & consorts, par leurs requêtes insérées en l'arrêt de notredite cour du 23 février 1769,

La même loi a expressément défendu de faire

& au jugement du 5 septembre 1772, les ci-après nommés fussent déclarés non-recevables dans leurs oppositions aux contraintes visées les 17 janvier 1769 & 10 juillet 1772, ainsi que dans toutes leurs demandes, interventions, fins & conclusions, ou en tout cas qu'ils en fussent déboutés ; il fût ordonné que lesdites contraintes seroient exécutées selon leur forme & teneur, à l'encontre desdits y dénommés pour les sommes y portées, & les poursuites encommencées continuées ; il fût ordonné que l'arrêt qui interviendroit seroit imprimé, lû, publié & affiché aux frais des ci-après nommés partout où besoin seroit, & que lesdits ci-après nommés fussent condamnés chacun à leur égard en tous les dépens, même en ceux réservés, & aux frais & mises d'exécution, & défendeurs d'une part ; & lesdits veuve Poullet & consorts, défendeurs & demandeurs en deux requêtes des 2 août 1774 & 4 juillet 1776, tendantes à ce que sans s'arrêter aux demandes desdits Prevôt & Alaterre, il fût ordonné que les édits, ordonnances & réglemens, & notamment le titre de l'ordonnance de 1681 concernant les Cendres, soudes & gravelées, enregistrée en notredite cour, toutes les chambres assemblées, seroit exécutée selon sa forme & teneur ; en conséquence, que ladite veuve Poullet & consors fussent reçus opposans à l'arrêt sur requête du 5 décembre 1755, portant enregistrement des lettres-patentes du 4 juin précédent, que lesdites lettres-patentes fussent déclarées obreptices & subreptices, & l'adjudicataire général des fermes non-recevable dans sa demande à fin d'enregistrement d'icelles, que ladite veuve Poullet & consorts fussent maintenus & gardés dans le droit résultant desdites déclarations & ordonnances enregistrées en notredite cour toutes les chambres assemblées, de faire au Pecq le commerce des Cendres, soudes & gravelées avec toute liberté, sans être assujettis à aucune déclaration ni exercice des commis, que les contraintes contr'eux décernées, les saisies exécutions faites en conséquence, fussent déclarées nulles & vexatoires, il fût ordonné que l'amende prononcée par l'arrêt de notredite cour du 23 février 1769 seroit & demeureroit encourue à leur profit, pour l'attentat commis

des magasins & entrepôts de soudes , Cendres

à l'autorité de notredite cour, que ledit Julien Alaterre fût condamné au payement de ladite amende, & en 20000 livres de dommages-intérêts ; & fût ordonné que l'arrêt qui interviendroit seroit imprimé, affiché, aux frais & dépens du fermier, partout où besoin seroit, jusques à concurrence de trois mille exemplaires, & au surplus que les autres fins & conclusions leur fussent adjugées, avec dépens d'autre part : après que Huteau, avocat de la veuve Poullet & consorts, Boudet avocat de Prévôt & Alaterre, ont été ouis pendant six audiences, ensemble Clément de Barville, avocat général, pour notre procureur général, & qu'il en a été délibéré :

Notredite cour reçoit la partie de Boudet opposante à l'arrêt par défaut du 19 juin 1764, & celles de Huteau opposantes à l'arrêt par défaut du 11 avril 1769.

Reçoit les parties de Huteau opposantes à l'arrêt sur requête du 5 décembre 1755, portant enregistrement des lettres-patentes du 24 juin précédent, en ce que par lesdites lettres-patentes *il est enjoint à tous ceux qui font commerce & tiennent magasin de Cendres, soudes & gravelées au Pecq, de souffrir les visites & exercices des commis, & de faire au bureau dudit lieu leur soumission, d'y rapporter le certificat des commis aux aides du lieu de la destinction des marchandises qui seront enlevées au Pecq, portant que lesdites marchandises auront été déchargées au lieu de leur destination, & que les droits y auront été acquittés ;* faisant droit sur ladite opposition, ordonne que les habitans du Pecq qui tiendront magasin desdites Cendres, soudes & gravelées, demeureront déchargés desdites obligations.

En conséquence, & faisant droit sur les conclusions de notre procureur général, ordonne que les marchands, commissionnaires, voituriers & tous autres qui feront arriver des Cendres, soudes & gravelées par eau ou par terre au Pecq, seront tenus avant le déchargement d'en faire déclaration au bureau des aides dudit lieu, d'y représenter leurs lettres de voitures en bonne forme, contenant la quantité & qualité desdites marchandises qu'ils feront arriver, d'indiquer les lieux où ils les déchargeront, & les noms & demeures de ceux chez qui ils les emmagasineront.

& gravelées dans l'étendue des trois lieues des

De faire auſſi déclaration des Cendres, ſoudes & gravelées qu'ils vendront ou feront enlever en gros pour être
conduites ailleurs.

Ordonne que ceux qui enleveront leſdites marchandiſes
dudit lieu en gros, feront tenus d'en faire auſſi déclaration
audit bureau, & de faire leur ſoumiſſion, même en donner
caution ſi l'adjudicataire l'exige, d'y rapporter dans un mois
pour tout délai certificat des commis aux aides du lieu de
la deſtination, portant que leſdites Cendres, ſoudes & gravelées y ont été déchargées, & que les droits qui en ſont
dus y ont été acquittés; faute de quoi, feront tenus de payer
leſdits droits, ſi mieux n'aiment les payer avant l'enlèvement aux bureaux du Pecq.

Enjoint auxdits marchands & voituriers qui enlèveront
leſdites Cendres, ſoudes & gravelées en gros dudit lieu du
Pecq, d'être munis de lettres de voiture en bonne forme,
& de les repréſenter à la première requiſition des commis,
pour être viſées en route, & en aſſurer la deſtination qui y
ſera indiquée ; le tout à peine de confiſcation des voitures
& marchandiſes, ou de leur juſte valeur, & de cent livres
d'amende.

Reçoit les parties de Huteau oppoſantes aux quatre contraintes & commandemens des 3 & 14 mai 1774, décernés
faute d'avoir fourni certificat du lieu de la deſtination, portant acquit des droits, & aux ſaiſies-exécutions qui les ont
ſuivies.

Les reçoit pareillement oppoſantes aux cinq contraintes
& commandemens des 10, 17 janvier & 15 février 1769,
décernés par défaut de rentrée, & faute d'avoir rapporté,
conformément aux ſoumiſſions, le certificat de la deſcente
au lieu de la deſtination.

Les reçoit auſſi oppoſantes aux contraintes & commandemens des 23 juin, 16 & 18 juillet 1772, décernés pour les
mêmes cauſes, & aux ſaiſies-exécutions qui les ont ſuivies :
faiſant droit ſur leſdites oppoſitions, les décharge de l'effet
deſdites contraintes, & leur fait main-levée deſdites ſaiſies-
exécutions.

Les reçoit pareillement oppoſantes aux contraintes &

environs de Paris, à compter de l'extrémité des fauxbourgs, à peine de confiscation & de cent livres d'amende.

Des droits dus à l'entrée des cinq groffes fermes

commandemens des 11 mai & 3 juin 1774, déceines fur le même motif : faifant droit fur lefdites oppofitions, déclare lefdites contraintes & commandemens nuls ; décharge lefdites parties de Huteau de l'effet d'iceux.

En ce qui touche le procès-verbal de faifie du 26 février 1765, de trente-fept balles de foudes manquantes lois du récollement fait chez la veuve .Poullet, l'une des parties de Huteau, fait main-levée de ladite faifie, & décharge ladite veuve Poullet de la repréfentation des chofes faifies.

Faifant droit fur les demandes évoquées par aricêt de notredite cour, en ce qui touche le procès verbal de faifie du 24 mai 1764, faute de déclaration à l'arrivée & avant le déchargement des foudes dont il s'agit fur la veuve Poullet, déclare la faifie bonne & valable, les chofes faifies à nous acquifes & confifquées au profit de la partie de Boudet ; condamne ladite veuve Poullet en l'amende de cent livres, & aux dépens à cet égard.

Sur le furplus des demandes, fins & conclufions des parties, les met hots de cour & de procès.

Condamne la partie de Boudet en tous les dépens des caufes principale, d'appel & demandes, autres que ceux auxquels la veuve Poullet a été ci deffus condamnee envers toutes les parties, pour tous dommages & intérêts.

Ordonne qu'à la diligence de notre procureur général le préfent arrêt fera imprimé, lû, publié & affiché partout où befoin fera, & envoyé au bureau de la ville pour y être regiftré.

Si te donnons en mandement de mettre le préfent arrêt à fa due & entière exécution ; de ce faire te donnons pouvoir. Donné à Paris en la première chambre de notredite cour des aides, le douzième jour du mois de juillet, l'an de grâce mil fept cent foixante-feize, & de notre règne le troifième. Collationné. Par la cour des aides. *Signé*, Outrequin.

par

par les différentes espèces de Cendres. La Cendre de Vareck venant d'Angleterre ou des pays en dépendans & entrant par la province de Normandie, devoit trois livres par cent pesant, conformément à l'arrêt du conseil du 30 août 1718; mais par un autre arrêt du 30 septembre 1743, l'entrée de toute espèce de Cendres venant de l'étranger a été défendue.

La Cendre gravelée & la potasse doit à l'entrée des cinq grosses fermes quinze sous par cent pesant, conformément au tarif de 1664.

Les Cendres & potasses de la Sarre, précédemment appelées Cendres de verre, doivent le même droit conformément à l'arrêt du conseil du 23 août 1721, qui en a fixé l'entrée par les bureaux établis en Champagne, & notamment par celui de Torcy & autres du département de Charleville, à la charge que si ces Cendres sont conduites à Paris elles y payeront les droits dus sur les soudes & gravelées conformément à l'ordonnance de 1681 & aux règlemens postérieurs.

La Cendre de plomb doit aussi à l'entrée des cinq grosses fermes quinze sous par cent pesant conformément au tarif de 1664.

La Cendre de verre doit suivant la même loi pour droit d'entrée, quatre sous par cent pesant.

L'entrée de cette Cendre fut défendue par un arrêt du 23 septembre 1710, lequel intervint sur ce que quelques marchands avoient fait entrer des Cendres dites *védasse* & autres sous la dénomination impropre de Cendre de verre pour n'en payer que quatre sous du cent pesant, quoique ce fussent de véritables potasses brutes

& grifes qui devoient quinze fous. Cette défenfe fubfifta jufqu'en 1714 qu'elle fut révoquée.

La Cendre commune doit pour droit d'entrée fuivant le tarif de 1664, trente fous par leth de douze barrils.

Les Cendres appelées *caffeau* n'étant point dénommées dans le tarif de 1664, font affujetties au droit de cinq pour cent de la valeur ; & c'eft fur ce pied que la perception s'en fait dans plufieurs bureaux : mais par une décifion du confeil du 26 août 1729, il a été ordonné de continuer l'ufage dans lequel on étoit au bureau de Saint Vallery, de ne faire payer que trente fous du leth de ces fortes de Cendres.

Les Cendres de houille & de tourbes deftinées pour le pays conquis, furent déclarées exemptes de tout droit d'entrée par arrêt du confeil du 12 mars 1745 ; & par un autre arrêt du 23 octobre 1753, cette exemption a été rendue générale : le roi l'a même étendue aux fumiers & aux autres matières fervant uniquement à l'engrais des terres : ces objets font déchargés de tout droit tant à l'entrée du royaume qu'en paffant des provinces réputées étrangères dans celles des cinq groffes fermes, & réciproquement en paffant de ces dernières dans les autres.

La Cendre de tabac doit les droits d'entrée à raifon de cinq pour cent de la valeur fuivant une décifion du confeil du 18 mai 1725.

La Cendre verte & bleue doit fuivant le tarif de 1664, quatre livres par cent pefant pour droit d'entrée.

Lorfqu'elle vient du levant, elle doit vingt pour cent de la valeur conformément à l'arrêt du confeil du 22 décembre 1750.

Droits de sortie dus sur les Cendres. Le leth de douze barils de Cendre commune doit suivant le tarif de 1664, une livre seize sous pour droit de sortie.

Les Cendres de chaux, de houille, de tourbe, les fumiers & les autres matières servant à l'engrais des terres, doivent cinq pour cent de la valeur lorsqu'ils passent à l'étranger, mais ils sont exempts de tout droit de sortie lorsqu'ils sont destinés pour les provinces réputées étrangères.

La *Cendre menuisée* doit suivant le tarif, sept sous par cent pesant pour droit de sortie, & la Cendre gravelée deux livres.

Voyez l'ordonnance des eaux & forêts du mois d'août 1669 ; les arrêts du conseil du 20 mars 1675, & 6 juillet 1756 ; les lois Forestières ; le dictionnaire raisonné des eaux & forêts ; les lettres-patentes du 3 août 1465 ; l'arrêt du conseil du 20 janvier 1627 ; la déclaration du 31 mars 1628 ; les lettres-patentes du 14 octobre 1629 ; les édits de novembre 1644, & de mars 1647 ; l'arrêt du conseil du 8 octobre 1680 ; l'ordonnance du 22 juillet 1681 ; le traité général des droits d'aides ; les arrêts du conseil des 9 juin 1682, 8 janvier & 20 mars 1683 ; les memoires sur les droits du roi ; l'arrêt du conseil du 22 juin 1694, & celui de la cour des aides du 4 juin 1685 ; les lettres-patentes du 24 juin 1755 ; les arrêts du conseil des 30 août 1718, & 30 septembre 1743 ; le tarif de 1664 & les observations sur ce tarif ; les arrêts du conseil des 23 septembre 1710, 11 & 17 avril 1714, 2 juillet 1715, 12 juillet 1716, 31 décembre 1717, 5 août 1719, 23 août 1721, 12 mars 1745, 22 décembre 1750, & 23 octobre

1753, &c. Voyez auſſi les articles ENTRÉE, SORTIE, MARCHANDISE, SOU POUR LIVRE, ENTREPÔT, DROGUERIE, DÉCLARATION, CONFISCATION, &c.

CÉNOBITE. Moine qui habite un lieu retiré.

Il y a cette différence entre le Cénobite & l'anachorète, que celui-ci vit ſeul ſans communication avec perſonne, au lieu que l'autre vit avec ceux qui ont embraſſé le même genre de vie que lui.

Saint Baſile a fait l'éloge de la vie cénobitique, en la comparant à celle des premiers chrétiens qui étoient tous unis enſemble, & qui n'avoient rien qui ne fût commun entr'eux.

Il y avoit anciennement des *reclus*; mais le concile *in Trullo*, tenu l'an 692, leur défendit d'embraſſer la récluſion ſans s'être auparavant éprouvés dans des monaſtères, parce que dès qu'ils avoient embraſſé une fois ce genre de vie, il falloit qu'ils le tinſſent malgré eux (*).

Les hiſtoriens ne ſont pas d'accord ſur la queſtion de ſavoir ſi les Cénobites avoient une règle particulière. Les uns prétendent qu'il ſuffiſoit de

---

(*) La coutume étoit autrefois à Vienne en Dauphiné de choiſir un religieux qu'on croyoit être le plus vertueux & le plus digne d'être exaucé de Dieu : on le renfermoit dans une cellule afin qu'il y paſſât le reſte de ſes jours dans la contemplation & qu'il y priât ſans ceſſe pour le peuple. C'étoit auſſi la pratique de la plupart des monaſtères d'hommes & de filles. Elle avoit lieu entr'autres dans le monaſtère des religieuſes de Sainte Croix de Poitiers : Grégoire de Tours a décrit les cérémonies qu'on obſervoit pour la récluſion de ces filles.

vivre en commun sous l'autorité d'un abbé ; les autres soutiennent d'après un paſſage de la règle de ſaint Benoît, où il eſt parlé des Cénobites, que ces ſolitaires avoient un inſtitut qui leur étoit propre.

Saint Antoine eſt regardé comme le chef d'un grand nombre de ſolitaires qui ſe rangèrent ſous ſa conduite après que les premières perſécutions de l'égliſe ſous Dioclétien eurent ceſſé. Le père Thomaſſin a reconnu qu'on ne pouvoit point le lui diſputer. M. de Tillemont, au contraire, prétend que ſaint Antoine n'a été que le plus diſtingué parmi les anachorètes, & que ſaint Pacôme eſt le vrai inſtituteur de la vie commune, c'eſt-à-dire de celle des Cénobites dans les monaſtères. Mais d'après M. Fleury, dans ſes mœurs des chrétiens & dans ſon hiſtoire eccléſiſtique, on ne peut pas refuſer à ſaint Antoine d'avoir été le père des premiers Cénobites, ſur-tout ſi l'on joint à cela ce qui réſulte de la vie de ſaint Antoine par ſaint Athanaſe, & ce que dit Rufin des ſolitaires de la montagne de Nitrie.

Voyez *le traité de la diſcipline eccléſiaſtique, par le père Thomaſſin ; les mémoires pour l'hiſtoire eccléſiaſtique, par Tillemont ; les mœurs des chrétiens & l'hiſtoire eccléſiaſtique, par Fleury ; les éphémérides Moſcovites, par le père Papebroch ; Grégoire de Tours ; la vie de ſaint Athanaſe, par Herman ; la vie des pères du déſert, par Arnaud d'Andilly, &c.* Voyez auſſi les articles HERMITE, MOINE, &c. (*Article de M. DAREAU, avocat, &c.*)

CENS. C'eſt une redevance en argent ou en fruits que certains biens doivent annuellement

aux seigneurs du fief dont ils relèvent, en reconnoissance de son domaine direct.

Ainsi le contrat censuel se forme lorsque le
propriétaire d'un héritage noble en transporte
le domaine utile avec rétention du domaine
direct, & d'une rente annuelle sous la dénomination de Cens & de droits seigneuriaux.

Avant d'aller plus loin sur ce qui concerne
le Cens ; il est nécessaire de voir en quoi il dif-
fere des deux espèces de contrats qui ont beaucoup d'analogie avec lui ; je parle de l'emphythéose & du bail à rente perpétuelle. Le Cens &
l'emphytéose different en ce que le premier a
son origine dans le droit coutumier, & que l'autre a la sienne dans le droit romain ; en ce que
la commise a lieu dans l'emphytéose par faute
du payement du canon emphytéotique pendant
trois ans, ce qui n'a pas lieu contre le censitaire;
enfin en ce que celui-ci peut aliéner à son gré,
au lieu que l'emphytéote ne peut vendre sans
l'agrément du propriétaire. A l'égard du bail à
rente perpétuelle, il est bien différent des deux
premiers; il emporte une aliénation absolue ;
point de droits seigneuriaux comme dans le
Cens, point de rétention du domaine d'rect
comme dans l'emphytéose : tout passe au preneur, tout lui appartient sans aucune autre charge
que de la rente stipulée par le bail. Il est facile
de distinguer ces trois sortes d'aliénations : le
caractère spécifique des deux premières est la
réserve d'un droit seigneurial pour le Cens, &
la peine de la commise pour l'emphytéose. Lorsque ni l'un ni l'autre ne se rencontrent dans une
aliénation, & qu'il y a stipulation d'une rente.

c'est un bail à rente perpétuelle. C'est dans cette dernière classe qu'il faut ranger tous les contrats du genre dont il s'agit, suivant la règle de droit *in obscuris quod minimum est sequimur.* Ces décisions sont écrites dans l'article 211 de la coutume de Blois. Cet article porte : « Bail à rente fait » de quelqu'héritage par gens d'église ou laïcs, » soit à toujours ou à longtemps, n'est point du » contrat emphytéotique, si ces mots ledit héri- » tage baillé à rente en emphytéose ne sont in- » sérés èz-lettres dudit bail ; en telle manière » que si lesdits mots baillé à rente en emphytéose » ne sont inscrits & insérés esdites lettres, ledit » héritage n'est point censé ni réputé emphytéo- » tique, tellement que ledit héritage n'est point » échu en commise, si le preneur ou ses ayant » cause cessent de payer ladite rente ». *Ita generaliter observamus in hoc regno,* dit Dumoulin.

Ceci nous conduit à dire un mot d'une expression qui se trouve dans plusieurs articles de la coutume de Paris. On lit dans l'article 73 : *il est loisible au seigneur censier ou foncier.* On retrouve la même manière de s'exprimer dans l'article 78 : *est tenu de payer au seigneur censier ou foncier les ventes dudit achat, &c.* Il résulte de ces deux dispositions, sur-tout de la disjonctive *ou,* que l'emphytéote, ou tout autre seigneur foncier, ont les mêmes privilèges que le seigneur censuel ; cependant il n'en est rien. Le Cens seul emporte lods & ventes & amendes ; seul il jouit de l'imprescriptibilité, & même ce principe est porté si loin, que s'il arrive que la concession d'un héritage ait été faite à la charge d'un Cens & d'un surcens procédant de la même cause, établi par le même contrat payable au même jour au

même lieu que le Cens, le furcens ne partici-
pera cependant à aucun des privilèges attachés
au Cens. On ne peut néanmoins rien de plus
formel que la difpofition de la coutume ; elle
affimile en tout le Cens à la rente foncière. Il y
auroit bien des chofes à répondre ; on fe con-
tentera de dire qu'il eft vraifemblable que ces
expreffions ont échappé aux réformateurs ; d'ailleurs, la rubrique du titre ne porte que des cenfives & droits feigneuriaux, & non des rentes
foncières : & fuivant une maxime de droit , *à ru-
brica de jure licet argumentari & interpretationem
fumere.*

Divifions du Cens. Nous venons de parler du
Cens & du furcens ; il paroît donc qu'il y a des
Cens de plufieurs efpèces ; ainfi il faut les diftinguer. On trouve fréquemment dans les anciennes chartres, &c. ces expreffions, *chef-cens,
menu-cens, gros-cens, croix-de-cens, fur-cens.* Y
a-t-il en effet différentes fortes de Cens ? Non ;
le Cens eft toujours le même; c'eft toujours une
preftation feigneuriale, comme on l'a dit plus
haut, & ces dénominations ne défignent que les
variétés qui peuvent réfulter des titres d'afcen-
fement : ainfi lorfqu'un fond eft afcenfé moyennant dix fous de *Cens & fur-cens* , moyennant dix
fous de *gros-cens & croix-de-cens*, ces expreffions
n'influent en rien fur la nature de la redevance ;
elle n'eft ni plus ni moins cenfuelle que fi l'on s'é-
toit fervi fimplement de ces mots, *dix fous de Cens.*
Mais il n'eft pas rare de trouver dans les lettres
cette claufe, *un fou de Cens & dix fous de gros-
cens, fur-cens ou croix-de-cens.* Voilà deux pref-
tations bien diftinctes: jouiffent-elles également
des prérogatives du Cens ? Dumoulin diftingue,

aut secundum onus est appositum in augmentum primi & utrumque est unus & idem census : aut secundum onus est appositum tanquam separatum per se, & tunc verè non est census, sed reditus fundarius. Dans ce cas, cette prestation, quoique désignée sous la dénomination de sur-cens, n'emporte cependant ni saisine, ni amende, en-sorte que le seigneur n'a pour l'exiger qu'une action ordinaire.

Il est assez difficile de donner une règle sûre & générale pour distinguer dans tous les cas si le sur-cens est *in augmentum primi*, ou *separatum per se*; tout ce que l'on peut dire de plus certain, c'est qu'à moins que l'identité du Cens & du sur-cens ne résulte clairement des termes de l'acte, il faut toujours ranger ce dernier dans la classe des rentes foncières, comme les moins onéreuses : *pro libertate respondendum est.*

Il arrive souvent qu'une concession est faite moyennant dix sous de Cens & de rente copulativement, ou de cens ou rente disjonctivement : dans ce cas, l'addition de la rente au Cens n'altère point la nature de ce dernier : que dans l'ordre grammatical il précède ou suive la rente, peu importe ; & les dix sous se payeront au seigneur tant comme Cens que comme rente foncière, cependant avec toutes les prérogatives du Cens.

Il nous reste encore une observation à faire sur ce mot *croix-de-cens :* quelques Auteurs l'ont regardé comme désignant un *sur-cens*, pensant qu'il étoit synonime à *incrementum :* c'est une erreur; cette dénomination provient de l'empreinte de la petite monnoie d'autrefois, qui jusqu'au règne de François premier a toujours été marquée d'une croix.

· Nous ne devons pas quitter ce qui concerne le Cens en général, fans examiner une queſtion qui trouve ici fa place; c'eſt celle de ſçavoir ſi le cenſitaire peut lui-même donner à Cens?

» Le ſeigneur féodal peut ſe jouer de ſon fief; il peut en donner une partie en arrière-fief : le preneur à emphytéoſe peut céder à la même charge le fond emphytéotique. Il paroît donc que le cenſitaire doit jouir du même privilège, & qu'il peut donner le fond cenſuel à la charge envers lui d'un Cens ſeigneurial : cette conſé-quence, toute naturelle qu'elle paroît, eſt ce-pendant rejetée par les auteurs, & avec raiſon. Les coutumes donnent au ſeigneur une permiſ-ſion expreſſe de ſe jouer de ſon fief, & elles défendent, au moins tacitement, au cenſitaire de ſe jouer du fonds cenſuel. Il eſt vrai que l'em-phytéote peut donner à emphytéoſe; mais les auteurs s'accordent à dire que la ſeconde con-ceſſion n'a pas les mêmes prérogatives que la première, qu'elle n'emporte pas les lods & ven-tes; enſorte que ce n'eſt autre choſe qu'une rente foncière établie ſous la dénomination de *canon emphytéotique.* Or il eſt permis au cenſitaire d'en faire autant; il peut donner le fond cenſuel à la charge d'une rente foncière envers lui; mais cette rente ne ſera point ſeigneuriale; elle n'em-portera ni lods & ventes, ni ſaiſie, ni amende. S'il arrive que le cenſitaire ignorant ſes droits, ou voulant en franchir les bornes, cède l'héri-tage qu'il tient à Cens à la charge expreſſe d'une rente ſeigneuriale envers lui, l'aliénation ſera valable, parce qu'il peut diſpoſer d'un fond pa-trimonial; mais la rente qualifiée ſeigneuriale ſera réduite aux termes d'une ſimple rente foncière. Encore un mot : le censitaire eſt ſur la dernière ligne de la dépendance féodale, & il ne dépend pas de lui d'en étendre les limites : d'ailleurs, le même héritage ne ſçauroit être tenu en cenſive de deux ſeigneurs différens. Enfin il eſt contre l'ordre naturel des choſes d'établir des droits ſeigneuriaux ſur un fonds roturier.

Il faut encore dire quelque choſe d'un point fort intéreſſant : le censitaire peut-il changer de nature le fond chargé de Cens ?

. En général, le censitaire peut diſpoſer à ſon gré d'un fond cenſuel ; il peut y bâtir, renverſer les édifices qui y ſont conſtruits, en extraire les minéraux qui y ſont renfermés, en faire des promenades, convertir un étang en terres labourables, & les terres labourables en étang ; il a la propriété abſolue du domaine utile, & il peut en uſer comme il le juge à propos. Le ſeigneur ne peut réclamer à raiſon du Cens, parce que cette preſtation eſt plus honorifique qu'utile, & n'a aucun rapport aux fruits : il le peut encore moins à raiſon des lods & ventes. Ces changemens en diminueront la quotité : n'importe ; ce ſont des droits caſuels qui ne ſont d'aucune conſidération aux yeux de la loi : ceci s'entend lorſque les lods & ventes ſont ſeulement diminués. Il en ſeroit autrement ſi l'héritage étoit réduit à un état tel qu'il ne put être vendu. De même ſi le Cens conſiſtoit en un champart conſidérable, alors la preſtation étant relative aux fruits, le censitaire ne pourroit plus diſpoſer du fond avec la même liberté.

La règle générale reçoit une ſeconde reſtriction dans le cas où il paroît par l'acte d'inveſtiture que c'eſt une maiſon conſidérable donnée à

Cens ; alors on préfume que la conceffion a été faite dans la vue des lods & ventes qui devoient réfulter des mutations, & il n'eft pas permis au cenfitaire de détruire cette maifon pour en convertir le fol en terres labourables. Remarquez qu'il faut pour reftreindre ainfi la liberté du vaffal, que le titre primordial foit repréfenté. De fimples reconnoiffances énonciatives d'une maifon ne fuffiroient point, parce qu'une pareille déclaration n'eft cenfée faite que *demonftrationis caufâ :* à moins que le titre primordial ne dépofe du contraire, on préfume toujours que c'eft un fimple héritage qui a été donné à Cens : *nudum folum ,* dit Dumoulin, *olim in cenfu conceffum præfumitur.*

Nous avons beaucoup parlé jufqu'ici des prérogatives du Cens, il eft temps de voir en quoi elles confiftent. Les droits féodaux font le quint, le relief, &c. Les droits cenfuels font 1°. l'obligation où eft le cenfitaire de porter le Cens. 2°. Le droit qu'a le feigneur de faifir l'héritage cenfuel à défaut de payement du Cens. 3°. Les lods & ventes. 4°. Les amendes faute de payement du Cens & notification des ventes. 5°. L'exhibition que l'acquéreur de l'héritage cenfuel eft tenu de faire de fon contrat, lorfqu'elle lui eft demandée. 6°. La déclaration qu'il eft obligé de donner pareillement lorfqu'elle eft requife. 7°. Le droit d'enfaifinement qu'il doit au feigneur, mais feulement lorfqu'il prend faifine.

Nous allons parcourir ces différens objets ; nous nous contenterons de donner ici des vues & des maximes générales : on trouvera les détails épars dans cet ouvrage fous les différens articles qui y font relatifs. Nous fuivrons principalement la coutume de Paris, comme formant en quelque forte notre droit commun.

Le Cens eft donc la première redevance feigneuriale & foncière dont l'héritage eft chargé envers le fief duquel il relève. Cette redevance eft foncière parce qu'elle a été impofée par le feigneur lors de la conceffion de l'héritage ; elle eft due au fief dont l'héritage eft mouvant, & non pas à la perfonne ; ce qui établit la différence du Cens & des autres rentes feigneuriales d'avec celles qui font fimplement foncières, lefquelles font dues à la perfonne. Il y a encore une autre différence qui eft plus confidérable, c'eft que le Cens, comme je l'ai déja dit, emporte & produit les lods & ventes quand l'héritage chargé du Cens eft vendu, & l'amende lorfque le Cens n'eft pas payé au jour & lieu qu'il eft dû. Cette amende eft de cinq fous parifis ; elle eft encourue *ipfo facto*, parce que le Cens eft *portable & non querable*, c'eft-à-dire que le feigneur n'eft pas obligé d'en faire la demande ; c'eft au cenfitaire à le porter au bureau de la recette du feigneur, qui eft le principal manoir.

Il en faut excepter les maifons fituées dans la ville de Paris pour lefquelles il n'y a point d'amende faute de payement du Cens, à moins que le bail à Cens ne porte à cet égard une obligation & une foumiffion expreffe.

Faute de payement du Cens, le feigneur ne peut pas dans la coutume de Paris faire procéder par voie de faifie pour faire les fruits fiens, comme en matière de fief ; mais il peut ufer d'une autre voie, qui eft la faifie des fruits pendans fur l'héritage, fappelée *faifie & brandon*, à laquelle il doit établir commiffaire. Cette faifie se fait sans qu'il soit besoin de condamnation ni de commandement : aussi le seigneur ne peut pas faire vendre sur cette saisie ; elle doit être faite néanmoins *viâ juris*, c'est-à-dire par le ministère d'un huissier & avec ordonnance de justice, soit de celle du seigneur, s'il en a, ou autre. Il faut que ce soit des fruits pendans sur l'héritage chargé du Cens, que la saisie soit faite, & non pas des fruits des autres héritages du censitaire, à moins que ce ne soit en exécution d'une sentence. Plusieurs estiment que si les fruits étoient coupés, ils ne pourroient pas être saisis. Dumoulin & Brodeau tiennent le contraire.

Cette saisie peut être faite non-seulement pour les arrérages du temps de celui qui est en possession de l'héritage ; mais même pour ceux du temps de son prédécesseur, parce que les fruits sont tacitement hypotéqués au seigneur : mais en consignant les trois dernières années d'arrérage du Cens, le possesseur doit avoir main-levée par provision. C'est la disposition de la coutume de Paris, fondée sur l'édit de 1563 ; & même en rapportant les quittances pour les trois dernières années, il doit avoir main-levée pure & simple, le surplus étant présumé payé.

La même chose a lieu aussi pour les simples rentes foncières, pour lesquelles le propriétaire de ces rentes peut faire procéder par *voie de saisie & brandon* : & la même main-levée provisoire a lieu en consignant trois années, l'édit comprenant nommément les rentes de bail d'héritages aussi-bien que les censives.

A l'égard des Cens dûs sur des maisons situées dans la ville, les fauxbourgs & la banlieue de Paris, la coutume donne le droit au seigneur de faire procéder par *voie de faifie & gagerie* fur les meubles étant dans les maifons redevables du Cens, pour trois années d'arrérages du même Cens. Cette gagerie n'eft proprement qu'un arrêt de meubles fans les déplacer ; c'eft pourquoi il faut conftituer un gardien, foit le propriétaire, foit un voifin. On ne peut pas vendre fur cette faifie ; mais elle donne au feigneur un droit & privilége fur les meubles. La main-levée provifoire doit auffi être donnée en confignant trois années.

Dans les commencemens, comme il n'étoit pas permis au vaffal de difpofer de fon fief *inrequifito Domino*, il n'étoit de même pas permis au cenfitaire de vendre l'héritage qui lui avoit été donné à Cens fans le confentement du feigneur ; & pour avoir ce confentement, on lui payoit une fomme dont on convenoit avec lui. Cela a depuis tourné en droit commun, & le cenfitaire a toute liberté de vendre fon héritage, en payant au feigneur le droit qui eft réglé par les coutumes, qu'on appelle *lods & ventes.*

Il n'en eft pas des cenfives comme des fiefs ; il eft dû des droits pour ceux-ci prefque à toute mutation : mais à l'égard des cenfives, les droits de lods & ventes ne font dûs que dans les cas où il eft dû des droits de quint pour les fiefs, fçavoir en cas de vente & de bail à rentes rachetables. A l'égard des autres mutations, il n'eft rien dû ; ce qui vient apparemment de ce que originairement les fiefs étoient moins dans le commerce & plus dépendans des feigneurs que les héritages tenus à Cens.

Les ventes fe payent au feigneur à proportion

du prix porté par le contrat, & elles font réglées, fuivant la coutume de Paris, à feize deniers parifis pour livre, c'eft-à-dire vingt deniers tournois; ce qui fait le douzième du prix. Au refte, ceci ne fait loi qu'autant que les feigneurs ne rapportent pas des titres qui leur donnent ce droit à un denier plus fort; car en ce cas on fuit les titres, ainfi qu'il a été jugé au profit d'un grand nombre de feigneurs, notamment en faveur du feigneur d'Yere & autres de la chatellenie de Corbeil, par arrêt rapporté par Picard fur la coutume de Paris.

Il y a des coutumes où les ventes font dues par le vendeur, comme dans celle de Senlis, à moins qu'il ne foit porté par le contrat *francs deniers au vendeur;* mais dans celle de Paris & dans la plupart des autres coutumes, c'eft l'acheteur qui doit les droits feigneuriaux.

Pour regler ces droits, on regarde tant le prix porté par le contrat, que les charges réductibles en deniers faifant fonction de prix, & non pas ce qui a été donné pour le vin du vendeur, ni les frais du notaire; & dans les adjudications par décret, on ne paye pas non plus les ventes par rapport aux frais ordinaires des criées, quoiqu'ils faffent partie du prix.

Les charges faifant fonction de prix font, par exemple, quand l'acquéreur eft chargé d'acquitter le vendeur d'une dette non réelle, foit que ce foit une dette pour une fois payer, foit que ce foit une rente conftituée ou un douaire, ou une penfion viagère, auquel cas on fait eftimer la charge par experts, & les droits font dûs fuivant cette eftimation.

Il en eft de même du fupplément donné depuis

puis le contrat de vente, foit en conféquence d'une contre-lettre, d'une tranfaction ou d'une condamnation ; le droit de vente en eft dû, quoi-que celui qui étoit exigible en vertu du contrat ait été reçu fans réferve.

Tout ce qu'on vient de dire a pareillement lieu à l'égard des fiefs pour le quint.

Les deux mutations qui donnent lieu aux lods & ventes font, comme il a été dit, la vente & le bail à rente rachetable.

Sous le nom de vente il faut comprendre toutes fortes de contrats équipollents à vente dans lefquels il y a aliénation d'héritage & quel-que chofe qui tient lieu de prix, par exemple, *datio in folutum*. La dette acquittée par le con-trat de vente fait fonction de prix ; ce qui re-çoit néanmoins quelques exceptions : première-ment, quand c'eft un père qui donne un héritage à quelqu'un de fes enfans en payement de ce qu'il lui a promis par contrat de mariage, parce qu'on regarde l'héritage comme donné par le contrat de mariage, auquel cas il n'eft point dû de droits : en fecond lieu, quand un héritier créancier de la fucceffion reçoit de fes co-hé-ritiers en payement de ce qui lui eft dû, un hé-ritage de la fucceffion, ou qu'un de fes co-héri-tiers fe charge d'acquitter une dette de la fucceffion au moyen de l'abandonnement qui lui eft fait d'un héritage de la même fucceffion ; dans ces deux cas il n'eft point dû de droits, parce que l'héritier avoit déja fa part indivife dans l'héritage qui lui eft abandonné, & s'il acquiert les parts des autres, c'eft par un accommode-ment de famille & une efpèce de retour de partage.

Il faut auſſi comprendre ſous le nom de vente
la donation faite pour récompenſe de ſervices ;
mais pour que la donation ſoit réputée de cette
qualité, il ne ſuffit pas que dans le contrat il
ſoit fait mention en général des ſervices rendus,
il eſt néceſſaire que la récompenſe en ſoit légitimement due, & que le donataire ait droit d'en
faire la demande ; enſorte que la donation ſoit
datio in ſolutum, ou une vente déguiſée que les
juriſconſultes appellent *donatio facta venditionis
cauſâ :* alors le droit de vente eſt dû pour une
pareille donation ; mais ſi la donation étoit plus
forte que l'eſtimation des ſervices, ce qui excé-
deroit ſeroit une véritable donation qui ne ſeroit
pas ſujette aux droits de vente.

Il en faut dire autant du contrat nommé *do
ut facias ;* comme ſi une perſonne donne un héritage à quelqu'un, à la charge qu'il fera quelque
affaire pour elle. On regarde ſi la charge eſt eſtimable en deniers, c'eſt-à-dire, s'il conviendroit
payer quelques ſalaires pour raiſon de ce qu'il
eſt chargé de faire, & en ce cas il faut regarder
ce contrat comme une vente dont les droits ſont
dûs : il en ſeroit autrement ſi la charge n'étoit
pas eſtimable, comme ſi c'étoit pour lui procurer
quelque place ou pour l'aſſiſter de ſon crédit en
quelque affaire.

L'autre mutation pour laquelle les ventes ſont
dues, eſt le bail à rente foncière rachetable, &
cela dès le moment du contrat, ſans attendre
que la rente ſoit rachetée. Par le bail & rente
foncière non rachetable il n'eſt pas dû de vente ;
mais auſſi cette rente eſt ſujette aux droits de
vente lorſqu'elle change de main par tranſport,
ou qu'elle eſt rachetée & amortie ; ce qui ſe.

peut faire quand le créancier veut bien en percevoir le rachat ; au lieu que celle qui eſt ſtipulée rachetable n'eſt jamais ſujette aux ventes
ni quand elle eſt tranſportée, ni quand elle eſt
amortie : la raiſon de la différence eſt que
celle qui eſt non rachetable tient lieu d'héritages.

Quand un héritage eſt vendu par contrat volontaire ou par décret, à la charge de payer &
continuer une rente conſtituée ou foncière rachetable & en acquitter le vendeur, les ventes
ou le quint, ſi c'eſt un fief, en ſont dûs non-
ſeulement à raiſon du prix contenu au contrat
ou au décret, mais auſſi à raiſon du ſort principal
de la rente : mais quand la rente que l'acquéreur
eſt chargé de continuer eſt foncière non rachetable, alors il n'eſt point dû de quint ni ventes
pour raiſon du ſort principal ou eſtimation de
cette rente : : il n'en eſt dû que pour le ſurplus du
prix porté au contrat ; de ſorte que s'il n'y a
pas d'autre prix il ne ſera rien dû pour le tranſport de l'héritage, à la charge ſeulement de la
continuation de la rente, ce qui doit ſeulement
s'entendre des héritages roturiers ; car pour ce
qui eſt des fiefs, pluſieurs, & entr'autres Dupleſſis, eſtiment que le relief y eſt toujours dû
en conſéquence de l'article 33, qui eſt général
pour toutes les mutations, à l'exception de celles
qui arrivent par vente & bail à rente rachetable.

Quand l'héritage donné à rente rachetable eſt
cédé & donné par le preneur au bailleur pour
l'extinction & amortiſſement de ſa rente, c'eſt
une queſtion ſi les droits ſont dûs, parce que

les uns difent que c'eft *datio in folutum*, d'autres que c'eft *refolutio prioris contractus*; le même Dupleffis tient qu'en ce cas les droits de lods & ventes font dûs.

Il n'eft point dû de ventes pour les baux emphytéotiques lorfqu'il n'y a point d'argent débourfé au contrat; il n'en eft pas dû non plus pour le tranfport que le preneur fait de fon bail à un autre, à la charge de la redevance emphytéotique feulement, ni pareillement pour la réverfion de l'héritage au bailleur, foit après le temps porté au bail expiré, foit avant l'expiration du confentement des parties, parce que cette reverfion fe fait *ex antiquâ causâ*, & en vertu d'une condition réfolutoire qui eft effentielle à ce contrat, le tout pourvu qu'il n'y ait point de deniers débourfés; car lorfqu'il y en a, foit au bail, foit au tranfport, foit en la réfolution, alors les droits font dûs jufqu'à la concurrence des deniers débourfés, parce qu'en ce cas le contrat eft mêlé de vente.

Il en faut dire autant à l'égard du bail à rente foncière non rachetable, pourvu qu'il n'y ait pas pareillement de deniers débourfés foit au bail, foit au tranfport, foit quand en conféquence du déguerpiffement le preneur reprend l'héritage, parce que la réfolution fe fait de même *ex antiquâ causâ*.

Il n'eft pas dû non plus de droits pour les partages ou actes équipolens à partages faits entre co-héritiers, encore qu'il y ait une foute en argent payée par un des co-héritiers aux autres ou récompenfes données en rentes, parce que la vente ou aliénation qui fe trouve au moyen de la foute eft forcée & faite pour un accommodement de famille.

Il est même permis dans un partage de mettre dans un lot tous les deniers & effets mobiliers, & dans l'autre tous les héritages, sans que le seigneur puisse pour cela rien prétendre : non-seulement il n'est rien du pour partage, mais même pour licitation faite entre les co-héritiers d'un héritage qui ne se peut pas partager commodément, & qui est adjugé à l'un d'eux, parce que c'est une aliénation forcée : mais il faut pour cela que l'héritage ne se puisse commodément partager, c'est-à-dire sans desavantage, & pour cela il faut une visite & rapport d'experts, qui disent que l'héritage ne se peut partager sans diminuer beaucoup de sa valeur, comme il arrive souvent quand on veut partager une maison. Sur ce rapport le juge ordonne que l'héritage sera vendu par licitation en justice, & en conséquence il se fait trois publications ; mais la coutume veut que cette licitation soit sans fraude, c'est-à-dire qu'elle soit sérieuse & effective & ne serve pas de couverture à un contrat de vente.

Quand une fois la licitation a été ordonnée en justice, les parties peuvent la faire volontairement pardevant notaires pour éviter les frais.

Il n'importe que des étrangers aient été admis à enchérir dans la licitation, pourvu que l'adjudication soit faite à un des co-héritiers ; mais si elle est faite à un étranger, les droits en sont dus.

Cette décision a été étendue aux licitations qui se font d'héritages de la communauté entre le survivant des conjoints & les héritiers du prédécédé.

Dupleffis dit qu'elle n'a pas seulement lieu au premier degré de succession, c'est-à-dire lorsque la licitation eſt à faire entre ceux à qui l'héritage eſt échu, mais auſſi entre leurs héritiers & deſcendans quand après une longue jouiſſance par indivis, ils viennent à liciter.

En vente de bois de haute futaie & en vente d'uſufruit, il n'eſt point du de droits excepté néanmoins le cas de fraude, comme ſi le fond & la propriété étoient vendus quelque temps après à celui qui auroit acquis la ſuperficie ou l'uſufruit : en ce cas les droits ſeroient dus.

A l'égard de l'échange ; ci-devant il n'en étoit rien du au ſeigneur, à moins que l'échange ne fût mêlé de vente par le moyen d'un retour donné en argent, auquel cas les ventes étoient dues juſques à concurrence du retour : mais par l'édit de 1674, les contrats d'échange ont été réduits à la condition des contrats de vente pour ce qui eſt du payement des lods & ventes, *nonobſtant toutes coutumes à ce contraires auxquelles le roi a dérogé*, & il s'eſt attribué les droits d'échange, leſquels néanmoins il a vendus depuis aux ſeigneurs qui ont voulu les acheter, chacun dans l'étendue de ſa ſeigneurie.

Quand un héritage eſt vendu à faculté de rémeré, il eſt premièrement certain que ſi la faculté excède neuf ans, les droits ſont dus dès le moment du contrat ſans eſpérance de répétition. Mais quand elle eſt au-deſſous de neuf ans il y a diverſité d'opinions ; les uns tiennent que les droits ſont dus, & les anciens arrêts l'ont ainſi jugé ſuivant l'avis de Dumoulin & de Tiraqueau ; les autres au contraire prétendent qu'il n'eſt point du de droits, & les derniers arrêts rapportés par Brodeau ont confirmé cette opinion, parce que la faculté étant exercée dans le temps limité, *fingitur retro nullus*, & les choses font réduites en pareils termes, que si jamais il n'y avoit eu de contrat.

On demande si les ventes font dues lorsque le contrat de vente a été résolu ?

Il faut diftinguer : ou le contrat est résolu *ex antiquâ causâ*, c'est-à-dire, par une caufe qui précède le contrat ou qui procède du contrat ; comme si le mineur fe fait restituer contre la vente de son héritage faite par son tuteur fans formalité ; en ce cas il n'est point du de droits, ni pour le contrat, ni pour la réfolution, & même s'il en avoit été payé, ils pourroient être répétés : ou le contrat est réfolu *ex novâ causâ*, pour une caufe qui furvient depuis le contrat, comme lorfque le vendeur rentre dans la chofe vendue faute par l'acquéreur d'en avoir payé le prix ; en ce cas les droits font dus au feigneur pour le premier contrat & non point pour la réfolution, parce qu'elle n'est pas volontaire. Mais si après que le contrat est parfait & accompli, les parties viennent a le réfoudre volontairement, les droits font dus au feigneur, tant du contrat de vente que de la réfolution, parce qu'étant purement volontaire, c'est en effet une feconde vente. Dumoulin tient néanmoins que si les chofes font encore entières, les parties peuvent fe départir du contrat au préjudice du feigneur ; mais pour cela il faut que trois chofes concourent ; que l'acquéreur ne foit point entré en poffeffion de l'héritage, que le vendeur n'ait point reçu le prix, & que le feigneur n'ait formé aucune demande de fes droits.

Quand un homme a acquis un héritage par contrat volontaire, & qu'enfuite lui ou fes héritiers font contraints de le déguerpir pour les hypothèques du vendeur qui leur font dénoncées, & que fur ce déguerpiſſement l'héritage eſt vendu & adjugé par décret, en ce cas il n'eſt du qu'un ſeul droit de vente au ſeigneur, tant pour le contrat que pour le décret fait fur le déguerpiſſement, parce qu'il n'y a que le dernier titre qui ſubſiſte. C'eſt pourquoi le premier acquéreur pour ſe rembourſer des ventes qu'il a payées au ſeigneur fur un contrat qui n'a point eu d'exécution, a droit de prendre les ventes dues en conſéquence du décret, & il ſuccède pour cet effet aux droits du ſeigneur : il eſt néanmoins au choix du ſeigneur de prendre ces dernières ventes en rendant celles qu'il a reçues du premier acquéreur. Quand les ventes que l'acquéreur touche du décret ſont moindres que celles qu'il a payées, il peut répéter le ſurplus par manière de dommages & intérêts contre ſon vendeur & fur ſes biens.

Quand quelqu'un par le contrat de vente a ſtipulé qu'il lui ſeroit permis de faire un décret volontaire pour purger les hypothèques de ſon vendeur, & qu'en conſéquence il fait faire le décret & ſe rend adjudicataire de l'héritage, il n'eſt du qu'un ſeul droit au ſeigneur, tant pour la vente que pour le décret, parce que ce n'eſt en effet qu'un ſeul & même titre, mais il eſt au choix du ſeigneur de prendre les ventes par rapport au prix porté par le contrat, ou par rapport au prix du décret s'il eſt plus fort. Les droits en ce cas appartiennent au fermier du temps du contrat, & non pas à celui du temps du décret, parce que c'eſt le contrat qui eſt le véritable titre, le décret n'étant fait que pour la ſûreté de l'acquéreur.

Les ventes & amendes ne ſe pourſuivent dans la coutume de Paris que par action, & non pas par ſaiſie. Il y a beaucoup de coutumes qui permettent au ſeigneur de faire ſaiſir l'héritage. Cette action eſt ou l'action perſonnelle pour les ventes dues par le détenteur de ſon chef, ou l'action hypothéquaire, le ſeigneur ayant hypothèque légale & privilégiée ſur l'héritage tenu de lui pour les droits à lui dus.

De même que dans les fiefs il faut prendre l'inveſtiture du ſeigneur, de même dans les cenſives on prend l'enſaiſinement de lui. Cet enſaiſinement eſt une poſſeſſion feinte que donne le ſeigneur de l'héritage tenu de lui. Dans pluſieurs coutumes le cenſitaire qui s'eſt mis en poſſeſſion de ſon autorité encourt une amende. Mais dans celle de Paris *ne prend ſaiſine qui ne veut;* elle n'eſt à préſent néceſſaire que pour faire courir l'an du retrait lignager en faveur de l'acheteur d'un héritage propre contre le parent & lignager du vendeur.

Comme dans les fiefs le vaſſal eſt obligé de donner ſon dénombrement, de même dans les cenſives, le cenſitaire eſt obligé de donner la déclaration à ſes frais des héritages qu'il tient. Cette déclaration doit contenir la conſiſtance de l'héritage par tenans & aboutiſſans, ainſi que la qualité & quotité du Cens dont il eſt chargé. Elle doit être donnée en forme probante, c'eſt-à-dire par acte paſſé par devant notaire. Ce notaire eſt au choix du tenancier, il n'eſt pas obligé de ſe ſervir de celui du ſeigneur.

Cette reconnoiſſance eſt due de quelque manière que le tenancier soit devenu propriétaire, par succession ou par acquisition : elle doit être réïtérée par chaque nouveau censitaire ; elle n'est pas due lorsque c'est le seigneur qui change.

Le mariage opèrant une espèce de mutation des mains de la femme en celles du mari, celui-ci est tenu de donner pareillement une déclaration des heritages de sa femme, & cela quand même le contrat porteroit exclusion de communauté, parce que le mari n'en seroit pas moins le gardien & l'administrateur des heritages. Il en seroit autrement si l'exclusion étoit absolue, avec stipulation que la femme administreroit ; dans ce cas le mariage ne donne ouverture à aucun droit. Cela est de jurisprudence certaine pour les fiefs : *eadem ratio idem jus.*

Telles sont les principales charges auxquelles les terres censuelles sont assujetties par notre droit commun. On voit qu'à la différence des fiefs, il n'y a que la mutation par vente qui donne ouverture a des droits utiles au profit du seigneur. Il y a cependant des coutumes où les censives sont à toute mutation, sujettes à des droits .Introduits à l'imitation du relief : ces droits portent différentes dénominations. On les nomme *relevoisons* dans la coutume d'Orléans, parce qu'en effet au moyen de cette prestation le nouveau tenancier est censé relever l'héritage tombé par la mort ou la retraite de l'ancien dans les mains du seigneur. L'article 126 de la coutume d'Orléans porte : *sont dues lesdites relevoisons à plaisir par toutes mutations.* « Le profit de » relevoison à plaisir, dit M. Pothier dans son » traité des censives, consiste dans le revenu » d'une année de la maison qui est sujette à ce

» droit ». Dans ce même traité , l'auteur cité difcute très-bien tout ce qui concerne les relevoifons.

Dans la coutume de Blois lorfque l'héritage change de main par fucceſſion même directe , il eſt dû ùn droit au feigneur. *Quoties res cenfualis mutat manum per obitum five in lineâ directâ five in collaterali fimplicia relevia debentur , ad ratam duplicati Cenfus. Dumoulin , tit. des cenfives.*

. « Ce double Cens , dit M. Maynard , eſt » gardé , entretenu & confirmé par plufieurs » arrêts de la cour de Touloufe , quand autre- » trement ce droit n'eſt taxé & abonné par les » titres ».

Par les coutumes d'Anjou , du Maine , de Chartres & de plufieurs autres , le relief appartient aux feigneurs cenfuels. Ce relief s'appelle *eſſoigne* dans la coutume de Reims : c'eſt un droit feigneurial dû par le nouveau cenfitaire en toute terre de rôture ; *favoir d'un denier parifis , ou de deux ou douze , ou d'autant ou le double , ou la moitié d'autant que les héritages doivent de Cens annuel , felon l'uſance des terres & des feigneuries ,* comme il eſt expliqué au procès-verbal de la même coutume & par celle du Bourbonnois. Ce droit s'appelle *marciage* dans les châtellenies de Verneuil & de Billy. Dans ces châtellenies le feigneur direct, *de trois années, prend la dépouille de l'une en fruits naturels , & la moitié en fruits induſtrieux , mutation arrivant par mort du feigneur ou du tenancier.*

Le *plaît* qui eſt dû par l'uſage du Dauphiné s'applique aux fiefs & à l'emphytéofe.

De droit commun les héritages cenfuels ne font pas fujets au retrait feigneurial. Il y a cependant quelques coutumes qui les y aſſujettiffent comme celle du *Maine*, &c. Dans ces coutumes le retrait cenfuel fe règle par les mêmes lois que le retrait féodal.

Le Cens affecte toutes les parties de l'héritage cenfuel : *Eft totus in toto & totus in qualibet parte*. En conféquence il eft indivifible. Si un arpent de terre chargé de deux fous de Cens eft partagé entre deux héritiers, chacun d'eux eft tenu folidairement de la preftation entière. Il y a cependant des exceptions à cette règle. Dans les coutumes d'Orléans, de Blois, du Maine, &c. le Cens eft divifible. Chaque détenteur de partie de l'héritage n'eft tenu que d'une partie du Cens proportionnée à celle qu'il poffède dans l'héritage.

Lorfqu'il n'eft pas prouvé que différentes portions de terre ont été données fous un Cens unique, *la baillée*, dit Loifeau, *eft cenfée faite diftributivement*, & cette préfomption affranchit les détenteurs de la folidité.

Le Cens n'eft pas fujet à compenfation. Je dois dix écus à mon cenfitaire qui me doit pareille fomme pour arrérages de Cens : malgré l'égalité apparente de ces deux créances, elles ne fe compenfent pas. Le cenfitaire n'en eft pas moins tenu de me payer ce qu'il me doit, fauf à lui à fe pourvoir pour ce qui lui eft dû. Le motif de cette décifion eft facile à faifir. Le Cens eft une preftation honorifique & utile tout enfemble, & le cenfitaire n'a qu'une action purement utile. Ainfi les deux fommes ne font pas *in pari fpecie*. Il eft également vrai de dire qu'elles ne font pas égales, parce que l'honorifique eft inappréciable.

La chofe fouffre plus de difficulté lorfque deux

feigneurs font refpectivement débiteurs & créanciers à raifon d'arrérages de Cens. Si celui duquel je tiens en cenfive relève de moi au même
titre pour une pareille fommé payable au même
jour, ces deux créances fe compenferont-elles
mutuellement ? Pourquoi non ! Elles confiftent
également l'une & l'autre, en honneurs & en
profit ; elles font dans toute la rigueur des termes, *in pari fpecie*. Cependant Dumoulin *fur
l'article 85 de la coutume de Paris*, décide que la
compenfation n'a pas lieu. La raifon qu'il en
donne eft concluante. La compenfation ne s'o-
père que dans le cas où elle peut donner à chacun ce qui lui eft dû ; ici elle ne produit pas cet
effet. Car la décharge de reconnoître mon feigneur pour l'héritage que je tiens de lui, ne fait
pas qu'il m'ait reconnu à raifon de celui qu'il
poffède dans ma directe.

Il y a encore un autre motif de décifion : c'eft
que la compenfation, fi elle avoit lieu en ce
cas, enlèveroit aux deux feigneurs l'occafion
toujours précieufe de fe procurer des reconnoiffances de leur directe. *Monumenta cenfuum inter-
turbarentur.*

Cette règle, *Cens n'eft pas fujet à compenfation*, n'a pas néanmoins toute l'étendue qu'elle
paroît préfenter d'abord. Le cenfitaire auquel le
feigneur doit une fomme égale aux arrérages du
Cens, n'eft pas à la vérité difpenfé de fe préfenter au manoir feigneurial ou autre lieu défi-
gné pour la recette, mais il n'eft pas tenu de
préfenter le Cens en argent : il fuffit qu'il offre
une quittance de pareille fomme. Ces offres fuf-
fifent ; & cela eft jufte. La quittance compenfe
l'utile de la preftation, & ce qu'elle a d'honori-

fique eſt acquitté par la préſence du cenſitaire au manoir ſeigneurial.

Ceci nous conduit à la queſtion de ſavoir ſi dans le cas où les créanciers du ſeigneur ont fait ſaiſie-arrêt des arrérages du cens & de ce qui pourra écheoir à l'avenir, les cenſitaires ſont diſpenſés de porter le Cens.

Le cens, comme on l'a déja dit, eſt tout à la fois honorifique & utile, & ce qui conſiſte en honneur eſt inſaiſiſſable. La ſaiſie n'a donc frappé que ſur l'utile : le cenſitaire n'eſt donc pas moins tenu de ſervir ce que la preſtation a d'honorifique, & c'eſt de cet honorifique que dérive l'obligation de porter le Cens. Ainſi le cenſitaire ſe préſentera en ce lieu & au jour déſigné pour la réception du Cens ; il ne videra pas ſes mains puiſqu'il y a ſaiſie, mais il en offrira le payement, en rapportant par le ſeigneur main-levée de cette ſaiſie.

Lorſque le Cens eſt très-modique, comme cela arrive ordinairement, c'eſt une queſtion s'il eſt ſaiſiſſable. On peut ſoutenir que non, parce qu'alors l'utile eſt compté pour rien & l'honorifique eſt tout.

Nous avons ſuppoſé juſqu'ici le Cens *portable ;* il l'eſt en effet de droit commun. Il y a cependant quelques coutumes telles que celles d'Orléans, &c. où il eſt *quérable.* Dans ces coutumes le ſeigneur doit l'envoyer demander au cenſitaire : celui-ci a pour le payement un délai de vingt-quatre heures depuis l'inſtant où il a été requis.

Si l'héritage grevé appartient à pluſieurs co-propriétaires, comme ils ſont tenus ſolidairement d'acquitter le Cens, l'interpellation faite à l'un deux ſuffit pour les conſtituer tous en demeure.

. Le Cens eft imprefcriptible : néanmoins la quotité peut être diminuée par la prefcription. On tient communément que l'efpèce de la preftation ne peut pas être changée par cette voie ; mais voyez PRESCRIPTION.

Nous avons dit au commencement de cet article, que le propriétaire d'un fief peut s'en jouer, c'eft-à-dire donner à Cens une partie de fon domaine. Ce contrat fe nomme bail à Cens. Ce qui concerne ce bail forme une partie des plus intéreffantes de la jurifprudence féodale ; cette matière fera traitée fous le mot JEU DE FIEF.

Voyez *le traité des fiefs de Dumoulin ; les coutumes de Paris & de Blois ; Brodeau fur Louet ; Ricard, fur la coutume de Paris ; la coutume de Senlis ; les œuvres de Dupleffis ; la coutume d'Orléans ; les œuvres de Pothier ; les arréts de Maynard ; les coutumes d'Anjou, du Maine, de Chartres, de Reims & de Bourbonnois ; Loyfeau, traité des feigneuries,* &c. Voyez auffi les articles EMPHYTHÉOSE, RENTE, FIEFS, LODS ET VENTES, QUINT, RELIEF, RELEVOISON, RETRAIT FÉODAL, JEU DE FIEF, PRESCRIPTION, RECONNOISSANCE, PROFIT DE FIEF, SAISIE, &c. (*Article de M. H***, avocat au parlement*).

CENSEURS DE LIVRES. C'eft le nom que l'on donne aux gens de lettres qui font chargés du foin d'examiner & d'approuver les livres qui s'impriment.

Les Cenfeurs ont été établis pour examiner les ouvrages littéraires & porter leur jugement fur les livres qu'on fe propofe d'imprimer, afin que rien ne foit rendu public qui puiffe féduire les esprits par une fausse doctrine, ou corrompu les mœurs par des maximes dangereuses.

Le droit de juger les livres qui concernent la religion & la police ecclésiastique, a toujours été attaché en France à l'autorité épiscopale. C'étoient les évêques qui anciennement permettoient ou refusoient d'imprimer ces sortes des livres ; mais sans avoir renoncé au droit qui leur appartient de censurer ces livres, ils en ont dans la suite abandonné l'examen à la faculté de théologie.

Plusieurs arrêts du parlement de Paris ont confirmé la faculté de théologie dans le droit de censurer les livres concernant la religion. Le jugement de la faculté devoit être donné par l'assemblée générale & non par quelques docteurs. L'usage étoit de présenter les ouvrages à la faculté. Elle nommoit deux docteurs pour en faire l'examen. Ces docteurs faisoient leur rapport dans une assemblée générale, & la faculté approuvoit ou rejetoit l'ouvrage.

Les prélats n'étoient point dispensés de cette censure. En effet le cardinal Sadolet évêque de Carpentras, ayant présenté à la faculté de théologie un commentaire qu'il avoit fait sur l'épître de saint Paul aux Romains, l'approbation lui fut refusée en 1534. Le cardinal Sanguin éprouva le même refus en 1542.

Comme à cette époque on faisoit entrer dans le royaume une foule de livres étrangers contraires à la religion catholique, le parlement de Paris rendit un arrêt en 1542, par lequel il autorisa la faculté de théologie à examiner les livres qui venoient des pays étrangers.

Au commencement du dix-septième siècle les
livres

livres s'étant confidérablement multipliés, les docteurs fe difpenfèrent de faire leurs rapports à la faculté affemblée ; il en réfulta des abus qui déterminèrent la faculté à publier un décret par lequel elle défendit à tous les docteurs de donner inconfidérément leur approbation, fous peine de perdre pendant fix mois les honoraires & les privilèges attachés au doctorat, & d'être privés pendant quatre ans du droit de cenfurer les livres.

En 1624 les membres de la faculté s'étant divifés entr'eux fur des queftions de théologie, il fe forma plufieurs partis qui avoient leurs chefs. Le docteur Duval qui étoit un de ces chefs, pour empêcher la publication des écrits de fes adverfaires, obtint des lettres-patentes en 1624, qui lui attribuèrent, & à trois autres docteurs, à l'exclufion de tous les autres, le droit d'approuver tous les livres concernant la religion. Par ces lettres-patentes il leur fut accordé deux mille livres de penfion.

La faculté fit des repréfentations pour recouvrer fon ancien privilège, mais elles furent inutiles ; & le roi par de nouvelles lettres-patentes, confirma la création qu'il avoit faite de quatre Cenfeurs, & il ordonna qu'ils feroient élus à la pluralité des voix, dans une affemblée à laquelle deux docteurs de la maifon de Navarre feroient appelés.

Il paroît que la faculté rentra dans l'exercice de fon ancien privilège après la mort du docteur Duval ; mais en 1653 les difputes fur la grâce ayant donné lieu à une foule d'écrits, & la faculté ayant pris parti dans ces querelles, M. le chancelier Seguier fe détermina à ôter le droit de cenfure à la faculté de théologie, & il créa quatre nouveaux Cenfeurs auxquels il attribua à chacun fix cent livres de penfion.

Dans le tems que la faculté étoit feule chargée de l'examen des livres concernant la religion, les maîtres des requêtes étoient Cenfeurs des autres ouvrages. Il paroît certain qu'ils ont exercé cette fonction jufqu'au règne de Henri IV.

Depuis la création faite de quatre Cenfeurs par M. le chancelier Seguier, les chanceliers de France ont confervé le droit de nommer des Cenfeurs. Depuis le milieu du dernier fiècle, le nombre en a beaucoup augmenté.

Ils font aujourd'hui divifés en fept claffes : favoir, 1°. celle de théologie, 2°. de jurifprudence, 3°. d'hiftoire naturelle, médecine & chimie, 4°. de chirurgie, 5°. de mathématiques, 6°. de belles-lettres & hiftoire, (& c'eft la claffe la plus nombreufe) ; 7°. enfin de géographie, navigation, voyages & eftampes.

Outre ces Cenfeurs, la police en a un particulier qui eft chargé de l'examen de toutes les pièces de théatre & de tout ce qui s'imprime avec permiffion de M. le lieutenant-général de police.

Aucun imprimeur ne peut imprimer un ouvrage, ni aucun libraire le vendre s'il n'eft approuvé par un Cenfeur.

Les Cenfeurs portent aujourd'hui le nom de Cenfeurs royaux.

Ils ne peuvent approuver des ouvrages qu'en vertu d'un mandat de M. le chancelier ou de M. le garde des fceaux. C'eft à l'auteur ou au libraire à demander ce mandat, & il s'expédie

au bureau de la librairie. Alors le Cenfeur examine l'ouvrage & l'approuve ou le rejette. S'il
l'approuve, il eft obligé de figner fon approbation (*), & elle doit être imprimée à la fin de
l'ouvrage.

Voyez *le code de la librairie.* Voyez auffi les
articles IMPRIMEURS, LIBRAIRES, LIVRES, &c.
(*Article de M. DÉSESSARTS, avocat au parlement*).

CENSURES. Ce font des peines fpirituelles
dont l'églife fait ufage pour punir les fidelles qui
fe font rendus coupables d'une faute grave &
fcandaleufe. Ces peines confiftent dans la privation des chofes fpirituelles.

On diftingue trois efpèces de Cenfures; favoir, l'excommunication, la fufpenfe & l'interdit.

Avant de rappeler les principes fur cette matière, nous croyons devoir remonter à l'origine des Cenfures & faire connoître l'ufage
qu'on en a fait dans les premiers fiècles de
l'églife.

L'origine des Cenfures eft auffi ancienne que
la religion chrétienne. Jefus-Chrift a autorifé ces
peines canoniques en ordonnant de regarder
comme un païen & un publicain celui qui n'é-
couteroit pas l'églife. Lorfque faint Paul excommunia l'inceftueux de Corinthe, il fit ufage des

(*) L'approbation des Cenfeurs eft ordinairement conçue
en ces termes: « J'ai lu par ordre de monfeigneur le chan-
» celier ou de monfeigneur le garde des fceaux, ... & je
» n'ai rien trouvé qui dût empêcher l'impreffion de cet ou-
» vrage. A Paris, ce....
                                    Signé, N....

Cenfures. Quand les apôtres ont anathématifé ceux qui enfeignoient une doctrine dangereufe, ils ont employé ce remède.

L'églife a adopté cette punition fpirituelle, & l'on n'en a malheureufement que trop fouvent abufé. Pendant les premiers fiècles on n'avoit recours à ce remède extrême que pour les dé-lits graves & fcandaleux ; encore avant de l'em-ployer prenoit-on toutes les précautions pour éviter l'éclat de cette punition, & même pour éviter de l'infliger ; mais dans la fuite les fupé-rieurs eccléfiaftiques n'ufèrent pas de la même modération, & ils fe fervirent des foudres que l'églife avoit remis entre leurs mains, avec au-tant d'imprudence que de légéreté.

Dans le neuvième fiècle on employa d'abord les Cenfures contre les feigneurs pour repouffer les entreprifes qu'ils faifoient fur les biens de l'églife, & bientôt on s'en fervit dans toutes fortes d'affaires.

Après la compilation de Gratien, on admit les excommunications de plein droit. Les effets des Cenfures furent alors plus terribles qu'ils ne l'avoient été, puifqu'on en porta l'excès jufqu'à déclarer excommuniés tous ceux qui avoient des relations avec des perfonnes contre lef-quelles on avoit prononcé l'excommunication.

Grégoire VII & quelques-uns de fes fuccef-feurs ofèrent même foutenir qu'un roi étoit privé de fes états lorfqu'il étoit excommunié, & que fes fujets étoient difpenfés de lui obéir. Un abus auffi révoltant des Cenfures prouve que les chofes les plus refpectables fervent fou-vent de prétexte aux paffions humaines. Heu-reufement de pareilles maximes ne furent point adoptées, & l'églife elle-même défapprouva la conduite & l'ambition de fes chefs. Ainfi au lieu de fuivre leurs erreurs fur les effets des Cenfures, elle fe rapprocha de la difcipline des premiers fiècles. On ne permit plus d'excommunier que pour des crimes graves & fcandaleux ; on diminua le nombre des excommunications de plein droit qui s'étoient multipliées, & on regarda que l'excommunication étant une peine fpirituelle, les princes qui avoient encouru cette punition n'étoient point dépouillés de leur autorité, parce qu'ils la tiennent de Dieu même, & que leurs fujets n'étoient point difpenfés de l'obéiffance envers eux.

Dans les premiers fiècles de l'églife, on faifoit ufage de la dépofition. Lorfqu'un prêtre étoit convaincu d'avoir commis quelque délit grave, tel qu'un affaffinat, on le condamnoit à une prifon perpétuelle dans un monaftère pour y faire pénitence. Aujourd'hui on fait rarement ufage de la dépofition ; on emploie la fufpenfe.

L'interdit eft beaucoup moins ancien que l'excommunication & la fufpenfe. Suivant d'Héricourt, le premier exemple qu'on trouve d'un interdit local, eft celui qui eft rapporté dans l'épître 244 de faint Bafile. Ce père de l'églife veut que celui qui a ravi une fille foit excommunié ainfi que fes complices ; il veut encore que les habitans du lieu où le ravifleur a été reçu avec la fille ravie, foient privés de la communion des fidèles. Plufieurs canoniftes penfent que faint Bafile n'a point eu intention de parler dans fa lettre d'un interdit formel.

On ne peut pas avoir la même opinion des exemples rapportés par Grégoire de Tours ; il

eſt certain qu'après que Prétextat eut été aſſaſ-
finé le jour de pâques dans l'égliſe de Rouen par
ordre de la reine Fredegonde, Leudovald, évêque, fit fermer toutes les égliſes de la ville de
Rouen, juſqu'à ce qu'on eût découvert l'auteur
de ce crime.

Grégoire de Tours rapporte encore que Me-
roué évêque de Poitiers, fit dire à Chrodielde
que ſi elle ne remettoit pas l'abbeſſe du monaſtère de ſainte Radegonde en liberté, il ne célé-
breroit point le jour de pâques & il ne baptiſe-
roit aucun cathécumène dans la ville de Poitiers.

Sur la fin de la ſeconde race de nos rois, les
interdits locaux ſe multiplièrent & on en fit un
uſage très-fréquent.

Le pape Grégoire V I I & pluſieurs de ſes ſuc-
ceſſeurs crurent avoir le droit de les employer
pour faire exécuter leurs jugemens & ſur-tout
pour parvenir à dépouiller les ſouverains de leur
couronne; mais les François ont toujours regardé ces ſortes de Cenſures comme un excès &
un abus de la part des papes.

Dans les dixième & onzième ſiècles, les ſouverains pontifes ont eux-mêmes reconnu que leurs
prédéceſſeurs avoient franchi les bornes de leur
puiſſance, & ils ont employé avec plus de modération les interdits locaux. Dans la ſuite ils
permirent de donner le baptême dans les lieux
interdits, d'adminiſtrer la communion aux mou-
rans, de prêcher dans les égliſes interdites &
d'y adminiſtrer le ſacrement de la confirmation;
enfin ils ſe relâchèrent de l'ancienne ſévérité juſqu'au point de permettre de dire une meſſe baſſe
toutes les ſemaines dans les égliſes interdites,

pourvu qu'on ne fonnât point les cloches & que les portes fuſſent fermées. Boniface VIII par un dernier règlement, permit de dire la meſſe tous les jours ſans chant, & de faire le ſervice ordinaire aux quatre fêtes ſolemnelles.

Telles ont été les différentes variations que les interdits locaux ont éprouvé juſqu'au concile de Bâle. Ce concile a fixé les cas où ils pour-roient avoir lieu, & il défend expreſſément aux ſupérieurs eccléſiaſtiques d'uſer de cette Cen-ſure, même dans les cas qu'il a déterminés, que lorſque tout le peuple eſt complice du crime qui a donné lieu à l'excommunication.

Après avoir rappelé l'origine & les progrès des Cenſures dans les premiers ſiècles de l'égliſe, il convient de rapporter les principes que nous admettons ſur cette matière.

Nous avons dit en commençant que l'on diſ-tingue trois eſpèces différentes de Cenſures, l'excommunication, la ſuſpenſe & l'interdit.

« D'Héricourt définit l'excommunication, » une Cenſure eccléſiaſtique qui prive un fidèle » en tout ou en partie du droit qu'il a ſur les » biens communs de l'égliſe, pour le punir d'a- » voir déſobéi à l'égliſe dans une matière grave.

» La ſuſpenſe, une Cenſure eccléſiaſtique par » laquelle on défend à un clerc d'exercer le pou- » voir que l'égliſe lui a confié.

» Et l'interdit, une Cenſure par laquelle l'é- » gliſe ôte aux fidèles la communication de cer- » tains biens ſpirituels ».

Depuis les décrétales, on diſtingue l'excom-munication en majeure & en mineure.

L'excommunication majeure eſt celle qui re-tranche abſolument un fidelle du corps de l'égliſe,

jufqu'à ce qu'il ait effacé fa faute & qu'il ait mérité par fa pénitence d'y être réuni.

Les effets de l'excommunication mineure ne
font pas fi effrayans; ils confiftent dans la privation du droit de recevoir les facremens & d'être
pourvu de bénéfices. On s'expofe à cette excommunication lorfqu'on communique fans néceffité
avec une perfonne excommuniée par une excommunication majeure qui a été légalement
dénoncée.

Lorfque la peine de l'excommunication eft
prononcée par une loi ou par un jugement eccléfiaftique, on doit regarder que c'eft une excommunication majeure.

L'interdit fe divife en interdit perfonnel, en
interdit mixte & en interdit local. L'interdit perfonnel eft celui par lequel les fupérieurs eccléfiaftiques défendent aux clercs certaines fonctions
de leur ordre ou de leurs bénéfices; l'interdit
mixte eft celui qui frappe également la perfonne
& le lieu. Il a lieu, par exemple, lorfqu'on interdit une églife & ceux qui la deffervent; enfin
l'interdit local eft celui par lequel on défend de
faire certaines fonctions fpirituelles dans une
églife, dans une ville ou dans un lieu.

Les laïcs & les clercs peuvent être frappés
d'excommunication & d'interdit; il n'en eft pas
de même de la fufpenfe: elle n'a lieu que contre
les clercs.

Outre la première divifion que nous venons
de faire des Cenfures, on les diftingue encore
en plufieurs claffes : 1°. en Cenfures qui font
prononcées par la loi; 2°. en Cenfures qui font
prononcées par les fupérieurs eccléfiaftiques. Les
premières font appelées par les canoniftes Cen-

sures *à jure ;* & les secondes, Censures *ab homine.*
Les Canonistes subdivisent ensuite les Censures.
prononcées par la loi en Censures qu'ils appellent *latæ sententiæ,* ou *ferendæ sententiæ.* Enfin les
Censures se divisent en justes & en injustes, en
valides & en invalides.

Les Censures de droit sont celles qui sont
prononcées par une loi précise. Comme elles ont
pour but d'empêcher les fidelles de se rendre
coupables de certains crimes, il faut que le crime
soit expliqué dans le règlement & qu'il renferme
la prononciation de la peine. Ces deux conditions sont essentielles pour caractériser les Censures de droit.

Les Censures qui sont prononcées par les
supérieurs ecclésiastiques doivent en contenir les
causes ainsi les noms des personnes qui en sont
l'objet.

Les Censures de droit diffèrent de celles qui
sont prononcées par les supérieurs ecclésiastiques, en ce qu'elles sont toujours générales &
que les dernières ne sont que particulières. Les
premieres subsistent toujours, même après la mort
de celui qui a fait la loi qui les prononce, ou
après sa destitution de l'office dont il étoit pourvu; les secondes, au contraire, cessent par la
mort ou par la destitution de celui qui les a prononcées. Lorsque les Censures de droit n'ont pas
été réservées par la loi, tous les confesseurs peuvent en absoudre. Le supérieur ecclésiastique
qui a prononcé les autres a seul le droit de les
lever.

Les canonistes définissent les Censures *latæ
sententiæ ,* celles qu'on encourt dans le moment
même qu'on a commis l'action. On en est frappé
ipso facto.

Celles que les jurifconfultes appellent *ferendæ sententiæ*, font les Cenfures qui ne font encourues qu'après un jugement. Elles ne font que comminatoires, & elles n'ont d'effet que lorfque le jugement a été rendu (*). « D'Héricourt dit » qu'on doit toujours reftreindre les lois pénales; » ainfi l'excommunication n'eft point encourue » de plein droit, à moins que la loi ou le canon » ne s'expriment d'une manière fi précife que » l'on ne puiffe douter que l'intention du légif- » lateur n'ait été de foumettre par le feul fait » à l'excommunication, ceux qui contrevien- » droient à la loi ».

_____

(*) Pour connoître l'efpèce des Cenfures il faut prendre gaide aux expreffions dont on fe fert pour les prononcer.

On connoît les Cenfures *latæ sententiæ*, lorfque la loi contient ces termes : *ipfo facto, ipfo jure, latæ sententiæ, flatim, confeftim, continuo, extunc, illico, incontinenti, protinus, qui hoc fecerit excommunicatur, fufpendatur, fit excommunicatus, fit fufpenfus, fit anathema; noverit fe excommunicatum, aut fufpenfum, noverit fe excommunicari, fufpendi, excommunicavimus, fufpendimus, judicavimus, declaramus, decernimus effe excommunicatum, fufpenfum, incurrat, incidat in excommunicationem, habeatur pro excommunicato, fufpenfo interdicto.* .... Toutes ces différentes expreffions caractérifent des Cenfures *latæ sententiæ*

On fe fert ordinairement des termes fuivans pour marquer des Cenfures *ferendæ sententiæ; præcipimus fub pœna excommunicationis, vel fufpenfionis, vel interdicti, vel fub interminatione anathematis, vel incurrat Cenfuram comminatoriam, vel decernimus excommunicandum.*

Lorfqu'on fe fert des termes équivoques tels que ceux-ci; *excommunicatur, fubdatur excommunicationi,* on doit les expliquer dans le fens le moins rigoureux, fuivant la maxime *in pœnis benignior eft interpretatio facienda.*

Le droit de prononcer des Censures ne dépend point de l'ordre , mais de la juridiction ecclésiastique ; ainsi un évêque qui a pris possession peut en prononcer, quoiqu'il ne soit pas consacré. L'abbé régulier a la même autorité sur ses religieux.

Les grands-vicaires & les officiaux ont le droit d'employer la voie des Censures. L'archidiacre , pendant sa visite , n'a pas cette faculté, parce qu'il n'a qu'une juridiction imparfaite & limitée.

Lorsqu'un clerc étranger commet un crime , l'évêque du diocèse où ce crime a été commis peut excommunier le coupable.

C'est un principe certain qu'on ne doit employer les Censures que pour des fautes graves.

On trouve dans le journal des audiences & dans le journal du palais un arrêt solemnel rendu par le parlement de Paris le 30 Décembre 1669, qui déclara abusive une sentence de l'évêque d'Amiens par laquelle ce prélat avoit excommunié le doyen du chapitre de Roye pour avoir refusé de quitter l'étole pendant le temps qu'il faisoit sa visite épiscopale. M. l'avocat-général Talon qui porta la parole dans cette affaire, cita la novelle 123 de Justinien , le décret du concile de Latran célébré sous Innocent III , & une foule d'autres autorités pour établir que c'étoit une maxime certaine, que les évêques ne devoient prononcer l'excommunication que pour des fautes graves, & lorsque les canons prononçoient cette peine. Ce magistrat ajouta que la désobéissance du doyen de Roye ne pouvoit être regardée comme une cause légitime d'excommunication, parce que l'obéissance due aux évêques est réglée par les canons , & qu'il n'y a aucune loi qui défende aux doyens fous peine d'excommunication de porter l'étole en préfence de l'évêque. Les conclufions de ce magiftrat furent donc qu'il y avoit abus dans la fentence de l'évêque d'Amiens; & c'eft ce qui fut jugé par l'arrêt que nous venons de citer.

On ne peut prononcer des Cenfures que contre une faute extérieure & qui foit confommée; toutes les fautes d'intention & de penfée font foumifes au tribunal de la pénitence.

Celui qui ignore que la Cenfure eft prononcée par une loi, ou qu'il en eft menacé par un canon ou par un jugement, ou enfin qui ignore le fait, n'encourt point la Cenfure.

Les juges eccléfiaftiques ne peuvent prononcer des Cenfures que pour des délits commis dans l'étendue de leur juridiction.

On ne peut, fous prétexte qu'un particulier a commis un délit qui mérite la peine de l'excommunication, excommunier une ville entière, encore moins une province & un royaume pour les fautes perfonnelles du gouverneur ou du roi. Les difpofitions du concile de Bafle & du concordat font précifes à cet égard.

L'article 16 des libertés de l'églife gallicane défend formellement d'excommunier les officiers du roi pour ce qui regarde les fonctions de leurs charges. Si les fupérieurs eccléfiaftiques contreviennent à cette loi, on peut les pourfuivre par faifie de leur temporel, & les condamner à des peines & à des amendes proportionnées à la gravité de l'infraction qu'ils ont commife.

Les juges eccléfiaftiques ne peuvent décerner des Cenfures contre des débiteurs, quand même ils feroient clercs, pour les obliger à payer leurs dettes ; ils peuvent feulement ordonner la publication de monitoires dans les affaires dont la connoiffance leur appartient, & dans les affaires qui font pendantes devant les tribunaux féculiers, lorfqu'ils en font requis par les juges laïcs. Nous ne nous étendrons point dans ce moment fur les règles particulières qu'on doit fuivre pour l'obtention & la publication des monitoires ; on traitera cette matière à l'article MONITOIRE.

Toutes les fois qu'une excommunication ou une autre Cenfure font prononcées par une loi, on n'eft obligé de faire aucune procédure, parçe qu'elles font encourues de plein droit.

Les Cenfures prononcées par le juge doivent au contraire être précédées de procédures. Ces procédures confiftent dans des monitions canoniques qui fe font en préfence de témoins. Ces monitions doivent être ordinairement répétées jufqu'à trois fois, & il faut qu'il y ait entre chaque monition un intervalle de deux jours au moins. Ce font les circonftances qui déterminent à donner des délais plus ou moins longs.

C'eft une maxime certaine que toute fentence qui prononce une excommunication, une fufpenfe ou un interdit, doit être rédigée par écrit : on doit y expliquer les caufes de la Cenfure, & la fentence ne peut être exécutée que lorfqu'elle a été fignifiée à la perfonne qui en eft l'objet dans le mois où elle a été rendue.

Lorfqu'il y a plufieurs coupables, il ne fuffit pas de faire des monitions canoniques à un feul, il faut en faire à tous ; & la fentence qui prononce la Cenfure doit contenir les noms de tous les coupables.

Plufieurs conciles, entr'autres ceux de Latran. & de Lyon, condamnent à des peines ceux qui prononcent des Cenfures fans avoir auparavant fait ufage des monitions ; les évêques font feuls exceptés par l'importance de leurs fonctions & par la néceffité de les exercer fans aucune interruption dans leurs diocèfes.

L'appel qu'on interjette des jugemens qui prononcent des Cenfures n'eft point fufpenfif, il n'eft que dévolutif ; cependant lorfqu'on interjette appel de la procédure, l'appel dans ce cas eft fufpenfif. Dans le premier cas le jugement doit s'exécuter par provifion ; dans le fecond, au contraire, il fufpend l'effet du jugement qui a été rendu depuis.

On peut attaquer une Cenfure comme injufte ou comme nulle. On regarde comme injufte toute Cenfure qui frappe une perfonne qui n'eft pas coupable, ou lorfqu'il s'agit d'une faute légère. La Cenfure eft nulle fi le jugement qui la prononce eft émané d'un juge incompétent, & s'il n'a pas obfervé les formalités prefcrites par les loix de l'églife & du royaume.

Quand les tribunaux laïcs fupérieurs ont déclaré abufives les procédures fur lefquelles une fentence qui prononce des Cenfures a été rendue, les Cenfures n'exiftent plus, & l'on n'eft point obligé de fe pourvoir devant les juges fupérieurs eccléfiaftiques : cette maxime n'eft pas fondée fur ce que les juges laïcs prétendent avoir le droit de relever des Cenfures ; mais fur ce qu'ils font confervateurs des règles de la difcipline de l'églife, & que la nullité de la procédure emporte néceffairement la nullité du jugement.

Comme l'excommunication est une peine publique, on doit dénoncer les noms des personnes excommuniées aux messes paroissiales, & afficher les sentences qui contiennent cette Censure aux portes de l'église, afin que tous les fidelles en soient instruits.

Les jurisconsultes ne font pas d'accord sur la question de savoir si un clerc qui n'a que les ordres mineurs devient irrégulier pour avoir rempli les fonctions attachées à son ordre pendant le temps qu'il étoit dans les liens d'une suspense. Les uns pensent qu'il ne devient point irrégulier, parce que les fonctions attachées aux ordres mineurs ne font point regardées comme attachées à un ordre ecclésiastique. Les autres prétendent que le clerc ne peut remplir ses fonctions, & que par conséquent il encourt l'irrégularité : mais d'Héricourt dit « que comme il » n'y a point de loi sur cette matière, qui est » toute de rigueur, on doit pancher pour l'avis » le plus doux «.

Pour que la suspense frappe également l'ordre & le bénéfice, il faut que la sentence déclare l'ecclésiastique suspens de l'un & de l'autre.

Quand la suspense est limitée, elle est levée de droit à l'expiration du terme ; mais lorsque la Censure n'est point limitée, elle subsiste jusqu'à ce qu'elle ait été levée.

On doit s'adresser au juge qui a prononcé la Censure pour la faire révoquer.

Non-seulement les évêques ont le droit de prononcer des Censures, ils peuvent encore choisir des délégués pour les remplacer ; mais dans ce cas les délégués doivent se renfermer dans les bornes de leur commission. Toutes les

fois que les évêques font deftitués, morts naturellement ou civilement, les pouvoirs de leurs
délégués ceffent auffi-tôt.

On ne contefte point en France au pape le
privilége de décerner des Cenfures dans le
Royaume ; mais elles n'y font exécutées que
lorfqu'elles n'ont rien de contraire aux libertés
de l'églife gallicane.

Nous avons remarqué ci-devant que les Cenfures doivent être précédées de monitions & des
autres formalités prefcrites par les loix de l'é-
glife. Ces formalités font fi effentielles, que l'o-
miffion rend les Cenfures nulles & irrégulières:
auffi lorfqu'on interjette appel comme d'abus
de fentences qui prononcent des Cenfures, fur
le fondement que les formalités requifes n'ont
·pas été obfervées , les cours fouveraines du
Royaume déclarent ces jugemens abufifs.

Nous avons dit auffi que les évêques & les autres fupérieurs eccléfiaftiques ne peuvent prononcer des Cenfures contre les officiers du roi
pour ce qui regarde les fonctions de leurs charges.
Cette défenfe eft écrite de la manière la plus
précife dans les libertés de l'églife gallicane. Une
foule d'arrêts ont confirmé ce principe. Nous
nous bornerons à rapporter celui qui fut rendu
par le parlement de Touloufe contre l'évêque de
Caftres.

Le parlement de Touloufe ordonna par un
arrêt que Jean du Foffé, évêque de Caftres,
contribueroit aux réparations des églifes ruinées
par les guerres de religion. Pour faire exécuter
fon arrêt, cette cour nomma deux de fes membres qui fervoient dans la chambre de l'édit établie à Caftres. Ces commiffaires ayant voulu
exécuter

exécuter l'arrêt, l'évêque de Castres rendit un décret le 23 août 1599, par lequel il les excommunia. Le lendemain, craignant sans doute les suites de cette démarche, il leva l'excommunication. Le parlement ayant été instruit de la conduite de ce prélat, fit informer, & sur l'information il rendit arrêt le 9 septembre 1599, par lequel il déclara l'excommunication abusive, & condamna l'évêque à une amende de 2000 livres applicables aux réparations du palais, au payement de laquelle somme il fut dit qu'il seroit contraint par saisie de son temporel; l'arrêt ordonna en outre que l'excommunication & l'absolution seroient rayées & biffées de tous livres & registres, ainsi que tout ce qui avoit été écrit à ce sujet, avec défenses à l'évêque de récidiver, à peine de dix mille écus d'amende & de telles autres peines qu'il appartiendroit : enfin l'évêque fut décrété d'ajournement personnel pour répondre aux conclusions que le procureur-général voudroit prendre contre lui.

Lorsque les évêques ou les supérieurs ecclésiastiques abusent des Censures en les employant pour des fautes légères, on a la voie de l'appel comme d'abus pour faire anéantir leurs jugemens. L'archevêque d'Aix ayant excommunié le supérieur d'une communauté pour avoir reçu des novices sans son consentement, le supérieur se pourvut au parlement d'Aix, & par arrêt du 26 janvier 1767, le décret de l'archevêque fut déclaré abusif.

Outre la voie de l'appel comme d'abus, on peut interjeter appel simple des Censures devant le métropolitain, & ce dernier a le droit

de modérer ou même d'abfoudre la perfonn
condamnée ; mais le métropolitain ne peut d
fa propre autorité, s'il n'eft pas faifi par l'appel
abfoudre des Cenfures prononcées par fes fuf
fragans.

L'évêque, pendant l'inftruction de l'appe
porté devant le métropolitain, n'eft point dé
pouillé de fa juridiction, il la conferve en en
tier : ainfi il a le droit, s'il le juge à propos,
d'abfoudre la perfonne qu'il a cenfurée.

Lorfque la Cenfure eft anéantie, foit par arrê
qui la déclare abufive, foit par jugement d
métropolitain, foit enfin par l'abfolution, l'ec
cléfiaftique qui en a été frappé rentre de plei
droit dans l'exercice de fes fonctions.

C'eft un principe certain en France, que le
cours peuvent contraindre les fupérieurs ecclé
fiaftiques par faifie de leur temporel à lever le
Cenfures injuftes ou irrégulières qu'ils ont pro
noncées. Cette maxime y a été dans tous le
temps obfervée, & elle a été confacrée par l'ar
ticle 36 des libertés de l'églife gallicane. Joanne
Galli rapporte que par arrêt de 1396, l'évêqu
du Mans qui avoit prononcé des Cenfures contr
un nommé Poncet au fujet d'un procès pendan
dans une juftice royale, fut condamné à abfou
dre ce particulier mort durant la Cenfure ; il fu
même enjoint à l'évêque de le faire exhume
pour lui donner l'abfolution.

Nous regardons comme une maxime invaria
ble & effentielle du droit public de la France,
que le pape ne peut mettre le royaume en in
terdit. Benoît XIII ayant prononcé des Cenfures
contre Charles VI, & donné une bulle par la
quelle il mettoit le royaume en interdit, le par

lement de Paris, par arrêt de 1408, ordonna que cette bulle feroit lacérée.

Quant au for intérieur, il faut, fuivant les canoniftes, avoir recours au pape pour être abfous, s'il s'agit de péchés publics. Ces fortes d'abfolutions s'obtiennent à la datterie ; mais s'il s'agit de fautes cachées, il eft permis aux évêques d'abfoudre de toute irrégularité & fufpenfe, excepté de celles qui ont pour caufe l'homicide volontaire, ou les autres délits qui font réfervés par le concile de Trente.

C'eft un ufage du faint fiège d'abfoudre de toute Cenfure dans les provifions qui s'y expédient.

Par arrêt du parlement de Paris du 14 mai 1530, *il a été jugé que les Cenfures ne pouvoient tendre ni à reftitution de meubles & immeubles, ni à exécution de meubles.*

Par un autre arrêt du 22 janvier 1573, il a été jugé que les fupérieurs eccléfiaftiques ne pouvoient ufer de la voie des Cenfures pour faire exécuter leurs fentences.

Par arrêt notable du parlement de Touloufe rendu le 2 décembre 1603, il a été jugé qu'un eccléfiaftique ne pouvoit dans un acte paffé devant notaires, fe foumettre aux Cenfures eccléfiaftiques dans le cas où il manqueroit de l'exécuter.

Voyez *les mémoires du clergé*; *Vanefpen, d'Héricourt, de la Bigotiere fur la coutume de Bretagne*; *Cabaffut, Papon, Chopin, Filleau, le père Thomaffin dans fon traité de la difcipline de l'églife*, &c. Voyez auffi les articles EXCOMMUNICATION, INTERDIT, MONITOIRE, PAPE,

ROI, SUSPENSE, &c. (*Cet article eſt de M.* *DESESSARTS, avocat au parlement.*)

CENTIÈME DENIER. Droit domanial dû à chaque mutation de propriété ou d'uſufruit d'immeubles, de rentes foncières & de tout autre droit réel & immobilier, à l'exception néanmoins des ſucceſſions directes & des donations faites en ligne directe, par contrat de mariage, en faveur des enfans qui ſe marient.

Ce droit qui eſt le ſalaire de l'inſinuation des actes tranſlatifs de propriété, a été établi par l'édit du mois de décembre 1703, qu'on appelle communément l'édit des inſinuations laïques. Un des principaux objets du légiſlateur a été de faire de la formalité de l'inſinuation un moyen ſuffiſant pour procurer une connoiſſance exacte des mutations qui doivent produire des droits ſeigneuriaux, afin que le roi & les ſeigneurs ne puſſent être privés de leurs droits, comme ils l'avoient été précédemment par le ſoin que prenoient les nouveaux poſſeſſeurs de cacher leurs acquiſitions. C'eſt ce qui réſulte de l'article 24, lequel a ordonné en conséquence que les *contrats de vente, échanges, décrets & autres titres tranſlatifs de propriété de biens immeubles, tenus en fief ou en cenſive,* ſoit du roi ou des ſeigneurs particuliers, ſeroient inſinués & enregiſtrés au greffe des inſinuations des bailliages ou autres ſiéges royaux dans le reſſort deſquels les biens ſeroient ſitués, pour lequel enregiſtrement il ſeroit payé aux greffiers le Centième denier du prix de ces biens ou de l'eſtimation qui en ſeroit faite, ſi le prix n'en étoit pas exprimé.

Le même article avoit fixé un délai de ſix mois pour faire inſinuer & enregiſtrer les actes tranflatifs de propriété dont on vient de parler, & il avoit auffi ordonné qu'il ne pourroit être perçu plus de cent livres pour les biens dont le prix ou la valeur excèderoient dix mille livres ; mais il a été dérogé à ces difpofitions par des lois poftérieures.

1°. Par l'édit du mois d'octobre 1705 , les notaires & tabellions tant royaux que fubalternes, les greffiers des différens tribunaux & les autres particuliers ayant droit de paffer des actes, ont été chargés de faire infinuer & enregiftrer dans la quinzaine , à compter du jour de la date, *tous les contrats de vente , d'échanges , baux à rentes foncières , rachetables ou non rachetables , baux emphytéotiques , ventes à faculté de réméré , antichrèfes & autres actes tranflatifs de propriété , les arréts , jugemens , fentences & les autres actes fujets à infinuation.* Ces officiers font tenus de remplir cette formalité & d'en payer les droits, en même temps qu'ils font contrôler & fceller les actes dont il s'agit, lefquels ne peuvent être rendus aux parties qu'après l'infinuation & le payement des droits, à peine de trois cens livres d'amende pour chaque contravention.

· Il faut toutefois excepter de ces difpofitions les fubftitutions & les donations entrevifs, qui doivent être infinuées à la diligence des parties. Il en eft de même des actes tranflatifs de propriété des immeubles fitués hors de l'étendue des bureaux où réfident les notaires, tabellions & greffiers : ces actes doivent auffi être infinués à la diligence des parties dans les bureaux où les biens font fitués. Cette formalité doit fe remplir dans le cours de trois mois à compter de

puis la date des actes. Les notaires & les autres
officiers qui instrumentent, doivent faire mention dans les actes dont il s'agit qu'ils sont sujets
à l'insinuation (*).

(*) *Tout cela est fondé sur les articles 1 & 2 de l'édit
du mois d'octobre. 1705, lesquels sont ainsi conçus :*

ARTICLE PREMIER. Voulons qu'à l'avenir, à commencer
du premier janvier prochain, les notaires & tabellions,
tant royaux que subalternes, les greffiers des cours & juridictions royales & seigneuriales & autres particuliers qui ont
droit de passer des actes, soient tenus & obligés de faire
enrégistrer & insinuer dans les bureaux dans lesquels ils
les feront contrôler, tous les contrats de ventes, d'échanges, baux & rentes foncières, rachetables ou non rachetables, baux emphytéotiques, ventes à faculté de réméré,
antichrèses & autres actes tanslatifs de propriété, arrêts,
jugemens, sentences & autres actes sujets à insinuation,
dans la quinzaine du jour & date desdits actes, & en même-temps qu'ils les feront contrôler & sceller, leur faisant très-expresses inhibitions & défenses de les délivrer
aux parties qu'après qu'ils auront été insinués & les droits
payés, à peine de trois cens livres d'amende pour chacune contravention, laquelle demeurera encourue en vertu
du présent édit, sans pouvoir être modérée ni sursise par
nos juges à qui la connoissance desdites insinuations appartient à peine d'en répondre en leur propres & privés noms,
à la réserve néanmoins des substitutions & donations entre-
vifs, que nous voulons être insinuées à la diligence des
parties, conformément à l'article III de notre édit du mois
de décembre 1703, & l'article XI de notre déclaration du
19 juillet 1704, dans les délais & sur les peines y portées.

II. N'entendons pareillement rien innover pour ce qui
regarde l'insinuation des contrats de ventes, d'échanges &
autres titres tanslatifs de propriété de biens immeubles
situés hors l'étendue des bureaux de la demeure des notaires, tabellions & greffiers, lesquels, attendu la distance
des lieux, seront insinués à la diligence des parties dans
les bureaux où les biens se trouveront situés, dans les
trois mois, à compter du jour & date d'iceux, au lieu

2°. L'édit du mois d'octobre 1706 a ordonné que le Centième denier feroit payé de la valeur entière des biens fur le pied du prix porté par les actes tranflatifs de propriété, ou d'après l'eftimation (*).

---

de fix mois portés par nos édit & déclaration des mois de décembre 1703, & 16 juillet 1704, fous les mêmes peines y portées, fans qu'elles puiffent être réputées comminatoires, modérées ni furfifes, feront feulement à cet égard tenus les notaires, greffiers & autres qui pafferont & expédieront lefdits actes, arrêts & jugemens, d'y faire mention qu'ils font fujets à infinuation, pour que les parties n'en prétendent caufe d'ignorance, & d'en fournir des extraits tous les trois mois, fous les peines portées par ladite déclaration du 16 juillet 1704.

(*) *C'eft ce qui réfulte de l'article premier que nous allons rapporter :* Voulons qu'à l'avenir & à commencer du premier octobre prochain, les droits de centième denier ordonnés être payés par notre édit du mois de décembre 1703, foient payés à toutes mutations de biens immeubles qui arriveront, foit par vente, échange, donation, adjudication par décret, ou autres titres tranflatifs de propriété, foit par fucceffion en ligne collatérale, fur le pied entier du prix porté par lefdits contrats ou autres titres ou de la valeur defdits immeubles, fuivant l'eftimation qui en fera faite de gré à gré entre le fermier de nofdits droits & les propiétaires, fi faire fe peut, finon fur l'eftimation qui en fera faite par experts qui feront convenus ou nommés d'office par nos juges à qui la connoiffance en fera ci-après attribuée, dérogeant à cet égard feulement à notre édit du mois de décembre 1703, déclarations, arrêts & réglemens rendus en conféquence, lefquels nous voulons au furplus être exécutés felon leur forme & teneur, & que lefdits droits de centième denier foient payés en entier, fous les peines portées par lefdits édits, déclarations, arrêts & réglemens que nous avons à cet effet confirmés & confirmons par notredit édit.

L'article 25 de l'édit de décembre 1703 a ordonné que les nouveaux poſſeſſeurs de biens immeubles à titre ſucceſſif en ligne collatérale, ſeroient tenus de faire leurs déclarations de ces biens aux greffes des inſinuations, & d'en payer le Centième denier dans les ſix mois, à compter du jour de l'ouverture des ſucceſſions.

L'article 16 de la déclaration du 19 juillet 1704, a pareillement aſſujetti à l'inſinuation & au droit de Centième denier, *les contrats de vente, échange, décrets & autres actes tranſlatifs de propriété de biens en franc-aleu, franc-bourgage ou franche-bourgeoiſie, ou qui par les coutumes & uſages des pays ne ſont ſujets à aucun droit aux mutations* (*).

Toutes ces diſpoſitions ſe trouvent confirmées

(*) Et d'autant, *porte cet article*, que les fermiers de nos domaines, & les ſeigneurs particuliers dans leurs terres, n'ont pas moins d'intérêt de connoître quels ſont les biens & héritages prétendus en franc-aleu, que ceux qui n'y ſont pas, & qu'il eſt déjà ſurvenu pluſieurs conteſtations au ſujet du droit d'enregiſtrement des mutations de biens & héritages, que les poſſeſſeurs, pour éviter le payement dudit droit ont ſoutenu être en franc-aleu; pour faire ceſſer toutes difficultés ſur cela à l'avenir, voulons & entendons que les contrats, ventes, échanges décrets & autres actes tranſlatifs de propriété de biens en franc-aleu, franc-bourgage ou franche bourgeoiſie, ou qui par les coutumes & uſages des pays ne ſont ſujets à aucuns droits aux mutations, ſoient inſinués & enregiſtrés, à compter du premier janvier dernier, en la forme & manière portée par l'article XXIV & ſuivans de notredit édit, pour lequel enregiſtrement ſera payé à toutes mutations, même par les nouveaux poſſeſſeurs à titre ſucceſſif en ligne collatérale, le Centième denier porté par l'article XXIV de notredit édit.

& étendues par les articles 6 & 10 de la déclaration du 20 mars 17 8.

L'article 6 a ordonné que les contrats de
vente, échanges, licitations entre héritiers,
co-propriétaires & co-associés, baux à rentes
foncières, rachetables & non rachetables, baux
emphythéotiques, baux à domaine congeable,
ventes à faculté de réméré ou de rachat, antichrèses, contrats pignoratifs, engagemens, dé-
missions, abandonnemens, contrats de vente à
vie, cession de fonds avec fruits, transports,
subrogations, résolutions volontaires de ventes,
arrêts, jugemens, sentences, & genéralement
tous les actes translatifs & rétrocessifs de propriété de biens immeubles tenus en fief ou en
censive, soit du roi ou des seigneurs particuliers, ou tenus en franc-aleu, franc-bourgage &
franche-bourgeoisie, les rentes foncières, les contrats de vente de droits de justice, & de tous les
autres droits seigneuriaux & honorifiques, conjointement ou séparément du corps des domaines
ou fonds de terre, seroient insinués & les droits
du Centième denier payé dans les délais & sous
les peines portées par l'édit de 1703 & par la
déclaration de 1704, quand même quelques-uns
de ces biens seroient exempts de lods & ventes
& d'autres droits seigneuriaux.

Cette loi a depuis été modifiée par différens
arrêts du conseil, relativement aux baux emphythéotiques, & particulièrement par celui du
2 janvier 1775. Ce dernier arrêt a déclaré
exempts des droits d'insinuation, Centième ou
demi-Centième denier & de franc-fief, les baux
des terres soit incultes, soit en valeur, ou de
tout autre bien fonds de la campagne, qui se-

roient paſſés pardevant notaires , & dont la durée n'excèderoit pas vingt-neuf années. A l'égard des baux au-deſſus de neuf années qui ont pour objet des maiſons & d'autres immeubles ſitués dans les villes & bourgs , ou la perception de rentes , cens & droits ſeigneuriaux , ſans aucune exploitation rurale faite par le fermier , il a été dit par le même arrêt qu'ils continueroient d'être aſſujettis au droit du Centième ou demi-Centième denier (*).

Il a auſſi été dérogé à l'article 6 dont il s'agit par un autre arrêt du conſeil du 9 ſeptembre 1775 , qui a ordonné que les actes portant extinction des rentes foncières non rachetables , enſemble ceux par leſquels la faculté d'en faire le rachat eſt accordée aux débiteurs , ſeroient à l'avenir exempts du droit de Centième denier (**).

_____

(*) On percevoit autrefois le droit de centième denier en entier indiſtinctement pour tous les baux dont la durée devoit excéder neuf années ; mais par une déciſion du conſeil du 13 mars 1728 , il a été réglé qu'il ne ſeroit perçu à l'avenir que le demi-droit de Centième denier pour les baux qui étant au-deſſus de neuf ans n'excéderoient pas trente années , & que le droit de Centième denier en entier ne ſeroit dû que pour les baux dont la durée ſeroit fixée à plus de trente années.

(**) *Voici cet arrêt :*

Le roi s'étant fait repréſenter en ſon conſeil la déclaration du 20 mars 1708 , par l'article VI de laquelle il auroit été ordonné que tous contrats de vente , échanges, licitation entre héritiers , co-propriétaires & co-aſſociés , *baux à rentes foncières , rachetables & non rachetables,* baux emphytéotiques , baux à domaine congéable , ventes à faculté de réméré ou de rachat , antichrèſe , contrats pignoratifs , engagemens , démiſſions , abandonnemens ,

L'article 10 a ordonné que les nouveaux pof-

―――――――――――――――

contrats de vente à vie , ceffions de fonds avec fruits ,
tranfports, fubrogations, réfolutions volontaires de ventes , arrêts , jugemens , fentences , & généralement tous
actes tranflatifs & retroceffifs de propriété de biens-im-
meubles tenus en fief ou en cenfive ; enfemble ceux
tenus en franc-aleu , franc-bourgage , & franches-bour-
geoifies , *rentes foncières* , les contrats de ventes de droits
de juftice , & tous autres droits feigneuriaux & honorifiques , conjointement ou féparement du corps des domaines
ou fonds de terre feroient infinués , & que les droits de
Centième denier en feroient payés dans les temps & fous
les peines portées, tant par les articles XXIV & XXV
de l'édit du mois de décembre 1703 , que par les articles
XVII , XVIII & XX de la déclaration du 19 juillet
1704 , encore qu'aucuns defdits biens ne fuffent fujets à
lods & ventes , & autres droits feigneuriaux : l'arrêt du
confeil du 20 mars 1742 , par lequel il auroit encore été
ordonné que la déclaration du 20 mars 1708 , feroit exécutée fuivant fa forme & teneur ; en conféquence, que
le droit de Centième denier feroit payé pour le rachat des
rentes foncières non rachetables, fur le pied des fommes
payées pour l'extinction defdites rentes : fa majefté auroit
reconnu que le rachat des rentes de ce genre opéroit véritablement, en faveur des poffeffeurs des héritages qui
en étoient chargés , une aliénation parfaite & abfolue ,
qui comme telle étoit affujettie aux droits de lods & ventes ,
& autres droits feigneuriaux , fuivant la plupart des coutumes & ufages des lieux , & qui auroit , par le même
motif, été pareillement déclarée fujette au droit de Centième denier , indépendamment du droit auquel le bail à
rente donnoit ouverture lors de fa paffation , comme tranf-
mettant au preneur la faculté de jouir de l'héritage à perpétuité , moyennant le payement de la redevance qui en
formoit le prix : mais confidérant que la preftation des
rentes foncières , dont les héritages font chargés & dont
les débiteurs n'ont point la liberté de fe libérer , ne peut
qu'apporter beaucoup de gênes & d'oftacles au progrès
de l'agriculture , en ce que le produit des fonds fe trou-

sesseurs de biens immeubles, soit que la nouvelle

vant absorbé en partie par l'acquittement de ces rentes, les propriétaires sont souvent dans l'impossibilité de faire les avances nécessaires pour l'amélioration des terres ; sa majesté auroit jugé convenable, dans la vue de faciliter l'extinction de charges aussi onéreuses & aussi contraires à la liberté naturelle dont les fonds de terre doivent jouir, d'affranchir de tout droit de Centième denier les actes qui seront passés à l'avenir entre les propriétaires des rentes foncières non rachetables & leurs débiteurs, soit à l'effet d'opérer l'extinction actuelle de ces rentes, soit à l'effet d'accorder aux débiteurs la faculté de les racheter par la suite, sauf à pourvoir, s'il y a lieu, à l'indemnité de l'adjudicataire général des fermes, & sans néanmoins rien innover, en ce qui concerne les droits de Centième denier, qui sont exigibles, aux termes de la déclaration du 20 mars 1708, tant pour les baux à rentes foncières rachetables & non rachetables que pour les ventes, donations, cessions ou transports desdites rentes foncières, en faveur de toutes personnes autres que les débiteurs ; sur quoi sa majesté desirant faire connoître ses intentions : oui le rapport du sieur Turgot, conseiller ordinaire au conseil royal, contrôleur général des finances ; le roi étant en son conseil, a ordonné & ordonne que les actes portant extinction des rentes foncières, ensemble ceux par lesquels la faculté d'en faire le rachat, sera accordée aux débiteurs, soient qu'elles aient été stipulées non rachetables par les baux à rentes ou autres actes, soit qu'elles le soient devenues par le laps de temps ou autrement, seront & demeureront exempts à l'avenir de tout droit de Centième denier, sauf à pourvoir, s'il y a lieu, à l'indemnité de l'adjudicataire général des fermes : voulant au surplus sa majesté que les baux à rentes foncières rachetables ou non rachetables, les ventes, cessions donations, transports & autres actes translatifs de propriété desdites rentes, qui seront faits en faveur de tous particuliers, autres que ceux qui en seront débiteurs, continuent d'être insinués, en exécution de l'article VI de la déclaration du 20 mars 1708, & que les droits de Centième denier en soient payés dans

possession leur fût acquise *par contrat de vente,* *adjudication, donation testamentaire ou autre titre,* *soit qu'elle leur fût échue par succession collatérale,* *& qu'ils fussent héritiers purs & simples ou bénéficiaires,* seroient assujettis au payement du droit de Centième denier selon la forme & dans les délais prescrits par les règlemens (*).

_____

les temps & sous les peines portées par les précédens règlemens. Enjoint sa majesté aux siens intendans & commissaires departis dans les provinces & généralités du royaume, de tenir la main à l'execution du présent arrêt, qui sera imprimé, publié & affiché par-tout où besoin sera. Fait au conseil d'etat du roi, sa majesté y étant, tenu à Versailles le neuvième jour du mois de septembre mil sept cent soixante-quinze. *Signé* de Lamoignon.

(*) *Cet article est ainsi conçu:* & d'autant que nonobstant la disposition des articles XXV de notre édit du mois de décembre 1703, l'article XVIII de notre déclaration du 19 juillet 1704, & l'article premier de l'édit du mois d'octobre 1705, par lequel nous avons fixé le temps dans lequel nous entendons que les nouveaux possesseurs des biens immeubles à quelque titre que ce soit, soient tenus de faire enregistrer les titres de propriété desdits biens, ou les déclarations qu'ils doivent faire; néanmoins nous sommes informés que lesdits acquéreurs & nouveaux possesseurs des biens immeubles, & les notaires, tabellions, greffiers & autres qui passent ou qui expédient lesdits titres, mettent en usage toute sorte de moyens pour se dispenser de payer les droits qu'ils doivent: voulons que lesdits notaires & tabellions, tant royaux que subalternes, les greffiers des cours & juridictions royales & seigneuriales, & tous les autres qui ont droit de passer des actes, soient tenus & obligés de faire mention dans lesdits actes, contrats & jugemens qu'ils sont sujets à l'insinuation, même de les faire enregistrer & insinuer dans la quinzaine du jour de leur date, en même temps qu'ils les feront contrôler & sceller, sans qu'ils les puissent délivrer aux parties qu'après qu'ils auront été insinués, & les droits payés,

Par arrêt de règlement du conseil du 18 juillet 1713, il a été ordonné que le Centième denier seroit payé sur le prix entier porté par les contrats d'acquisition, sans pouvoir prétendre aucune déduction ni diminution, sous prétexte des meubles, bestiaux & autres effets mobiliers joints aux biens, à moins qu'il n'en eût été fait une description ou état & qu'il n'en eût été stipulé un prix particulier : dans ce dernier cas, le Centième denier n'est exigible que sur la valeur de l'immeuble selon le prix convenu, ou suivant l'estimation que le fermier peut en faire faire, s'il croit qu'il y a de la fraude dans la stipulation du prix.

à l'exception toutefois des notaires & greffiers de notre bonne ville de Paris, qui seront seulement tenus de faire mention de l'insinuation dans les actes & jugemens qu'ils délivreront lorsqu'ils y seront sujets ; & lorsque les biens immeubles seront situés hors de l'étendue des bureaux de la demeue des notaires, tabellions, greffiers & autres qui passeront & expédieront lesdits actes, arrêts & jugemens ils seront seulement tenus d'y faire mention qu'ils sont sujets à l'insinuation, afin que les parties n'en prétendent cause d'ignorance, & seront dans ce cas les nouveaux possesseurs desdits biens immeubles, soit que la possession nouvelle leur soit acquise par contrats de vente, adjudications, donations testamentaires ou autres titres, soit qu'elle leur soit échue par succession collatérale, & qu'ils soient héritiers purs & simples ou bénéficiaires, tenus, savoir, les nouveaux possesseurs par contrats ou titres d'acquisition de les faire insinuer, & payer les droits dans les trois mois du jour & date d'iceux ; & à l'égard des nouveaux possesseurs à titre successif, de faire leurs déclarations, & payer les droits dans six mois du jour de l'ouverture de la succession ; le tout sous les peines portées par lesdits édits & déclarations contre les parties, & trois cens livres d'amende contre les notaires, tabellions & greffiers.

Une déclaration du 20 mars 1748 ordonna que les actes tranflatifs de propriété des immeubles fictifs, tels que les offices & les rentes conftituées, feroient affujettis à l'infinuation & au droit de Centième denier, comme les actes tranflatifs de propriéte des immeubles réels ; & que le même droit feroit auffi payé pour les dons & legs de meubles & d'effets mobiliers.

Cette loi ne fut exécutée que jufqu'au premier janvier 1751, le roi l'ayant abrogée pour cette époque par la déclaration du 26 décembre 1750.

Mais par une autre déclaration du 24 avril 1763, enregiftrée au lit de juftice tenu le 31 mai fuivant, le Centième denier a été rétabli fur les immeubles fictifs, tels que les offices & les rentes conftitués à prix d'argent, même dans les pays où elles font réputées meubles, & en général fur tous les autres biens réputés immeubles, ainfi que fur les donations entre vifs & teftamentaires de biens mobiliers, pour être perçu dans tous les cas où les immeubles réels y ont été affujettis par les règlemens (*).

(*) *Voici cette déclaration.*
Louis, par la grâce de Dieu, roi de France & de Navarre : à tous ceux qui ces préfentes lettres verront : falut. Après avoir fupprimé quelques uns des impôts les plus onéreux à nos peuples, nous nous trouvons dans la néceffité de nous procurer quelqu'augmentation de revenu, pour nous mettre en état d'acquitter les charges indifpenfables dont nous fommes tenus ; & les biens réputés immeubles qui font aujourd'hui une partie confidérable de la fortune de nos fujets, ne contribuant pas à la plupart des charges que nous avons été obligés d'impofer fur les immeubles réels, il nous a paru jufte de leur faire fupporter dans la même proportion les droits d'infinuation dans les cas de

Il eſt bien queſtion dans la collection de Deniſart de la déclaration du 20 mars 1748, &
de celle du mois de décembre 1750 qui l'a
abrogée, mais on n'y dit rien de la déclaration
de 1763, quoiqu'elle forme le dernier état de
la juriſprudence ſur la matière dont il s'agit, &
qu'elle ait été publiée pluſieurs années avant la
dernière édition de cet ouvrage. De pareilles
omiſſions deviennent des erreurs dangereuſes en
ce qu'elles laiſſent ſubſiſter une doctrine abrogée
& contraire à celle qui fait loi.

On pourroit adapter une ſemblable critique

---

mutation, & le droit d'amortiſſement lorſque les gens de
main-morte les acquerront : A ces cauſes, & autres con-
ſidérations à ce nous mouvant, de l'avis de notre conſeil
& de notre certaine ſcience, pleine puiſſance & autorité
royale, nous avons dit, déclaré & ordonné ; & par ces
préſentes ſignées de notre main, diſons, déclarons &
ordonnons, voulons & nous plaît, qu'à compter du jour
de la publication de la préſente déclaration, les actes tranſlatifs de propriété des offices, des rentes conſtituées à
prix d'argent, même dans les pays où elles ſont réputées
meubles, & tous autres biens & actions réputés immeubles, même les donations entre-vifs & teſtamentaires de
biens mobiliers, ſont ſujets à l'inſinuation & au Centième
denier de la valeur deſdits biens, conformément à ce qu
eſt preſcrit par notre déclaration du 20 mars 1748, & aux
exceptions portées par celle du 27 du même mois, dans
tous les cas où les biens immeubles y ſont aſſujettis par
les différens règlemens faits ſur cette matière, & conformément auxdits règlemens ; & lorſque leſdits biens réputés
immeubles ſeront acquis par les gens de main-morte, ils
ſeront aſſujettis pareillement au droit d'amortiſſement
même les rentes dues par nous, par le Clergé ou par
tous autres corps & communautés, & celles conſtituées
ſur les aides & gabelles ; dérogeant à tous édits, déclaration
& règlemens à ce contraires : &c.

à la plupart des articles composés par Denisart, lesquels sont encore surchargés des fautes du continuateur, qui n'a pour ainsi pas ajouté une bonne phrase à l'ouvrage de son prédécesseur, quoiqu'il l'ait grossi de deux volumes.

Lorsqu'on néglige de faire insinuer les actes qui sont sujets à cette formalité, & d'acquitter le Centième denier dans les délais prescrits, on encourt la peine du triple droit prononcée par l'article 26 de l'édit du mois de décembre 1703, & par plusieurs autres lois postérieures.

Le fermier, pour raison des droits d'insinuation & de Centième denier, est préféré à tout autre créancier, même au bailleur de fonds, tant sur les immeubles sujets à ces droits que sur les fruits qui en proviennent : cette préférence est fondée sur ce que l'insinuation assure & conserve la propriété de l'immeuble qui n'est véritablement acquise que lorsque les formalités prescrites par la loi ont été observées & remplies.

La connoissance des contestations concernant les droits d'insinuations & de Centième denier, appartient en première instance aux intendans & commissaires départis, & par appel au conseil.

Pour mieux développer la jurisprudence qu'on vient d'établir, nous allons rapporter des décisions auxquelles a servi de fondement dans les différens cas où la perception du Centième denier a donné lieu à quelque contestation ou difficulté.

Du Centième denier en matière d'échange. Comme les échanges de biens immeubles opèrent une double mutation, il faut en tirer la conséquence que le droit de Centième denier est dû de la valeur entière des deux héritages ou autres immeubles cédés réciproquement. Le conseil l'a ainsi décidé le 15 juillet 1730.

Par une autre décision du 19 janvier 1732, le conseil a jugé en faveur des enfans du sieur le Bel, qu'il n'étoit point dû de Centième denier pour raison d'un partage contenant échange des biens qui étoient attribués par ce partage à deux des co-partageans, attendu que cet échange fait sans soulte ne pouvoit être considéré comme translatif de propriété, puisqu'il avoit été fait au même instant que la propriété venoit d'être déterminée, & par le même acte.

Par arrêt du 25 mai 1756, le conseil a réformé une ordonnance de l'intendant d'Amiens & ordonné en conséquence que le droit de Centième denier d'un échange d'immeubles fait en 1751 entre les religieux d'Honnecourt & leur abbé, seroit payé sur le pied de la valeur entière des biens échangés.

Par un autre arrêt du 15 septembre 1761, le conseil a confirmé une ordonnance de l'intendant de Rouen, du 9 juin 1759, & ordonné que pour l'échange fait entre le sieur Bongars d'Apremont & le sieur de Caqueray, d'une verrerie & dépendances, contre une terre de la valeur de quatre-vingt-dix mille livres, le Centième denier de la verrerie seroit payé sur le pied de cette somme (*).

_____

(*) _Il ne sera pas inutile de transcrire ici cet arrêt dont le vu_ renferme les moyens respectifs des parties.

Vu au conseil d'état du roi, la requête présentée en icelui, par Louis-Auguste de Bongars d'Apremont, contenant que, par contrat passé devant Me. Lenoir & son

Du Centième denier en matière de licitation. La

------

confrère, notaires au châtelet de Paris, le 17 février 1759, le sieur de Caqueray lui a cédé, à titre d'échange, la terre & seigneurie de Saucourt, près Gisors ; & qu'en contre-échange, il a cédé audit sieur de Caqueray la verrerie du Valdannoy, dans le comté d'Eu, consistant en une maison, chapelle, cour & jardin ; en une halle & autres bâtimens nécessaires pour l'exploitation de la verrerie ; en terres labourables, y joignant, & dans le droit de verrerie ; & qu'il s'est obligé de payer le Centième denier, & les droits seigneuriaux qui pourroient être dûs pour cet échange ; qu'en conséquence il a acquitté, sans aucune difficulté, au bureau de Gisors, le 11 avril 1759, le droit de Centième denier de la terre de Saucourt, sur le pied de quatre-vingt-dix mille livres qui est sa vraie valeur ; & qu'il a offert de payer au bureau de Blangy, le droit dû pour la verrerie du Valdannoy, sur le pied de quatorze mille livres en principal, à quoi il estime les bâtimens & les terres en dépendantes, distraction faite du privilége ou droit de verrerie. Cela a fait la matiere d'une contestation devant le sieur intendant de Rouen, entre lui & l'adjudicataire des Fermes, qui a voulu faire percevoir le Centième denier sur le tout, & que par une ordonnance dudit sieur intendant, du 9 juin 1759, le suppliant a été débouté de sa requête, sauf à l'adjudicataire des fermes à se pourvoir contre le sieur Caqueray, cessionnaire de la verrerie, & véritable débiteur du droit de Centième denier ; que cette ordonnance semble avoir jugé, que le droit de Centième denier est dû, non-seulement sur la valeur des bâtimens & autres dépendances de la verrerie, mais encore sur celle du privilége ou droit de verrerie, & par cette raison il croit être bien fondé à en demander la réformation. Qu'au fond un privilége de verrerie est une grace du prince, révocable *ad nutum* ; que ce n'est point un immeuble, ce n'est pas même un meuble, c'est une chose qui n'a rien de réel, une simple faculté, à laquelle il seroit tout à la fois injuste & impossible de fixer un prix ; que le fond & le privilége d'une verrerie sont deux choses différentes

déclaration du 20 mars 1708 ayant compris a

& tellement diftinctes , que le fond ne feroit pas moin
ce qu'il eft , quand bien même le privilége de la verrer
feroit révoqué , ou que la verrerie cefferoit d'exifter p
quelqu'autre caufe. Une verrerie eft un bien de pure indu
trie , expofé à toutes les viciffitudes ; il ne dépent pa
toujours du talent & de l'induftrie de celui qui le fait valor
puifque la verrerie peut ceffer d'exifter par le défaut c
matieres à vitrifier , par le défaut de bois ou d'ouvriers
par l'établiffement d'une verrerie voifine , enfin , par mill
événemens que la prudence humaine ne peut prévoir t
arrêter ; d'où le fuppliant conclut qu'un privilége de ve
rerie étant une chofe variable , fans corps , fans confif
tance , un être fragile & dont on ne peut garantir l
durée , il ne peut être confidéré comme un immeubl
réel , & conféquemment ne peut être affujetti au droit d
Centième denier ; qu'ainfi , il faut diftraire du fond fu
lequel la verrerie eft conftruite & des bâtimens qui e
font une dépendance (lefquelles chofes ont une valeu
réelle & doivent le Centième denier) le privilège d
cette même verrerie , qui n'ayant aucune réalité , aucun
ftabilité , aucune confiftance , ne peut jamais être mis dar
la claffe des biens affujettis audit droit. Qu'au furplus
la verrerie du Valdonnoy n'eft point une verrerie royale
elle eft établie en vertu d'un privilége accordé par Jofeph
Louis de Lorraine , duc de Joyeufe , comte d'Eu , le 1
décembre 1657 , & il y a une très-grande différence
faite , quant à la ftabilité du droit de Verrerie , entre l
établiffemens faits par l'autorité du roi , & ceux faits e
vertu des priviléges accordés par les princes ou feigneu
particuliers. Par ces raifons , ledit fieur d'Apremont requi
roit qu'il plût à fa majefté le recevoir appelant de l'or
donnance dudit fieur intendant de Rouen , lui donner ad
des offres qu'il réitere de payer le Centième denier réful
tant de la ceffion qu'il a faite de la verrerie du Valdar
noy , fur le pied de quatorze mille livres , à quoi il a eftim
le fond & les bâtimens de ladite verrerie , & les terr
en dépendantes , diftraction faite du privilége ou du dro
de Verrerie ; & ordonner que ledit droit fera reglé c

perçu sur ce pied ; ladite requête *Signée*, Guignare de Chancourt, avocat du suppliant. Le Mémoire de Pierre Henriet, adjudicataire des fermes royales unies de France, servant de réponse à ladite requête ; par lequel il représente que l'on ne reconnoît que deux espèces de biens en France, savoir, les meubles & immeubles ; que les autres choses que les jurisconsultes appellent incorporelles, suivent la nature de la matière, ou du corps auquel elles sont attachées & sur lequel elles sont fondées ; c'est-à-dire, qu'elles sont réputées immeubles ; si elles sont attachées à un immeuble : qu'il résulte de ce principe, qu'un privilége ou droit de verrerie, qui, comme l'observe le sieur d'Apremont, est une chose incorporelle, prend la nature du fond auquel il est attaché, il ne forme qu'un seul & même corps d'immeuble avec le fond, de façon que celui qui acquiert le fond, acquiert en même-tems le privilège, & si la verrerie est décretée, le privilége se trouve compris dans le décret, comme tous les autres droits qui peuvent être unis & attachés au fond. On ne peut admettre une distinction entre le fond & les bâtimens d'une verrerie, & le privilége qui y est attaché, pour conclure, qu'un des objets est immeuble & l'autre meuble, parce que ces deux objets sont tellement unis, qu'il n'est pas à la liberté du propriétaire de transporter le privilége d'un fond sur un autre ; qu'il faut nécessairement une nouvelle concession du prince : ces sortes de priviléges ne s'accordant seulement pas aux personnes, mais étant au contraire toujours affectés spécialement sur un certain fond, cela est si vrai que le sieur d'Apremont a eu pour son préciput dans la succession immobiliaire de son pere, la verrerie du Valdannoy en entier, c'est-à-dire, le fond, les bâtimens & le privilége, par la raison que ce privilége ne pouvoit être désuni du fond ; ainsi qu'il en est convenu dans l'instance. Ce fait est d'ailleurs établi : 1°. par le partage fait entre ledit sieur d'Apremont & ses freres, le 15 Février 1756, dans lequel on n'a compris que les terres adjacentes à ladite verrerie, y étant expressément dit, que le surplus d'icelles a été pris par ledit sieur d'Anier, les licitations qui ont lieu entre les hé-

premont, comme aîné, pour son préciput. 2°. Le contrat
d'échange dont il s'agit ici, par lequel il a disposé en
son propre & privé nom de ladite. verrerie, comme héritier principal & aîné dans la succession de son père.
3°. Par un accord qui a été fait entre lui & la dame
sa mère, le 30 janvier 1756, par lequel celle-ci lui a
cédé son douaire sur ladite verrerie (qui suivant l'article 367 de la coutume de Normandie, consistoit dans
l'usufruit ou essence du tiers de la verrerie) moyennant
douze cent livres de rente viagère, laquelle rente il s'est
obligé de payer en entier & sans aucune contribution de
la part de ses frères, attendu qu'il a eu la verrerie en
totalité pour son préciput. Ces actes qui sont du propre
fait du sieur d'Apremont, prouve incontestablement qu'il
a été reconnu entre lui & ses cohéritiers, que le fond & le
privilège de la verrerie ne forment ensemble qu'un seul
& même corps d'immeubles, dès-lors que sa mere & lui
ont joui chacun en particulier, sur le tout, des droits
que la coutume de Normandie accorde à la veuve douai-
riere, & au fils aîné, sur le biens immeubles de la succession du pere. Après avoir démontré avec autant d'évidence, que le privilége ou droit de verrerie est immeuble,
comme le fond auquel il est attaché, il suit nécessairement qu'il est assujetti au droit de Centième denier lors
des mutations, & les objections que fait le sieur d'Apremont sur le peu de solidité d'un bien de cette nature,
tombent d'elles-mêmes. En effet, il est de principe, suivant les réglemens concernant le Centième denier, que
ce droit est dû sur le pied de la valeur réelle & actuelle
des biens, lors de la mutation, quelque soit la cause ou
l'accessoire qui constitue cette valeur ; le sieur de Caqueray
a reçu la verrerie du Valdannoy, en échange de la terre
de Saucourt, but à but & sans soulte, il en résulte que
les deux biens échangés sont de pareille valeur, & que
le Centième denier de la terre de Saucourt ayant été payé
sur le pied de quatre-vingt-dix mille livres, celui dû pour
la verrerie du Valdannoy doit être réglé sur le même
pied. Il est vrai qu'un privilége de verrerie peut être révo-

ritiers co-propriétaires & co-associés, le conseil

qué, & que la verrerie peut diminuer de valeur, ou même
cesser d'exister par le défaut de matières, de bois, d'ouvriers & plusieurs autres accidens ; mais une verrerie a
cela de commun avec les forges, les fayanceries & autres
manufactures, qui font établies en vertu de priviléges
qui peuvent être révoqués ; avec les droits de péage, de
bacqs, ou passage sur les rivières, de moulins à eau ou
à vent, & autres biens & droits, dont le produit peut va-
rier beaucoup, & même être annéanti par différentes causes
qui ne dépendent pas toujours de l'industrie du propriétaire, & qu'il ne peut prévoir ni arrêter ; cependant on
en perçoit toujours le Centième denier, soit pour le prix
porté par les contrats, soit sur le pied du revenu constaté
par les baux & autres titres, lors de la mutation, par
la raison qu'il faut prendre les choses dans l'état ou elles
font, & qu'on ne peut s'écarter du principe que le Centième denier est dû sur le pied de la vraie valeur des
biens au tems de la mutation, sans avoir égard aux aug-
mentations ou diminutions qui peuvent arriver par la suite,
qu'enfin, un échange est une double vente ; qu'un des
objets cédé forme le prix de l'autre, que par cette raison
le sieur de Caqueray ayant reçu la verrerie du Valdannoy
du sieur d'Apremont, en échange de la terre de Saucourt,
qui vaut quatre-vingt-dix mille livres, le prix de la cession
de cette verrerie est réellement de quatre-vingt-dix mille
livres ; à ces causes, requéroit ledit Pierre Henriet qu'il
plut à sa majesté débouter le sieur de Bongars d'Apremont
de son appel de l'ordonnance du sieur intendant & commissaire départi en la généralité de Rouen, du 9 juin 1759,
& en conséquence le condamner solidairement avec le
sieur de Caqueray, au payement du droit de Centième
denier résultant de la cession de la verrerie du Valdannoy,
faite par le contrat d'échange du 17 février 1759, sur le
pied de quatre-vingt-dix mille livres. Vu aussi ledit contrat d'échange du 17 février 1759 ; l'ordonnance du sieur
intendant & commissaire départi en la généralité de Rouen,
du 9 juin suivant ; un extrait du partage fait entre ledit
sieur de Bongars, le 15 février 1756, & copie de l'acte

O iv

a décidé le 3 août 1715, que ce droit étoit dû pour les licitations entre héritiers en ligne directe, comme en ligne collatérale.

C'est d'après ce principe que par arrêt du conseil du 7 novembre 1716, le sieur de Montrayé a été condamné à payer le Centième denier des deux tiers du prix d'une licitation faite entre lui & ses neveux, des biens de la succession de son père dans laquelle il avoit un tiers.

Par un autre arrêt contradictoire du 28 mars 1721, le sieur de Laumon a été condamné à payer le droit de Centième denier de la moitié du prix d'une terre provenante de la succession de son père dont il étoit héritier pour moitié, laquelle terre n'ayant pu se partager, lui avoit été adjugée par licitation.

Si par la licitation les biens s'adjugeoient à un étranger, il seroit tenu de payer le Centième denier de la totalité des biens qu'il auroit acquis.

___

passé le 30 janvier audit an 1756, entre ledit sieur d'A-premont & la dame sa mère, au sujet de son douaire sur ladite verrerie du Valdannoy : Oui le rapport du sieur Bertin, conseiller ordinaire au conseil-royal, contrôleur général des finances. Le roi en son conseil, sans s'arrêter à l'appel du sieur de Bongars d'Apremont, de l'ordonnance du sieur intendant de Rouen, du neuf juin mil sept cent cinquante-neuf, dont sa majesté l'a débouté, a ordonné & ordonne que le droit de Centième denier de la verrerie du Valdannoy, par lui cédée au sieur de Caqueray par le contrat d'échange passé entr'eux, le dix-sept février mil sept cent cinquante-neuf, sera payé sur le pied de quatre-vingt-dix mille livres ; au payement duquel droit ils seront contraints solidairement. Fait au conseil d'état du roi, tenu à Versailles le quinze septembre mil sept cent soixante-un. Collationné, *Signé*, de Vougny.

Quand les biens font adjugés à un co-proprié-
taire, il faut diftraire fa portion pour déterminer le droit de Centième denier. La raifon en eft
qu'il n'y a de mutation à fon égard que pour les
portions dont il n'étoit pas propriétaire avant la
licitation.

Lorfqu'un co-héritier adjudicataire par licitation d'un bien qui ne pouvoit être partagé, n'a
rien à payer à cet égard, attendu que fes co-
héritiers prennent chacun dans les autres biens
de la fucceffion, une fomme pareille au prix de
la licitation, il n'eft dû aucun droit de Centième denier. La raifon en eft qu'un tel adjudicataire ne fait que prendre la part qui lui revient
dans les biens communs, & que par conféquent
il ne fait aucune acquifition.

C'eft d'après cette jurifprudence que par arrêt
du 23 juin 1731, le confeil a jugé que le Centième denier ne devoit pas être perçu pour une
licitation faite à un cohéritier, à la charge de
moins prendre dans les meubles de la fucceffion.

Par un autre arrêt du 15 feptembre 1731, il
a été jugé que le tiers acquéreur d'un quart de
biens indivis qu'une licitation rend propriétaire
des trois autres quarts, ne doit le Centième denier que pour ces trois quarts.

Mais le confeil a décidé le 16 janvier 1734,
qu'une licitation faite à l'un des enfans moyennant une fomme imputée pour partie de fes droits
& pour acquitter les dettes de la fucceffion du
père, donnoit lieu au droit de Centième denier,
à la feule déduction de la portion qui appartenoit
à l'adjudicataire.

Le confeil a pareillement décidé le 19 février

1737, que le Centième denier étoit dû pour moitié du prix d'une licitation faite entre deux frères, par laquelle tous les biens étoient restés à l'un à la charge de payer une rente à l'autre.

Un particulier héritier pour un quart, mais qui avoit renoncé à la succession, prétendit ne devoir le Centième denier que des trois quarts du prix d'une licitation par laquelle il avoit acquis les biens de cette succession : mais par arrêt du 9 mars 1737, il fut jugé qu'il devoit le Centième denier du tout. La raison de cette décision est que ce particulier ayant renoncé à la succession n'étoit plus que créancier & n'avoit la propriété d'aucune portion : ainsi la licitation avoit opéré en sa faveur une mutation de propriété de la totalité des choses acquises, moyennant le prix qu'il étoit tenu de payer.

Le sieur Germain & sa femme avoient acquis une maison qui faisoit le seul immeuble de leur communauté. Après la mort du père, il fut convenu entre la mère & les cinq enfans issus de son mariage avec le défunt, que la maison seroit licitée & que l'adjudicataire garderoit le prix dont il payeroit l'intérêt à raison du denier vingt à la mère, en déduction de ses reprises. Le sieur Germain, orfévre à Paris, l'un de ses enfans, s'étant rendu adjudicataire, prétendit que pour déterminer la somme à laquelle se montoit le Centième denier que le fermier lui répétoit, il falloit distraire un dixième du prix de l'acquisition pour sa portion comme héritier : mais il fut jugé que le droit étoit dû sur la totalité du prix, par la raison que s'il avoit été propriétaire d'un dixième de ce prix, il n'auroit été obligé de payer l'intérêt que de neuf dixièmes, & non de la totalité du prix.

Plufieurs autres arrêts poftérieurs ont jugé en conformité de ceux qu'on vient de rapporter.

Du Centième denier des baux à rentes foncières, rachetables & non rachetables. Comme ces actes font tranflatifs de propriété, ils ont été affujettis au droit de Centième denier par différentes lois, telles que l'édit d'octobre 1705, la déclaration du mois de mars 1708, &c. mais les baux à rente des biens des religionnaires fugitifs que paffe le régiffeur de ces biens, ne doivent pas le Centième denier, parce qu'ils ne transfèrent aucune propriété.

Un arrêt du confeil du 24 avril 1736, a fait défenfe au fous-fermier des domaines de Bordeaux & à tous autres, de faire à l'avenir aucune pourfuite au fujet du Centième denier des baux à rente des biens des religionnaires fugitifs, faits par le régiffeur de ces biens.

Un autre arrêt du 10 juin 1749, rendu contradictoirement entre le fermier des domaines & le régiffeur des biens des religionnaires fugitifs, a déchargé François Guilhem Bertin, Antoine Bergoignon, & le nommé Henin, du droit de Centième denier qui leur étoit demandé pour raifon du bail à rente fait à Bertin par le régiffeur, le 3. août 1735, en vertu d'un arrêt du confeil, & à caufe des fubrogations faites de ce bail le 8 juin 1736 par Bertin à Bergoignon, & le 5 mars 1743, par Bergoignon à Henin.

Le confeil a pareillement décidé le 9 janvier 1750, en faveur du fieur Morice, qu'il n'étoit point dû de droit de Centième denier pour la ceffion d'un bail à rente des biens d'un religionnaire fugitif, faite à un tiers par celui à qui le bail à rente avoit été paffé par le régiffeur.

Du Centième denier des baux emphythéotiques.

Nous avons fait voir précédemment que ce droit se régloit proportionnément à la durée des baux, & qu'il ne devoit être perçu qu'à moitié, lorsque le bail n'excédoit pas trente années (*). Mais si le bail renfermoit l'obligation de faire des constructions ou améliorations, il faudroit en joindre la valeur ainsi que les deniers d'entrée en capital du prix annuel pour percevoir le Centième denier sur le tout. La raison en est qu'une telle obligation est le prix de la jouissance, & que les biens améliorés doivent retourner au bailleur ou à ses héritiers.

Par arrêt du conseil du 13 mai 1725, il a été jugé contre le sieur Parent, que le droit de Centième denier étoit dû pour un bail de douze ans de la recette d'une terre.

Un autre arrêt du 8 juin 1727, a condamné Pierre Chevillard à payer le Centième denier pour un bail indéfini d'une maison, avec stipulation que si le bailleur venoit à être inquiété pour raison de la propriété, l'acte demeureroit nul.

Le conseil a décidé le 10 août 1727, au sujet d'un bail fait en 1719 pour neuf ou dix-huit années, au choix du preneur, & résolu en 1726, auquel temps il avoit été passé bail à un autre aux mêmes conditions, que le droit de Centième denier étoit dû par chacun des deux preneurs.

Par arrêt du 15 avril 1730, le sieur Baril a été condamné à payer le demi-Centième denier à

_____

(*) Il ne s'agit pas là des baux des biens de la campagne. Nous avons fait voir qu'ils étoient exempts de tout droit de Centième denier, lorsque la durée en étoit limitée à vingt-neuf années & au-dessous.

cause d'un bail de neuf ans continué pour neuf autres années par le même acte.

Par un autre arrêt du 24 juin suivant, le conseil a décidé au sujet d'un bail fait pour cinquante années moyennant une redevance annuelle & à la charge de bâtir, que le droit de Centième denier étoit dû sur le capital de la rente & sur la valeur du bâtiment, selon l'estimation que pourroient en faire les parties à l'amiable, sinon conformément au marché & aux quittances des ouvriers.

Par un autre arrêt du 3 septembre 1743, rendu contre Louis Forêt preneur de maisons à Orléans, moyennant une redevance annuelle de soixante livres, & à condition de faire dans les vingt-&-un ans postérieurs au contrat, pour trois mille livres de réparations, il a été jugé que le droit de Centième denier étoit dû sur le tout.

Du Centième denier des baux à domaine congéable. Nous n'avons rien à ajouter à ce que nous avons dit de ce droit à l'article BAIL A DOMAINE CONGÉABLE.

Du Centième denier en matière de vente à faculté de rachat ou de réméré. Quoique la vente à faculté de rachat soit résoluble, elle est néanmoins translative de propriété, & le droit de Centième denier en est dû dès l'instant du contrat, quelle que soit la durée de la faculté : c'est pourquoi il a été jugé différentes fois que le droit de Centième denier devoit être payé pour des ventes à faculté de *réméré*, quoique cette faculté eût été exercée avant la demande du droit, & que par conséquent ces ventes se fussent trouvées sans effet lors de cette demande.

Il n'est dû aucun droit de centiéme denier pour l'exercice de la faculté de *réméré*, pourvu qu'il ait lieu de la part du vendeur ou de son héritier en ligne directe, dans le délai stipulé par le contrat, & que ce délai n'excède pas neuf années. Mais si la faculté de *réméré* n'étoit exercée qu'après le temps énoncé au contrat, le droit de Centième denier seroit dû. Il seroit pareillement exigible si cette faculté étoit exercée dans le temps convenu par un cessionnaire du vendeur, ou par son héritier en ligne collatérale.

La faculté de réméré étant une condition expresse de la vente, doit être exprimée dans le contrat. Si elle étoit stipulée dans un acte particulier, le retour des biens à la disposition du vendeur ne seroit plus considéré que comme une revente sujette au droit de Centième denier.

C'est d'après ce principe que par arrêt du 20 mars 1755, le conseil a confirmé une ordonnance de l'intendant de Poitiers qui avoit condamné le sieur Pellard de Montigny au payement du droit de Centième denier d'une rétrocession à lui faite le 23 décembre 1752, sous le titre d'exercice d'une faculté de réméré de biens qu'il avoit vendus au sieur Mourain le 16 janvier 1751. Les biens avoient été vendus purement & simplement, & le même jour les parties avoient reconnu par un acte sous seing-privé, que cette vente n'avoit eu lieu que pour assurer au sieur Mourain l'intérêt de huit mille livres qu'il avoit prêtées au sieur de Montigny, & que celui-ci pourroit exercer la faculté de *réméré* pendant deux ans comme une condition expresse.

Le conseil auroit peut-être jugé différemment si la faculté de *réméré*, au-lieu d'être stipulée par une convention sous seing privé, l'avoit été par un acte passé devant Notaires le jour même de la vente.

Du Centième denier en matière d'antichrèse, de contrats pignoratifs & d'engagemens. Il faut voir à l'article *Antichrèse* ce qui a rapport à cette espèce d'acte.

Quant aux *contrats pignoratifs & d'engagemens,* les notaires de Tours prétendirent en 1715 qu'ils ne devoient pas être sujets au droit de Centième denier, attendu qu'ils n'opéroient aucune mutation de propriété. Ils exposèrent que quand un particulier vouloit, par exemple, emprunter une somme de mille livres, il simuloit au profit du prêteur, la vente d'un domaine valant cinq ou six mille livres; & par le même acte, le prêteur lui laissoit ce domaine à titre de ferme pendant le temps convenu, moyennant cinquante livres par an, qui faisoient l'intérêt de la somme prêtée, avec faculté à l'emprunteur de rendre les mille livres dans le temps fixé, au moyen de quoi le contrat demeureroit nul ; & l'emprunteur continuoit toujours de jouir, sans que le prêteur pût l'en empêcher, quoique la somme n'eût pas été rendue, celui-ci n'ayant que le droit de faire assigner celui-là pour le faire condamner au remboursement des mille livres prêtées, d'où ils concluoient qu'une telle convention n'étoit qu'une sorte de constitution simulée faite de cette manière pour empêcher la prescription qui s'acquiert après cinq ans dans la coutume de Touraine contre les contrats de constitution, & pour pouvoir en même temps tirer l'intérêt de la fomme prêtée. Ces repréfentations étoient appuyées par l'avis de l'intendant de Tours qui croyoit que le Centième denier n'étoit pas dû. Mais le confeil décida le 3 août 1715, que la déclaration du 20 mars 1708 ayant expreffément affujetti au droit de Centième denier les contrats pignoratifs & d'engagement, M. l'intendant devoit fe conformer à cette loi.

Pierre Burat ayant *délaiffé à titre de jouiffance*, pendant cinq ans, à la veuve Labat une maifon, moyennant 3404 livres que cette veuve devoit payer fuivant les délégations portées au contrat, avec ftipulation qu'elle jouiroit jufqu'au rembourfement de cette fomme, fans même que le vendeur pût rentrer dans la maifon avant les cinq ans, le confeil a décidé le 12 novembre 1721, que les claufes de cet acte juftifioient que c'étoit un contrat pignoratif fujet au Centième denier.

Par arrêt du 29 août 1744, le confeil a confirmé une ordonnance de l'intendant d'Alençon, par laquelle le fieur Dubofc d'Epiney a été condamné à payer le Centième denier d'une terre dont les revenus lui étoient délégués & à fes hoirs, par M. de Tourouvre, en payement de trois mille livres de rente, jufqu'au rembourfement du capital.

Par un autre arrêt du 7 feptembre 1748, le confeil a jugé que le Centième denier étoit dû au fujet d'un acte portant conftitution de rente à prix d'argent, pour le payement de laquelle le débiteur avoit délégué des contrats fur l'hôtel-de-ville de Paris, avec déclaration qu'il confentoit que le créancier obtînt des lettres de ratification, afin de toucher fur fes propres quittances.

rances. On oppofoit qu'il ne s'agiffoit que d'une délégation ordinaire & d'un fimple nantiffement : mais le créancier devant jouir jufqu'au rembourfement, fa jouiffance étoit indéfinie, & par conféquent donnoit ouverture au droit.

Par un autre arrêt du 15 juillet 1751, le confeil a débouté le fieur Pichon de Toulon, de fa demande en reftitution du droit de Centième denier exigé de lui pour un bien qu'il adminiftroit en vertu d'un jugement rendu depuis plus de neuf ans, & en attendant qu'il obtînt fatiffaction des héritiers de fon débiteur.

Du Centième denier en matière de démiffions, & d'abandonnemens de biens. Le droit de Centième denier des démiffions eft dû, même en ligne directe, parce que la faveur accordée à cette ligne n'a lieu que pour ce qu'on donne par contrat de mariage aux enfans qui fe marient ; & le droit doit être perçu fur la valeur entière des biens, fans diftraction, fous prétexte d'ufufruit ou de penfion réfervés par les demettans.

Par arrêt du 8 mars 1718, le confeil, en réformant une ordonnance de l'intendant de Bretagne, a condamné le fieur de la Charrette & la dame fon époufe à rapporter au fermier le droit de Centième denier d'une terre dont le père & la mère de cette Dame s'étoient démis en leur faveur fous la réferve d'une penfion viagère. Le fieur de la Charrette avoit oppofé aux prétentions du fermier qu'il ne pouvoit avoir de propriété qu'après le décès du père, & que s'il furvenoit un enfant mâle la terre ne pourroit refter à fon époufe ; en conféquence l'intendant avoit ordonné qu'il ne feroit perçu qu'un droit d'infinuation de la penfion viagère & que le centième denier feroit reftitué.

Par un autre arrêt du 22 août 1721, le confeil a débouté le fieur de faint-Pol de fa demande en reftitution des droits de Centième denier & d'infinuation payés pour la démiffion faite en fa faveur par fon aïeul.

Par un autre arrêt du 6 avril 1723, le confeil a condamné les enfans du fieur Turpin à payer le droit de Centième denier des biens de leur père, fitués dans la généralité de Lyon, & qu'il leur avoit abandonnés fous la réferve d'une penfion de mille livres.

La Dame veuve du fieur Devaux, fecrétaire du roi, ayant prétendu qu'il n'étoit point dû de Centième denier pour abandon par elle fait de tous fes biens à fes enfans, le confeil a décidé le 27 juin 1723 que ce droit étoit dû pour les donations & démiffions, quoiqu'en ligne directe, lorfqu'elles n'étoient point faites par contrat de mariage ou par difpofition à caufe de mort.

Le confeil a auffi décidé le 13 avril 1726, contre un confeiller au grand confeil, que le Centième denier étoit dû pour les biens que fon père lui avoit donnés. Ce magiftrat demandoit la décharge du droit fous prétexte qu'il s'étoit marié trois femaines après la donation, & qu'elle avoit été rappelée par fon contrat de mariage.

Une pareille décifion eft intervenue le 13 décembre 1735 contre le fieur de Favière donataire de fon père & de fa mère. Il oppofoit à la prétention du fermier que la donation n'étoit poftérieure que de dix jours à fon contrat de mariage ; que son père n'ayant pu à cause de son grand âge se transporter à vingt-cinq lieues, avoit ratifié le contrat de mariage par l'acte de donation, & il soutenoit devoir être exempt du Centième denier comme si la donation avoit été faite par le contrat de mariage.

Par arrêt du 8 séptembre 1742, le conseil a condamné les sieurs de Villedieu & de Bellefonds à payer le Centième denier des biens compris dans la démission faite par le père des dames leurs épouses, la veille du contrat de mariage de la dame de Bellefonds.

Par un autre arrêt du 13 février 1745, Nicolas Barbu & ses cohéritiers ont été condamnés à payer le triple droit de Centième denier de la démission de bien que leur mère avoit faite en leur faveur sous seing privé en 1738, parce que sur la demande du fermier, ils avoient soutenu qu'il n'y avoit point de démission, quoiqu'ils fussent convenus précédemment qu'elle existoit, comme le fermier le justifia par des extraits du terrier de l'abbaye de sainte Geneviève.

Un autre arrêt du 22 août 1750 a réformé une ordonnance de l'intendant de Paris, par laquelle la demoiselle Tauxier avoit été déchargée du droit de Centième denier répété pour la démission de biens à elle faite & à la dame de Bouville sa sœur par leur père, après la mort de leur mère : la demoiselle Tauxier opposa envain que sa sœur avoit refusé la démission pour s'en tenir à son contrat de mariage ; que cette démission n'avoit pas même eu d'exécution, parce qu'elle y avoit renoncé, & qu'elle n'avoit accepté la succession de son père que fous bénéfice d'inventaire ; enfin, qu'il s'agiſſoit d'une ſucceſſion directe.

Par un autre arrêt du 13 février 1751, le conſeil a condamné les dames du Frêne & de Gargilleſſe à payer le Centième denier de la valeur entière des biens que leur mère leur avoit abandonnés, à la charge d'acquitter les dettes & ſous la réſerve d'une penſion.

Un autre arrêt du 5 août 1756, a confirmé une ordonnance de l'inteñdant de Limoges, par laquelle les ſieurs Adam & Michel Ménard avoient été condamnés au payement du Centième denier des immeubles compris dans la démiſſion à eux faite par leur mère ſous ſeing privé en 1726 : ils prétendoient que ce droit n'étoit pas exigible, parce qu'il s'agiſſoit d'une ſucceſſion directe anticipée (*).

_____

(*) _La matière dont il s'agit ſe trouve ſur tout bien éclaircie par les diſcuſſions inſérées dans le vu de l'arrêt qu'on va rapporter :_

Vu au conſeil d'état du roi la requête préſentée en icelui par Anne - Charles - Sigiſmond de Montmorency-Luxembourg, marquis de Royan, colonel du régiment de Haineau ; contenant qu'un arrangement rendu néceſſaire par les circonſtances dans la maiſon de Montmorency-Luxembourg, a donné lieu à la demande d'un droit de Centième denier qui n'eſt pas dû : pour ſe décider en connoiſſance de cauſe, il eſt à propos de rappeller les faits qui ont précédé cet arrangement. Par acte paſſé le 27 ſeptembre 1694, la ducheſſe de Mekelbourg fit donation au ſieur comte de Luce (depuis duc de Châtillon ſon neveu) de la terre de Châtillon & fiefs en dépendans, de la moitié de celle de Saint-Maurice, d'un trentième d'intérêt dans le canal de Briare, à la charge de ſubſtitution en faveur des enfans & petits-enfans du donataire ; le duc de Boutteville, fils du duc de Châtillon, fut marié une première

Lorfqu'un acte de démiffion contient le par-

---

fois en 1713 , fon père lui donna entr'autres biens , le duché de Châtillon ; en 1717 le duc de Boutteville paffa à de fecondes noces : par fon contrat de mariage du 19 avril de cette année, avec demoifelle d'Harlus de Vertilly, il fit donation à l'aîné mâle qui naîtroit de fon mariage , à la charge de fubftitution au profit de l'aîné dudit aîné, & ainfi graduellement de tous les immeubles qu'il poffé-doit, enfemble de ceux qu'il auroit dans la fuite par fucceffions , donations & legs , s'en réfervant néanmoins l'ufufruit. Dans le contrat de mariage du duc d'Olonne , fils unique du duc de Boutteville, paffé le 21 décembre 1735, il fut dit que fon pere le marioit comme donataire de tous les biens compris dans la donation faite à fon profit, par le contrat de mariage du 19 avril 1717 , avec charge de fubftitution : le duc de Boutteville pourfuivi, tant pour fes dettes que pour celles du duc de Châtillon fon père ; paffa le 9 mai 1738 un acte par lequel il abandonna au corps de fes créanciers les revenus des biens qui lui appartenoient , à la charge, entr'autres conditions, de faire les réparations néceffaires , enforte que les créanciers puffent lui rendre les biens dans leur état actuel, lorfqu'ils feroient entièrement payés ; cet abandon n'a eu fon exécution que iufqu'en 1759 : par acte du 17 janvier 1758, le duc de Boutteville a fait remife au duc d'Olonne fon fils , des biens compris dans les fubftitutions de 1694 & 1717, à condition , par le ceffionnaire , de s'arranger avec les créanciers-unis , de manière à faire ceffer l'abandon qui leur avoit été fait en 1738 , & de payer à fon pere une penfion viagere de quinze mille livres ; le duc d'Olonne ne s'eft point arrangé avec les créanciers , mais comme poffeffeur des biens fubftitués , il s'eft plaint des dégradations commifes , & a obtenu le 18 juillet 1758 , une fentence des requêtes , qui lui a permis de faire dreffer des procès-verbaux, par le réfultat defquels les reparations & dégradations ont été portées à des fommes immenfes. Le duc de Boutteville ayant recueilli librement la terre de Mello , par le décès du maréchal de Luxembourg arrivé en 1764 , fes créanciers ont prétendu être en droit de faire vendre cette terre, ce qui a donné lieu à une inſtance, dont les deux actes ci après ont prévenu les ſuites ; par le premier de ces actes en date du 20 mai 1767 , le ſuppliant a acquis des créanciers-unis du duc de Boutteville ſon aïeul, toutes les créances & leurs droits ſur les revenus à eux abandonnés le 9 mai 1738 , ſur la terre de Mello & & autres biens ; par le ſecond acte du 31 mai 1767 , le duc de Boutteville a cédé, quitté & tranſporté irrévocablement & à toujours au ſuppliant ſon petit-fils, tant comme ayant les droits cédés de ſes créanciers, que comme premier appelé aux ſubſtitutions établies par les actes de 1694 & 1717 ; au moyen de la renonciation faite à ces ſubſtitutions par le duc d'Olonne ſon pere, le 23 février 1767 , 1°. les terres compriſes dans la donation de la ducheſſe de Mekelbourg, du 17 ſeptembre 1694 ; 2°. la terre de Briquemaut, moitié de celle de Saint-Maurice, & les autres biens compris en l'état annexé au contrat de mariage du duc de Boutteville, du 19 avril 1717 , pour jouir du tout de la même manière que ſi les ſubſtitutions, dont les biens ſont grévés, étoient à préſent ouvertes au profit du ſuppliant, par le décès du duc de Boutteville. Le duc de Boutteville cède enſuite au ſuppliant tant comme premier appellé à la ſubſtitution, & en cette qualité créancier des ſommes dues pour dégradations, que comme ceſſionnaire des droits des créanciers, la baronnie de Mello & dépendances ; enfin le duc de Boutteville, pour remplir la ſubſtitution d'aliénations par lui faites au-delà de la ſomme dont il s'étoit réſervé la diſpoſition par ſon contrat de mariage de 1717 , cède encore au ſuppliant, comme premier appelé à la ſubſtitution, & au ſieur Dupleſſis en qualité de tuteur d'icelle, les fonds, propriété & jouiſſance du fief des Aigres, & de la moitié de la terre de Saint-Maurice, par lui acquiſe poſtérieurement à la donation de 1717 , en faveur de la remiſe anticipée des fideicommis, de l'abandon de la terre de Mello, & de la ceſſion de la terre des Aigres & de moitié de celle de Saint-Maurice, le ſuppliant a tenu quitte le duc de Boutteville de tout ce qui lui étoit dû, 1°. comme étant aux droits des créanciers-unis ; 2°. pour réparations & dégradations ;

qu'il y a des retours de lots que les uns doivent.

3°. pour aliénations de biens, faisant partie des substitutions auxquelles il étoit premier appelé, par la renonciation du duc d'Olonne son pere. Le suppliant s'est obligé en outre de faire au duc de Boutteville son ayeul, vingtsix mille livres de pension, & de payer à sa décharge deux mille livres de rente viagère, tel est l'acte dont l'adjudicataire demande le droit de Centième denier, sur le pied de la valeur entière des biens qui en font l'objet; mais cet acte n'ajoute rien au transport fait au suppliant par les créanciers-unis, transport en vertu duquel il pouvoit se mettre en possession de tous les revenus. Le nouvel abandonnement fait par le duc de Boutteville n'est que la suite, l'exécution & la confirmation du premier, & il ne donne pas plus ouverture au Centième denier, que la cession faite aux créanciers en 1738 : la transaction du 31 mai 1767 comprend trois espèce de biens : ceux de la premiere font les terres énoncées dans la donation de 1694 & le contrat de mariage de 1717 ; les biens de la seconde espèce font la terre de Mello & autre, qui ont passé au duc de Boutteville en 1764, par le décès du maréchal de Luxembourg; ceux de la troisième espèce : font la terre des Aigres & la moitié de la seigneurie de Saint-Maurice, acquises par le duc de Boutteville depuis son mariage, pour tenir lieu des fonds grevés de substitution qu'il avoit aliénés: or le duc de Boutteville n'a pas abandonné la propriété des terres, faisant partie des donations de 1694 & 1717, il ne le pouvoir pas non plus, parce qu'il s'étoit interdit cette faculté ; il a abandonné seulement les fruits & revenus : il est de principe, qu'un grevé de substitution est dans une incapacité absolue d'aliéner les biens ; il n'a aucune propriété quelconque, cette propriété réside dans la personne des appellés, & comme le suppliant étoit le premier appelé aux substitutions faites en 1694 & 1717, il s'ensuit qu'il avoit la nue propriété des objets substitués, & par conséquent que cette propriété ne lui a point été transmise par la transaction du 31 mai 1767, qui ne présente réellement ni remise anticipée, ni dation en payement, ni donation sujette au Centième depayer aux autres, le droit de Centième denier

---

nier : un arrêt rendu contre le baron de Vauvert le 17
septembre 1754, que l'adjudicataire des fermes a opposé
au suppliant, a jugé véritablement que le droit étoit dû
pour une remise anticipée; mais dans l'espèce de cet arrêt,
c'étoit un héritier institué, à la charge de rendre quand
il jugeroit à propos; héritier qui étoit dès-lors propriétaire, au lieu que le grévé de substitution n'est qu'un
usufruitier, qui ne peut aliéner ni hypothéquer le fonds
substitué; ce qui est bien différent : le suppliant convient
qu'il est dit dans la transaction du 31 mai 1767, que la
propriété de la terre de Mello lui a été cédée, mais cette
expression n'est pas exacte, le duc de Boutteville a grévé
de substitution par son contrat de mariage, non-seulement
les biens qu'il possédoit alors, mais encore tous ceux qui
lui passeroient par succession, donation ou legs; or la
terre de Mello ne lui est dévolue qu'en exécution d'un
legs fait par la duchesse de Mekelbourg en 1693 : cette
terre se trouve donc substituée comme les autres biens du
duc de Boutteville, c'est aussi ce qui a été reconnu par les
parties qui n'ont cédé & accepté la même terre que comme
chargée de substitution : ainsi à cet égard, l'acte du 31 mai
1767 ne contient encore aucune translation de propriété,
mais c'est une simple cession de fruits & de revenus; il en
est de même de la terre des Aigres & de la moitié de celle
de Saint-Maurice, malgré le terme de concession dont on
s'est servi, l'abandonnement en a été fait, tant au marquis de Royan, comme appelé à la substitution, qu'au
tuteur à cette substitution, pour remplacer les biens aliénés
qui en faisoient partie; au moyen du remploi, les terres
abandonnées ont repris la place des biens aliénés, & la
substitution ne doit pour cela aucun droit de Centième
denier; ce remploi même n'est pas nouveau : il a été fait
& consommé il y a long-temps par le duc de Boutteville,
qui n'a acquis des deniers de la substitution qu'à titre de
remploi & pour la substitution, & qui a payé alors le
Centième denier des acquisitions, ensorte que si l'on exigeoit un nouveau droit de la substitution, à cause du remploi, ce seroit faire payer deux droits pour raison de la

n'est exigible que relativement à la démission,

même aliénation. Quand d'ailleurs , par un événement qu'on ne peut pas prévoir , il seroit jugé qu'il est dû un droit de Centième denier, pour partie des abandonnemens dont il s'agit , dans la supposition que la transaction contiendroit une mutation actuelle de la nue propriété d'une terre seulement , ou même de plusieurs ; il ne seroit toujours dû qu'un demi droit, le droit entier n'étant dû que pour la propriété & l'usufruit transmis tout-à-la fois ; mais non : le traité que le suppliant a fait avec le duc de Boutteville , est moins une aliénation d'une nue propriété , qu'une transaction sur procès ; c'est un arrangement de famille entre l'ayeul grévé & le petit-fils premier appelé , & cet arrangement est exempt de tout droit de Centième denier, parce qu'aux termes de l'arrêt de réglement du 30 décembre 1721 , il n'en est point dû pour raison d'une substitution recueillie en ligne directe. Par laquelle requête le sieur marquis de Royan auroit conclu , à ce qu'il plût à sa majesté le décharger de tout droit de Centième denier, pour raison des abandonnemens faits par le duc de Boutteville , par la transaction du 31 mai 1767 , tant au suppliant, qu'aux tuteurs aux substitutions dont le duc de Boutteville étoit grévé , ladite requête signée Lieviel , avocat du suppliant. Le mémoire de Jean-Jacques Prevost, adjudicataire général des fermes , servant de réponse aux moyens employés par le sieur marquis de Royan, contenant que l'acte de 1738 ne peut être assimilé à celui du 31 mai 1767 ; le premier n'a eu d'autre effet que de s'interdire , de la part du duc de Boutteville , le droit d'administrer ses biens & d'en abandonner les revenus jusqu'au payement de ses dettes : en vertu de cet acte les créanciers n'ont été que les administrateurs des terres cédées, ils ont été comptables des revenus , ils ont été obligés de justifier des recettes & dépenses , ils n'ont eu en un mot aucun des droits de l'usufruitier : l'acte du 31 mai 1767 est bien différent, le duc de Boutteville a cédé à son petit-fils , *irrévocablement & à toujours* , les droits utiles & honorifiques , fruits , profits & revenus des terres & seigneuries énoncées dans la donation du 27 septembre

pourvu que le tout soit renfermé dans un seul

1694 , & dans celle du 19 avril 1717 , pour , par le
sieur marquis de Royan , jouir & disposer du tout , ainsi
& de la maniere qu'il en jouissoit *si les substitions étoient
dès-à-présent ouvertes à son profit , par le décès du duc de
Boutteville.* Cet abandon est entier, il rend le sieur marquis
de Royan irrévocablement propriétaire , il dépouille absolument le duc de Boutteville, le démissionnaire peut vendre
& aliéner les terres abandonnées sauf le remploi de la substitution , ou aux risques de l'acquéreur ; aussi les terres
d'Olonne , Royan & autres , sont elles présentement en
vente. L'acte du 31 mai 1767 est donc réellement une
remise anticipée pour les biens grévés de substitution ,
c'est une qualification que les parties elles-mêmes lui ont
donnée , nul doute dès-lors que le droit de Centième denier
n'en soit dû ; la seule différence qu'il y a entre l'hétitier
institué , à la charge de rendre , & le grévé de substitution est , que le premier succède immédiatement à celui
qui établit la substitution , & que le second ne recueille
les biens que comme appelé à la substitution , mais leurs
droits sont précisément les mêmes , ils peuvent tous les
deux acquérir la propriété libre des biens , par le prédécès
des appelés à la substitution ; la remise qu'ils font de l'hérédité , ou du fidei-commis à l'appelé à la substitution ,
est précisément de même nature , c'est de part & d'autre
une aliénation volontaire , puisque celui qui reçoit les
biens n'y pouvoit rien prétendre qu'après le temps fixé
pour les recueillir : cette aliénation est par conséquent sujette au Centième denier , conformément à l'arrêt du conseil du 17 septembre 1754 , qui est entierement applicable
au cas qui se présente , & aux décisions des 15 février
1722 , 18 avril 1750 , & 6 octobre 1753. Le Centième
denier étant dû pour la remise des biens grévés de substitution , dont le duc de Boutteville étoit propriétaire , il
s'ensuit , à bien plus forte raison , que ce droit doit être
payé pour la terre de Mello , qui étoit un bien absolument libre dans sa main ; ce n'est point par erreur qu'il
a déclaré quitter , céder , transporter le fonds , tréfonds &
propriété de cette terre , les contractans étoient également

acte : la raison en eft qu'il n'y a effectivement

convaincus que ce bien étoit libre ; c'eft pour en empêcher la vente que le fieur marquis de Royan dit dans l'acte
du 31 mai 1767 , avoir traité avec les créanciers : le
duc de Boutteville qualifie expreffément cette terre de bien
libre , lorfqu'il la foumet à la fubftitution de 1717 , en
confentant qu'elle faffe partie de cette fubftitution , ainfi
que tous les autres immeubles qui pourroient *lui venir
librement ;* quant à la terre des Aigres & la moitié de
celle de Saint-Maurice , le droit en feroit toujours dû ,
quand on ne confidéreroit l'abandon qui en a été fait,
que comme une remife anticipée ; mais il y a plus , car
la ceffion a été faite en remplacement d'un immeuble aliéné ,
& à ce titre feul , elle feroit fujette au Centième denier.
Il a été établi que le fieur marquis de Royan , comme
fubrogé aux droits des créanciers de fon ayeul , n'auroit
point l'ufufruit , mais feulement l'adminiftration des biens
dont il s'agit ; il ne l'auroit pas même de la terre de
Mello , que le duc de Boutteville n'a poffédée qu'en 1764 ,
ainfi fa prétention de n'acquérir par l'acte du 31 mai
1767 , que la nue propriété des biens , & de ne devoir
que la moitié du droit , eft dépourvue de tout fondement ;
elle l'eft d'autant plus , que la fimple acquifition de la nue
propriété devroit le droit fur le pied de la valeur entière des
fonds , comme fi l'ufufruit y étoit réuni : ce qui termine-
roit d'ailleurs toute difficulté , s'il pouvoit y en avoir , c'eft
qu'avant les deux actes de 1767 , le fieur marquis de
Royan n'étoit conftamment ni propriétaire , ni ufufruitier ;
de manière que quand on fuppoferoit que ce feroit par le
concours de ces deux actes que la propriété & l'ufufruit
lui auroient été tranfmis , il devroit toujours le Centième
denier du tout : ce droit enfin , dans le cas de donation,
remife anticipée ou ceffion , qui ne porte pas un prix certain , doit fe régler fur la valeur entière des biens y fujets,
aux termes des édits des mois de décembre 1703 & août 1706,
& des arrêts en règlement des 18 janvier 1713 & 15
feptembre 1722. Requeroit à ces caufes l'adjudicataire général des fermes , qu'il plût à fa majefté ordonner que le
fieur marquis de Royan , fera tenu de payer le Centième

qu'une mutation, puisque les démissionnaires

---

denier & les six sous pour livre des biens à lui abandonnés par le duc de Boutteville, sur le pied de leur valeur entière, dont il passera une déclaration affirmée véritable, sous la réserve des deux autres droits dus pour les mêmes biens, à l'exception de la terre de Mello ; l'un à cause de la remise anticipée faite au duc d'Olonne, par acte du 17 janvier 1758, l'autre à cause de la rétrocession que l'acte du 23 février 1767 contient. Autre requête du sieur marquis de Royan, par laquelle il observe qu'il a transigé sous deux qualités différentes ; savoir, comme ayant les droits des créanciers du duc de Boutteville, & comme appelé aux substitutions faites en 1694 & 1717 ; sous le premier titre, le suppliant avoit un droit acquis sur les fruits & revenus des biens substitués, dont le duc de Boutteville s'étoit dépouillé dès 1738, ensorte que l'abandonnement fait au suppliant le 31 mai 1767, n'est qu'une confirmation du transport qui lui a été fait onze jours auparavant par les créanciers du duc de Boutteville ; & comme l'adjudicataire des fermes convient qu'il n'est point dû de Centième denier pour la cession faite aux créanciers en 1738, il faut en conclure qu'il n'en est pas dû non plus, soit pour le transport fait au suppliant le 20 mai 1767, des droits des créanciers, soit pour la transaction du 31 du même mois : sous le second titre, le suppliant, de concert avec le tuteur aux substitutions, a veillé à la conservation des biens substitués, & au remploi d'une partie de ceux qui avoient été aliénés ; la remise anticipée qui a été faite au suppliant des bien substitués, remise que les parties ont mal caractérisée dans la transaction, contient-elles véritablement une mutation ? C'est dénaturer ces actes que de prétendre que la propriété des terres énoncées dans la donation de 1694, & le contrat de mariage de 1717 a passé au suppliant. Le duc de Boutteville ne pouvoit pas disposer de cette propriété, puisqu'il s'en étoit interdit la disposition ; elle résidoit d'avance sur la tête du suppliant comme premier appelé, & sur celle du tuteur aux substitutions ; une circonstance, en un mot, qui suffiroit pour opérer la décharge du droit, c'est qu'il s'agit ici d'une donation en ligne din'ont point eu de propriété intermédiaire, &

recte, par contrat de mariage, qui par la faveur de ce
contrat est affranchie du Centième denier. Au surplus,
le droit acquis au suppliant sur les biens substitués, est
le même que celui qu'il avoit avant la transaction du 31
mai 1767. Son droit résultoit de sa qualité de premier appelé à la substitution ; il est encore le même aujourd'hui,
& c'est en cette qualité qu'il lui a été permis, ainsi qu'au
tuteur aux substitutions, par des lettres patentes du mois
d'octobre 1767, de vendre les biens substitués, pour en
employer le prix au retrait d'une terre, qui tiendra lieu
de ces biens. Il n'y a donc dans l'espèce présente, ni remise, ni démission, ni translation quelconque de la propriété,
pas même de l'usufruit, ni par conséquent, de similitude
entre cette espèce, & celle du baron de Vauvert, qui
présentoit remise & démission de la jouissance & de la
propriété tout ensemble. La cession de la terre de Mello
& dépendances n'est pas encore translative de propriété,
parce qu'il est constant que cette terre étoit également
grévée de substitution ; la cession des revenus de la même
terre n'est qu'un abandonnement de droits mobiliers qui est
semblable à celui fait en 1738, par le duc de Boutteville
à ses créanciers, & qu'il n'est pas plus sujet au Centième
denier ; la cession des fruits de la terre des Aigres & de
la moitié de celle de Saint-Maurice est de même nature :
à l'égard de l'abandonnement de la propriété de ces terres,
quand on pourroit le considérer comme une cession en
remplacement des immeubles aliénés, au moins le Centième
denier ne seroit-il dû qu'à cause de l'aliénation du fonds,
& non point pour l'abandonnement des fruits, puisque le
suppliant en étoit précédemment saisi par la transaction du
20 mai 1767 ; mais le remploi ou le remplacement dont
il s'agit, qui a été fait & consommé il y a long-temps,
& pour lequel le Centième denier a été perçu lors des
acquisitions, ne peut pas donner lieu à un second droit.
Quand d'ailleurs le Centième denier pourroit être dû dans
quelques cas particuliers, il ne pourroit y avoir ouverture qu'au demi-droit, parce qu'il n'y auroit d'aliénation
que relativement à la nue propriété. En vain prétend-on

que le défaififfement du démettant eft cenfé fait

---

qu'avant les actes des 20 & 31 mai 1767 , le fuppliant
n'étoit ni ufufruitier ni propriétaire , car il étoit le premier appelé à la fubftitution ; il n'étoit pas à la vérité
ufufruitier , mais la jouiffance lui a paffé par le tranfport
que les créanciers du duc de Boutteville lui ont fait ; il
ne la tient point du duc de Boutteville fon ayeul, de
forte que s'il étoit poffible d'exiger le Centième denier de
la valeur de tous ou partie des biens fubftitués (ce qui eft
impraticable dans l'état actuel des chofes , le fuppliant
n'étant pas acquéreur , mais fimplement délégataire à la
charge d'une penfion de vingt-fix mille livres) , il faudroit
toujours déduire fur le prix total des biens la penfion viagère
de vingt-fix mille livres ; par laquelle requête le fieur marquis de Royan auroit perfifté dans les conclufions qu'il a
prifes : ladite requête fignée Lievrel, avocat du fuppliant.
La réponfe de Jean-Jacques Prevoft , adjudicataire général des fermes unies de France , contenant qu'il eft inutile d'examiner davantage quels font les biens ayant appartenu au duc de Boutteville, qui étoient libres dans fa
perfonne , & quels font ceux qui étoient grévés de fubftitution ; quand on admettroit qu'ils font tous de la dernière
efpèce, il n'en réfulteroit rien pour le fieur marquis de
Royan , parce que le Centième denier en feroit égale-
lement dû ; il importe peu encore de fçavoir , fi c'eft par
l'acte du 20 mai 1767, plutôt que par celui du 31 , que
l'ufufruit des immeubles du duc de Boutteville a été tranf-
féré à fon petit-fils ; il y auroit toujours lieu au Centième
denier , fur le pied de la valeur entière des immeubles
dont le fieur marquis de Royan eft donataire , quand
bien même le duc de Boutteville s'en feroit réfervé l'u-
fufruit , ou que cet ufufruit appartiendroit à un tiers ; à
bien plus forte raifon donc ce droit doit-il être payé fur
le même pied dans le cas particulier , où il eft de la
plus parfaite évidence que le fieur marquis de Royan eft
en même temps ufufruitier & propriétaire. La donation ou
démiffion qui lui a été faite par fon aieul, eft en ligne
directe à la vérité , mais elle n'eft pas portée par contrat
de mariage , elle a été faite au contraire par un acte dif-

en faveur de ceux qui reſtent propriétaires par

tinct & ſéparé, elle ne peut jouir par conſéquent de l'exemption du droit ; la déclaration du 20 mars 1708, ayant expreſſément aſſujetti à l'inſinuation toutes les donations, même celles faites par les peres & meres ou aïeuls, à leurs enfans, *autrement que par contrat de mariage.* Le ſieur marquis de Royan oppoſe envain qu'il n'eſt pas uſufruitier, mais ſimplement délégataire des fruits ; il eſt certain qu'il a la libre adminiſtration des biens, il peut en faire des baux à tel prix & à telle condition qu'il lui plaît, c'eſt l'uſufruit même, c'eſt la jouiſſance en nature qui lui a été tranſmiſe ſoit par l'acte du 20, ſoit par celui du 31 mai 1767. Il n'eſt pas moins certain que la propriété des fonds lui a été transférée également, ſans quoi il n'auroit pas pu ſe faire autoriſer à les vendre par les lettres patentes qu'il a obtenues à cet effet : nul prétexte dès-lors pour l'affranchir du Centième denier que cette tranſlation opere ; dire qu'en qualité de premier appelé, le ſieur marquis de Royan eût droit aux fonds grévés de ſubſtitution, & conclure de-là que la tranſaction du 31 mai n'eſt pas tranſlative de propriété en ſa faveur, c'eſt ſoutenir préciſément qu'il étoit propriétaire avant la démiſſion qui lui a été faite par ſon aïeul : tel eſt le ſyſtême ſur lequel roule principalement la défenſe du ſieur marquis de Royan ; mais ce ſyſtême ſe déduit de lui-même : la poſition du premier appelé à une ſubſtitution n'eſt point différente de celle de l'héritier préſomptif ; ils n'ont l'un & l'autre qu'une ſimple eſpérance pendant la vie de la perſonne à laquelle ils doivent ſuccéder ; ils n'ont tous les deux aucun droit acquis avant l'ouverture de la ſucceſſion ou du fidéi-commis, de ſorte que, quand les biens leur ſont remis & délaiſſés par anticipation, cette remiſe leur transfère veritablement une propriété qu'ils n'avoient point : les ſubſtitutions dont le duc de Bouteville étoit grévé n'empêchoient donc pas qu'il ne fût le véritable & unique propriétaire : Toutes actions actives & paſſives réſidoient dans ſa perſonne ſi l'appelé aux ſubſtitutions l'eût précedé, il ſeroit devenu propriétaire incommutable par la caducité de ces ſubſtitutions, qui ne donnoient par conſéquent au ſieur marquis de Royan aucun

le partage. C'eft d'après cette jurifprudence que

droit actuel dans la propriété des biens ; ainfi la remife
anticipée qui lui en a été faite, n'eft autre chofe qu'une
démiffion volontaire & une vraie donation. Pour être convaincu qu'une pareille remife emporte libéralité, il fuffit
de jetter les yeux fur l'ordonnance du mois d'août 1747,
concernant les fubftitutions : les articles XLII & XLIII portent que la reftitution du fidei-commis faite avant le temps
de fon échéance par quelque acte que ce foit, ne pourra
empêcher que le créancier du grévé de fubftitution, qui
fera antérieur à la remife, ne puiffe exercer fur les biens
fubftitués les mêmes droits & actions que s'il n'y avoit
point de remife anticipée, & ce jufqu'au temps que le fidei-
commis devoit être reftitué ; que la reftitution anticipée
ne pourra nuire à ceux qui auroient acquis des biens fub-
titués, & qu'ils ne pourront être évincés par celui à qui
elle aura été faite, qu'après le temps où le fidei-commis
auroit dû lui être rendu. Il réfulte bien delà qu'une remife telle que celle dont il s'agit, eft une véritable donation, elle en a tout le caractère en effet, puifqu'elle ne
peut nuire aux créanciers du grévé de fubftitution, anté-
rieurs à la remife ; le fubftitué n'ayant jufqu'à l'ouverture
de la fubftitution aucuns droits fur les biens qui en dépendent, il s'enfuit que le delaiffement qui lui en eft fait,
lui tranffére une propriété qui ne lui auroit jamais appartenu s'il fût décédé avant le grévé de fubftitution. C'eft
fur ce principe que, par la décifion du confeil, rendue le
15 février 1722, fur le mémoire du fieur de Cruffol, il
a été jugé que le Centième denier eft dû pour une remife
de biens fubftitués lorfqu'elle eft faite volontairement avant
le temps du fidei-commis : celle du 18 avril 1750, a
condamné le baron des Adrets à payer le Centième denier
des biens qui lui ont été remis par fa mère, qui avoit été
inftituée héritière de fon mari, à la charge de rendre l'hérédité à fa mort, ou plutôt, fi elle jugeoit à propos, de
manière qu'elle pouvoit conferver les biens toute fa vie,
& en devenir même propriétaire incommutable, fi fon
fils fût mort avant elle : une troifième décifion du 6 octobre 1753, a condamné encore le fieur Creyffac à payer
le

le conseil a decidé le 12 avril 1753, que le fer-

le droit pour une semblable remise : l'arrêt du 17 septembre 1754, a condamné pareillement le baron de Vauvert à payer le Centième denier de la remise anticipée à lui faite par son père des biens de l'hérédité de sa mère, que son père n'étoit pas obligé de rendre avant sa mort : l'application de ces autorités est entière & directe au cas qui se présente ; il ne dépendoit que du duc de Boutteville de garder les biens qu'il a remis à son petit-fils ; ne pouvant être contraint à faire cette remise au sieur marquis de Royan avant sa mort, il est constant qu'il a exercé une libéralité envers lui ; il s'est dépouillé volontairement & par anticipation des biens dont la propriété résidoit sur sa tète, & dont il pouvoit devenir propriétaire incommutable; il y a par conséquent une mutation de propriété, puisque la remise une fois faite, le petit-fils qui n'avoient aucun droit dans les fonds, & qui pouvoit même n'en jamais avoir, a acquis néanmoins la propriété des biens, & cette mutation est incontestablement sujette au Centième denier. les grévés de substitution sont tellement propriétaires, que toutes les mutations qui arrivent dans la possession des biens substitués, son soumises aux mêmes droits seigneuriaux que si elles s'opéroient par la voie ordinaire de la succession ou de la donation : ce principe établi (pour le Centième denier des biens substitués qui passent à des collatéraux à titres successifs) par l'arrêt du conseil rendu en règlement le trente décembre mil sept cent vingt-un, & adopté pour les droits seigneuriaux par arrêt du parlement de Paris du 20 mai 1727 ; est devenu une regle générale par la disposition de l'article LVI du titre premier de l'ordonnance du mois d'août 1747 qui s'explique en ces termes : » lorsqu'il y aura des biens féodaux ou censuels » compris dans une substitution, elle ne pourra nuire ni » préjudicier aux seigneurs dont les biens sont mouvans, » & en conséquence il en sera usé à l'égard de chaque » nouveau possesseur des biens substitués, ainsi que s'il » avoit pris la place du dernier possesseur desdits biens par » la voie de la succession ou par une donation ; en- » sorte que dans tous les pays & dans tous les cas où

mier restitueroit un des deux droits de Cen-

» les héritiers naturels & légitimes ou les donataires font
» sujets dans les mutations au payement du droit de relief
» ou autre droit seigneurial, *chaque substitué soit pareil-*
» *lement obligé d'acquitter les mêmes droits*, & récipro-
» ment, lorsque les héritiers naturels & légitimes ou les
» donataires n'en soient pas tenus, les substitués en feront
» pareillement exempts. » Une disposition aussi expresse
est bien décisive dans l'espèce présente ; c'est néanmoins
contre cette disposition que le sieur marquis de Royan
prétend que la démission qui lui a été faite, ne lui a transmis aucun droit nouveau, sous prétexte que son aïeul n'étoit
pas propriétaire ; mais dès que les appelés aux substitutions,
qui recueillent les biens substitués par le décès des derniers
possesseurs, sont soumis non seulement au droit de Centième denier, mais encore aux droits féodaux, dans le
cas où ils sont dus pour les successions ordinaires, par la
raison, que les grévés auxquels ils succèdent étoient
véritablement propriétaires, il s'ensuit absolument que
les mêmes droits doivent être payés dans le cas de donation, démission ou remise anticipée, lorsque la loi y assujettit ces sortes d'actes, parce qu'alors il y a également
mutation de la personne du grévé en celle de l'appelé à
la substitution. Le sieur marquis de Royan ne pouvant refuser de se rendre à cette vérité, finit enfin par demander
que le droit dont il est susceptible, soit fixé du moins,
déduction faite de la pension viagère dont il est chargé,
mais cette pension ne diminue point la valeur des biens
dont le sieur marquis de Royan est saisi, elle forme même
en partie le prix de l'acquisition ou de la démission ; ainsi
elle devroit y être ajoutée loin d'être distraite, pour être
le droit fixé sur le tout, si le prix étoit connu & déterminé
dans l'acte ; mais comme ce prix n'y est point exprimé,
c'est le cas de liquider le droit de Centième denier sur le
pied de la déclaration qui doit être passée de la valeur
réelle des biens, en conformité de l'article XXIV de l'édit
du mois de décembre 1703 & de l'arrêt du conseil du 15
septembre 1722 ; par laquelle réponse ledit Jean-Jacques
Prévôt, adjudicataire général des fermes auroit persisté dans

tième denier qu'il avoit perçus pour raison d'une démission contenant partage avec soulte, laquelle démission avoit été faite par un père & une mère en faveur de leurs enfans.

Lorsque par l'acte d'abandonnement volontaire des biens qu'un débiteur fait à ses créan-

---

ses conclusions qui auroit supplié à sa majesté de lui adjuger définitivement. Vu aussi le contrat de mariage du duc de Boutteville du 19 avril 1717, l'état des revenus des biens à lui appartenans, tant de son chef que de celui de la dame sa mere, l'acte d'abandonnement qu'il a fait à ses créanciers le 9 mai 1738, copie d'une sentence des requêtes du palais du 16 février 1761, le transport fait au sieur marquis de Royan le 20 mai 1767, & la transaction du 31 du même mois, passée entre lui & le duc de Boutteville son aïeul, ensemble les articles XLII, XLIII & LVI, du titre premier de l'ordonance du mois d'août 1747, concernant les substitutions ; les édits des mois de décembre 1703 & août 1706 ; la déclaration du 20 mars 1708, & les arrêts du conseil des 18 janvier 1713, 30 décembre 1721, 15 septembre 1722 & 17 septembre 1754. Tout considéré : oui le rapport du sieur Maynon d'Invau, conseiller ordinaire au conseil royal, contrôleur général des finances ; le roi en son conseil, faisant droit sur l'instance, a ordonné & ordonne que le sieur marquis de Royan sera tenu de passer une déclaration exacte de la situation, consistance &, juste valeur de tous les biens immeubles dont le duc de Boutteville lui a fait cession & remise anticipée par l'acte du 31 mai 1767, & d'en payer le Centième denier & les six sous pour livre, dans un mois de la signification qui lui sera faite du présent arrêt; faute de quoi, & passé lequel délai, il y sera contraint par les voies ordinaires & accoutumées pour le recouvrement des deniers royaux, sans néanmoins qu'il puisse être poursuivi pour raison du triple droit dont sa majesté a bien voulu lui accorder, sans tirer à conséquence, la remise entière. Fait au conseil d'état du roi, tenu à Versailles le treize décembre mil sept cent soixante-huit. Collationné. *Signé*, Devougny.

Q ij

ciers, il est stipulé que ces biens seront vendus & le prix employé à l'acquit des dettes, le débiteur demeure propriétaire, & ses créanciers ne peuvent être considérés que comme chargés de sa procuration pour vendre : c'est pourquoi un tel acte ne donne pas ouverture au droit de Centième denier : mais si l'abandonnement n'étoit pas fait à la charge que les créanciers vendroient les biens, & qu'ils pussent les conserver ou en disposer à leur gré, ce seroit alors un acte translatif de propriété sujet au droit de Centième denier.

C'est d'après cette jurisprudence que par arrêts du conseil des premier décembre 1733, 14 août 1734, & 14 juin 1738, les créanciers de Jean Allevet ont été condamnés au payement du Centième denier des biens qu'il leur avoit abandonnés.

Par un autre arrêt du 12 janvier 1758, le conseil a jugé qu'il étoit dû un droit de Centième denier à cause de la succession collatérale du sieur de Lanut, décédé six mois après avoir fait l'abandonnement de ses biens à ses créanciers à la charge de les vendre en direction. La raison de cette décision est que par cet abandonnement le sieur de Lanut n'avoit pas été dessaisi de la propriété de ses biens, lesquels n'avoient été adjugés en direction que depuis sa mort.

Du Centième denier en matière de baux & de ventes à vie. On a vu à l'article *bail à vie,* que les actes de cette nature différoient des ventes à vie, en ce que celles-ci étoient sujettes au droit de Centième denier de la totalité du prix, & que les autres ne devoient que le demi-Centième denier de la valeur, ou ce qui re-

vient au même, le Centième denier du capital,
au denier dix du revenu. Nous avons pareillement rapporté à l'article cité, les autorités sur
lesquelles est appuyée cette jurisprudence.

Du Centième denier en matière de dot. La jurisprudence du conseil est de considérer la nature
de l'action transmise aux enfans en les mariant :
si l'on avoit stipulé que la dot seroit payée en
argent & qu'on vint ensuite à la payer en immeubles, le Centième denier en seroit dû,
parce que la loi y assujettit toute mutation de
biens immeubles, même en ligne directe, à la
seule exception de la succession, & de la donation par contrat de mariage : mais si l'on avoit
stipulé que la dot se délivreroit en immeubles,
il ne seroit point dû de Centième denier, parce
que la cession des immeubles promis ne seroit
que l'exécution du contrat de mariage. Il faut
néanmoins observer que s'il avoit été dit que la
dot s'acquitteroit en immeubles après le décès
du père & de la mère, & que par anticipation
ces immeubles eussent été cédés de leur vivant,
ce seroit un avancement d'hoirie pour lequel le
centième denier seroit exigible.

S'il avoit été dit que la dot se payeroit en
argent ou en immeubles au choix du père & de
la mère, & qu'ensuite on vint à céder des immeubles en payement, le droit de Centième
denier en seroit dû, parce qu'il n'auroit été
transmis à l'enfant doté aucun droit réel, &
qu'il n'auroit eu qu'une créance dont le débiteur pouvoit se libérer en deniers ou en immeubles.

Mais si l'on avoit laissé à l'enfant doté le
choix d'exiger de son père ou de ses héritiers le

payement de fa dot en deniers ou en immeubles provenans de l'hérédité directe , il ne feroit point dû de Centième denier pour les fonds de cette hérédité qu'on lui céderoit, parce qu'il y auroit un droit réel & que la ceffion ne feroit que l'exécution du contrat.

C'eft d'après la jurifprudence qu'on vient d'établir que par arrêt du 13 janvier 1726, Elie Romain a été condamné au payement du droit de Centième denier d'une maifon que le père & la mère de fa femme lui avoient abandonnée pour fe libérer d'une fomme qu'ils lui avoient promife en dot par fon contrat de mariage , & qui avoit été ftipulée payable en rentes fur les aides & gabelles.

Par un autre arrêt du 7 janvier 1727, la veuve du fieur Breton, procureur à Meaux, a été condamnée à payer le Centième denier des immeubles qui lui avoient été cédés en payement des quarante mille livres que fa mère lui avoit promifes en la mariant.

Par un autre arrêt du 21 décembre 1727, le fieur Bertin tréforier des parties cafuelles, a été déchargé du droit de Centième denier des immeubles qui lui avoient été cédés en directe par le père de la dame fon époufe. Cette décifion eft fondée. fur ce qu'il étoit ftipulé par le contrat de mariage que la dot feroit payée immédiatement après le mariage en tels immeubles que les futurs conjoints voudroient choifir. Ainfi la ceffion dont il s'agit n'étoit que l'exécution du contrat.

Par un autre arrêt du 24 fepembre 1729, le fieur de Chedouville a été condamné à payer le Centième denier des immeubles à lui cédés

par fon père en payement d'une fomme promife pour dot par contrat de mariage.

Par un autre arrêt du 28 octobre 1730, le
confeil a jugé que la dame David époufe du
fieur Aubry ne devoit pas le Centième denier
de la maifon que fa mère lui avoit cédée pour
fatisfaire à la claufe du contrat de mariage, par
laquelle fon père & fa mère lui avoient promis
cinquante mille livres en effets immobiliers. Il
eft clair qu'en ce cas, la ceffion de la maifon
n'étoit que l'exécution pure & fimple du contrat de mariage.

En 1714, la mère de la dame de Seton lui
conftitua par contrat de mariage, trente mille
livres, dont fix mille furent payées comptant,
& pour le refte, la mère s'obligea d'en payer
l'intérêt durant fa vie, avec ftipulation que fi
elle n'en faifoit pas le rembourfement la dame
de Seton pourroit s'en faire payer en deniers
ou en immubles, au choix néanmoins des héritiers de la mère: après la mort de celle-ci,
M. Ferrand fon petit fils & fon héritier, abandonna en 1756, à la dame de Seton, des biens
de la fucceffion fitués dans la généralité de la
Rochelle. Sur la demande du Centième denier,
la dame de Seton oppofa que n'ayant jamais eu
le droit de fe faire payer en argent, on ne pouvoit la confidérer comme fimple créancière;
qu'elle avoit un droit réel fur les biens & qu'ils
provenoient d'une fucceffion directe; mais comme par le contrat de mariage il n'avoit été
tranfmis à la dame de Seton ni biens immeubles, ni le droit d'en exiger en payement, le
confeil décida le 16 juillet 1759, que le droit
de Centième denier etoit dû.

Du Centième denier en matière de résolution de vente. On a vu que la déclaration du 20 mars 1708 avoit assujetti au droit de Centième denier les résolutions volontaires de ventes, ainsi que les arrêts, jugemens ou autres actes translatifs & retrocessifs de propriété de biens immeubles ; mais sous ces dénominations on ne doit pas comprendre les résolutions forcées qui prononcent la nullité du contrat sur le fondement d'un vice inhérent à l'acte, parce que ces résolutions n'opérant aucune mutation, il en résulte qu'il n'y a point eu de vente ni par conséquent de retrocession.

Le sieur Henry avoit vendu une terre à Jean Plaisant, par contrat du 27 septembre 1709, qui fut insinué le 10 octobre suivant : l'acquéreur, ayant voulu se mettre en possession trouva que la terre avoit été saisie réellement dès le 3 du même mois, à la requête d'un créancier du vendeur ; en conséquence, le contrat fut résolu entre les parties le 15 du même mois d'octobre, à condition que Plaisant satisferoit à tous les droits qui pourroient être demandés pour raison de ce contrat : il se pourvut devant l'intendant de Metz qui jugea non-seulement qu'il n'étoit pas dû de Centième denier pour la résolution, mais encore que celui qui avoit été payé pour le contrat devoit être restitué. Le fermier s'étant pourvu contre ce jugement, le conseil le réforma tant sur le premier que sur le second chef, parce que la saisie réelle n'avoit pas détruit la vente, qui étoit antérieure, & qu'en cas d'éviction, l'acquéreur avoit un recours de garantie à exercer contre le vendeur.

Mais par un autre arrêt du 15 novembre

1723 , le conseil décida que le droit de Centième denier payé pour une vente seroit restitué
par le fermier, attendu que les biens vendus
avoïent été précédemment saisis réellement &
qu'ils avoient ensuite été adjugés à un autre que
l'acquéreur.

La dame du Hamel vendit la terre d'Oissel
le 24 mars 1711, par un acte sous signatures
privées , tant en son nom personnel comme
ayant des créances sur cette terre pour sa dot·
& pour une rente constituée , qu'en qualité
de tutrice & se faisant fort de ses enfans, au
sieur de la Houssaye receveur des gabelles,
moyennant soixante-un mille livres ; & elle s'o-
bligea personnellement de faire valoir la vente,
à peine de tous dépens, dommages & intérêts.
M. Duhamel, président au parlement de Rouen,
devenu majeur au mois de novembre 1712, se
mit en état de ratifier la vente, en passant un
acte préliminaire & relatif à cette ratification ;
dans ce même tems l'acquéreur donna à la dame Duhamel une somme de dix mille livres à
titre de constitution, mais pour servir de com-
pensation au prix du contrat ; cet acquéreur resta
en jouissance jusqu'en 1714, qu'il fut constitué pri-
sonnier à la requête du procureur général de la
cour des comptes, aides & finances de Normandie, faute de payement du produit de sa recette
des gabelles. Dans cette circonstance, M. Duhamel lui fit proposer la résolution, en recon-
noissant qu'il avoit reçu les dix mille livres, &
ils convinrent de cette résolution, par leur lettres, sur lesquelles M. Duhamel présenta sa requête à la cour des comptes, aides & finances,
& obtint arrêt le 31 juillet 1714, du consente-

ment de M. le procureur général & du fermier
des gabelles, par lequel arrêt il fut envoyé en
possession de la terre en remboursant les dix
mille livres qu'il avoit reçues à compte. Le fermier lui ayant demandé les droits de la vente
sous signature privée & le Centième denier de
la résolution, il soutint que la vente étoit nulle,
comme faite par sa mère, sans aucune autorité
& sans avis de parens, de biens qui ne lui appartenoient pas ; qu'il n'avoit point ratifié cette
vente après sa majorité, qu'ainsi il n'avoit jamais été dessaisi de la propriété de ces biens ; il
intervint une ordonnance qui débouta le fermier de ses demandes. Sur l'apel au conseil, le
fermier observa que la vente avoit été faite par
la mère créancière, avec garantie personnelle
de sa part ; que les actes passés par le fils à sa
majorité, & la somme par lui reçue, opéroient
une ratification suffisante ; enfin, que la vente
avoit eu son effet pendant plus de trois ans, &
que M Duhamel n'étoit rentré dans les biens que
par le seul défaut de payement du reste du prix.
En conséquence le conseil condamna M. Duhamel, par arrêt du 19 mars 1718, au payement
des droits de la vente, sauf son recours, & personnellement au payement du droit de Centième denier de la résolution ordonnée par l'arrêt
de la cour des comptes, aides & finances.

Le sieur Vanquelin avoit vendu le 2 décembre 1719, devant des notaires de Paris,
au sieur de la Vieuville deux pièces de terre
moyennant dix mille cinq cens livres payées
comptant, & l'acquéreur avoit reconnu que les
titres de propriété lui avoient été remis ; mais
par une contre-lettre sous signature privée, le

vendeur avoit reconnu qu'il n'avoit fourni aucun de ces titres & s'étoit obligé de les remettre dans un mois, & de faire emploi du prix qui lui avoit été payé,. à peine de réfiliation & de nullité du contrat, & de reftitution du prix, comme conditions expreffes du contrat, fans lefquelles il n'auroit pas été fait ; n'ayant fatisfait à aucune de ces conditions, il fut affigné au châtelet de Paris, où il intervint fentence le 30 juillet 1720, portant réfiliation du contrat, comme non avenu, & condamnation contre l'acquéreur à reftituer le prix, les intérêts & les frais du contrat ; laquelle fentence fut exécutée le 10 mai fuivant. Le fermier ayant demandé le droit de Centième denier de la vente qui n'avoit pas été infinuée, le fieur Vanquelin fe pourvut au confeil, & foutint que ce droit n'étoit pas dû, parce que le contrat ayant été déclaré nul en juftice, faute d'exécution de conditions expreffes, étoit cenfé n'avoir pas été fait. Mais comme le contrat étoit parfait en foi, l'acquéreur fut condamné par arrêt du confeil du 20 juin 1721, à payer le Centième denier de l'acquifition, & le vendeur à payer un autre Centième denier pour la réfolution.

Le fieur de la Viagerie avoit vendu le 15 juin 1720, un domaine à la dame d'Aydic, moyennant cinquante-un mille livres, dont fix mille furent payées comptant, & il fut accordé des termes pour le furplus ; cette dame, pour fe libérer, offrit enfuite des billets de banque, qui furent refufés ; il intervint fentence au préfidial de Périgueux le 24 feptembre 1720, portant acte des offres, & que les effets feroient confignés ; fur l'appel au parlement, & après un appointement, les parties tranſigèrent le 23 juin 1721, en convenant que le contrat de vente demeureroit nul, réſilié & ſans effet ; que la dame d'Aydic retireroit ſa conſignation, & que le vendeur rentreroit dans les biens, dont il délaiſſeroit néanmoins une partie juſqu'à concurrence des ſix mille livres qu'il avoit reçues, ſi mieux il n'aimoit les rembourſer. Le fermier ayant demandé pour cet acte le droit de Centième denier, l'intendant de Bordeaux jugea qu'il n'en étoit point dû : mais la vente avoit été parfaite & la réſolution volontaire qu'on en avoit faite ſur la ſeule difficulté de recevoir en payement des effets qui avoient cours, étoit une rétroceſſion : en conſéquence par arrêt du 22 juillet 1721, le conſeil réforma le jugement de l'intendant, & ordonna que le Centième denier ſeroit payé pour la réſolution ſur le pied du prix entier de la vente.

Jean Mallet avoit vendu en 1714, à Michel Tourin, une maiſon moyennant ſix mille cinq cent livres : Tourin fut enſuite pourſuivi pour être condamné à payer ou à rétrocéder ; en conſéquence Tourin rétrocéda en 1718, moyennant cent vingt-cinq livres qui lui furent payées pour les améliorations qu'il avoit faites : le fermier ayant demandé le droit de Centième denier tant pour la vente que pour la réſolution ou rétroceſſion, le lieutenant général d'Orléans n'adjugea que le Centième denier de la rétroceſſion, & décida qu'il n'étoit pas dû pour la vente ; mais par arrêt du conſeil du 17 novembre 1722, l'ordonnance de ce magiſtrat fut caſſée & Mallet condamné à payer le Centième

denier tant pour la vente que pour la résolution ou rétrocession, sauf son recours contre
l'acquéreur pour le droit de la vente.

Les enfans de Paschal Macaire ayant fait déclarer nulle par sentence, la vente que durant
leur minorité, leur mère avoit faite d'un bien
qui leur appartenoit, sans avoir observé aucune
formalité, le conseil décida le 13 mars 1721,
que non-seulement le Centième denier n'étoit
pas dû pour la résolution de la vente, mais
encore qu'il ne pouvoit être perçu pour la vente
même. cette décision paroît opposée à celle du
19 mars 1718, intervenue dans un cas originairement semblable, contre M. le président du
Hamel & que nous avons rapportée précédemment ; mais il y a cette différence, que M.
du Hamel devenu majeur avoit en quelque façon ratifié la vente.

Par un autre arrêt du 12 août 1725, le conseil a jugé qu'il n'étoit point dû de Centième
denier pour la résolution prononcée au châtelet de Paris sur la demande de l'acquéreur,
parce que la terre vendue en entier & sous un
titre qu'elle n'avoit pas, se trouva avoir été
précédemment démembrée.

Le conseil a pareillement décidé le 6 avril
1727, qu'il n'étoit point dû de Centième denier pour une vente faite par des mineurs autorisés d'un tuteur à cet effet, contre laquelle
ils avoient ensuite pris des lettres de récision
qui avoient été entérinées en annullant la
vente.

Par une autre décision du 16 mars 1731, le
conseil a jugé qu'il n'étoit point dû de Centième denier au sujet de la résolution judiciaire

d'un contrat d'échange d'immeubles déclaré nul, parce que l'une des parties n'avoit pas la propriété de ce qu'elle avoit cédé en échange.

Une vente peut être réfolue à défaut d'exécution de quelques claufes du contrat : ainfi une telle réfolution eft fondée fur une caufe inhérente au contrat, mais cette caufe n'annulle l'acte que pour l'avenir : la vente a eu fon effet jufqu'alors, c'eft pourquoi le Centième denier en eft dû.

Lorfqu'il eft ftipulé par le contrat de vente que faute de payement le vendeur pourra rentrer en poffeffion, & qu'en conféquence il fait réfoudre la vente en juftice, la jurifprudence du confeil eft de confidérer fi la convention a eu quelqu'exécution par la jouiffance de l'acquéreur ou par quelque payement fait à compte: dans ce cas on prononce que le Centième denier eft dû. C'eft pourquoi le confeil a décidé le 31 janvier & le premier mai 1728, que le droit de Centième denier étoit dû pour des réfolutions de vente prononcées judiciairement faute de payement du refte du prix.

Mais par une autre décifion du 8 janvier 1729, rendue en faveur des héritiers de la dame de champagne, le confeil a jugé qu'il n'étoit point dû de Centième denier pour la réfolution prononcée au châtelet de Paris, le premier juillet 1721, d'une vente faite le 6 juin 1720, par cette dame au fieur Daffiot, qui s'étoit obligé à payer en entier le prix de fon acquifion dans un an, & qui n'avoit rien payé.

Par d'autres décifions des 10 avril 1734 & 17 janvier 1739, le confeil a jugé que le droit de Centième denier étoit dû pour des rentrées en possession en vertu de sentences, faute de continuer le payement de rentes viagères qui faisoient le prix des ventes.

Mais par une autre décision du 7 mars 1739, rendue en faveur du sieur Marchand, qui étoit rentré juridiquement en possession des biens qu'il avoit vendus dix-huit mois auparavant, parce que l'acquéreur n'avoit pas payé dans l'année, conformément au contrat, il a été jugé que le Centième denier n'étoit pas dû, à moins que le fermier ne justifiât qu'il y avoit eu quelque payement fait à compte de l'acquisition.

Par une autre décision du 26 avril 1745, le conseil a réformé une ordonnance de l'intendant de Rouen & condamné le sieur de Brument au payement du droit de Centième denier d'une résolution de vente prononcée par sentence qui déclaroit le contrat nul faute de payement du reste du prix.

Du Centième denier en matière de biens domaniaux. Les biens qui sortent des mains du roi pour entrer dans la possession des particuliers, sont exempts du droit de Centième denier pour raison de cette mutation : c'est pourquoi le conseil a décidé le 27 janvier 1727, qu'il n'étoit point dû de Centième denier pour la vente faite par le roi de biens qu'il avoit acquis à titre d'échange. Et le 20 avril suivant le conseil a pareillement décidé que le droit dont il s'agit n'étoit pas dû pour l'aliénation faite par les commissaires du roi, de biens adjugés à sa majesté à titre de confiscation.

Mais lorsque les mutations dans la possession des biens domaniaux ont lieu de particulier à particulier, le droit de Centième denier en eft dû dans tous les cas où les autres biens fonds y font affujettis par les règlemens (*).

M. le Duc de Luynes ayant demandé la décharge du droit de Centième denier de la terre de Baugé, échue par le décès de madame de Nemours qui en étoit engagifte, à madame de Luynes, le confeil décida le 19 novembre 1721, que *les héritiers des engagiftes devoient le droit de Centième denier dans les mêmes cas que les autres poffeffeurs des biens fonds.*

Par une autre décifion du 14 mai 1724, le confeil a jugé que les créanciers des communautés qui avoient pris en payement de leurs créances quelques domaines engagés à ces communautés, devoient le droit de Centième denier.

M. de Rohan Chabot ayant acquis de M. Meunier la feigneurie domaniale de la terre de Jarnac, aliénée à faculté de rachat, & ayant demandé l'exemption du droit de Centième denier, le confeil décida le 25 juillet 1739, que les domaines aliénés par le roi étoient exempts du

---

(*) Par décifion du 17 mais 1753, le confeil a jugé que le duc de Rohan ne devoit point de Centième denier pour la revente qui lui avoit été faite du comté de Gaure, en Armagnac, précédemment engagé à la princeffe de Léon, par le décès de laquelle il avoit paffé à la comteffe de Fernan-Nunés, morte en Efpagne; le fermier difoit que les enfans de la comteffe étant Efpagnols, n'avoient pu lui fuccéder en France, & que M. le duc de Rohan, fon frère, en avoit hérité; mais la revente avoit été ordonnée par arrèt fignifié avant la mort de la comteffe, & cette revente avoit été faite en conféquence de l'arrèt; ainfi M. le duc de Rohan ne tenoit pas les biens à titre fucceffif, mais directement du roi; au moyen de quoi il étoit exempt du droit.

droit

droit de Centième denier pour la première aliénation, mais que ce droit étoit dû pour une seconde mutation.

Le sieur le Blond, chargé des affaires du roi & son consul à Venise, prétendoit ne devoir le Centième denier de la terre de la Motte en Languedoc, à lui échue par le décès de son frère, que sur le pied de la finance pour laquelle celui-ci avoit acquis du roi cette terre à faculté perpétuelle de rachat ; mais le conseil décida le 22 août 1750, que le droit devoit être payé sur le pied de la valeur de la terre.

Par une autre décision du premier décembre 1753, le conseil a jugé que le prince de Turenne, légataire universel du comte d'Evreux, devoit le Centième denier des droits d'aides d'Auxerre & de Vezelay tenus à titre d'engagement.

Du Centième denier en matière de succession.
On a vu précédemment que les immeubles échus par succession en ligne directe, étoient exempts du droit de Centième denier : mais il en est autrement des immeubles échus par succession en ligne collatérale ; différentes lois ont assujetti ceux-ci au payement du droit dont il s'agit. C'est aussi ce que nous avons fait voir.

Suivant ces lois, les héritiers en ligne collatérale doivent déclarer la valeur & la consistance des biens qui leur sont échus & représenter les titres de propriété ainsi que les derniers baux de ces biens dans le bureau le plus prochain du lieu où ils sont situés, pour être procédé à la liquidation du droit de Centième denier. Ces héritiers sont tenus de certifier véritable leur déclaration, & d'affirmer qu'ils y ont compris tous les biens sujets au droit dont il s'agit. Dans le cas d'omission ou de fausse déclaration, ils encourent une amende de trois cens livres & la peine du triple droit. Au reste il est permis au fermier, & à ses commis ou préposés de faire procéder si bon leur semble, par experts convenus ou nommés d'office, à l'estimation de la valeur des biens mentionnés dans les déclarations, les frais de laquelle estimation doivent être supportés par les redevables, outre les peines & amendes, lorsque les biens se trouvent être de plus grande valeur que celle qui a été déclarée.

En conformité de cette jurisprudence, le conseil a ordonné par arrêt du 2 octobre 1714, que l'Evêque de Metz, héritier bénéficiaire du duc de Coaslin, son frère, feroit déclaration de tous les biens de la succession & qu'il en représenteroit les titres pour parvenir à la liquidation du droit de Centième denier.

Par un autre arrêt du 22 janvier 1729, rendu contre la dame de Mailloc, il a été dit que le Centième denier devoit être payé dans les différens bureaux où les biens étoient situés.

Par un autre arrêt du 26 janvier 1758, le conseil a réformé une ordonnance de l'intendant de Rouen, en ce qu'après avoir ordonné que les sieurs Fiquet feroient leur déclaration des biens des successions de leur frère & de leur sœur, il étoit dit que s'ils ne jugeoient pas à propos de rapporter les titres justificatifs de la valeur, le fermier pourroit faire procéder à une estimation par experts, & demander, en cas d'omission ou de fausse déclaration, la condamnation des peines prononcées par les reglemiens ; en conféquence , il avoit été ordonné qu'ils feroient tenus de repréfenter les titres. L'ordonnance étoit irrégulière en ce qu'elle laiffoit l'option aux héritiers de repréfenter les titres, ou de ne pas les communiquer. Lorfqu'un héritier n'a réellement aucun titre , on ne peut pas exiger l'impoffible ; mais il doit affirmer pofitivement qu'il n'en a point; dans ce cas, il peut donner une évaluation aux biens, fauf au fermier à prouver qu'elle eft infuffifante , foit en faifant faire une eftimation par experts , foit en raportant d'autres preuves de la valeur réelle des mêmes biens.

Lorfque les biens font affermés, le Centième denier eft dû par l'héritier collatéral, fur le pied du capital au denier vingt du revenu lors de l'ouverture de la fucceffion, & non fur le prix des acquifitions ; mais lorfque les biens ne font pas affermés , il n'y a d'autre règle à fuivre que celle du prix des contrats, pourvû qu'ils ne foient pas anciens. A défaut de nouveaux titres, ou de baux exiftans, c'eft à l'héritier à fixer la valeur par fa déclaration , fauf au fermier à en prouver l'infuffifance.

Sur cette valeur il ne doit être diftrait aucune des charges dont l'héritier a la liberté de fe libérer en deniers. Ainfi dans le cas où il y auroit une dette de mille écus , affectée fur des immeubles loués trois cens livres, l'héritier payeroit le Centième denier fur le pied de fix mille livres, comme fi la dette de mille écus n'exiftoit pas.

Le droit dont il s'agit eft pareillement dû fur la valeur entière des biens quand même l'ufufruit de ces biens appartiendroit à une tierce

perfonne & que l'héritier n'en auroit actuellement que la nue propriété.

Les fruits & revenus des biens fujets au
Centième denier, font comme nous l'avons
déja dit, fpécialement affectés au payement de
ce droit ; tout ce qui provient de la fucceffion
même en mobilier, y eft auffi affecté, par préférence à tout créancier. Si les immeubles ne
font point affermés & qu'ils ne produifent point
de fruits, on peut auffi s'attaquer aux biens
meubles ou immeubles du débiteur du droit de
Centième denier pour le contraindre à l'ac-
quiter.

Mais à cet égard le fermier n'a aucune préférence à prétendre. Une décifion du confeil
du 29 mai 1745, rendue contre le fieur Ricoul
de Rouvray, Curé de fainte Gemme, en Anjou, a validé une faifie-exécution faite des
meubles d'un débiteur du droit de Centième
denier pour fucceffion collatérale, en vertu de
la contrainte qui lui avoit été fignifiée douze
jours auparavant.

Différens arrêts du confeil ont décidé que le
Centième denier devoit être payé en même
temps pour tous les immeubles de la fucceffion
fitués dans l'étendue d'un bureau quelconque :
ainfi l'un des héritiers n'eft pas fondé à demander qu'on reçoive le droit pour la feule portion
qu'il prétend lui appartenir, & il peut être contraint à payer la totalité, fauf fon recours fur les
biens ou contre fes co-héritiers.

Le Centième denier des fucceffions collaté-
rales doit être payé dans les délais fixés par les
règlemens, fans que les conteftations qui peu-

vent survenir entre les co-héritiers puissent faire différer le payement.

Lorsque ceux qui sont habiles à succéder n'ont pas encore pris de qualité, ce n'est pas non plus un motif pour différer le payement du droit de Centième denier, parce qu'il est dû dès l'instant de l'ouverture de la succession, soit qu'elle soit acceptée purement & simplement ou sous bénéfice d'inventaire, soit qu'elle soit répudiée & qu'elle reste vacante. L'un de ceux qui sont habiles à se porter héritiers, peut donc, pour éviter les frais qui seroient faits après les six mois & qui seroient à la charge de la succession, faire la déclaration sans prendre de qualité & payer le droit, sauf à en exercer la reprise.

C'est ce qui résulte de différentes lois confirmées par un grand nombre de décisions.

Le sieur Brunet du Bocage ayant opposé à la demande du Centième denier des biens de la succession de son frère, que cette succession lui étoit contestée par une prétendue veuve de son frère, qui disoit avoir un enfant & qu'il y avoit une instance au parlement, il fut décidé au conseil le 26 juin 1752, que le droit de Centième denier seroit payé, sauf à le restituer par la suite, si la succession venoit à être déclarée ouverte en ligne directe.

L'héritier bénéficiaire en ligne collatérale n'est pas moins tenu que l'héritier pur & simple de payer le Centième denier des immeubles de la succession.

Si la succession est vacante, le droit de Centième denier pour les immeubles qui en dépendent, doit pareillement être payé par préférence à tout créancier, sur les fruits, revenus & au-

tres effets de cette succeſſion, à moins toutefois que le défunt n'ait laiſſé des enfans ; dans
ce cas, la ſucceſſion étant ouverte en ligne directe, il n'eſt point dû de Centième denier tandis qu'elle reſte vacante ; mais ſi les enfans viennent à renoncer à la ſucceſſion, & qu'elle ſoit
acceptée par un autre parent, elle ceſſe d'être
directe, & comme collatérale, elle doit le Centième denier.

Outre le droit dû à cauſe de l'ouverture de
la ſucceſſion qui reſte vacante en ligne collatérale (*), il eſt dû un autre droit de Centième
denier par l'adjudicataire des biens pour raiſon
de l'acquiſition qu'il en fait en payement de ſes
créances ou autrement ; & ſi le premier droit
n'a pas été acquitté, cet adjudicataire eſt tenu
d'en faire le payement, ſauf ſon recours ſur la
ſucceſſion.

C'eſt d'après cette juriſprudence que par arrêt
du 26 janvier 1743, le conſeil a réformé une
ordonnance d'un ſubdélégué de l'intendant de
Rouen, & a jugé contre Anne Serré, veuve de
Vincent Rouſſel, qu'il étoit dû deux droits de
Centième denier de la ſucceſſion vacante de ce
même Rouſſel ; l'un pour l'ouverture de cette
ſucceſſion, & l'autre pour l'adjudication des
biens faite judiciairement à la veuve en payement
de ſes repriſes.

(*) On nomme ſucceſſion vacante, celle d'une perſonne
qui a laiſſé des parens habiles à lui ſuccéder, & qui ont renoncé à la ſucceſſion, ou qui ſe ſont abſtenus de faire aucun
acte d'héritier. Car ſi le défunt n'avoit point de parens connus qui fuſſent habiles à lui ſuccéder, la ſucceſſion appartiendroit au roi ou aux ſeigneurs à titre de deshérence.

Le conseil a d'ailleurs jugé une multitude de fois que le droit de Centième denier étoit dû par les curateurs aux successions vacantes.

Par arrêt du 14 août 1770, le conseil, sans s'arrêter à une ordonnance de l'intendant de Bordeaux du 6 janvier précédent, a ordonné que le droit de Centième denier de tous les immeubles dépendans de la succession vacante du sieur Escourre, seroit payé sur le pied de leur valeur entière, & qu'à cet effet les fermiers, régisseurs & receveurs des biens & revenus de cette succession seroient contraints par les voies ordinaires, & par privilége à tout créancier (*).

_____

(*) *Pour fixer les idées sur la jurisprudence relative à la matière dont il s'agit, nous ne pouvons mieux faire que de rapporter l'arrêt cité tel qu'il a été imprimé avec les moyens & les défenses des parties.*

Vu au conseil d'état du roi l'ordonnance rendue contradictoirement le 6 janvier 1770, par le sieur Fargès, ci-devant intendant & commissaire départi pour l'exécution des ordres de sa majesté en la généralité de Bordeaux, sur la demande du droit de Centième denier, résultant des biens immeubles de la succession du sieur Pierre Escourie, décédé sans enfans en 1767 ; par laquelle ordonnance l'adjudicataire général des fermes a été débouté de cette demande, attendu que la succession est vacante, & qu'il n'y a pas ouverture au Centième denier, par le défaut de translation de propriété : l'acte d'appel qui a été interjeté de la même ordonnance, par exploit signifié le 5 février suivant. Le mémoire présenté en conséquence par Julien Alaterre, adjudicataire général des fermes, subrogé aux droits de Jean-Jacques Prevost, son prédécesseur ; contenant, que le curateur à une succession vacante représente l'héritier, quoiqu'il soit considéré comme administrateur ; c'est en lui que résident les actions actives & passives ; le mort saisissant le vif à l'instant même, & la propriété ayant cessé d'apparte-

En Normandie les filles ne peuvent point être

nir au défunt dès le même moment, il s'ensuit qu'il y a mutation de propriété en la personne de celui qui représente l'héritier; la mutation est si constante, qu'il est de principe indubitable, en matière féodale, que le curateur à une succession vacante ne peut être reçu en qualité d'homme vivant & mourant, sans avoir payé le droit de relief de son chef, & que faute d'y avoir satisfait, le seigneur est en droit d'exercer la saisie féodale; ce principe attesté par Ferrière sur Bacquet (chapitre XIV), a été confirmé par un arrêt du parlement de Paris du 5 juin 1736, rendu en faveur du marquis de Roye, seigneur de la Ferté-au-Col, contre les créanciers & le curateur à la succession vacante du duc de la Vieuville, mort sans enfans; le conseil a également jugé, toutes les fois que la question s'est présentée, que le droit de Centième denier étoit dû en pareil cas, & qu'il devoit être acquitté par préférence à tous créanciers, singulièrement par un arrêt du 28 juin 1723, qui a condamné les créanciers de la succession vacante du marquis de Chamlay, mort sans enfans, au payement du Centième denier des immeubles qui en dépendoient, ainsi qu'à la peine du triple droit, encourue. Le roi par sa réponse à l'article X du cahier des états de Bourgogne du 16 juin 1740, a confirmé encore la perception du Centième denier des biens des successions vacantes, ouvertes en ligne collatérale; & par arrêt du 9 mars 1745, le conseil a réformé une ordonnance du sieur intendant de Bourges, qui étoit contraire à ces principes. Requéroit à ces causes l'adjudicataire général des fermes, qu'il plût à sa majesté, sans avoir égard à l'ordonnance dont est appel, qui sera infirmée, ordonner que le droit de Centième denier sera payé, pour raison de la succession collatérale du sieur Escourre, avec ses accessoires & les frais; à quoi faire les fermiers ou régisseurs des biens immeubles dépendans de cette succession, seront contraints par les voies de droit, & par préférence à tous créanciers; & condamner le sieur Petit de la Nause, syndic & directeur des créanciers du sieur Escourre, solidairement avec le sieur Duval, curateur à sa succession vacante, en leur propre & privé nom, au coût, expédition & sceau, tant de

héritières tant qu'il y a des mâles, foit en ligne

l'arrêt qui interviendra, que de la commiſſion fur icelui. La requête préſentée par le ſieur Petit de la Nauſe, créancier, ſyndic & directeur des droits des autres créanciers unis de défunt Pierre Eſcourre l'aîné ; & par Louis Duval, curateur créé à la ſucceſſion vacante dudit Eſcourre, pour ſervir de réponſe au mémoire de l'adjudicataire des fermes, par laquelle ils obſervent que le curateur à une ſucceſſion vacante, ne repréſente point le défunt, & qu'il n'eſt que tuteur à l'hérédité : les romains avoient des eſclaves qu'ils nommoient *ſervi hæreditarii* ; & le §. 2, *inſtit. de hæredibus inſtituendis*, définit parfaitement le rôle des curateurs aux ſucceſſions vacantes ; l'hérédité vacante repréſente la perſonne du défunt, & non celle de l'héritier, ſuivant la loi 1, §. 2, ff. *de curatore bonis dando* ; ſuivant ces loix, c'eſt la ſucceſſion vacante qui repréſente le défunt, elle ne repréſente jamais l'héritier ; & comme une hérédité ne peut jamais ſe diſcuter ni s'adminiſtrer elle-même, on lui donne un curateur, comme on le donne au ventre & au pupile qui n'a point de tuteur. Si donc l'hérédité vacante ne repréſente que le défunt, & non pas l'héritier, il n'y a point dans la perſonne du curateur aux biens vacans, de mutation qui puiſſe produire des droits ; ce n'eſt pas aſſez, d'ailleurs, que de repréſenter le défunt, il faut pour opérer une mutation tranſlative *de manu in manum*, le repréſenter comme héritier, il faut figurer l'héritier, parce que l'héritier ſeul, ou le légataire, qui en ce cas eſt l'héritier teſtamentaire, prend la choſe, la prend pour lui, & repréſente de ſon chef ; il eſt inconteſtable que le curateur eſt abſolument étranger au défunt. Si l'article 151 de la coutume de Paris, ouvre l'action de retrait ſur les curateurs aux ſucceſſions vacantes, c'eſt décider que l'héritage ne leur a pas appartenu, & le conſidérer comme s'il ſortoit des mains du défunt, en qui il étoit propre ; ainſi il n'y a point de mutation en la perſonne du curateur, & s'il n'y a point de mutation, il n'y a point lieu au droit de Centième denier, qui n'eſt dû que pour la mutation en ligne collatérale. Le docte Loyſeau dit du curateur au fief déguerpi, qu'il n'y a point mutation en ſa perſonne, parce que quand

directe ou en collatérale ; elles ont seulement

---

la coutume dit que pour toute mutation il y a rachat, cela
s'entend des mutations entières & parfaites, *quæ sunt ex
utrâque parte*. Lalande rapporte sur l'article 4 de la coutume d'Orléans un arrêt solemnel de 1600, qui l'a jugé de
même ; si l'on donne le curateur aux biens vacans pour
homme vivant & mourant, c'est en considération de l'intérêt des seigneurs, qui par la discussion des biens d'une
succession vacante, perdent souvent l'espérance de les voir
adjuger ; & il n'y a cependant de mutation que de la personne du défunt à l'acquéreur sur le curateur, c'est comme
si le défunt avoit vendu lui-même. Loyseau, *livre 6 des
effets du déguerpissement, chapitre 5, n°. 18*, tient qu'il
n'est pas dû de relief par le curateur créé au fief déguerpi,
parce que, bien qu'il y ait ouverture du fief par le délais-
sement de l'ancien vassal, si est-ce qu'il n'y a encore aucune
mutation actuelle du fief, dont aucun n'est fait seigneur ;
& de ce que le curateur en fait la foi, ce n'est pas qu'il
en soit seigneur, ni qu'il demeure vassal, mais seulement
il est vicaire & substitué, en attendant, que par la vente
il y ait un vassal. Dumoulin dit sur le §. 33 gl. 1, n°. 5,
où il distingue aussi l'ouverture de la mutation ; que l'ouverture donne le droit de saisir, & que la mutation acquiert
le droit, s'il en est dû, par la qualité de la mutation ; c'est
ainsi qu'ont pensé Dumoulin, Loyseau & Guyot, les
plus grands feudistes ; l'arrêt de 1600 l'a jugé de même,
& l'adjudicataire des fermes convient aussi que le curateur
à une succession vacante, doit être considéré comme un
administrateur ; il ne doit donc pas dire qu'il représente
l'héritier, car il implique qu'on soit l'un & l'autre en
même-temps : l'arrêt de 1736 est isolé, il a été rendu,
sans doute, ou trop précipitamment, ou dans des circonstances qu'on ignore ; on ose seulement assurer que tous
les auteurs se sont élevés contre une pareille décision, absolument contraire à celle de 1600, & que si la question
s'élevoit, il n'y auroit pas de parlement qui ne le jugeât
contre la teneur de cette décision. Les arrêts du conseil
de 1723 & 1745, & la décision de 1740, existent sans
doute ; mais on peut croire que les espèces ne ressemblent

une créance fur la fucceffion de leur père & de

en rien à celle dont il s'agit ; le fait eft d'autant moins
douteux, qu'il n'y a, aux termes des règlemens, que les
héritiers en ligne collatérale, donataires, légataires, infti-
tués, fubftitués, & autres nouveaux poffeffeurs de biens
immeubles, qui foient obligés à des déclarations & à
payer le Centième denier : or, un curateur à une fucceffion vacante, n'eft ni héritier, ni donataire, ni poffeffeur
des biens immeubles ; ainfi la loi s'élève contre la demande
de l'adjudicataire des fermes, & il y a de la juftice à
l'en débouter : par laquelle requête le fieur Petit de la
Naufe & Louis Duval auroient conclu, ès noms & qualités qu'ils procédent, à ce qu'il plût à fa majefté, fans
avoir égard à l'appel qui a été interjeté de l'ordonnance
rendue par le fieur intendant de Bordeaux le 6 janvier 1770,
ordonner que cette ordonnance fortira fon plein & entier
effet, & condamner l'adjudicataire des fermes aux dépens
de l'inftance ; ladite requête fignée Periot, avocat des fup-
plians. Autre mémoire de Julien Alaterre, adjudicaire général des fermes, contenant que, fi avant l'arrêt du parlement de Paris, du 5 juin 1736, il a paru qu'il y eût
quelque diverfité dans les opinions des auteurs, fur les
effets que devoit produire la nomination d'un curateur à
une fucceffion vacante, ce n'a été qu'aux yeux de ceux
qui ont confondu ce curateur avec celui créé, foit aux
biens d'un abfent, foit à des biens déguerpis, foit à un
fief faifi de la part des créanciers du vaffal, ils ont appliqué à ces différens curateurs les mêmes règles, d'où ils ont
tiré les mêmes conféquences. Il y a cependant une diftinction effentielle entre le curateur à une fucceffion vacante
& les autres : cette diftinction a été remarquée par les
auteurs qui ont approfondi ; ils ont, en conféquence, reconnu que quand le vaffal eft vivant, comme dans le cas
de déguerpiffement, d'abandon, de faifie, & même d'abfence, le curateur l'eft feulement à la chofe, c'eft-à-dire
aux biens ; mais que lorfque le fief eft ouvert par la mort
du vaffal ; le feigneur peut, après quarante jours, faifir faute
d'homme, fi les héritiers, ou fi les créanciers, en cas de
renonciation de la part des héritiers, ne font faire la foi

leur mère pour leur légitime ou mariage ave-

& hommage, & payer le relief ou rachat par le curateur à la succession, qui devient l'homme du seigneur & vassal provisionnel. Auzannet *sur l'article 34 de la coutume de Paris ;* & Bacquet *au chapitre des droits de justice,* ont reconnu que le curateur à la succession vacante, devoit faire l'hommage & payer le relief. Chopin, *sur la coutume d'Anjou, livre 2, titre des rachats,* estime pareillement que le curateur à la succession vacante doit le droit de rachat, parce qu'il n'y a point d'autre vassal, & qu'il est en la place des héritiers qui sont sujets à ce droit. Ferrière est du même avis, dans son commentaire sur Bacquet ; il s'explique encore disertement dans son dictionnaire de droit, où après avoir distingué les divers curateurs, il dit que celui aux biens vacans n'est pas réputé propriétaire, le débiteur vivant l'étant jusqu'à l'adjudication par décret ; mais quoique le curateur à une succession vacante ne soit pas véritablement propriétaire, néanmoins comme il est de l'intérêt du seigneur d'avoir un vassal, ou un homme qui le représente, celui qui lui est donné pour & au lieu du vassal, doit faire la foi & hommage, parce qu'il tient lieu d'homme vivant & mourant ; & il doit payer le droit de relief à cause de la mutation. Loyseau, invoqué par les parties n'est point d'un avis contraire ; ce qu'il dit n'est relatif, qu'au fief déguerpi, & l'on ne cite non plus de cet auteur que son avis sur les effets du déguerpissement l'arrêt du 24 juillet 1600 rapporté par Lalande sur *l'article 6 de la coutume d'Orleans,* ne fut aussi rendu que dans le cas du déguerpissement ; & l'on en doit croire Guyot, qui, en rappellant cet arrêt, dit qu'il a disertement jugé en conformité du principe de Loyseau ; *en son livre 6 des effets du déguerpissement.* Par la distinction du vassal mort & du vassal vivant, on reconnoît ce que représente le curateur ; il est hors de doute que celui aux biens déguerpis représente le denier possesseur qui a déguerpi ; & il est également certain que le curateur à la succession vacante ne pouvant représenter un homme mort, représente effectivement l'héritier qui a renoncé, & auquel il est subrogé comme vassal provisionnel : distinction chimérique d'ailleurs que cette

nant, c'eſt-à-dire convenable , & elles ne peu-

---

repréſentation ; car ſi l'on dit que le curateur repréſente
le défunt, ce n'eſt pas que l'on puiſſe prétendre qu'il paſſe
pour la perſonne même du défunt, il ne le repréſente que
comme l'héritier le repréſenteroit ; ce n'eſt que la renonciation de cet héritier qui a occaſionné ſa création , non
pour diſpoſer des biens à ſon gré, mais pour repréſenter l'héritier à tous autres égards. Si pour jetter des doutes ſur la
queſtion, on a affecté de l'embrouiller, en confondant toutes
les eſpèces de curateurs, il n'eſt plus permis d'en former depuis l'arrêt du parlement de Paris du 5 juin 1736 rendu en
conformité des vrais principes ; il y a de l'imprudence de
la part des parties ou de leur avocat, à dire que cet arrêt
a été rendu , ſans doute , avec trop de précipitation , ou
dans des circonſtances qu'ils ignorent ; il eſt facile de leur
démontrer non-ſeulement que l'arrêt n'a point été rendu
précipitamment , mais encore qu'ils ſont très-inſtruits des
circonſtances dans leſquelles il eſt intervenu ; en effet cet
arrêt, toutes les circonſtances de l'affaire, & les moyens
reſpectifs des parties, ſont rapportés dans *le traité des fiefs
de Guyot, tome 2 chapitre 4, ſect. 6 , pag. 104 & ſui-
vantes* ; on y voit que ce même arrêt ne fut point rendu
avec précipitation , puiſqu'après plaidoyeries de part & d'autre , la cauſe fut appointée au conſeil & jugée enſuite ;
les parties ont vu tout cela, & la preuve en réſulte de ce
que leur requête n'eſt que la copie littéraire de ce qu'a
dit Guyot, après avoir énoncé l'arrêt & ſes circonſtances, ce qu'elles ont cru devoir ajouter de leur chef, ſe
borne à l'épithète de *ſolemnel* , qu'elles donnent à l'arrêt
de 1600, qui n'a de rapport, comme on l'a déjà obſervé,
qu'aux curateurs aux biens déguerpis ; ſi elles ont copié
Guyot, ainſi qu'il eſt facile de s'en convaincre, elles ont
été inſtruites des circonſtances de l'arrêt : pourquoi donc
feindre d'ignorer ce qu'on connoît ? Guyot , auteur
obſtiné autant que diffus, remarque que la queſtion du
rachat par le curateur à une ſucceſſion vacante, qui avoit
partagé les auteurs, vient d'être décidée pour l'affirmative
par l'arrêt de 1736 ; & cependant, pour contredire cet

vent point exiger d'immeubles : ainsi une fille

---

arrêt, il compile & le droit Romain, & ce qu'ont dit les
auteurs fur les différens curateurs ; en confondant toutes les
diverfes efpèces, il en tire des conféquences telles que celles
qui réfultent toujours de faux principes ; il prétend que
l'arrêt du parlement y eft contraire, & il finit, *page 110*, par
laiffer à fes lecteurs le choix, ou de la chofe jugée, ou de
fon avis, qui a auffi, dit-il, la chofe jugée pour lui en 1544
& 1600. Le choix, s'il étoit permis d'en faire, ne feroit
certainement pas embarraffant, la chofe eft vraiment jugée
par l'arrêt de 1636, & l'avis de Guyot n'eft fondé que fur
des erreurs, & fur des arrêts qui ne font point applicables à
l'efpèce. Il eft à remarquer que dans la queftion jugée par
l'arrêt de 1736, il s'agiffoit de favoir s'il étoit dû rachat
d'un fief fitué dans la coutume de Meaux, dépendant de
la fucceffion vacante du duc de la Vieuville ; & comme
l'article 138 de cette coutume, ne donne le rachat que
lorfqu'il y a mutation de fief hors la ligne directe, on
conteftoit qu'il y eût une mutation : en la perfonne du
curateur, & en conféquence que le droit de rachat fût dû ;
mais l'arrêt, en jugeant l'affirmative, fait tomber tous les
raifonnemens qui tendent à dire qu'il n'y a pas de mutation dans ce cas. Il eft donc inconteftable que par la
mort du poffeffeur fans enfans, & quoique fa fucceffion
devienne vacante par la répudiation de ceux que la loi appelloit à lui fuccéder, il y a une mutation qui donne ouverture aux droits feigneuriaux, d'où il réfulte que le Centième denier eft également dû, ce ne font pas en effet
les feuls nouveaux poffeffeurs qui font affujettis à ce droit ;
l'édit du mois d'août 1706, ordonne en termes pofitifs,
qu'il fera payé à toute mutation de biens immeubles, foit
par vente ou autres titres tranflatifs de propriété, foit par
fucceffion en ligne collatérale ; il eft en cela conforme
à l'article 16 de la déclaration du 19 juillet 1704. Or,
dans l'efpèce particuliere il y a mutation, comme on vient
de l'établir, & cette mutation eft opérée à titre de fucceffion ouverte en ligne collatérale, par la mort du fieur
Efcourre fans enfans : il faut donc en conclure que le droit
de Centième denier eft dû, & que fi cette queftion n'avoit

qui a des frères n'ayant point de propriété dans

pas encore été jugée au conseil , comme elle l'a été par
les arrêts des 28 juin 1723 & 9 mars 1745 , ainsi que
par la réponse du roi à l'article 10 du cahier des états de
Bourgogne , de l'année 1740 , on ne pourroit absolument la décider d'une autre manière. Il n'est pas même
nécessaire , pour opérer le droit de Centième denier , qu'il
soit nommé un curateur à la succession ouverte en ligne
collatérale , & devenue vacante , parce que dès le moment
de cette ouverture le droit est acquis , c'est une charge de
la succession qui n'intéresse point personnellement le curateur , il n'est tenu d'y satisfaire que comme administrateur
& sur la chose même ; ensorte que si l'on se dispensoit
de nommer un curateur , les régisseurs ou autres administrateurs des biens ne seroient pas moins tenus de satisfaire également au payement du droit. Pour quoi l'adjudicataire général des fermes , en persistant dans les conclusions prises par son premier mémoire , auroit supplié
sa majesté de les lui adjuger définitivement. Vu aussi la
contrainte signifiée le 10 mai 1768 , d'une somme de dix-sept
mille deux cens livres , tant pour le Centième denier des biens
immeubles de la succession du feu sieur Pierre Escourre ,
que pour les six sous pour livre & le triple droit ; les écritures
respectivement fournies dans la contestation portée devant
le sieur intendant de Bordeaux , & toutes les autres pièces
produites ; ensemble l'édit du mois d'août 1706 , l'article 16
de la déclaration du 19 juillet 1704 , les arrêts du conseil des 28 juin 1723 & 9 mars 1745 , & la réponse de
sa majesté du 16 juin 1740 , à l'article 10 du cahier des
états de Bourgogne : oui le rapport du sieur abbé Terray ,
conseiller ordinaire , & au conseil royal , contrôleur général des finances ; le roi en son conseil , sans s'arrêter
à l'ordonnance du sieur intendant de Bordeaux , du 6 janvier 1770 , a ordonné & ordonne que le Centième denier
de tous les immeubles dépendans de la succession vacante
du sieur Pierre Escourre , sera payé dans un mois pour tout
délai , sur le pied de leur valeur entière , justifiée par titres
& par baux , avec les six sous pour livre , & les frais faits
à la requête de l'adjudicataire des fermes , les commis &

les immeubles, il ne peut être dû aucun droit
de Centième denier lorsqu'elle décède sans enfans, quoique ses frères héritent de sa légitime
ou mariage avenant, parce que ce n'est qu'une
créance.

Mais si la sœur devient héritière de son frère,
elle doit le Centième denier de la totalité des
immeubles, sans pouvoir faire la distraction de
sa légitime. C'est ce qui a été jugé par arrêt du
conseil du 11 février 1710, ainsi que par plusieurs
décisions postérieures , dont une du 24 avril
1755 , a été rendue contre la duchesse de
Chaulnes.

La sœur doit pareillement payer le Centième
denier des immeubles que son frère lui cède en
payement de sa légitime. C'est ce que le conseil
a décidé plusieurs fois, notamment le 28 novembre 1750, le 21 avril 1755 & le 23 juin,
le 22 octobre & le 9 décembre de la même
année.

Du Centième denier en matière d'usufruit. Le
droit de Centième denier est dû pour tout usu-

---

prépofés ; faute de quoi, & passé lequel délai, les fermiers, régisseurs & receveurs des biens & revenus de la
même succession, y seront contraints par les voies ordinaires & accoutumées pour le recouvrement des deniers
royaux, & par privilége, préférence à tous créanciers, sans
néanmoins qu'il puisse être fait contr'eux aucune poursuite
pour raison du triple droit, dont sa majesté a bien voulu
par grace, & sans tirer à conséquence, accorder la remise
entière aux créanciers dudit sieur Escourre ; condamne les
sieurs Petit de la Nause & Duval au coût du présent arrêt,
liquidé à soixante-quinze livres. Fait au conseil d'état du
roi, tenu à Compiegne le quatorze août mil sept cent soi-
xante-dix. Collationné. *Signé*, Bergeret.

fruit

fruit d'immeubles dans les mêmes cas où il eſt dû pour les mutations de propriété, à l'exception néanmoins de l'uſufruit purement légal, c'eſt-à-dire de celui qui n'a pour fondement que les diſpoſitions des coutumes ou autres loix; comme le douaire coutumier, le droit de viduité appartenant au mari ſurvivant ſur les biens de ſa femme en Normandie & les autres uſufruits ſemblables.

L'uſufruit finit par la mort naturelle ou civile de l'uſufruitier; il n'eſt dû aucun droit de centième denier pour cette conſolidation de jouiſſance à la propriété; mais ſi la conſolidation ſe fait par anticipation, au moyen de la ceſſion que l'uſufruitier fait de ſon uſufruit au proprietaire, gratuitement ou moyennant un prix ou une rente viagère, le droit de Centième denier devient exigible tant pour un uſufruit légal que pour un uſufruit conventionnel.

Il en eſt de même de toute autre ceſſion d'uſufruit, laquelle opérant la mutation d'un droit réel, doit le Centième denier dans tous les cas où les mutations de la propriété y ſont aſſujetties.

Au reſte, le droit de Centième denier d'un uſufruit ne ſe perçoit que ſur le pied de la moitié de celui qui eſt dû dans le cas d'une mutation de propriété: ainſi lorſque l'uſufruit eſt donné ou légué, & que l'on ne connoît pas le revenu des biens, il eſt dû pour cet uſufruit la moitié du droit de Centième denier de la valeur entière des mêmes biens: ſi le revenu eſt connu, le droit du Centième denier doit être fixé ſur le pied du capital au denier dix de ce revenu. A l'égard des ceſſions d'uſufruit en faveur du propriétaire ou d'un tiers, il faut fuivre les mêmes règles si la ceffion eft gratuite ; mais fi elle eft faite moyennant un prix, le droit de Centième denier eft exigible fur la totalité de ce prix : fi ce prix ne confifte qu'en une rente viagère, le droit n'eft exigible que fur le pied du capital au denier dix de cette rente, pourvu que la ceffion ne foit pas faite par un principe gratuit, & que la rente viagère en foit tout le prix ; car fi l'on fe défifte d'un ufufruit par démiffion, donation ou autrement, en retenant feulement une rente viagère, cette rente ne fait pas le prix de la ceffion d'ufufruit ; & dans ce cas le droit de Centième denier eft dû fur le pied du capital au denier dix du revenu.

Ces règles de fixation du droit n'ont lieu que pour l'ufufruit attaché à la vie d'une perfonne ; car fi la jouiffance eft cédée ou aliénée pour un temps fixe, il faut examiner le temps de la durée, & fe déterminer par les règles établies pour les baux à longues années ; enforte que fi la jouiffance ne doit pas excéder neuf années, il ne fera dû aucun droit de Centième denier ; au-deffus de neuf années & jufqu'à trente, il fera dû la moitié du droit de Centième denier de la valeur des biens ; & au-deffus trente années, le droit fera dû de la valeur entière des biens.

Quoique l'ufufruit foit féparé de la propriété, le droit de Centième denier eft dû pour les mutations de propriété à titre de fucceffion, de donation ou de legs, fur le pied de la valeur entière des biens, fans aucune déduction de l'ufufruit ; mais à l'égard des mutations par vente, comme les règlemens ordonnent que le droit de Centième denier en fera payé fur le prix, il s'enfuit que le

droit d'une vente de la nue proprété n'est dû que
sur le prix stipulé.

C'est d'après ces principes que par arrêt du
22 mars 1732, le conseil a jugé que le droit de
Centième denier étoit exigible pour raison de
la propriété d'une maison léguée à la dame Rai-
mond par son frère, indépendamment du demi-
droit de Centième denier dû par le légataire de
l'usufruit.

Le sieur de Beauregard ayant demandé par
un mémoire que le conseil réglât ce qui devoit
être payé pour raison des biens du sieur de Saint-
Just dont l'usufruit étoit légué à la dame de Beauregard, & la propriété aux enfans de cette
dame, il fut décidé qu'il étoit dû un demi-droit
de Centième denier pour l'usufruit, & un droit
de Centième denier entier pour la propriété.

Quoique l'usufruitier ne doive que le demi-
droit de Centième denier, le fermier peut l'o-
bliger à faire l'avance des droits dûs pour les
mutations de la propriété, sauf son recours contre les propriétaires : c'est pourquoi le conseil a
condamné par arrêt du 26 janvier 1732, le sieur
de Méricourt & la comtesse d'Usès, légataires
de l'usufruit des biens de la demoiselle Hourlier,
dont ils avoient payé le demi-droit de Centième
denier, à payer en outre le Centième denier
de la valeur entière des mêmes biens, à la décharge des héritiers de la propriété, sauf leur
recours contre ces héritiers.

Par un autre arrêt du 7 février 1736, la
veuve de Jean-Baptiste de Gor, qui jouissoit des
biens de son mari en vertu d'un don mutuel, a
pareillement été condamnée à payer personnellement pour son usufruit un demi-droit de Cen-

tième denier, & à payer en outre le Centième denier de la valeur entière des mêmes biens, à cause de la propriété échue aux héritiers collatéraux, sauf son recours contre eux.

Le conseil a jugé le 31 janvier 1728, qu'il étoit dû un demi-droit de Centième denier pour la cession faite par la duchesse de Lude à M. d'Armentières de l'usufruit à elle appartenant sur les biens dont il étoit propriétaire, moyennant une rente qui égaloit le revenu de ces biens.

Par une autre décision du 6 septembre 1732, le conseil a pareillement jugé qu'il étoit dû un demi Centième denier pour l'abandonnement fait par la dame Castelnau en faveur de ses enfans, de l'usufruit qu'elle avoit sur les biens de son mari.

Par une autre décision du 22 janvier 1756, le conseil a réformé une ordonnance de l'intendant d'Amiens qui avoit ordonné la restitution du droit de Centième denier perçu pour une cession d'usufruit, & a jugé que le droit étoit dû sur le capital au denier dix du revenu des biens.

Par une autre décision du 23 mars 1756, rendue contre la dame Vigier, le conseil a jugé que le demi-Centième denier étoit dû pour une cession d'usufruit faite postérieurement à la donation de la nue propriété. Elle opposoit que le Centième denier dû pour la donation n'avoit été payé que depuis la cession de l'usufruit, & qu'on avoit fait payer ce droit sur la valeur entière; qu'ainsi il avoit été payé tant pour la propriété que pour l'usufruit; mais il avoit dû être payé sur la valeur entière dès l'instant de la donation,

& l'abandonnement postérieur de l'usufruit étoit dans le cas de toute autre cession d'usufruit.

Du droit de Centième denier relativement à quelques objets particuliers.

Il s'est souvent élevé des contestations sur la nature de certains biens pour sçavoir s'ils étoient sujets au droit de Centième denier : nous allons rapporter divers jugemens dont on pourra faire l'application aux espèces analogues à celles qu'ils auront décidées.

Par décision du 8 mars 1732, le conseil a jugé que les moulins à eau sous les arches du pont-au-change à Paris, ne sont pas des immeubles sujets au Centième denier.

Par une autre décision du 21 juin suivant, il a été jugé que le droit de Centième denier étoit dû pour la jouissance du cours d'eau d'une rivière à l'usage d'une forge, & pour un droit de pêche dans la rivière, concédés moyennant une rente.

Par une autre décision du 12 avril 1725, le conseil a condamné les entrepreneurs des mines de charbon de terre de Brassac en Auvergne, à payer le Centième denier de l'aliénation qui leur avoit été faite de ces mines pour les exploiter & en jouir tant qu'elles dureroient & jusqu'à ce qu'elles seroient épuisées.

Par une autre décision du 13 août 1746, le conseil a jugé qu'il n'étoit point dû de Centième denier pour la cession faite à M. de Barillon de la faculté de dessécher des marais dans le Bas-Languedoc, & du privilége de construire un canal dont le roi avoit fait don à M. de Noailles en 1701. Cette décision est fondée sur les priviléges accordés aux marais defféchés du Languedoc.

Par une autre décifion du 12 feptembre 1754, le confeil a condamné le nommé Rudemere, boucher à Paris, à payer le Centième denier de l'acquifition par lui faite de priviléges *d'étaux a boucherie*. Il oppofoit qu'il n'avoit point acquis d'immeubles, mais des priviléges qui n'avoient point d'affiette certaine.

Par une autre décifion du 2 juin 1757, les marchands de bois pour la provifion de Paris ont été condamnés à payer le Centième denier de la ceffion à perpétuité que le comte de damas leur avoit faite du droit de fe fervir des eaux de plufieurs étangs pour le flottage de leurs bois, moyennant une rente perpétuelle.

Par arrêt du 22 janvier 1771, le confeil a déclaré le fieur Boudoux & fes affociés mal fondés dans l'appel qu'ils avoient interjeté d'une ordonnance de l'intendant d'Alençon du 20 octobre 1770, & les a condamnés à payer le Centième denier des bois de haute futaie qu'ils avoient achetés dans les forêts du comté d'Évreux.

Il faut remarquer que cet arrêt a été rendu fur le principe qu'en Normandie les bois de haute futaie font réputés immeubles, & comme tels fujets au retrait, quand même ils font vendus à la charge d'être coupés.

Le confeil a jugé par arrêt du 12 mars 1771, une queftion d'autant plus importante, qu'elle intéreffe l'ordre le plus diftingué des fujets d'une nation étrangère, fçavoir, que les nobles de Savoie ne peuvent en vertu des franchifes & immunités qui leur font accordées par l'article 20 du traité conclu à Turin le 24 mars 1760, & par l'article 2 de la déclaration du 25 juillet 1766, prétendre l'exemption du Centième denier pour les biens qu'ils possedent dans les provinces de Bresse, Bugey, Valromey & Gex (*).

(*) *Voici cet arrêt :* Vu au conseil d'état du roi, la requête présentée en icelui par Françoise Hieronime Anselme, comtesse de Montjoye, baronne de Villette & de Versalieu en Bresse, demeurante à Chambéry ; & Eustache-Maurice Chamoux, substitué procureur au sénat de Savoie & curateur à la succession vacante de Charles François-Anselme, comte de Montjoye : contenant, qu'ils sont obligés de se pourvoir contre une ordonnance du sieur intendant de Dijon, qui porte l'atteinte la plus formelle aux franchises & immunités, dans lesquelles les nobles de Savoie ont été maintenus par le traité conclu à Turin le 24 mars 1760, entre sa majesté & le roi de Sardaigne, & par la déclaration du 25 juillet 1766, qui a été rendue en interprétation de ce traité, enregistrée en la chambre des comptes de Dijon le 20 novembre suivant. Pierre-Anselme, comte de Montjoye, conseiller du roi de Sicile, en la souveraine chambre de Savoie, a acquis la terre de Versalieu, située dans le pays de Bresse, par contrat du 8 octobre 1718 ; par son testament du 11 juin précédent, il avoit institué Charles-François-Anselme de Montjoye son fils aîné, pour son héritier universel, à la charge de substitution envers Françoise-Hieronime de Montjoye sa sœur : le sieur comte de Montjoye fils, étant décédé le 15 septembre 1755, après avoir profité de la disposition universelle portée par le testament de son père, la dame baronne de Villette sa sœur, a recueilli par sa mort la terre de Versalieu : sur la demande du droit de Centième denier de cette terre, & sur les saisies-arrêts faites en conséquence, le sieur intendant de Bourgogne a rendu le 6 mai 1767, une ordonnance par défaut, contre les fermiers & détempteurs de la même terre, lesquels ont payé, comme contraints, la somme de six mille neuf cens soixante-dix-neuf livres cinq sous, y compris quatre-vingt-dix-neuf livres cinq sous de frais, suivant la quittance

Par arrêt du 27 avril 1773, le conseil a or-

du commis du 9 octobre 1767 : la dame baronne de Villette s'étant rendue opposante à cette ordonnance, il en est intervenue une seconde le 8 juin 1768, par laquelle le sieur intendant de Dijon l'a condamnée au payement du Centième denier de la terre dont il s'agit, sur la déclaration qu'il lui a été enjoint de passer, de la valeur de cette terre & de sa continence ; mais en même temps le triple droit a été réduit à la somme de dix livres, & il a été ordonné que ce qui a été payé au-delà, sera restitué : sur la nouvelle opposition que la dame baronne de Villette a formée à cette seconde ordonnance, il en a été rendu le premier septembre 1768 une troisième, par laquelle elle a été renvoyée à se pourvoir au conseil, où il ne lui sera pas difficile d'établir que la condamnation prononcée par le sieur intendant de Bourgogne ne peut subsister : suivant l'article 20 du traité conclu à Turin le 24 mars 1760, la noblesse de Savoie doit jouir de l'exemption de toutes tailles & autres impositions ordinaires & extraordinaires, réelles, personnelles ou mixtes, pour les biens qui lui appartiennent dans les provinces de Bresse, Bugey, Valromey & Gex, & qu'elle possède en surséance de la péréquation de 1738, l'article 2 de la déclaration du 25 juillet 1766, a ordonné pareillement que les gentilshommes de Savoie jouiront de l'exemption de toutes les impositions royales, pour les biens & revenus dans le pays de Bresse, Bugey, Valromey & Gex, qui leur ont été transmis, ou qui pourroient leur être transmis à l'avenir par voie de succession légitime, soit par des dispositions faites par actes entre-vifs, ou à cause de mort, en faveur de ceux qui seroient également appelés *ab intestat*, tant en ligne directe que collatérale : or la dame baronne de Villette se trouve précisément dans tous les cas marqués de l'exemption : premièrement, elle est issue de Savoyards nobles ; elle est née & domiciliée en Savoie ; secondement, la terre de Versalieu, pour laquelle elle réclame l'exemption du Centième denier, est située dans le pays de Bresse ; troisiemement, cette terre, acquise par son père vingt ans avant le dénombrement ou péréquation de 1738, lui a été transmise par le décès de son frère, en conséquence du *fidei-*

donné le rapport des lettres-patentes du 18 no-

---

commis porté par le teftament de leur père commun ; elle n'eft donc pas fufceptible du Centième denier prétendu par l'adjudicataire des fermes ; en vain oppoferoit-on que ce droit n'eft pas compris fous la dénomination générale d'impofitions : le Centième denier eft un tribut établi par le fouverain ; c'eft un véritable impôt. En France, comme en Savoie, on ne connoît que deux fortes de charges réelles, qui font les impofitions royales & les redevances locales ; les impofitions royales font les impôts qui fe lèvent au nom du prince & en vertu de fon autorité, fans tenir à la chofe, ni dériver de fa nature ; les redevances locales font de deux efpèces, les unes qui font les charges feigneuriales, tel eft le cens établi par le feigneur, lors de la conceffion par lui faite d'une partie de fon domaine ; les autres, qu'on appelle *charges municipales*, font à prendre fur la chofe, telles font les charges établies dans les villes & à la campagne pour les befoins mutuels & l'utilité commune des habitans ; mais toutes les charges qui ne dérivent point de la nature même de la chofe, ou qui ne font pas établies pour l'utilité commune, font des impofitions qu'il n'appartient qu'à la puiffance fouveraine de créer ou d'éteindre à fa volonté ; ainfi le Centième denier qui n'eft pas une charge dépendante de la nature même de la chofe, mais un tribut impofé par le fouverain fur les immeubles, eft une véritable impofition qui n'appartient pas au prince, en conféquence d'un droit effentiel, mais en conféquence d'un droit établi de fa feule autorité ; or cette impofition que fa majefté ne tient pas d'un droit domanial ou de fouveraineté, mais du feul effet de fa volonté, eft précifément une des charges défignées par le traité de Turin de 1760 & la declaration de 1766, fous le nom d'impofitions ordinaires & extraordinaires, dont les gentilshommes de Savoie ont été affranchis : les feules charges locales inhérentes à la nature, à la condition même de la chofe, ont été réfervées de l'exemption, & le Centième denier n'eft pas une charge locale, ni une charge naturelle ; il peut être aboli fans toucher à la nature, à la condition, à la fituation & à la qualité de l'immeuble ; il ne faut qu'un

vembre 1758, en ce qu'elles exemptoient les

acte de la volonté du prince pour le détruire, comme il
n'a fallu qu'un acte émané de sa puissance souveraine pour
l'établir, sans toucher au domaine sacré de la couronne,
dont il ne forme pas le patrimoine : il est donc impossible
de concevoir pourquoi le sieur intendant de Dijon n'a pas
prononcé la décharge du droit de Centième denier, demandé
pour la terre de Versalieu ; par laquelle requête la dame
baronne de Villette & le sieur Chamoux, au nom qu'il
agit, auroient conclu à ce qu'il plût à sa majesté les recevoir appelans de l'ordonnance du sieur intendant de Bourgogne du 8 juillet 1768, en conséquence, & faisant droit,
ordonner que les sommes exigées des fermiers de la dame
baronne de Villette pour le Centième denier & les six
sous pour livre de la terre de Versalieu, lui seront resti-
tuées par l'adjudicataire des fermes ; à quoi faire il sera
contraint, quoi faisant déchargé ; ladite requête signée
Mirbeck, avocat des supplians. La réponse de Julien Alaterre, adjudicataire général des fermes, subrogé aux droits
de ses prédécesseurs, par laquelle il observe que le traité
du 24 mars 1760, ne contient pas une concession nouvelle, mais une simple confirmation des exemptions précédemment accordées à la noblesse de Savoie ; il n'est pas
dit que cette noblesse jouira, mais qu'elle continuera de
jouir : pour connoître l'étendue de l'exemption il faut
donc remonter aux titres originaires, qui sont les lettres-
patentes du mois de novembre 1601, rendues à l'occasion
de l'échange du marquisat de Saluces, avec les pays de
Bresse, Bugey & Gex, & celles du 13 février 1606 :
par les premières, Henri IV ordonna que la noblesse de
ces pays, jouiroit des mêmes priviléges, franchises, libertés, dont elle jouissoit sous la domination du duc de
Savoie : qu'il ne seroit rien innové à son égard pour le
règlement & impositions de tailles, à ce qui se pratiquoit
par le duc de Savoie, lors de l'échange ; & qu'elle ne
seroit tenue de contribuer ou payer autres charges, que
celles qu'elle avoit supportées avant l'échange : par les
lettres-patentes du 13 février 1606, Henri IV déclara
encore que les gentilshommes ses sujets, résidans dans les

religieux de l'abbaye de Sainte-Colombe lès-

---

pays étrangers, jouissant en Savoie d'une entière franchise
& exemption, il n'étoit pas juste qu'on pratiquât le contraire au préjudice des gentilshommes savoyards, qui possédoient des biens ruraux dans les pays remis en échange
à la France : en conséquence, il fut ordonné que les gentilshommes résidans en Savoie seroient exempts de toutes
tailles & contributions, pour tous les biens qu'ils tenoient
& possédoient, pourroient tenir & posséder ci-après dans
les pays échangés, tout ainsi que les gentilshommes habitans en France, en jouissoient & devoient jouir en pays
de Savoie ; les dernières lettres-patentes, expliquent clairement sur quoi porte l'exemption qui a été accordée aux
gentilshommes de Savoie, & qui leur a été continuée par
le traité de 1760 : c'est celle de la taille & des autres
impositions accessoires : la déclaration du 25 juillet 1766,
en fournit une nouvelle preuve, en ce qu'elle porte ; article 2, que l'exemption accordée n'aura lieu, en cas de succession de biens, que pour ceux qui jouissoient de l'exemption des tailles, depuis la péréquation de 1538 ; il est
donc évident, on le répète, qu'il ne s'agit que de la taille
& des autres impositions y réunies, telles que le taillon,
l'ustencile, &c. Le roi n'a pas entendu autre chose par les
termes d'impositions ordinaires & extraordinaires, & ce
seroit abuser de la généralité de ces expressions, que de
les appliquer aux droit de Centième denier, dont l'exemption ne peut se présumer ni se sous-entendre sous des termes généraux ; il faudroit que cette exemption fût expresse
pour pouvoir être réclamée, & elle ne l'est point dans le
cas particulier : Le droit de Centième denier établi par
édit du mois de décembre 1703, est dû par toutes sortes
de personnes exemptes & non exemptes, privilégiées ou
non privilégiées, sans aucune exception : quelques gentilshommes de Savoie prétendirent cependant en l'année 1746,
qu'ils n'étoient pas soumis à ce droit comme la noblesse de
France ; ils s'adressèrent au sieur intendant de Bourgogne, qui
instruisit le conseil de leur réclamation ; mais le ministre écrivit le 12 mars 1746, qu'on devoit suivre à l'égard des habitans de Savoie, les mêmes règles qu'à l'égard des sujets du roi,

Sens des droits de Centième denier, d'amor-

& les condamner au payement du droit de Centième denier,
lorsqu'il se trouveroit être dû suivant les principes de l'établissement de ce même droit : dans le fait, ces droits ont
toujours été payés depuis leur création, par les gentilshommes de Savoie, pour raison des biens qu'ils possèdent dans
les pays de Bresse, Bugey, Valromey & Gex ; la preuve
en est acquise par les extraits que l'adjudicataire des fermes, rapporte des registres tenus dans ses bureaux ; & dans
le nombre de ces extraits, il y en a un qui justifie, que
le sieur comte de Choisel, gentilhomme savoyard, a
payé le 22 juin 1760 ; c'est-à-dire, depuis le traité même
de Turin, le Centième denier d'une terre substituée, qui
lui étoit échue par le décès de son frère ; c'est dans la
même circonstance précisément que se trouve la dame baronne de Villete, relativement à la terre de Versalieu,
qu'elle a également recueillie à titre successif en ligne collatérale ; ainsi elle ne doit pas être traitée différemment que
le comte de Choisel ; sous prétexte que la déclaration de 1766,
est conçue en termes plus étendus que le traité de 1660 ;
car cette déclaration n'est qu'interprétative du traité, en
sorte qu'elle n'accorde pas plus de grâce ni plus de faveur
que ce traité même : il est certain, au reste, que le Centième denier n'est point un tribut tel que la taille & les
autres impositions de pareille nature ; ce n'est pas une imposition annuelle établie comme la taille pour subvenir
seulement aux besoins de l'état ; c'est moins un droit bursal
qu'un droit de formalité, cela est si vrai, qu'on ne peut se
servir des actes & contrats qui y sont sujets, s'ils n'ont été
insinués préalablement ; le retrait même ne commence à
courir que du jour de l'insinuation ou enregistrement des
contrats & autres titres translatifs de propriété : c'est la
disposition bien expresse de l'article XXVI de l'édit du
mois de décembre 1703, disposition au préjudice de laquelle
la dame baronne de Villette voudroit assimiler le Centième
denier à une imposition ordinaire ou extraordinaire, dont
l'établissement n'auroit d'autre cause que la volonté du
souverain & la seule nécessité d'y trouver des ressources ; c'est
se jouer sur le mot : les droits d'insinuation & de Centième

tiſſement & autres de pareille nature à cauſe de

denier , ne ſont pas , comme on vient de le dire , des droits de pure impoſition ; dès l'année 1553 , par un édit du mois de mai de cet année , Henri II créa en titre d'office un greffier des inſinuations laïques dans chaque ſiége royal , pour enregiſtrer les contrats de vente , échanges, donations & autres actes , avec attribution de droits & ſalaires ; ces officiers furent ſupprimés par l'article 96 de l'ordonnance de Charles IX du mois de janvier 1560 ; mais ils furent rétablis enſuite ; en conséquence , il fut ordonné , par la déclaration de 1645, que les greffiers des inſinuations jouiroient , tant des ſalaires à eux précédemment accordés , que de ceux qui leur furent attribués de nouveau par cette déclaration : tous ces offices de greffiers des inſinuations , n'ayant pas été levés ou acquis , & pluſieurs particuliers s'étant ingérés à en faire les fonctions & à percevoir les droits qui leur étoient attribués , ſans avoir financé pour cela , Louis XIV ſupprima de nouveau tous ces offices & il en créa d'autres par l'édit du mòis de décembre 1703 : il fut attribué par l'article 30 de cet édit , aux nouveaux greffiers des inſinuations , cent mille livres de gages à répartir entr'eux , outre les droits d'inſinuation & de Centième denier , ſur le pied réglé par le même édit , & par le tarif arrêté en conséquence : Voilà les droits que les défenſeurs de la dame baronne de Villette qualifient de tribut & d'impoſition ; mais il eſt bien démontré au contraire , que ces droits ſont des attributions d'offices : ce ſont des émolumens de même nature , & de même principe dans leur établiſſement , que ceux accordés à tous les autres greffiers du royaume , aux notaires , tabellions & autres officiers qui ont des fonctions à remplir & qui ne doivent pas les remplir gratuitement : il eſt vrai que les greffiers des inſinuations , créés par l'édit du mois de décembre 1703 , ont été ſupprimés encore , mais ce n'a été que le titre ſeulement de leurs offices qui a eſſuyé la ſuppreſſion , les fonctions qui leur étoient attribuées ont continué de ſubſiſter , les droits qui leur étoient accordés ſubſiſte également; ces droits ont été conſervés & réunis au domaine pour être perçus au profit de ſa majeſté , qui s'eſt chargée de

la cession à eux faite par leur abbé de sa mense

---

faire remplir les fonctions dont ils sont le salaire, & qui les fait remplir effectivement par les commis & préposés de l'adjudicataire des fermes, lesquels représentent à cet égard les greffiers des insinuations : Si ces greffiers existoient présentement, la noblesse de Savoie n'auroit certainement pas de prétexte pour leur contester le payement, de leurs salaires, par la raison qu'il auroit plû au roi d'exempter cette noblesse de toutes impositions royales ; une pareille prétention ne seroit pas plus juste ni mieux fondée, que le refus que feroit aujourd'hui un gentilhomme de Savoie, d'acquitter les émolumens dûs à un notaire de Bresse pour un acte qu'il auroit passé devant ce notaire de Bresse, ou ceux attribués à un greffier pour l'expédition d'une sentence qu'il auroit obtenue dans quelqu'une des juridictions du pays de Bresse : tel est cependant le système de la dame baronne de Villette ; soutenir qu'elle est exempte de Centième denier, c'est prétendre précisément qu'elle ne doit pas payer le salaire d'un officier, dont les fonctions subsistent, & sont remplis par les commis de la ferme : en sorte qu'elle voudroit que ces fonctions fussent exercées *gratis* ; mais c'est ce qu'il est impossible d'admettre : l'équité seule y résiste, & c'est d'ailleurs une conséquence qu'on ne tirera jamais des termes dans lesquels le traité du 24 mars 1760 & la déclaration du 25 juillet 1766, se sont expliqués, malgré le sens forcé qu'on cherche à leur donner : ce traité & cette déclaration prononcent l'exemption de toutes impositions royales, à la bonne heure ; on reconnoît que les gentilshommes de Savoie se trouvent affranchis par-là de toutes les contributions qui sont de véritables impositions, des tributs proprement dits ; mais on croit pouvoir assurer avec confiance, que les droits d'insinuation & de Centième denier, ne sont ni des impositions ni des tributs : ce n'est pas à ce titre qu'ils ont été établis ; ils n'ont été créés que comme des salaires des attributions d'offices, c'est-là leur caractère & leur nature, ce n'est qu'au même titre qu'ils sont perçus actuellement, quoique ce soit pour le compte du roi ; ainsi, à tous égards, le noblesse de Savoie ne peut en réclamer l'exemption : il est d'obser-

abbatiale, moyennant une rente annuelle & per-

---

vation enfin, que fa majefté a pris fur fon compte le montant des impofitions, dont elle a accordé l'exemption aux
gentilshommes de Savoie; elle a ordonné en conféquence,
que le receveur général du pays fera tenu d'expédier des
quittances comptables aux receveurs particuliers, pour la
valeur de ces impofitions : voilà ce que porte l'article IV
de la déclaration de 1766 ; or les deniers qui paffent par
les mains du receveur général, ne proviennent que de la
taille & des autres impofitions acceffoires ; ce n'eft donc
que de ces impofitions uniquement que le roi a voulu gratifier
la nobleffe de Savoie. Si fa majefté eût véritablement réfolu de
faire jouir cette nobleffe, pour la première fois, de l'exemption du Centième denier, qui eft un droit afferré depuis
plus de quarante ans fans interruption, il y auroit eu une
autre opération de finance à prefcrire ; il auroit alors été
de la juftice de fa majefté, d'ordonner qu'il auroit été tenu
compte à l'adjudicataire, fur le prix de fon bail, du montant des droits du Centième denier, dont les gentilshommes
de Savoie auroient été affranchis ; mais c'eft ce que le roi
n'a pas jugé à propos de faire, & c'eft ce qui établit bien
que fon intention n'a pas été d'exempter la nobleffe de
Savoie du payement des droits d'infinuation & de Centième
denier. Requéroit à ces caufes, l'adjudicataire général des
fermes, qu'il plût à fa majefté, fans avoir égard à la requête
de la dame baronne de Villette & du fieur Chamoux ;
ordonner que l'ordonnance du fieur intendant de Dijon du 8
juillet 1768, fera exécutée felon fa forme & teneur ; en
conféquence, débouter la dame baronne de Villette de la
demande en reftitution par elle formée, des fommes per-
çues en exécution de cette ordonnance pour le droit de
Centième denier réfultant de la terre de Verfalieu, qui lui
eft échue par le décès de fon frère. Vu pareillement la
copie collationnée du teftament du fieur Pierre-Anfelme
comte de Montjoye du 11 juin 1718 : autre copie du
contrat de vente qui lui a été fait le 8 octobre fuivant, de
la terre & feigneurie de Verfalieu, fitué en Breffe : autre
copie d'un arrêt du fénat de Savoie du premier avril 1767,
par lequel le *fidei-commis* porté par le teftament du comte

pétuelle de huit mille livres , & en consé-

de Montjoye , a été déclaré ouvert en faveur de la dame
baronne de Villette , par le décès sans enfans du sieur
comte de Montjoye son frère : autre copie d'une procuration donnée au sieur Alexis Nicoud , par la dame baronne
de Villette le 18 septembre 1767 : autre copie de l'enregistrement fait au bureau de Maximieux le 9 octobre suivant , de la somme de six mille huit cents quatre-vingts
livres , payée par Benoît Vigne & François Guillin , sous-
fermiers de la terre de Versalieu , savoir ; seize cens livres
pour le droit de Centième denier de cette terre , quatre
cens quatre-vingt livres pour les six sous pour livre , &
quatre mille huit cens livres pour le triple droit : autres
copies des enregistremens faits aux bureaux de Champagne,
Châtillon sur-Chaille , Belley , Saint Jean-le-Vieux & Col-
longes , de différens droits de Centième denier , payés par
des gentilshommes savoyards , les premier décembre 1718,
27 juin 1744 , 25 novembre 1745 , 4 octobre 1746 , 4
avril 1747 , 31 décembre 1752 , 26 janvier 1755 , 30
mai , 22 juin 1760 & 6 mai 1763 : autre copie d'une
déclaration passée au bureau de Maximieux le 29 juillet
1768 , au nom de la dame baronne de Villette , par laquelle le sieur Alexis Nicoud son porteur de procuration,
a affirmé que la succession collatérale du comte de Montjoye,
ne consiste que dans la terre de Versalieu , affermée moyennant sept mille livres par an , au capital de cent quarante
mille livres , autre copie d'une quittance donnée le 29
février 1769 , par le sieur Nicoud , de la somme de neuf
cens quarante livres , à compte de celle à restituer à la
dame baronne de Villette , sur le droit de Centième denier
de la terre de Versalieu. Vu aussi l'édit du mois de décembre 1703 & les autres règlemens concernant la régie &
la perception du droit d'insinuation & Centième denier,
ensemble le traité conclu à Turin le 24 mars 1760 ; la
déclaration rendue en interprétation de l'article XX de ce
traité le 25 juillet 1766 , & les ordonnances du sieur intendant de Bourgogne des 6 mai 1767 , 8 juillet & premier
septembre 1768. Ouï le rapport du sieur abbé Terray conseiller ordinaire , & au conseil royal , contrôleur général

quence

quence a condamné les mêmes religieux à payer ces droits fuivant la liquidation qui en feroit faite.

Deux autres arrêts du même jour & un troifième du 22 juin fuivant ont auffi ordonné le rapport d'autres pareilles lettres-patentes qui avoient été accordées en mai 1759 aux religieux de l'abbaye de Tiron, en juin 1768, à ceux de l'abbaye de Saint Pierre de Malines, & en octobre 1766, à ceux de l'abbaye de Molefme ; en conféquence, tous ces religieux ont été condamnés à payer les droits de Centième

---

des finances ; le roi en fon confeil, faifant droit fur le renvoi porté par l'ordonnance du fieur intendant de Bourgogne du premier feptembre 1768, a ordonné & ordonne l'exécution de celle du 8 juillet précédent, par laquelle la terre & feigneurie de Verfalieu a été déclarée fujette au Centième denier, à caufe de la mutation arrivée en ligne collatérale par le décès du fieur Charles-François-Anfelme comte de Montjoye : décharge néanmoins fa majefté la dame baronne de Villette, du triple droit par elle encouru, même de la fomme de dix livres à laquelle elle a été condamnée pour en tenir lieu : ordonne en conféquence, que fur les deniers payés en fon acquit au bureau de Maximieux par Benoît Vigne & François Guillin le 9 octobre 1767, il ne fera diftrait & retenu par l'adjudicataire général des fermes, que le fimple droit de Centième denier, réfultant de la terre dont il s'agit, avec les fix fous pour livre & les frais : voulant fa majefté, que le furplus foit reftitué, fi fait n'a été, foit à la dame baronne de Villette, foit au porteur de fa procuration ; à quoi faire, l'adjudicataire fera contraint par toutes voies dûes & raifonnables : & fera le préfent arrêt exécuté felon fa forme & teneur, nonobftant toutes oppofitions ou autres empêchemens quelconques. Fait au confeil d'état du roi, tenu à Verfailles le douze mars mil fept cent foixante-onze. Collationné, *Signé*, Huguet de Montaran.

denier & autres dont ces lettres-patentes les avoient exemptés pour raison des ceffions que leurs abbés leur avoient faites de leurs mentes abbatiales moyennant différentes rentes annuelles & perpétuelles.

De la peine du triple droit de Centième denier. Cette peine se prononce contre les nouveaux poffeffeurs de biens immeubles, foit à titre fucceffif en ligne collatérale, foit par acquifition ou autrement, lorfqu'ils n'en payent pas le droit de Centième denier dans les délais qui leur font fixés par les règlemens. Le Centième denier des biens échus à titre fucceffif doit être payé dans les fix mois poftérieurs au décès; celui des biens donnés par des actes entre-vifs doit être acquitté dans les quatre mois poftérieurs à la date des actes, & celui de toutes les autres acquifitions quelconques, doit être payé dans le délai de trois mois au plus tard; le tout à peine du triple droit. C'eft ce qui réfulte de différentes lois; favoir, l'édit de décembre 1703, la déclaration du 19 juillet 1704, l'édit d'octobre 1705, l'arrêt de règlement du confeil du 13 juillet 1706, la déclaration du 20 mars 1708, & l'arrêt de règlement du 15 feptembre 1722.

Par arrêt du 16 janvier 1717, le fieur de Monteffon a été condamné au payement du triple droit de Centième denier d'une acquifition non infinuée dans les trois mois, & il a été dit qu'il lui feroit tenu compte du droit de Centième denier qu'il avoit payé fans faire infinuer le contrat. Le confeil a par conféquent jugé alors que le triple droit ne confiftoit qu'en deux droits en fus du droit principal.

Mais depuis l'arrêt de règlement du 15 feptembre 1722 (*), le conseil a toujours jugé que la peine du triple droit étoit de trois droits au-delà du droit principal : c'est ce qui a été particulièrement expliqué par un arrêt du 22 septembre 1722, qui a condamné les héritiers de Marguerite Asseline à payer deux cent livres pour le droit de Centième denier, & en outre six cent livres pour le triple droit.

La même explication se trouve répétée dans un autre arrêt du 14 juin 1746, rendu contre les héritiers de Marie Dufay : ils ont été condamnés au payement de trente-sept livres onze sous pour supplément de Centième denier à cause d'une fausse déclaration, & à payer en outre cent douze livres treize sous pour le triple droit.

Des juges auxquels la connoissance du droit de Centième denier est attribuée. Les déclarations du roi des 4 septembre 1706, & 15 juillet 1710, ont attribué en première instance aux intendans des provinces dans les villes de leur résidence, & à leurs subdélégués dans le surplus de leur département, la connoissance des contestations relatives au droit de Centième denier, sauf l'appel au conseil.

C'est d'après ces lois que par arrêt du 9 octobre 1770, le conseil a déclaré nulle une assignation donnée au parlement de Paris à l'adjudicataire général des fermes, à la requête de

_____

(*) Cet arrêt porte qu'en cas d'omission ou de fausse déclaration des biens échus à titre successif en ligne collatérale, l'amende de trois cens livres, ensemble la peine du triple droit, demeureront encourues contre ceux qui les auront faites.

Philibert Cloiseau, fermier de la terre de Vaux, & ordonné qu'en exécution du jugement de l'intendant de Dijon, le même Cloiseau seroit tenu de payer le Centième denier dû pour cette terre par le comte de Jaucourt : il a en outre été fait défense aux parties de se pourvoir au sujet de ce droit, ailleurs que par-devant l'intendant de Dijon, & à tout autre juge d'en connoître, à peine de cassation de procédures, de mille livres d'amende & de tous dépens, dommages & intérêts.

Observez que tout ce que nous avons dit du droit de Centième denier ne peut s'appliquer à la Lorraine où ce droit n'est pas connu, parce que cette province formoit une souveraineté particulière lorsqu'il a été établi.

Du Centième denier des offices. C'est un droit tout différent de celui dont nous venons de parler & qui a été établi pour tenir lieu tout à la fois de l'annuel & du prêt que l'on payoit auparavant. Nous renvoyons à ce que nous avons dit sur cette matière à l'article ANNUEL.

Voyez *l'ordonnance de Villers Cotterets de 1539 ; la déclaration du mois de février 1549 ; l'édit du mois de mai 1553 ; l'ordonnance du mois de juin 1560 ; l'ordonnance de Moulins du mois de février 1566 ; la déclaration du mois de mai 1645 ; les mémoires sur les droits du roi ; la déclaration du 17 novembre 1690 ; le dictionnaire des domaines ; l'édit du mois de décembre 1703 ; la déclaration du 19 juillet 1704 ; l'édit du mois d'octobre 1705 ; l'arrêt du conseil du 9 février 1706, & les lettres-patentes du 6 mars suivant ; le parfait notaire ; l'édit du mois d'août 1706 ; la déclaration du 29 mars 1708 ; l'arrêt de règle-*

ment du 18 juillet 1713 ; les déclarations du 15 juillet 1710, 27 mars 1748, & 24 avril 1763 ; les arrêts du conseil des 14 mars 1720, & 28 août 1731 ; l'édit du mois de février 1771 ; l'arrêt de règlement du 6 juillet 1772, &c. Voyez aussi les articles INSINUATION, IMMEUBLES, ÉCHANGE, ENGAGEMENT, DON MOBIL, DON MUTUEL, DONATION, SUBSTITUTION, SUCCESSION, DOUAIRE, RENTE, BAIL, OFFICE, ANTICHRÈSE, CONTRAT, ANNUEL, DOMAINE, AMORTISSEMENT, FRANC-FIEF, CESSION, DÉGUERPISSEMENT, RETRAIT, &c.

CENT SUISSES. C'est le titre que porte une compagnie qui fait partie de la garde du roi.

Une ordonnance du 2 juillet 1776 a déterminé les grades dont les officiers & bas-officiers des Cent Suisses de la garde doivent jouir dans les troupes d'infanterie.

Cette loi a attribué le rang de colonel d'infanterie au capitaine-colonel de cette compagnie, & la commission doit lui en être expédiée du jour même qu'il a été nommé capitaine-colonel, pourvu toutefois qu'il ait alors huit ans de service au moins, dont trois comme officier subalterne, & cinq comme capitaine.

Le rang de colonel d'infanterie est aussi attribué aux lieutenans de cette compagnie, & la commission doit leur en être expédiée du jour qu'ils ont été installés dans leurs charges, pourvu néanmoins qu'ils aient au moins dix ans de service, dont sept en qualité de capitaine ou comme officiers dans la compagnie.

Le rang de lieutenant-colonel est attribué aux enseignes, & la commission doit leur en être expédiée du jour qu'ils ont obtenu leurs charges, pourvu qu'ils aient au moins huit ans de service comme officiers, soit dans la compagnie ou dans les troupes, dont cinq en qualité de capitaine. Les mêmes enseignes doivent avoir rang de colonel après quatre ans de service dans leurs charges, à compter de la date de leurs commissions de lieutenant-colonel.

Les aides-major qui par leurs charges ont le rang d'exempt dans la compagnie, doivent jouir des prérogatives attachées à ce titre, aussitôt qu'ils sont pourvus de leurs charges. Ils peuvent aussi obtenir le rang de lieutenant-colonel ou de colonel dans le cas où le roi juge à propos de leur accorder le rang d'enseigne ou de lieutenant dans la compagnie, après toutefois qu'ils ont acquis l'ancienneté de service nécessaire pour rendre les officiers de chaque classe susceptibles de ces grades.

Le rang de capitaine est attribué aux exempts pourvu qu'ils aient servi trois ans en qualité d'officiers dans les troupes ou dans la compagnie : après sept ans de service dans leurs charges, ou trois dans leurs charges & sept dans les troupes, dont quatre en qualité de capitaine, ils doivent avoir le rang de lieutenant-colonel : au surplus, le roi a borné à ce grade l'avancement de ces officiers, à moins qu'ils ne passent à des charges d'enseigne ou de lieutenant dans la compagnie.

Le rang de lieutenant d'infanterie est attribué aux fourriers qui ont trois ans de service dans les troupes, ou six dans la compagnie. Après douze ans de service dans leurs charges, la commission de capitaine d'infanterie doit leur être

expédiée, fans qu'ils puiffent dans l'état de fourrier, prétendre à d'autres grades militaires.

Le rang de lieutenant d'infanterie eft attribué
aux trois premiers caporaux après vingt-quatre
ans de fervice dans la compagnie, & celui de
fous-lieutenant aux trois autres caporaux après
vingt ans de fervice auffi dans la compagnie.

Louis XI exempta de tailles, impôts, aides
& fubvention les fuiffes employés dans fes
armées & dans fa maifon. Ces exemptions leur
furent confirmées fous Henri IV. & fous Louis
XIII par des lettres-patentes des mois de novembre 1602 & décembre 1618 ; enfuite la
déclaration du 25 janvier 1625 & les arrêts du
confeil des 5 juin 1655, 24 novembre de la
même année & 11 juillet 1657, reftreignirent
ces exemptions relativement aux aides, aux
droits de détail fur les quantités qui feroient
vendues par treize feulement des Cent-Suiffes
de la garde. Ces quantités furent fixées par l'ordonnance de 1680, qui défigna en même-temps
les quartiers de la ville de Paris où ces Cent-
Suiffes pourroient exercer leur privilége : enfin
ce privilége fut fupprimé en 1720 lors de la réunion des droits de gros & de détail aux droits
d'entrée à Paris. Il fut même défendu aux treize
privilégiés des Cent-Suiffes de faire aucun commerce de vin en gros ni en détail ; mais on leur
accorda, par forme d'indemnité, une augmentation de paye. Ainfi les Cent-Suiffes ni les autres fuiffes de nation attachés au fervice du roi
ne jouiffent plus d'aucune exemption des droits
d'entrée ou de détail fur les vins de crû. C'eft
ce que différens arrêts & règlemens ont confirmé, notamment les arrêts du confeil des 30

T iv

avril 1707, 7 octobre 1713, 21 septembre 1714, 28 janvier & 7 novembre 1716, 25 février & 20 mai 1719, 18 août 1722 & 18 juillet 1725 ; & les arrêts de la cour des aides de Paris des 4 août 1728, 7 mars 1749 & 11 juin 1754. Observez toutefois que cela ne doit s'entendre que des boissons dont les suisses font commerce, & non de celles que vendent leurs vivandiers pour leur consommation dans les villes où ils font en garnison, selon les quantités réglées pour cette consommation.

Voyez *les lois citées*, & les articles COLONEL, LIEUTENANT, ENSEIGNE, SUISSES, PRIVILÉGE, EXEMPTION, TAILLES, ENTRÉE, &c.

CÉRÉMONIES. Ce font des actes extérieurs de la religion, qui en rendent le culte plus auguste & plus vénérable.

L'ancien testament étoit plein de mystères & de cérémonies. La loi nouvelle a abrogé les Cérémonies de l'ancienne, & en a substitué d'autres.

Il y a deux fortes de Cérémonies dans l'église, celles qui font absolument néceffaires aux facremens, & qui ont été prescrites par Jesus-Christ ; & les Cérémonies que les apôtres & l'église ont établies dans la suite des temps.

Les Cérémonies effentielles aux facremens font invariables, & elles doivent être généralement obfervées dans toutes les églifes chrétiennes.

Celles qui ont été établies par les apôtres & les pasteurs de l'église ont éprouvé divers changemens & différentes modifications ; mais comme elles n'intéreffent ni la foi, ni la morale, les changemens que ces Cérémonies ont éprouvés n'ont jamais porté atteinte à l'unité de l'église.

En matière de Cérémonies, c'est la possession qui doit servir de règle.

On ne peut troubler les Cérémonies de l'église sans se rendre coupable d'un délit contre l'ordre public. Les coupables sont punis suivant les circonstances. S'ils ont commis une profanation ou des violences contre les ecclésiastiques dans le temps qu'ils sont occupés aux Cérémonies de l'église, ils peuvent être punis de mort. Voyez les articles PROFANATION, SACRILÉGE, &c.

Le rang que doivent avoir les corps & les particuliers dans les Cérémonies publiques se règle suivant leurs titres ou leur possession. Nous traiterons les questions relatives à cette matière aux mots PRÉSÉANCE, RANG.

Voyez *Dupineau*, *Thomas Godefroy*, *Brillon*. Voyez aussi les articles OFFICE DIVIN, PRÉSÉANCE, RANG, RIT, SACREMENT, &c. (*Article de M. DESESSARTS, avocat au parlement.*)

CERQUEMANAGE. Mot usité dans les coutumes des Pays-Bas pour signifier *bornage*. Il est composé de *cherche* & de *manoir*; ainsi *cerquemaner* c'est chercher les limites d'une maison ou autre héritage pour les constater & les fixer par des bornes. Le titre 21 de la coutume de la Ville de Lille employe indifféremment les mots *Cerquemanage* & *visitation de maisons*: le même titre détaille l'ordre qu'il faut observer pour procéder à un *Cerquemanage*, & elle attribue la connoissance de ces sortes d'affaires aux mayeurs & échevins de la ville.

Le chapitre 43 des chartes générales du Hainaut entre dans un long détail sur la manière dont doit fe faire le *Cerquemanage*. L'article 1 porte que la connoiſſance en doit appartenir au conſeil ſouverain de Mons, quand il s'agit de biens amortis, de fiefs, de francs-aleux ou de biens de communauté.

Cette diſpoſition n'eſt plus obſervée que dans le Hainaut autrichien ; car dans le Hainaut françois ce ſont les juges royaux qui doivent en connoître en première inſtance, parce qu'ils repréſentent la cour de Mons, en conſéquence d'un arrêt du conſeil du 18 juin 1703, ſauf l'appel au parlement de Douai.

Comme il y a quelques cantons de cette province où il n'y a point de juges royaux, on doit s'adreſſer directement au parlement pour le *Cerquemanage* des biens de la qualité dont nous avons parlé.

S'il s'agiſſoit de *mainfermes* poſſédés par des particuliers, les mayeurs & échevins du lieu ſeroient ſeuls compétens pour en connoître en première inſtance, ſuivant l'article 2 du même chapitre. Ils le ſeroient même pour toute autre eſpèce de biens, ſi les parties vouloient d'un commun accord & ſans figure de procès, faire planter des bornes à leurs héritages ſans en conteſter les limites reſpectives. C'eſt ce que porte l'article 25.

La coutume du chef-lieu de Valenciennes porte, article 98, que ſi l'on vient à demander *Cerquemanage* contre un abſent, le mayeur du lieu s'y trouvera pour ſoutenir ſes intérêts & défendre ſes droits comme s'il y étoit préſent ; & que ſes vacations ſeront payées par le demandeur, ſauf à celui-ci ſon recours contre l'abſent, s'il y échet.

La coutume du Cambrefis renferme auffi plufieurs détails fur la procédure des *Cerquemanages*. On doit pour en demander un valablement, faire exploiter un *clain* ou faifie fur le fond de fon voifin dont on a à fe plaindre, & le faire fignifier à la partie trois jours avant de procéder au *Cerquemanage*. Ce *clain* doit fe faire en préfence des mayeur & échevins, fi c'eft hors de Cambrai : mais dans cette ville il ne peut fe faire qu'en préfence du bailli de la Feuillie, (voyez l'article FEUILLIE) affifté de deux échevins. C'eft ce qu'établit la coutume dans l'article 28 du titre 25, & un arrêt rendu par le parlement de Flandres le 30 juillet 1742, a renouvelé cette difpofition.

La même coutume indique trois moyens pour détruire un *Cerquemanage*, favoir, la production d'un ancien *Cerquemanage* revêtu de toutes les formes judiciaires, ou fi le titre qui le conftate eft perdu, le témoignage des juges qui y ont affifté, ou enfin la demande d'un nouveau *Cerquemanage* formée avant que le premier n'ait été homologué. C'eft ce que porte l'article 30 du titre 25 en ces termes : *un Cerquemanage fe peut détruire par trois voies, à favoir, par un autre Cerquemanage requis avant que d'homologuer le précédent, ou par lettres & fermes, ou record de loi.* (Voyez les articles FERME & RECORD DE LOI.)

Dans cette coutume on ne peut demander plus de trois *Cerquemanages*, de forte que l'on doit s'en tenir au troifième. Quand on procède au fecond, on doit y appeller avec les nouveaux *Cerquemaneurs* ou arpenteurs, un ou deux de ceux qui ont fait le premier, & au troifième un ou deux de chacun des deux *Cerquemanages* précédens.

Suivant l'article 32 de la même coutume, les dépens d'un premier *Cerquemanage* qui a été homologué se partagent également entre les parties : mais si l'une s'oppose à l'homologation & en demande un second, les dépens sont à la charge de celui qui succombe au second : il en est de même du troisième.

Le droit romain admet la prescription de trente ans en matière de bornes, comme on peut le voir dans la loi dernière, *cod. finium regundorum*, & dans la loi première, §. 1, *cod. de annali exceptione*. Plusieurs coutumes des Pays-bas rejettent formellement toute prescription. Les rédacteurs de ces coutumes ont pensé qu'une borne qui sépare deux héritages est une espèce de titre qui réclame sans cesse contre l'usurpateur, & qui empêche l'effet de la prescription.

Telle est la disposition des chartes générales du Hainaut, chapitre 107, article 3 ; & des coutumes du Cambresis, titre 17, article 4 ; de Valenciennes, article 96 ; de la ville de Lille, titre 6, article 8 ; de la châtellenie de Lille, titre 17, article 7 ; de Douai, chapitre 9, article 2 ; d'Orchies, chapitre 8, article 1.

Le conseil d'Artois rendit le 16 novembre 1706 une sentence conforme à ces coutumes, quoique celle de cette province n'ait aucune disposition sur cette matière.

Voyez *les coutumes citées ci-dessus*, & l'article BORNAGE. (*Article de M. MERLIN, avocat au parlement de Flandres.*)

CERTIFICAT. C'est un acte par lequel on rend témoignage d'un fait.

Il ne faut pas confondre le Certificat avec le témoignage que rend d'un fait la personne qui eſt aſſignée pour dépoſer dans une enquête ou dans une information : le ſerment qu'on exige dans ćes derniers cas donne bien plus de poids à l'atteſtation du témoin qui dépoſe, que ne peut en avoir un témoignage que la partie intéreſſée a pu ſurprendre. Auſſi les Certificats ne ſont-ils pas, en général, conſidérés comme des moyens ſuffiſans pour éclairer la religion des juges dans les affaires contentieuſes.

Mais il y a d'autres affaires où la production d'un Certificat eſt une formalité néceſſaire ; & c'eſt ce que nous allons faire voir en parlant des différentes eſpèces de Certificats.

Du Certificat de vie. C'eſt un acte par lequel le juge ordinaire de la réſidence d'un rentier, ou toute autre perſonne autoriſée par la loi, atteſte l'exiſtence de ce rentier pour l'avoir vu & lui avoir parlé dans le jour.

Les rentiers qui réſident dans les provinces ou qui ſe trouvent chez l'étranger, ſont obligés de produire un Certificat de vie lorſqu'ils veulent être payés des arrérages de tontine ou des rentes viagères qui leur ſont dus à Paris.

Divers règlemens ont déterminé la forme dans laquelle les Certificats doivent être fournis aux payeurs des rentes.

L'édit du mois d'août 1693 & d'autres poſtérieurs portant création de rentes purement viagères ou établiſſemens de tontines, ont ordonné que les rentiers qui demeureroient dans les provinces pourroient faire recevoir les arrérages de leurs rentes ſur des procurations en bonne forme paſſées devant notaires & légaliſées par le juge ordinaire du lieu de la réſidence des notaires, lequel *certifieroit au pied des procu-*

rations, *la vie des rentiers;* (*) & que ceux qui demeureroient hors du royaume feroient tenus de rapporter des Certificats de vie paffés devant notaires ou autres perfonnes publiques, en préfence de deux témoins, qui attefteroient avoir vu dans le jour les rentiers & leur avoir parlé. Les mêmes lois veulent que le tout foit légalifé par les ambaffadeurs, envoyés ou confuls de la nation françoife, dans les cours étrangères où ils font leur réfidence, & à leur défaut, par les principaux magiftrats ou juges des lieux de leur réfidence (**).

(*) *Formule d'un Certificat de vie par le juge royal.*
Nous.... confeiller du roi, &c.... certifions à tous qu'I appartiendra que M.... (*énoncer les noms, furnoms & qualités ou profeffion & domicile de la perfonne*), né le.... eft actuellement vivant, pour s'être cejourd'hui préfenté devant nous; en foi de quoi nous lui avons délivré le préfent qu'il a figné avec nous. A.... le....

(**) *Formule d'un Certificat de vie donné en pays étranger.*
L'an.... le.... par-devant le notaire public juré à Genève, fouffigné, ont comparu en perfonne les fieurs Jean-Antoine Fabri, citoyen, & Hector Tournier, bourgeois de cette ville y demeurant, témoins dignes de foi; lefquels ont certifié connoître parfaitement le fieur Louis.... né le.... (*mettre les qualités ou profeffion*), fils de François.... citoyen de Genève, y demeurant en la grande rue, paroiffe de faint Pierre, & favoir qu'il eft en vie, pour l'avoir vu & lui avoir parlé dans le jour; ce que moi, notaire, certifie auffi véritable, dont acte; & lefdits témoins ont figné avec moi, notaire.
Signé, J. A. FABRI, H. TOURNIER & CHOISI, notaire.
Nous, fyndics & confeil de la ville & république de Genève, certifions à tous qu'il appartiendra, que Me. Jean-Louis Choifi, qui a reçu & figné l'acte ci-deffus, eft notaire public juré de cette ville, à la fignature duquel foi doit

Obfervez néanmoins que quand les rentiers font connus perfonnellement de l'ambaffadeur, envoyé ou conful de France, il eft voulu par l'arrêt du confeil du 23 avril 1737 que le fimple Certificat de ces miniftres, portant qu'ils ont une parfaite connoiffance de l'exiftence des rentiers, *pour les avoir vus & leur avoir parlé dans le jour*, fuffife fans l'intervention d'aucune autre perfonne.

A l'égard des rentiers fervant dans les troupes du roi, ils ont d'abord été affujettis à fe faire donner des Certificats de vie par les prévôts établis à la fuite des armées; mais comme cela n'étoit pas fans inconvénient & occafionnoit des frais aux officiers que les conjonctures féparoient des corps principaux des armées où les prévôts réfidoient, le confeil a rendu un arrêt le 19 feptembre 1734, portant « que tous » fujets ou étrangers, fervant dans les troupes,

----

être ajoutée en jugement & dehors. En foi de quoi nous avons donné les préfentes, fous notre fceau & feing de notre fecrétaire, ce.... &c.

Signé dudit fecrétaire, & fcellé.

Etienne-Jean de Montpeioux, réfident à Genève pour le roi: Je certifie à tous qu'il appartiendra, que le Certificat ci-deffus eft bien figné par le fecrétaire d'état de cette ville, & fcellé du fceau de la république, en foi de quoi j'ai donné mon préfent Certificat, que j'ai figné & cacheté de mon cachet. A Genève, ce.... &c. figné, de Montperoux.

Lorfqu'il n'y a point d'ambaffadeur, ou autre perfonne chargée des affaires de France dans le lieu où fe fait le Certificat de vie, il fuffit qu'il foit légalifé par les magiftrats, en y ajoutant ce qui fuit:

Certifions en outre, qu'il n'y a dans cette ville aucun ambaffadeur réfident, ou autre chargé des affaires du royaume de France.

» acquéreurs de rentes viagères, en pourront
» recevoir les arrérages fur des Certificats de
» vie, délivrés fans frais par les commiffaires
» des guerres, lefquels attefteront qu'un tel,
» fervant actuellement dans une telle troupe,
» étoit vivant un tel jour, pour l'avoir paffé en
» revue ledit jour; dans lefquels Certificats fe-
» ront inférés les noms de baptême & le grade
» de chaque particulier ».

On admet auffi les certificats de vie des militaires lorfqu'ils font paffés en préfence de témoins devant le greffier de l'armée, faifant les
fonctions de notaire, & légalifés par le grand
Prévôt.

Les règlemens dont on vient de parler
avoient fuffifamment pourvu aux moyens de
s'affurer de l'exiftence des rentiers abfens : mais
ils n'avoient rien déterminé pour empêcher les
abus dans les cas où deux frères portent le même nom de baptême & où le fils s'appelle comme fon père : on pouvoit à l'ombre de l'équivo-
que qu'occafionnoit la reffemblance des noms,
perpétuer une rente dans une famille au préjudice du roi & des actionnaires des tontines :
c'eft pourquoi fa majefté, par fa déclaration du
26 juin 1763, enregiftrée le 5 feptembre de la
même année (*), a affujetti les rentiers à déclarer leur âge dans leurs Certificats de vie.

_____

(*) *Voici ce que porte cette loi :*
ARTICLE PREMIER. A l'avenir, & à commencer du premier janvier 1764, tous les Certificats de vie qui feront
fournis par nos rentiers pour recevoir leur arrérages, feront
fignés, autant qu'il fera poffible, par lefdits rentiers, &
contiendront déclaration expreffe de leurs noms, furnoms,

Suivant la même loi, les juges royaux des

âge, domicile & qualité ou profession actuelle ; & au cas
qu'ils en eussent changé depuis le dernier Certificat, il sera
fait alors mention par addition des changemens de domicile
ou de qualités desdits rentiers, lesquels seront tenus à cet
effet de se présenter en personne à nos juges, dans l'étendue
de notre royaume ; & dans les pays étrangers, à nos
ambassadeurs, envoyés, résidens, consuls ou autres chargés
de nos affaires, dans tous les lieux où nous en avons,
& en temps de guerre, aux prévôts de nos armées, commissaires
des guerres & autres, ayant fonctions de juger,
lesquels délivreront comme par le passé, lesdits Certificats
de vie aux troupes & autres employés à nos armées. N'entendons
qu'il puisse être suppléé auxdits Certificats par
aucun acte passé devant notaires, ou de toute autre manière
que ce soit, qu'autant qu'il ne se trouveroit aucune
personne revêtue du caractère ci-dessus spécifié, dans le
lieu, ou à trois lieues de distance de la résidence desdits
rentiers ; en conséquence, défendons aux payeurs de nos
rentes, d'admettre des Certificats dans une autre forme,
à peine de radiation dans leurs comptes des parties qu'ils
auroient payées sans cette formalité.

Article II. Dans les cas où nos rentiers résidens dans
notre royaume se trouveroient à une distance plus éloignée
que celle ci-dessus prescrite de nos juges royaux, nous permettons
au premier juge des justices des lieux où ils habiteront,
ou à son défaut, dont alors il sera fait mention,
à celui qui le suivra immédiatement, de leur délivrer lesdits
Certificats. Pourront pareillement les rentiers étrangers
qui se trouveront dans le même cas vis-à-vis de nos
ambassadeurs & autres chargés de nos affaires, se faire
expédier leurs Certificats de vie pardevant notaires, ou
autre personnes publiques, mais en présence de deux témoins
qui attesteront connoître le rentier, lesquels Certificats
feront légalisés alors par les juges ordinaires du lieu
qui déclareront dans quel éloignement le domicile du rentier
se trouve du domicile ordinaire du juge royal, si c'est
en France, & si c'est dans le pays étranger de la résidence
de nos ambassadeurs ou autres chargés de nos affaires : accor-

lieux où résient les rentiers sont seuls compéten
pour donner les Certificats de vie : les officier
des seigneurs ne peuvent remplir cette fonctio
qu'en déclarant dans les Certificats de vie qu
les rentiers sont éloignés de trois lieues ou plu
de la résidence d'un juge royal, ou qu'ils son
atteints de maladies ou d'infirmités assez grave
pour ne pouvoir se transporter devant le jug
royal (*).

---

dons aussi la même facilité, tant dans notre notre royaum
que dans le pays étranger à ceux de nos rentiers qui se trou
veroient atteints de maladies ou d'infirmités assez graves pour
ne pouvoir se transporter, mais audit cas, il sera joint à leur
Certificats de vie un Certificat d'un médecin, ou d'un chirurgien du lieu, ou même du curé ou du ministre, si c'est
en pays étranger, qui attestera la vérité du fait, lequel
Certificat pourra être inféré dans l'attestation de vie, pour
éviter d'autant la multiplicité des actes, & le tout sera
légalisé.

Article VI. Voulant diminuer autant qu'il est possible
les frais de nos rentiers dans la perception de leurs rentes,
n'entendons que nos juges & autres, autorisés par les articles 1 & 2 de la présente déclaration, à leur délivrer des
Certificats de vie, puissent prendre & exiger aucun droit
pour raison desdits Certificats, même sans qu'il puisse leur
être alloué aucun droit de greffier ou de sceau ; n'entendons
pareillement qu'il leur soit attribué aucun droit pour la légalisation desdits Certificats de vie, & autres actes accessoires.

(*) *Formule d'un Certificat de vie donné par un juge de
seigneur pour un rentier éloigné de trois lieues de la résidence du juge royal* :

Nous, &c.... certifions à tous qu'il appartiendra que
M.... (*noms, surnoms, qualités ou profession & domicile
de la personne*), né le.... est actuellement vivant, pour
s'être cejourd'hui présenté devant nous. Certifions en outre
que ledit sieur.... ci-dessus qualifié & domicilié, est distant
de.... (*enoncer l'éloignement, qui ne peut être au-dessous
de trois lieues*), lieu de la résidence du plus prochain juge

Sous la dénomination de juges royaux compétens pour donner des Certificats de vie, il faut entendre les lieutenans généraux ou particuliers indistinctement, & même les présidens des cours souveraines : mais le procureur du roi d'une juridiction quelconque ne peut donner un Certificat de vie qu'en l'absence des juges, parce qu'il n'est pas juge ; & il doit faire mention de cette absence dans le Certificat qu'il délivre.

Il faut aussi pour la validité d'un Certificat de vie, qu'il contienne les vrais noms de baptême & de famille du rentier, ses qualités, sa profession, son domicile, & qu'il s'est présenté le même jour devant le juge : cet acte doit aussi spécifier la personne sur la tête de qui la rente est constituée.

Si le rentier vient à changer de domicile, il doit en être fait mention dans le Certificat de vie, en ces termes : *demeurant ci-devant à*

---

royal ; en foi de quoi nous avons délivré le présent, qu'il a signé avec nous. À.... le....

Autre formule d'un Certificat de vie pour un rentier qui pour cause de maladie ou d'infirmités ne peut pas se transporter devant le juge royal.

Nous, &c.... certifions à tous qu'il appartiendra que M.... &c. né le.... &c. est actuellement vivant, pour l'avoir vu cejourd'hui. Certifions de plus, que ledit.... est attaqué d'une maladie qui l'empêche de se transporter à.... lieu de la résidence du plus prochain juge royal ; ce qui a été fait en présence du sieur (*curé ou médecin ou chirurgien*) de ce lieu, lequel a attesté que ledit sieur.... est hors d'état de se transporter par-devant le juge royal ; en foi de quoi nous avons délivré le présent, qu'il a signé avec nous (*ou qu'il a déclaré ne pouvoir signer, attendu sa maladie*). Fait à.... le....

Rouen, étant actuellement en cette ville de Lyon, &c. Il faudroit en user de même dans le cas d'un changement de qualité ou profession.

Il faut d'ailleurs autant qu'il est possible, que chaque rentier signe son Certificat de vie.

L'article 9 de la déclaration du 27 décembre 1727 enjoint aux ambassadeurs, envoyés, résidens ou consuls de la nation françoise dans les cours étrangères où il y a des rentiers viagers, & aux juges ordinaires des villes & autres lieux du royaume, de prendre tous les éclaircissemens nécessaires relativement aux Certificats de vie de ces rentiers, avant de signer ces actes.

Lorsqu'un défaut de formalités dans un Certificat de vie, oblige le payeur des rentes à le mettre au rebut, il doit expliquer par écrit la raison pour laquelle il ne croit pas ce Certificat conforme à ce que prescrivent les règlemens: c'est ce qui résulte de l'arrêt du conseil du 23 avril 1737: la même loi fait défense à toutes les personnes chargées de recevoir les rentes des étrangers de renvoyer sans cette formalité aucun Certificat de vie; & dans le cas où elles croient la difficulté faite par le payeur des rentes mal fondée, elles peuvent se pourvoir par-devant le prévôt des marchands & les échevins pour y être statué sommairement.

Certificat de vie, mœurs & doctrine. C'est un témoignage de la religion & de la bonne conduite d'une personne.

Suivant l'article 13 de la déclaration du 13 décembre 1598, personne ne doit être admis à faire les fonctions de juge en quelque tribunal que ce soit, ni celles de greffier, de notaire, de procureur ou d'huissier qu'il ne justifie par

un Certificat de vie & de mœurs donné par le
curé ou vicaire de la paroisse dans laquelle il
réside, qu'il fait profession de la religion catholique, apostolique & romaine. L'article 14 ordonne la même chose relativement aux licences
des étudians en droit & en médecine.

Dans le conclave de 1700, où Clément XI
fut élu Pape, on arrêta qu'à l'avenir on n'admettroit plus à Rome les résignations de cures
ni d'autres bénéfices à charge d'ames, si à la
procuration *ad resignandum*, on ne joignoit un
Certificat par lequel l'évêque rendît témoignage
de la vie, des mœurs & de la doctrine du rési-
gnataire.

On prétend que cet arrêté fut fait à la sollici-
tation de quelques évêques de France, pour
empêcher que des sujets indignes & inconnus,
ne fussent pourvus de bénéfices importans : cependant, comme on offenseroit les principes de
la législation, si l'on donnoit l'autorité d'une loi
à un arrêté de cardinaux, sous prétexte qu'il a
été fait à la requisition des Evêques de France,
on n'a pas voulu le recevoir parmi nous : au
surplus il n'a eu pour objet que de faire cesser
un abus déjà condamné par l'article 3 de l'édit
du mois d'avril 1695.

Suivant cette loi, ceux qui obtiennent à
Rome des provisions en forme gracieuse, pour
quelque cure ou autre bénéfice à charge d'ames,
ne peuvent pas entrer en possession de ces bénéfices, qu'auparavant il n'ait été informé de leur
vie, mœurs & religion, & que l'ordinaire ou
son vicaire général ne les ait examinés, ou ne
leur ait accordé le *visa*.

Par arrêt du 7 janvier 1751, le Parlement de

Paris a jugé que le défaut d'un Certificat de vie & de mœurs refufé par les fupérieurs d'un eccléfiaftique engagé dans une congrégation féculière, n'étoit pas un motif fuffifant pour que l'évêque refufât à cet eccléfiaftique le *vifa*, lorfqu'il l'avoit employé dans les fonctions du miniftère peu de temps avant l'impétration de fon bénéfice.

Certificat de fervice. On appelle ainfi un acte par lequel les grands-maîtres des eaux & forêts rendent témoignage, que certains officiers fe font acquittés de leur devoir pendant l'année, & doivent en conféquence être payés de leurs gages & chauffages.

Suivant l'article 12 du titre 4 de l'ordonnance des eaux & forêts du mois d'août 1669, les maîtres particuliers ne peuvent obtenir le payement de leurs gages, qu'ils n'aient repréfenté un Certificat du grand maître du département, pour juftifier qu'ils lui ont remis les procès-verbaux qu'ils font tenus de faire annuellement, en conformité de l'article 6 du même titre.

L'article 9 du titre 20 veut que les officiers des eaux & forêts ne puiffent percevoir les fommes qui leur font attribuées pour chauffage, qu'ils n'aient repréfenté un Certificat de fervice & de réfidence actuelle, obtenu du grand-maître du département.

Ces difpofitions ont été confirmées & renouvellées par un arrêt du confeil du 20 octobre 1750, rendu relativement aux officiers & gardes des maîtrifes particulières du département de Caën (*).

_____

(*) *Voici cet arrêt.*

Le Roi s'étant fait repréfenter en fon confeil l'article 12 du titre 4, & l'article 9 du titre 22 de l'ordonnance des eaux

& forêts du mois d'août 1669, par le premier desquels, les maîtres particuliers sont tenus d'envoyer au grand-maître autant de procès-verbaux des visites générales signés d'eux & des autres officiers de la maîtrise, un mois après qu'elles auront été faites, à peine de trois cens livres d'amende contre le maître, privation de ses gages, que le receveur des bois ou du domaine ne pourra payer ni employer en son compte, qu'en rapportant la certification des grands-maîtres, que les procès-verbaux leur auront été remis, & le second porte que les officiers des eaux & forêts ne pourront être payés des sommes qui seront réglées pour leurs chauffages, s'ils ne servent & font résidence actuelle, pourquoi ils seront obligés d'apporter au receveur les Certificats & attestations des grands-maîtres; & sa majesté étant informée qu'au préjudice de ces dispositions, le receveur général des domaines & bois de la généralité de Caen, & les receveurs particuliers des maîtrises qui composent ladite généralité, ont facilité de payer aux officiers & gardes des eaux & forêt les gages, chauffages, journées & vacations qui leur sont attribués pour raison du service actuel qu'ils doivent, & que la chambre des comptes de Rouen reçoit & juge les comptes desdits receveurs sans qu'ils y joignent les Certificats de service du sieur Olivier, sans lesquels lesdits receveurs ne peuvent valablement payer aux termes desdits articles. Comme au moyen de la facilité que les officiers & gardes trouvent avec lesdits receveurs, & ceux ci avec la chambre des comptes, la précaution qui avoit été prise par l'ordonnance de 1669, pour obliger lesdits officiers & gardes à faire leur devoir, devient inutile, il peut s'ensuivre des inconvéniens très préjudiciables aux intérêts de sa majesté, parce que d'un côté, si les officiers & gardes ne font plus dans la nécessité de rapporter des Certificats de leur service, pour être payés, il pourra arriver qu'ils se relâcheront de leur devoir & que leur négligence occasionnera la dégradation des forêts; & d'un autre côté, si le grand-maître, qui doit veiller à la conduite des officiers & gardes, & les réprimer lorsqu'ils ont prévariqué, est dans le cas d'ordonner des suspensions ou radiations des gages,

V iv

donner leurs Certificats de service, les officiers pourroient se pourvoir au conseil, où il leur seroit expédié un ordre pour être payés de leurs gages, nonobstant le défaut de Certificat. C'est

---

chauffages, ou autres droits, il s'ensuivroit de la facilité que ces officiers ont d'être payés, sans justifier de leur service, que ceux qui seroient interdits, recevroient comme s'ils avoient fait le service, & que la partie dont la radiation seroit ordonnée, au lieu de rentrer dans les coffres de sa majesté, seroit payée à ceux qui, par malversations, se seroient mis dans le cas de les perdre, à quoi sa majesté, voulant pourvoir : oui le rapport du sieur de Machault, conseiller ordinaire au conseil royal, contrôleur général des finances. Le roi, en son conseil, a ordonné & ordonne que l'article 12 du titre 4 & l'article 9 du titre 22 de l'ordonnance des eaux & forêts du mois d'août 1669, seront exécutés selon leur forme & teneur; en conséquence, qu'à l'avenir & à commencer de la présente année 1750, les officiers & gardes des maîtrises particulières du département de Caen ne pourront être payés des gages, chauffages, journées & vacations attribués à leurs offices ou commissions, qu'en rapportant les Certificats du sieur Olivier grand-maître des eaux & forêts dudit département; fait sa majesté expresses inhibitions & défenses, tant au receveur général des domaines & bois de la généralité de Caen qu'aux receveurs particuliers des bois desdites maîtrises, de payer aux officiers & gardes d'icelles lesdits gages, chauffages & autres droits attribués à leurs charges ou commissions, sans les Certificats de service dudit sieur grand-maître, à peine de radiation dans la dépense des comptes dudit receveur général, des sommes qui auront été payées sans rapporter lesdits Certificats de service; enjoint sa majesté au sieur procureur général de la chambre des comptes de Rouen, de tenir la main à l'exécution du présent arrêt lequel sera à cet effet enregistré au greffe, tant de ladite chambre que desdites maîtrises. Fait au conseil d'état du roi tenu à Fontainebleau le 20 Octobre 1750. Collationné. Signé Eynard.

ce qui paroît réfulter des arrêts des 17 novembre 1693 , 29 décembre fuivant & 23 août 1695 , en faveur du garde-marteau & du greffier de Fontainebleau ; 26 mai 1696 , en faveur du garde-marteau de Dijon ; 12 février 1697 , en faveur de la veuve du procureur du roi d'Autun ; 9 août 1701 , pour le procureur du roi de Châtillon-fur-Seine ; 9 Mai 1702 , pour le garde-marteau de la même maîtrife ; 18 mai 1706 , pour le maître particulier de Poligñi ; 29 mai 1706 , pour le procureur du roi d'Autun , en faveur de qui il fut ordonné, qu'il feroit payé à l'avenir de fes gages , en rapportant feulement un certificat du maître particulier ; & 23 mai 1752 , pour le procureur du roi en la maîtrife de Caen , en faveur duquel il fut ordonné qu'il feroit payé de fes gages fur fes fimples quittances , fans être tenu de rapporter aucun Certificat.

Un arrêt du confeil du 5 août 1704 , a expreffément défendu aux fectétaires des grands-maîtres d'exiger aucun droit pour les expéditions des Certificats de fervice, à peine de concuffion, de reftitution du quadruple & de 500 livres d'amende.

Certificat de confentement. On appelle ainfi en matière d'eaux & forêts , l'acte fous feing-privé par lequel le receveur général des domaines attefte que les cautions & certificateurs fournis par l'adjudicataire des bois du roi ont été reçus.

L'article 36 du titre 15 de l'ordonnance des eaux & forêts défend expreffément aux officiers des maîtrifes de permettre à l'adjudicataire de commencer l'exploitation des bois vendus avant qu'ils n'aient vu & fait enregiftrer le Certificat de confentement du receveur , à peine de demeurer responsables des évènemens en leur propre & privé nom.

Certificat de carence. On appelle ainsi en matière des eaux & forêts, les attestations des curés ou des juges des lieux, portant que certains particuliers condamnés à des amendes, sont hors d'état de les payer.

Suivant l'article 24 de l'édit du mois de mai 1716, les collecteurs des amendes ne peuvent demander la décharge des sommes dont ils n'ont pu faire le recouvrement, qu'en justifiant qu'ils ont fait les diligences prescrites pour parvenir à l'emprisonnement des condamnés & en représentant des Certificats de carence. La même loi prononce la peine des galères contre les collecteurs convaincus d'avoir produit de faux Certificats de carence (*).

Certificats concernant les bois tirés des forêts de Lorraine. Un arrêt du 6 février 1710, rendu par le bureau des eaux & forêts établi au conseil des ducs de Lorraine, a fait défense à toutes sortes de personnes d'aller prendre, couper, ni en-

_____

(*) Seront alloués en reprise, *porte l'article cité*, auxdits collecteurs, les sommes auxquelles se trouveront monter les amendes dont le recouvrement n'aura pas pû être fait en rapportant les diligences valables pour parvenir à l'emprisonnement des condamnés, les Certificats de carence de biens & les sentences qui les auront déclarés inutiles & bannis du ressort de la maîtrise où les délits auront été commis; & en cas de falsification commise par lesdits collecteurs dans les emplois de perquisitions & Certificats de carence de biens, voulons que leur procès leur soit fait & parfait en la manière prescrite par nos ordonnances, & que ceux qui seront convaincus de falsification soient condamnés aux galères.

lever dans les forêts du prince aucun bois sec
ou verd, pour le vendre, débiter ou en faire
quelqu'autre usage, sans être en état de représenter tant aux officiers de grurie, qu'aux gardes
des forêts, des Certificats donnés par les marchands ou adjudicataires, ou autres personnes
dignes de foi, pour justifier que le bois enlevé
ou coupé n'a pas été volé, le tout à peine de
confiscation du bois, de 50 francs d'amende pour
la première fois, & de prison, même du carcan en cas de recidive. La même loi porte que
s'il se trouve des adjudicataires ou d'autres personnes assez faciles pour donner de pareils Certificats par fraude ou contre la vérité, ils demeureront responsables des événemens, en leur
pur & privé nom (*).

(*) *Cet arrêt est ainsi conçu* : Sur les plaintes qui sont
journellement faites à S. A. R. des désordres qui se commettent depuis quelques temps dans ses forêts, particulièrement
ment dans celles de Nancy, par le fait de la plupart des
peuples de la ville & des environs, lesquels sous prétexte
de la misère publique, s'attroupent impunément, & vont
couper par-tout dans les bois, & en apportent vendre à
hottée, fardeau, ou sur des bourriques, sur les marchés &
dans les rues, comme s'ils l'avoient acheté eux-mêmes des
adjudicataires ou autrement. Et d'autant qu'on ne peut point
en effet distinguer ce bois volé d'avec celui qui provient
des ventes, & qui appartient aux marchands, ils se croyent
à couvert par cette confusion, & par ce moyen dégradent
entièrement les forêts, sans que les gardes, forétiers, ni
même les officiers de la grurie ayent pû jusqu'à présent
leur résister ni en empêcher l'abus, quelques diligences
qu'ils en ayent faites, suivant plusieurs procès-verbaux
qui en ont été représentés ; à quoi étant nécessaire de remédier incessamment, l'affaire mise en délibération, ouï le
rapport du sieur Dubois de Riocourt, conseiller à la cour,

Certificats concernant les tailles. Par édit du mois d'août-1669, il a été défendu aux officiers des élections d'avoir égard aux Certificats de dispense de service, présentés par les officiers commensaux du roi & des maisons royales, pour jouir des exemptions accordées à ceux qui fer-

---

commissaire-général réformateur des eaux & forêts au département de Nancy, Bar, &c.

Lesdits commissaires on fait nouvelles & itératives défenses à toutes sortes de personnes de tel état & condition qu'elles puissent être, d'aller prendre, couper, ni enlever dans les forêts de S. A. R. aucun bois sec ou verd, sous quelque prétexte que ce soit, ni d'en apporter par fardeau, hottées, ou sur des bourriques pour vendre, débiter, ou autrement s'en servir, soit dans la ville, places publiques ou ailleurs, sans que ces sortes de gens fassent paroître, tant aux officiers de grurie, qu'aux gardes & forétiers, par bons Certificats & billets des marchands ou autres personnes de foi & bien connues, justificatifs d'où proviennent les bois dont ils se trouveront chargés, & comme ils n'ont pas été volés, avec spécification dans lesdits billets du temps & de la quantité que lesdits marchands déclareront avoir vendu, le nom & la demeure des acheteurs, à peine, contre les contrevenans, de confiscation du bois, de cinquante francs d'amende pour la première fois, & de prison, même du carcan en cas de récidive ; & en cas qu'ils se trouveroit des marchands adjudicataires ou autres personnes assez faciles pour donner de pareils Certificats équivoques ou contre la vérité & par fraude, lesdits marchands en demeureront eux-mêmes responsables en leurs purs & privés noms. Enjoignent lesdits commissaires aux officiers de la grurie, gardes & forêtiers, de tenir la main à l'exécution des présentes, à peine de demeurer responsables des abus qui en pourroient arriver. Ordonnent qu'à cet effet les présentes seront publiées, affichées, & régistrées au greffe de la grurie, pour être exécutées selon leur forme & teneur. Fait au bureau établi audit conseil, le 6 février 1710. *Signé*, Aubertin, secrétaire.

vent actuellement, à moins que ces Certificats n'aient été délivrés pour cause de maladie, attestée par les médecins & officiers des lieux, en présence du procureur du roi.

Et suivant l'article 5 de l'édit du mois d'Août 1705, les Certificats de dispense de service, délivrés aux commensaux ou officiers & domestiques du roi & des maisons royales, selon la forme prescrite, doivent être signifiés à leur requête au corps des habitans de leur paroisse, un jour de dimanche ou de fête, à l'issue de la grand'messe, ainsi qu'aux collecteurs & au receveur des tailles, afin qu'en cas de fraude & de supposition, les uns & les autres puissent contester ces Certificats, soit par écrit ou par témoins, sans être obligés à faire une inscription de faux (*).

_____

(*) _L'article cité a confirmé & étendu les dispositions de l'edit du mois d'août 1669 : il est ainsi conçu._ N'entendons pareillement comprendre dans la présente révocation les officiers, domestiques & commensaux de notre maison, ni ceux des maisons royales, lesquels jouiront des privilèges & des exemptions à eux accordés par nos édits & déclarations, à la charge qu'ils ne feront aucun acte dérogeant, qu'ils seront compris dans les états qui seront envoyés tous les ans en notre cour des aides, qu'ils recevront réellement au moins soixante livres de gages par an, & qu'ils feront le service actuel, dont il ne pourra leur être accordé aucune dispense, sous quelque prétexte que ce soit, si ce n'est pour cause de maladie, certifiée par acte, signé d'un président, de deux élus, & du substitut de notre procureur général en l'élection où ressortit la paroisse où lesdits officiers font leur résidence ; & sera ledit acte signifié à la requête desdits officiers au corps des habitans de leur paroisse, un jour de dimanche ou de fête, à l'issue de la grand'messe, aux collecteurs de ladite paroisse, & au

Les mêmes commensaux sont obligés pour jouir des priviléges qui leur sont attribués, de déclarer tous les ans par acte authentique, au corps des habitans de leur paroisse, le temps pendant lequel ils doivent servir, & de rapporter ensuite un Certificat valable de ce service, &c. C'est ce qui résulte de l'article 6 de l'édit qu'on vient de citer (*).

Certificats en matière de droits d'aides. Pour que

---

receveur des tailles de ladite élection, pour être en cas de fraude & de supposition, ledit Certificat par eux débattu & contesté, soit par écrit ou par témoins, sans être tenus de former inscription de faux.

(*) Voulons aussi, *porte l'article cité*, que les officiers, domestiques & commensaux de notre maison & des maisons royales, soient tenus, suivant les anciens règlemens, de déclarer toutes les années par acte authentique, un jour de dimanche ou de fête, à l'issue de la grande messe, au corps des habitans de la paroisse, l'année, le quartier ou le semestre pendant lesquels ils devront servir, & le jour de leur départ; & six semaines après que le temps de leur quartier ou semestre sera fini, ils rapporteront & dénonceront comme dessus au corps desdits habitans, un Certificat valable du service qu'il auront rendu durant leur quartier ou semestre; & six mois après, une ampliation signée du trésorier ou autre payeur, de la quittance qu'ils lui auront donnée desdites soixante livres de gages & au dessus, avec un extrait de l'état envoyé à notre cour des aides, afin de prouver qu'ils y sont employés, pour lequel extrait il ne sera payé au greffier que cinq sous y compris le papier timbré; seront cependant lesdits habitans admis comme dessus, à faire preuve du contraire par écrit & par témoins, sans être obligés de former aucune inscription faux; & en cas de fraude de la part desdits officiers, domestiques & commensaux, voulons qu'ils soient imposés à la taille, & taxés d'office par les intendans & commissaires départis dans les provinces & généralités, sans pouvoir dans la suite jouir d'aucune exemption de taille, dont ils demeureront déchus; & ne pourra ladite peine être réputée comminatoire.

le fermier des aides puisse suivre dans le transport l'eau-de-vie & les liqueurs auxquelles elle sert de base, & s'assurer du payement des droits qu'elles doivent, les réglèmens veulent qu'elles ne puissent être enlevées ni voiturées, que les acheteurs n'aient donné caution solvable, ou que les vendeurs, facteurs & commissionnaires n'aient fourni au bureau du lieu de l'enlévement, leur soumission de rapporter du lieu de la destination, un Certificat des Commis, qui justifie que les eaux-de-vie ont été déchargées, & que les droits ont été acquittés. Les Certificats de l'espèce dont il s'agit, doivent être délivrés par les directeurs ou commis du fermier établis au lieu de la destination, aussi-tôt que les eaux-de-vie sont arrivées & qu'elles leur sont déclarées & présentées.

Suivant les lettres-patentes de 1727 & 1728, il est accordé aux cautions & soumissionnaires un délai de trois mois à compter du jour de chaque soumission, pour rapporter les Certificats de décharge & les quittances des droits, quelque distance qu'il y ait du lieu de l'enlévement à celui de la destination. A l'égard des eaux-de-vie enlevées par mer pour l'étranger, il suffit de rapporter un Certificat d'embarquement donné par les commis du fermier établis dans le lieu où elles auront été embarquées, & de justifier que les droits de sortie ont été acquittés.

Lorsque les trois mois sont écoulés sans que les certificats & les quittances dont on vient de parler, aient été rapportés, le fermier peut décerner les contraintes contre les cautions & soumissionnaires solidairement, pour le payement du quadruple des droits dus tant aux bureaux de paffage fur la route, qu'au lieu de la deftination, dans les pays fujets aux droits de gros & de huitième, & pour le payement du double des droits feulement dans l'élection de Paris, la Normandie, la Picardie, & les autres lieux fujets au quatrième. Cette augmentation de droits eft pour tenir lieu de la confifcation des eaux-de-vie, & de l'amende de 500 livres, prononcée pour chaque contravention par les déclarations des 30 janvier 1717 & 8 mai 1718.

Si le fermier négligeoit de décerner fes contraintes dans l'année, à compter du jour des foumiffions, les cautions & foumiffionnaires feroient bien & valablement déchargés.

Lorfque l'eau-de-vie eft deftinée pour les provinces où les aides n'ont pas cours, & que les Certificats de décharge ne font pas repréfentés dans les délais fixés, le quadruple ou le double des droits doivent fe régler comme on les perçoit dans la derniere généralité par où l'eau de vie a du paffer & où elle eft cenfée avoir été verfée en fraude.

Il ne doit être fait qu'un feul commandement en exécution de la contrainte décernée par le fermier, de laquelle il doit être donné copie par extrait à la tête du même acte à peine de nullité.

Outre le délai de trois mois, la caution & le foumiffionnaire ont encore, à compter du jour du commandement, un nouveau délai d'un mois, pour rapporter Certificat de décharge, & le commandement doit faire mention de ce délai. Tandis qu'il n'eft pas écoulé, le fermier ne peut faire aucune pourfuite, à moins qu'il n'y ait péril en la demeure, faillite ou banqueroute.

Dans

Dans ces cas-ci, le fermier peut procéder par voie de saisie & la permission doit lui en être accordée à ses risques par les officiers des élections, mais il ne peut être procédé à la vente des effets saisis qu'autant que des opposans l'ont fait ordonner ; & dans le cas où il seroit rapporté des Certificats bons & valables dans le délai déterminé par le commandement, la caution ou le soumissionnaire seroient seulement tenus de payer les frais. C'est ce qui résulte tant des lettres-patentes du 4 juin 1726, & du 9ᵉ juillet 1744, que de l'arrêt du conseil du 7 août 1745.

Les Certificats rapportés après les délais dont on vient de parler, sont déclarés nuls & de nul effet par les lettres-patentes de 1726. La même loi défend aux commis de les recevoir à peine d'être forcés personnellement en recette du quadruple ou du double des droits & de répondre des dommages & intérêts du fermier. Il est pareillement défendu aux juges d'avoir égard à ces sortes de Certificats.

Lorsque les cautions & les soumissionnaires rapportent les certificats dans les délais fixés, ils doivent en certifier la vérité au dos de chaque acte, & le fermier ou son commis doit faire mention sur le champ, en marge du registre, à l'article de la soumission, du jour auquel la remise du Certificat lui aura été faite, & délivrer, s'il en est requis, une attestation de cette remise, sans autres frais que ceux du papier timbré. Le fermier n'a que six mois, du jour de la mention de cette remise, pour contester ou arguer de faux les Certificats rapportés : après ce tems les cautions ou soumissionnaires demeurent bien & valablement déchargés. Cela

eft ainfi réglé par les lettres-patentes de 1726,
& par l'arrêt du confeil du premier août 1750.

Lorfque le fermier vient à arguer de faux les
Certificats dont il s'agit, les cautions ou foumiffionnaires doivent déclarer par écrit dans le
mois, à compter du jour de la fommation qui
leur en a été faite, s'ils entendent fe fervir de
ces Certificats : à défaut de cette déclaration,
les Certificats doivent être déclarés nuls, &
les contraintes pour le payement du double ou
du quadruple des droits, peuvent être décernées & exécutées. Lorfque les cautions ou foumiffionnaires ont déclaré dans le délai fixé,
vouloir fe fervir des Certificats argués de faux,
le faux doit être inftruit avec eux à la diligence
du fermier, & s'ils font convaincus d'y avoir
eu part, ils doivent être condamnés aux peines
portées par le titre commun de l'ordonnance de
1681 ; (*) mais s'ils n'ont point participé au
faux, ils doivent feulement être condamnés à
une amende de 500 livres envers le fermier,
pour avoir déclaré vouloir fe fervir de ces Certificats, outre la peine du quadruple des droits
pour la fraude, fauf au procureur du roi & au
fermier à pourfuivre les auteurs du faux, & fauf

(*) Suivant cette loi, les redevables des droits convaincus
d'avoir falfifié des Certificats ou d'autres actes délivrés par
les commis du fermier, ainfi que leurs lettres de voitures, &c. doivent être condamnés pour la première fois au
fouet & au banniffement pour cinq ans de l'élection où
la falfification a été commife, outre une amende qui ne
peut être moindre que du quart de leurs biens : & dans le
cas de récidive, la peine eft fixée à neuf ans de galères,
avec une amende qui doit être de la moitié des biens des
coupables.

pareillement aux cautions ou soumiffionnaires, leurs dommages & intérêts contre ceux qui leur ont remis de faux Certificats.

Les cautions ou soumiffionnaires contre lefquels le fermier à décerné des contraintes, faute de rapporter des Certificats de décharge, peuvent exercer leur garantie contre leurs commettans, & en vertu des mêmes contraintes, fans être tenus d'aucune autre formalité, que de dénoncer à ces commettans la procédure du fermier. Au furplus cette dénonciation ne peut pas retarder l'exécution des contraintes du fermier, ni le payement des droits.

Les conteftations qui peuvent naître au fujet des foumiffions & certificats dont il s'agit, doivent être portées en première inftance devant les officiers de l'élection, dans le reffort de laquelle la foumiffion a été paffée, & par appel à la cour des Aides, fans que les officiers de l'élection d'où dépend le lieu de la deftination, en puiffe prendre connoiffance, fous quelque prétexte que ce foit.

- Les difpofitions précédentes doivent être exécutées pour les eaux-de-vie enlevées des villes de Boulogne-fur-Mer & de Calais, ainfi que des paroiffes en dépendantes, quoique les droits de détail fur cette forte de liqueur n'y ayent pas cours. Si l'on ne repréfente point de Certificats de décharge, les eaux-de-vie font cenfées avoir été verfées en fraude dans la généralité d'Amiens, & en conféquence le fermier peut exiger le double des droits fur le pied qu'ils fe perçoivent dans cette généralité.

Les marchands d'eau-de-vie s'étant plaints que les formalités relatives aux cautionnemens

& foumiffions à fournir au lieu de l'enlévement des eaux-de-vie, les expofoient à des pertes fréquentes, tant par la néceffité où ils fe trouvoient de fervir de cautions aux marchands forains qui n'en pouvoient trouver au lieu de l'enlévement, qu'à caufe que ces derniers négligeoient de rapporter des certificats de décharge ou en rapportoient de fuppofés, d'où il arrivoit que leurs cautions fe trouvoient dans le cas de fupporter l'amende du quadruple ou du double des droits, fans aucun recours contre ces forains, fouvent inconnus & infolvables, le roi par fes lettres-patentes du 2 août 1728, a établi des formalités que les acheteurs peuvent remplir au lieu de la deftination, pour tenir lieu de celles qui font prefcrites au lieu de l'enlévement: au furplus les marchands ont le choix de fe conformer aux unes ou aux autres felon ce qui leur convient.

Suivant la loi qu'on vient de citer, les acheteurs d'eau-de-vie peuvent, s'ils le jugent à propos, déclarer au bureau des aides du chef-lieu de l'élection, dans l'étendue de laquelle ils deftinent cette liqueur, la quantité qu'ils entendent en acheter, & de quelle généralité ils veulent la tirer; ils doivent dans ce cas donner leur foumiffion de faire arriver l'eau-de-vie achetée, au lieu marqué pour la deftination, dans un temps convenable & proportionné à la diftance des lieux, d'en faire leur déclaration à l'inftant de l'arrivée, de remettre au bureau les congés pris au lieu de l'achat, & d'en payer les droits d'entrée & autres, fous les peines portées par les réglemens. Lorfque les acheteurs ne font pas connus pour folvables au lieu de la deftination, ils doivent y fournir bonne & suffisante caution de satisfaire à ce qui vient d'être dit, si mieux ils n'aiment consigner les droits auxquels les eaux-de-vie pourront être assujetties en arrivant.

Il doit être délivré à chaque acheteur, sans autres frais que ceux du papier timbré, une ampliation de la déclaration & soumission qu'il aura faite, ou un Certificat de sa consignation, pour être remis au commis du fermier du lieu de l'achat ou enlévement.

En se conformant à ces dispositions, (ce qui ne peut avoir lieu que quand les eaux-de-vie font destinées pour un lieu sujet aux aides,) les acheteurs font dispensés de faire au bureau du lieu de l'enlévement aucune soumission & d'y fournir caution. Il est enjoint aux commis du fermier, à peine du payement du quadruple des droits & de tous dépens, dommages & intérêts, de faire mention dans les congés qu'ils délivrent pour l'enlévement, que l'ampliation de la déclaration & soumission, ou le Certificat de la consignation leur a été apporté & est resté en leur possession.

Il ne peut être enlevé une plus grande quantité d'eau-de-vie que ce qu'on en a spécifié dans la déclaration & soumission, ou certificat de consignation, à moins de donner une soumission & de fournir caution au lieu de l'achat pour l'excédent qu'on voudroit enlever; mais on peut en enlever une quantité moindre que celle qu'on a déclarée ; & alors les commis du fermier font tenus d'en faire mention au dos des ampliations des déclarations & soumissions ou certificats de consignation qui ne doivent avoir d'effet que pour la quantité enlevée réellement. Il est enjoint aux commis sous la peine portée dans la disposition précédente, de faire mention sur les congés que les eaux-de-vie enlevées font partie de celles qui sont énoncées dans les soumissions ou Certificats de consignation, lesquels ont été annullés pour la quantité que l'acheteur pouvoit enlever & qu'il n'a point enlevée. La soumission doit être déchargée au lieu de l'enlevement sur la représentation du congé, & les droits de la portion non enlevée doivent être rendus s'ils ont été consignés.

Les ampliations des déclarations & soumissions faites au bureau des aides du chef-lieu de l'élection pour l'étendue de laquelle les eaux-de-vie font destinées, deviennent nulles & de nul effet après un mois de date, en sorte qu'après ce délai elles ne peuvent plus servir à faire délivrer aucun congé pour enlever des eaux-de-vie, s'il n'est fait soumission & fourni caution conformément à la déclaration du 8 mai 1718 & aux lettres-patentes du 4 juin 1726, à peine contre les commis, qui en cas pareil auroient délivré des congés sans soumission ni caution, d'être tenus du quadruple des droits des eaux-de-vie qu'on trouveroit n'être pas arrivées au lieu pour lequel elles étoient destinées & qu'on n'auroit pas déclarées. Ceux à qui l'on a délivré des ampliations doivent les rapporter dans la quinzaine au plus tard après l'échéance du mois, pour faire décharger leurs soumissions, & retirer les sommes qu'ils ont consignées, à peine d'être contraints au payement du simple droit dû à l'arrivée, & des droits de détail, ou de perdre les sommes consignées, qui dans ce cas demeurent acquitées au fermier.

Certificats en matière de droits de traites. Les
marchands ou voituriers qui font fortir des marchandifes de l'étendue des provinces des cinq
groffes fermes pour y rentrer, foit par mer foit
par terre, font tenus de faire une déclaration
contenant leur foumiffion de rapporter un Certificat de la defcente des marchandifes au lieu
pour lequel elles font deftinées, ou de payer le
quadruple des droits : ils doivent pour cet effet
donner caution ou configner les droits entre les
mains du fermier (*). C'eft ce qui réfulte de l'article 2 du titre 6 de l'ordonnance du mois de février 1687.

Le temps néceffaire pour rapporter le Certificat de defcente doit être réglé par l'acte de
foumiffion fuivant la diftance des lieux.

Lorfque les marchandifes font arrivées au lieu
de la deftination, les voituriers font obligés de
les conduire directement au bureau s'il y en a
un, & après la vifite des marchandifes & la repréfentation des acquits, le fermier doit leur
donner un Certificat de defcente (**).

(*) L'arrêt du confeil du 19 juin 1691, porte que ceux
qui dans l'étendue des cinq groffes fermes tranfporteront
des marchandifes ou denrées, dont les droits feront au-
deffous de trois livres, feront tenus feulement de faire leur
foumiffion fur le regiftre de rapporter Certificat de defcente
dans le temps, & aux peines portées par l'ordonnance,
& qu'il fera fait mention de leurs foumiffions dans les
acquits, fans qu'ils foient tenus de donner caution ; l'article
235 du bail de Caillier contient la même difpofition.
(**) Obfervez toutefois que ce Certificat ne doit être
donné qu'autant que par la vifite, les marchandifes fe
trouvent telles qu'elles font fpécifiées par l'acquit à caution : car s'il en étoit autrement, foit pour la quantité,

Les marchands ou voituriers doivent cinq
fous pour chaque Certificat de defcente, lorfque
les droits auxquels les marchandifes font affujetties montent à trois livres, & deux fous fix
deniers fi ces droits font au-deffous de trois livres & au-deffus de vingt fous.

Lorfque les droits font au-deffous de vingt
fous il n'eft rien du pour le Certificat de defcente ni pour l'acquit.

Les Certificats de defcente doivent être mis
au dos des acquits à caution, quand même le
papier feroit marqué pour une autre généralité:
ils doivent être fignés par les commis dans les
lieux où il y en a d'établis, & par les juges,
échevins & fyndics dans les lieux où il n'y a point
de commis.

Il ne doit point être délivré de Certificats fi
la-defcente des marchandifes a été faite depuis
le temps de l'acquit, à peine de nullité ; & le
fermier peut dans ce cas faire faifir les marchandifes & en pourfuivre la confifcation (*).

Obfervez néanmoins que fi les marchands
peuvent juftifier par des procès - verbaux en
bonne forme, faits par les juges des lieux, ou

---

foit pour la qualité de ces marchandifes, elles feroient dans
le cas d'être faifies & confifquées comme pour fauffe déclaration en conformité de l'article 13 du titre 2 de l'ordonnance de 1687.

(*) Cette difpofition de l'ordonnance ne s'exécute guère
à la rigueur : il eft peu d'exemples que l'on ait faifi des
marchandifes pour être arrivées après le délai fixé : on fe
contente de pourfuivre la caution pour le quadruple des
droits, faute de rapporter le Certificat de defcente, à moins
qu'il n'y ait une fraude reconnue & conftante, auquel cas
on déclare la faifie des marchandifes.

en leur abfence, par le premier praticien, greffier ou notaire, qu'ils ont été retardés par quelque cas fortuit ou de force majeure, il doit leur être donné main-levée de leurs marchandifes quand même la defcente n'en auroit pas été faite dans le temps porté par l'acte de foumiffion (*).

Il ne doit être ajouté aucune foi aux procès-verbaux dont on vient de parler, s'ils n'ont été faits dans le temps du retardement, ou du moins dans les vingt-quatre heures du jour qu'il eft ceffé, à l'égard des marchandifes tranfportées par terre; & à l'égard de celles qui font tranfportées par mer, dans les deux jours depuis qu'elles font arrivées au port, le fermier préfent ou dûment appelé, s'il y a un bureau dans le lieu de l'abord des marchandifes.

Les droits confignés doivent être rendus aux marchands, ou leurs foumiffions & celles de leurs

_____

(*) Comme plufieurs juges des traites & même quelques cours fupérieures rendoient fouvent des jugemens & arrêts par lefquels il étoit permis aux marchands ou voituriers qui ne rapportoient point de Certificat fur leurs acquits a caution ni même ces acquits de prouver par témoins qu'ils les avoient repréfentés aux commis fans que ceux ci euffent voulu les décharger & qu'ils les avoient laiffés dans les bureaux n'ayant pu les retirer, le confeil rendit un arrêt le 10 feptembre 1689, par lequel il ordonna que les difpofitions de l'ordonnance de 1687 feroient exécutées, & que dans le cas où les commis refuferoient de donner des Certificats de defcente des marchandifes, les marchands ou voituriers feroient tenus d'en rapporter des actes juftificatifs faits par les juges des lieux, & en leur abfence par le premier praticien ou notaire, dans les temps limités par les acquits à caution : le même arrêt fit défenfe aux juges & cours fupérieures d'admettre la preuve par témoins du retardement ou refus des commis, perte des acquits, &c.

cautions être déchargées sans frais sur le registre, en rapportant le certificat de descente dans
le temps porté par l'acte de soumission.

Si le certificat n'est pas rapporté, les droits
sont acquis au fermier s'ils ont été consignés;
sinon il peut décerner sa contrainte pour le simple dû du droit sur l'extrait de son registre;
& en cas de contestation la consignation du
droit doit être ordonnée entre les mains du fermier, sauf à lui à poursuivre solidairement le
marchand & la caution pour ce qui reste à payer
du quadruple; le tout sans préjudice dans le cas
où il y auroit preuve de fraude, de la confiscation des marchandises, sur laquelle le quadruple doit être déduit s'il a été payé. C'est ce que
porte l'article 12 du titre 6 de l'ordonnance de
1687.

Suivant l'article 13, les marchands & leurs
cautions doivent être déchargés du payement
des droits s'ils rapportent le Certificat de descente avant le jugement, pourvu qu'il paroisse
par ce Certificat que la descente des marchandises a été faite dans le temps porté par la soumission; mais ils doivent payer les frais faits par
le fermier jusqu'au jour de la représentation du
Certificat.

Les lettres-patentes des 13 mars & 14 avril
1622 veulent que les marchands, voituriers ou
autres qui rapportent des acquits à caution avec
les Certificats au dos de la décharge des marchandises, soient tenus de certifier la vérité des
signatures de ces certificats; & dans le cas où
elles se trouveroient fausses ou qu'on auroit sup-
posé des qualités à ceux qui les ont données,
les propriétaires des marchandises doivent être

poursuivis comme pour crime de faux, & les cautions doivent être condamnées à payer le quadruple des droits & trois cens livres d'amende.

Droits à percevoir sur les Certificats. Le droit de contrôle d'un Certificat pur & simple est fixé à dix sous par l'article 5 du tarif du 29 septembre 1722.

Les Certificats de vie donnés par les juges aux propriétaires des rentes viagères, ne sont pas sujets au contrôle, selon ce qu'a décidé le conseil le 20 juin 1715 ; mais ils sont sujets au droit de petit scel, suivant une autre décision du 4 juillet de la même année.

Voyez les édits d'août 1693 , de novembre 1733 , & d'août 1734 ; les arrêts du conseil des 19 septembre & 3 novembre 1734 ; la déclaration du 26 juin 1763 ; l'arrêt du conseil du 23 avril 1737 ; la collection de jurisprudence ; la déclaration du 13 décembre 1598 ; l'édit du mois d'avril 1695 ; la déclaration du 27 décembre 1727 ; l'ordonnance des eaux & forêts du mois d'août 1669 ; les arrêts du conseil des 5 août 1704 & 20 octobre 1750 ; les lois forestières ; les arrêts du conseil des 17 novembre & 29 décembre 1693 ; 23 août 1695 , 26 mai 1696 , 12 février 1697 , 9 août 1701 , 9 mai 1702 , 18 mai 1706 , & 23 mai 1752 ; l'édit du mois de mai 1716 ; le recueil des édits & règlemens de Lorraine ; l'édit du mois d'août 1669 & celui du mois d'août 1705 ; le code des tailles ; les déclarations des 3 janvier & 8 mai 1718 ; les lettres-patentes du 8 juillet 1722 ; les arrêts du conseil des 31 décembre 1720 , 4 mars & 12 septembre 1721 ; les lettres-patentes des 4 juin 1726 , 7 juin 1727 & 2 mars 1728 ; les arrêts du conseil des 7 juillet & 15 septembre 1722 , 26 avril & 2 juillet 1723 , 24 février

1728 , 2 *feptembre 1738* , & *28 juillet 1739* ; *les lettres-patentes du 9 juillet 1744* ; *les arrêts du confeil des premier août 1730 & 7 août 1745* ; *l'ordonnance du mois de février 1687* ; *l'arrêt du confeil du 19 juin 1691* ; *le commentaire fur le tarif de 1664* ; *l'arrêt du confeil du 10 feptembre 1689* ; &c. Voyez auffi les articles RENTE, PENSION, LÉGALISATION, BÉNÉFICE, VISA, EXAMEN, CERTIFICAT DES BANQUIERS EN COUR DE ROME, BOIS, GAGES, CHAUFFAGE, TAILLE, COMMENSAUX, EXEMPTION, PRIVILÈGE, EAU DE VIE, DÉCLARATION, CONGÉ, CONFISCATION, MARCHANDISES, VOITURIER, CONTRAINTE, TRAITES, ENTRÉE, SORTIE, DÉTAIL, QUATRIÈME, &c.

CERTIFICAT DES BANQUIERS EN COUR DE ROME. C'eft une atteftation par laquelle les banquiers en cour de Rome certifient que la fignature dattée à Rome eft véritable & qu'elle a été expédiée par cette cour.

Cette formalité eft requife par l'article 8 du titre 15 de l'ordonnance de 1667. Cette loi veut qu'il ne foit ajouté foi aux fignatures & expéditions de cour de Rome, que lorfqu'elles font vérifiées par un Certificat de deux banquiers expéditionnaires. Ce Certificat doit être écrit au dos de l'original de la fignature & expédition (*).

_____

(*) Le Certificat doit être conçu en ces termes : « Nous » fouffignés avocats au parlement, confeillers du roi, ban- » quiers expéditionnaires en cour de Rome, demeurans à.... » certifions à tous ceux qu'il appartiendra, fuivant l'ordon- » nance, que la préfente fignature datée à Rome le.... eft » véritable & duement expédiée en ladite cour ; en foi de » quoi nous avons figné. A.... le....

C'est la dernière formalité nécessaire pour la perfection des expéditions des banquiers. Lorsqu'ils l'ont remplie il ne leur reste rien à faire ; alors les parties peuvent faire usage des signatures qu'elles ont obtenues.

Les banquiers ne font pas seulement obligés de donner des Certificats sur les signatures qu'ils font expédier en cour de Rome ; ils doivent également en délivrer du refus qui a été fait à la datterie d'accorder des provisions.

. Lorsqu'il s'agit d'une simple grace qui dépend de la volonté du pape, on peut former une complainte & plaider sur le Certificat seul du banquier ; mais il faut que le Certificat atteste que la grace a été accordée. Piales dans son traité de la prévention rapporte un arrêt du grand conseil du 28 juin 1748, qui a jugé que dans ce cas le Certificat du banquier étoit suffisant.

On a agité en 1725 au grand conseil la question de savoir si lorsqu'un banquier expéditionnaire en cour de Rome avoit donné son Certificat, il pouvoit y faire des changemens. Piales rapporte un arrêt rendu par ce tribunal le 22 mars 1625, qui a jugé que le banquier pouvoit réformer son Certificat. Il ne s'agissoit dans l'espèce jugée par cet arrêt que d'une légère omission.

Cet arrêt se trouve dans le traité de la prévention de Piales, partie 2 chapitre 12. Il a été rendu sur la plaidoierie de Cochin.

Voyez *les œuvres de Cochin ; le traité de la prévention par Piales*. Voyez aussi les articles ATTESTATION, BANQUIERS EXPÉDITIONNAIRES EN COUR DE ROME, DATTE, REFUS, &c. (*Article de M. DESSESSARTS, avocat au parlement.*)

CERTIFICATEUR & CERTIFICATION
DES CRIEES. On appelle *Certificateur des criées*
un officier dont les fonctions consistent à procé
der à l'examen & à la vérification des criées de
héritages saisis réellement ; & l'on appelle *Certi*
fication des criées, la sentence par laquelle on dé
clare les criées bien & valablement faites.

La formalité de certifier les criées est fort an
cienne : M. d'Héricourt remarque fort bien
qu'elle étoit établie par l'usage long-temps avan
qu'il y eût à ce sujet une loi générale. L'ordon
nance de 539 porte que le *poursuivant criée*
sera tenu, après icelles faites, les faire certifier bien
& dûment selon les anciennes ordonnances. L'édi
du mois de septembre 1551 est encore plus po
sitif, car l'article 5 veut que *les criées soient cer-*
tifiées par-devant le juge des lieux, après que la lec-
ture en aura été faite au jour des plaids & iceux
tenans.

Il faut donc, suivant cette dernière loi, qu'en
quelque juridiction qu'un decret d'immeubles se
poursuive, la Certification des criées se fasse
par-devant le juge ordinaire des lieux où les
biens sont situés. C'est pourquoi la poursuite
d'un décret aux requêtes du palais & de l'hôtel,
même au parlement, n'empêcheroit pas que la
Certification des criées ne se fît devant le juge
du lieu où les immeubles sont situés.

Observez cependant que cette règle n'est pas
sans exception : par exemple ; dans le ressort
de la prévôté de Paris, les immeubles saisis réellement peuvent être vendus par adjudication
devant les juges des seigneurs hauts-justiciers ;
mais les Certifications des criées doivent se faire
au châtelet, sous quelque juridiction royale ou

seigneuriale que les biens soient situés. C'est, selon la remarque de Bacquet, un usage observé de temps immémorial. Cet usage a été confirmé par différentes lois, & notamment par une déclaration du 17 septembre 1695, & par un édit du mois de septembre 1772. Ces lois ont attribué aux Certificateurs des criées du châtelet de Paris, le droit de certifier les criées des maisons, terres, héritages & autres immeubles situés dans l'étendue de la ville, prévôté & vicomté de Paris, en quelque juridiction que se poursuive la saisie réelle de ces immeubles.

Dans la coutume de Clermont en Beauvoisis, les juges des seigneurs hauts-justiciers peuvent faire faire les criées, connoître des oppositions, & faire l'ordre des deniers provenans du prix de l'adjudication; mais les articles 61 & 62 de cette coutume déclarent le juge ordinaire de Clermont seul compétent pour certifier les criées & pour procéder à l'adjudication (*).

(*) *Voici comme ils ont été rédigés :*
ARTICLE LXI. *Item*, s'il advenoit qu'aucunes criées se fissent en vertu de la condamnation ou commission d'un prévôt royal, ou haut justicier, par son sergent, lesdites criées se feront de quatorzaines en quatorzaines, aux jours les plaids ordinaires dudit prévôt royal, ou des plaids ordinaires dudit haut justicier; & iceux tenans; ensemble a l'issue de la messe paroissiale, & devant l'église d'icelle paroisse; pour ce fait, être procédé à la discussion des opposans, ainsi qu'il est dit ci dessus : & néanmoins avant que tel prévôt ou justicier puisse procéder à l'adjudication desdits héritages criés, le rapport du sergent qui aura fait lesdites criées sera rapporté, leu & publié en l'auditoire dudit Clermont, en jour de plaids ordinaires, & iceux tenans. Et seront lesdites criées certifiées, tant par le juge que par les praticiens assistans, avoir été bien & duement faites selon les us & coutumes dudit comté.

· Bacquet a prétendu que la règle de certifier devant le juge royal, les criées faites dans les justices seigneuriales, devoit être suivie dans toute la France comme à Paris : il a dit pour appuyer son opinion : 1°. Que les criées devant être faites suivant la coutume, le style & l'usage général de la province, il n'y avoit que les juges royaux qui eussent droit d'en connoître : 2°. Qu'on trouvoit dans les justices royales plutôt que dans celles des seigneurs un nombre suffisant de praticiens pour certifier les criées. Les partisans de l'opinion de Bacquet l'ont en outre étayée par l'autorité de différens arrêts qui avoient renvoyé devant les juges royaux les Certifications de criées faites devant les juges de seigneurs.

Mais ces raisons n'ont pas prévalu. En effet il est clair par l'édit de 1551, concernant les criées, que le législateur n'a pas voulu que la Certification des criées fût un cas royal, puisque suivant l'article 5, elle doit être faite *pardevant les juges des lieux*, ce qui comprend les juges seigneuriaux comme les juges royaux. Il ne paroît pas non plus que les rois qui ont régné depuis Henri II, aient voulu attribuer la Certification des criées aux juges royaux : on remarque au contraire que Louis XIV a reconnu que les juges des seigneurs pouvoient exercer leur

Article LXII. *Item*, telles adjudications de décret se font publiquement en jugement audit Clermont, & se fera le semblable des criées des prévôts & haut justicier ; & est contraint l'acheteur à fournir les deniers de la vente, en-dedans la huitaine, par emprisonnement de sa personne, si mestier est.

juridiction

juridiction à cet égard, puisqu'en créant par son édit d'octobre 1694, de nouveaux Certificateurs des criées dans les justices royales ordinaires, il se réserva d'en établir dans les justices seigneuriales où il jugeroit à propos d'en créer.

Cependant comme il pourroit y avoir des inconvéniens à suivre dans toutes les justices seigneuriales la règle établie par l'édit des criées, le parlement de Paris a cru pouvoir distinguer entre les justices considérables, où il doit naturellement se trouver un nombre suffisant de praticiens instruits pour connoître si les criées ont été bien ou mal faites, & les hautes justices peu étendues où communément on ne trouve guère de praticiens qui connoissent bien les règles d'une procédure aussi compliquée que celle d'un décret. En conséquence, la jurisprudence de cette cour a établi que les criées pouvoient être certifiées dans les justices de la première espèce, telles que sont celles des terres titrées dont les appellations ressortissent par devant les juges royaux ordinaires ; mais que cette Certification ne devoit point avoir lieu dans les justices de la seconde espèce.

La distinction dont on vient de parler concilie les arrêts qui paroissent opposés sur la matière dont il s'agit : c'est en faveur de plusieurs justices considérables, telles que celles du comté de Rochefort, de Coulommier, de Rambouillet, de Châteaudun, & du duché de Nevers qu'ont été rendus les arrêts des 30 janvier 1578, 16 janvier 1587, 11 février 1559 & 16 février 1634, dont parlent Bouchel & Bardet. C'est au contraire pour des justices peu considérables que sont intervenus les arrêts qui, en autorisant les procédures pour les décrets, faites devant les juges des seigneurs, ont renvoyé la Certification devant le plus prochain juge royal; il y en a un dans Bardet du 8 mai 1618. Le parlement ayant infirmé le 18 mars .1629, une sentence du bailliage de Noyon, qui faisoit défenses aux juges de Magny de faire aucune adjudication par décret, ordonna que le lieutenant général de Noyon certifieroit les criées, & lui enjoignit, après les Certifications, de renvoyer les parties devant le juge de Magny, pour procéder à l'adjudication des héritages saisis. L'arrêt du 16 septembre 1675, qui défend aux officiers du Bailliage d'Issoudun d'évoquer les décrets pendans en la justice de Graçay, a ordonné que les criées seroient certifiées par devant le juge royal d'Issoudun.

Le rapport des criées pour parvenir à la Certification se faisoit anciennement par le premier praticien du siége qui en étoit requis, & en Normandie par le sergent qui avoit fait les criées. Henri III créa ensuite deux offices de rapporteurs & Certificateurs des criées dans chaque juridiction par édit du mois de septembre 1581, & les déclara compatibles avec les fonctions d'avocat. Il fut aussi permis aux sujets qui en seroient pourvus de postuler comme procureurs, & il fut défendu à toute autre personne de faire le rapport des criées devant les juges ordinaires. Peu de tems après, ces offices furent supprimés; mais ils furent rétablis par la déclaration du 12 juin 1587, laquelle fut confirmée par une autre déclaration du mois de juillet 1597. Ces lois néanmoins ayant été regardées comme bursales, demeurèrent sans effet en différens siéges. Dans quelques-uns, les offices dont il s'agit ne furent point levés, & dans d'autres ils tombèrent aux parties casuelles. Il en fut de-même des offices de conseillers-rapporteurs des criées, que Henri IV avoit créés en 1606, dans chaque juridiction royale de Normandie.

Ces considérations déterminèrent Louis XIV a supprimer par son édit du mois d'octobre 1694, tous les anciens offices de rapporteurs & de Certificateurs des saisies & des criées, & par la même loi il en créa de nouveaux non-seulement dans toutes les juridictions royales, mais encore dans les justices seigneuriales où il avoit été jugé nécessaire qu'il y en eût. Le législateur ordonna que les sujets qui seroient pourvus de ces charges, feroient l'examen & la vérification des saisies & des criées des immeubles situés dans l'étendue de leur juridiction & qu'ils en feroient le rapport à l'audience du siége. Il déclara nul & de nul effet toutes les adjudications d'immeubles sur des criées qui n'auroient pas été certifiées selon les règles prescrites par l'édit dont il s'agit. Il voulut que dans les affaires où il seroit question de prononcer sur la validité ou invalidité des criées quant à la forme, les Certificateurs donnassent leur avis par écrit, sous peine de nullité des jugemens. Il permit en même tems aux Certificateurs, en cas d'absence, de maladie ou d'autre empêchement, de faire commettre par les juges pour procéder à la vérification des criées, une personne capable, dont les titulaires demeureroient civilement responsables (*).

L'édit cité est ainsi conçu: L o u i s, par la grace de

Les offices de Certificateurs créés par ce

Dieu, roi de France & de Navarre, à tous préfens & venir, Salut. La certification des faifies-reelles, criées & fubhaftations a été établie par la difpofition des coutumes, & par les ordonnances des rois nos prédeceffeurs, & les nôtres, comme une formalité neceffaire & indifpenfable ; l'utilité en eft d'autant plus grande, qu'en affurant la validité des ventes par décret qui fe font en conféquence, elle maintient nos fujets dans la jouiffance des immeubles qu'ils ont acquis par cette voie & leur ôte toute crainte de procès & de frais ; mais parce que les offices de rapporteurs, vérificateurs & Certificateurs de criées ne font établis qu'en certains fiéges, & que dans plufieurs autres, les fonctions en font faites par des praticiens qui en tirent des émolumens, fans nous en avoir payé aucune finance, nous avons refolu d'établir dans ces dernières juridictions des Certificateurs en titre d'office, & d'accorder à ceux qui font valablement établis dans les autres, des avantages qui puiffent augmenter la valeur & la confidération de leurs offices. A ces caufes, & autres à ce nous mouvant, & de notre certaine fcience, pleine puiffance & autorité royale, nous avons par le préfent édit perpétuel & irrévocable, éteint & fupprimé, éteignons & fupprimons tous les offices de rapporteurs des faifies-réelles & criées, créés & établis jufqu'au premier janvier 1689, & non actuellement remplis & exercés dans les préfidiaux, bailliages, fénéchauffées, chancelleries du parlement de Bourgogne, & autres juridictions royales, foit qu'ils n'aient pas été établis en conféquence des édits de création defdits offices, ou que l'ayant été, ils foient depuis tombés vacans en nos revenus cafuels, fans y avoir été levés jufqu'à préfent ; & au lieu defdits offices fupprimés, nous avons par le préfent édit créé & érigé, créons & érigeons en titre d'office formé héréditaire, des rapporteurs, vérificateurs & Certificateurs des faifies, criées & fubhaftations dans les fiéges préfidiaux, bailliages, fénéchauffées, chancelleries du reffort du parlement de Bourgogne, fiéges & juridictions royales de notre royaume, pays, terres & feigneuries de notre obéiffance, & même dans les juftices feigneuriales que nous jugerons à propos,

édit, n'ayant pas été levés dans la plupart des

pour en être établi le nombre qui sera jugé nécessaire, suivant les états qui en seront arrêtés en notre conseil. Les pourvus desdits offices feront l'examen & vérification des saisies & criées des héritages étant dans leur ressort & juridiction, & feront leur rapport au siége de leur établissement à l'audience, en conséquence de la certification qui en sera expédiee conformément à nos ordonnances, & en la forme & manière accoutumée. Quand les saisies-réelles & criées ne se trouveront pas faites, suivant les us & coutumes des lieux, elles seront rejettées comme nulles, & les huissiers & sergens qui les auront faites, condamnés aux dommages & intérêts du saisissant, & en soixante livres d'amende, applicable un tiers à notre profit, un autre tiers à celui de la partie, & l'autre tiers à celui desdits rapporteurs & Certificateurs desdites criées. Déclarons nulles & de nul effet toutes adjudications d'immeubles faites sur les saisies, criées & subhastations qui n'auront pas été certifiées en la forme & manière ci dessous, soit par nos juges ou par ceux des seigneurs: Voulons que les procureurs qui les auront poursuivies, ceux qui les auront obtenues, & les greffiers qui les auront délivrées, soient condamnés aux dépens, dommages & intérêts des parties, & chacun en cinq cens livres d'amende, applicable comme dessus, sans qu'elle puisse être réputée comminatoire, remise ni modérée. Sera payé à chacun des Certificateurs, sçavoir, pour les saisies qui seront faites des biens en roture pour dettes, montant à la somme de mille livres & au-dessous, cinquante sous; depuis mille livres jusqu'à deux mille livres, quatre livres; & la somme de six livres pour celles qui seront faites pour dettes au dessous de ladite somme de deux mille livres à quelques sommes qu'elles se puissent monter; Et en cas qu'il y ait des biens saisis situés en diverses paroisses, il leur sera payé aussi à chacun d'eux quinze sous par paroisse, outre & par-dessus les droits ci-dessus; & pour les saisies des héritages en fiefs, leur sera payé le double desdits droits. Attribuons auxdits rapporteurs & Certificateurs des criées & de subhastations, la somme de trente mille livres de gages actuels & effectifs, qui leur seront départis

fiéges, le roi rendit plufieurs déclarations en

en notre confeil, à les avoir'& prendre fur les recettes générales de nos finances & domaines; auront entrée & féance aux auditoires & fiéges de leur établiffement, au-deffus
du greffier, autant qu'ils auront à faire pour la fonction de
leurs charges, rapport & certification des faifies & criées,
avec faculté de poftuler aux fiéges de leur établiffement:
Voulons que dans les inftances & procès par écrit, pendans
aux fiéges de leur établiffement, dans lefquels il s'agira de
la validité ou invalidité des faifies & criées, quant à la forme,
il ne puiffe être procédé au jugement defdits procès, qu'au
préalable lefdits Certificateurs n'aient donné leurs avis par
écrit, à peine de nullité d'iceux, pour raifon dequoi il leur
fera payé le tiers de leur droit de certification ci-deffus réglé. Jouiront lefdits rapporteurs & Certificateurs des criées
& fubhaftations, de l'exemption de tutelle, curatelle, col-
lecte, logement effectif de gens de guerre, & autres charges publiques, Pourront toutes perfonnes graduées ou non
graduées fe faire pourvoir d'un ou plufieurs defdits offices
fans incompatibilité: pourront auffi, en cas d'abfence, maladie ou empêchement faire commettre par le juge de leur établiffement, une ou plufieurs perfonnes capables aux fonctions
defdits offices, lefquels commis jouiront defdits droits, priviléges & exemptions y attribués, à la charge par les titulaires
de demeurer civilement refponfables defdits commis, & qu'il
n'y aura qu'un feul & même privilège pour le titulaire & le
commis; & parce que les rapporteurs de criées actuellement établis, ne jouiffent pas entièrement des fonctions,
droits, privilèges & exemptions portés par le préfent édit,
Voulons que ceux qui fe trouveront pourvus defdits offices
actuellement établis, jouiffent, ainfi que ceux qui feront
pourvus defdits offices nouvellement créés, des mêmes
qualités, fonctions, exemptions, gages, hérédité defdits
offices, & autres attributions ci-devant exprimées; enfemble de tous autres dont ils peuvent être en poffeffion paifible, le tout en payant par chacun d'eux les fommes auxquelles ils feront modérément taxés par les rôles qui feront
arêtés en notre confeil, fur les quittances du tréforier de nos
revenus cafuels. Défendons à tous nos juges, avocats, pra-

1695 & en 1696, pour les réunir aux communautés des procureurs dans les juridictions où ils étoient restés vacans, moyennant une finance qui fut payée par ces communautés. C'est pourquoi il y a maintenant des siéges royaux où le rapport des criées doit être fait par des vérificateurs en titre d'office, & d'autres où cette fonction est remplie par un procureur du siége. Ce rapport se fait aussi par un procureur ou par un autre officier du siége dans les justices seigneuriales, attendu que la clause de l'édit d'octobre 1694, qui défend aux juges, aux avocats, aux praticiens, même aux juges des seigneurs & autres de s'ingérer à certifier des criées, ne

---

ticiens, juges des seigneurs, & autres qu'il appartiendra, de s'ingérer à la certification des saisies, criées & subhastations, au préjudice des pourvus desdits offices, à peine de cinq cens livres d'amende, applicable comme dessus, restitution de leurs droits, & de tous dépens, dommages & intérêts des parties. Si donnons en mandement à nos amés & féaux conseillers, les gens tenans notre cour de parlement, que ces présentes ils aient à enregistrer, & le contenu en icelles faire exécuter, selon leur forme & teneur, nonobstant tous édits, déclarations, arrêts & règlemens à ce contraires, auxquels nous avons dérogé & dérogeons par ces présentes; & d'autant que d'icelles on aura besoin en plusieurs lieux, voulons qu'aux copies collationnées des présentes, par l'un de nos conseillers-sécrétaires, foi soit ajoutée comme aux originaux: car tel est notre plaisir; & afin que ce soit chose ferme & stable à toujours, nous y avons fait mettre notre scel. Donné à Fontainebleau au mois d'octobre, l'an de grace mil six cens quatre-vingt-quatorze, & de notre règne le cinquante-deuxième. *Signé*, Louis. Et plus bas, par le roi, Phelypeaux. Visa, Boucherat, & scellé du grand sceau de cire verte.

Registré à Paris en parlement le troisième décembre mil six cens quatre-vingt-quatorze. *Signé*, du Tillet.

concerne que les juſtices ſeigneuriales où le roi s'étoit réſervé d'établir des Certificateurs de criées en titre d'office.

Le pourſuivant criées remet entre les mains du Certificateur ou du praticien qui doit faire le rapport, le commandement recordé, la ſaiſie-réelle, l'affiche, la ſignification de la ſaiſie-réelle & de l'affiche à la partie ſaiſie, le procès-verbal des criées, & les autres procédures requiſes par la coutume du lieu où le bien ſaiſi eſt ſitué. Celui qui en eſt chargé fait le rapport à l'audience, & enſuite le juge après avoir pris l'avis des praticiens, déclare les criées bonnes & valables, s'il les trouve conformes à ce que preſcrivent les ordonnances & la coutume (*).

(*) *Formule d'un jugement de Certification de criées.*
A tous ceux.... Salut. Sçavoir faiſons, que ſur le rapport fait en jugement devant nous par.... rapporteur & Certificateur de criées de.... des commadenmens, ſaiſie-réelle, ſignifications d'icelle, affiche, faits par.... huiſſier, le.... contrôlé à Paris par.... le procès-verbal des quatre criées fait par.... les dimanches.... contrôlé à Paris par.... les.... au-devant de la grande porte de l'egliſe paroiſſiale de ſaint.... du fonds & propriété d'une maiſon ſiſe à.... rue.... & lieux en dépendans, ſaiſie ſur.... le tout amplement déclaré & ſpécifié par leſdits exploits de ſaiſie-réelle & criées faites en vertu.... & à la requête de.... & par faute de payement avoir été & être fait par ledit.... auſſi y dénommé, de la ſomme de.... portée par ladite.... intérêts; d'icelle, frais & dépens nous après avoir pris les avis d'anciens avocats & procureurs, aſſiſtans en nombre ſuffiſant, avons leſdites criées déclaré & icelles déclarons bonnes & valables, bien & duement faites, continuées & parfaites, ſuivant la coutume, dont M.... procureur, nous a requis acte a lui octroyé, pour lui ſervir ce que de raiſon : en témoin de ce, nous avons fait ſceller ces préſentes. Fait & jugé par M.... conſeiller du roi en ſes conſeils, & lieutenant civil, tenant le ſiége le.....

Le légiſlateur n'a réglé ni la qualité, ni le nombre des praticiens dont on doit prendre les voix ſur la validité ou invalidité des criées. La coutume de Normandie exige ſept avocats y compris le juge. Dans cette coutume, la minute de la Certification doit être ſignée par le juge & par les avocats, & l'on fait mention de leur ſignature dans l'expédition qui eſt délivrée aux parties. Si le décret eſt pourſuivi dans une haute-juſtice, où il n'y ait pas un nombre ſuffiſant d'avocats, on fait certifier les criées aux plaids ſuivans dans un autre ſiége que la haute-juſtice, s'il y à un plus grand nombre d'avocats, ou au ſiége royal de la vi-comté dans laquelle la haute-juſtice eſt exercée. Le parlement de Rouen ne veut pas même que l'on prenne pour juges de la validité des criées, le père & le fils, deux frères, l'oncle & le neveu, & lorſque deux de ces parens ont opiné, & que leur avis eſt conforme, il ne doit être compté que pour un ſeul. Il y a là-deſſus un arrêt de règlement du parlement de Rouen du 16 décembre 1662.

Hors du reſſort de ce parlement, on ſe ſert, pour la Certification des criées, d'avocats & de procureurs; on y emploie même en cas de beſoin, des notaires & des ſergens; & l'uſage du châtelet, où il y a d'ordinaire un nombre ſuffiſant d'avocats à l'audience, eſt de marquer dans les ſentences de Certification, que l'on a pris l'avis des anciens avocats & procureurs. Il n'eſt point néceſſaire que ceux dont on a pris l'avis ſignent la minute du jugement de Certification.

A l'égard du nombre de perſonnes dont il

faut prendre les voix, on eſt fort partagé ; les
uns veulent que le juge prenne l'avis de dix praticiens ; c'étoit la juriſprudence des chambres
des enquêtes du parlement de Paris, du tems
de M. le préſident le Maiſtre. Joly rapporte trois
arrêts des années 1607 & 1616, qui l'ordonnent
ainſi pour le Berry ; ce dernier eſt conçu en
forme de réglement, & enjoint au bailli de
Berry, ou à ſes lieutenans, de prendre l'avis
de dix avocats & procureurs, lorſqu'ils procéderont à la Certification des criées, à peine d'être
condamnés en leur nom aux dommages & intérêts des parties. D'autres diſoient, du tems de
M. le préſident le Maiſtre, que l'on n'avoit jamais cru à la grand'chambre, ni à la tournelle,
que le nombre de dix praticiens fût néceſſaire
pour la validité de la Certification, parce qu'il
n'y a point d'ordonnance ni de loi qui le preſcrivent. Quelques coutumes du reſſort du parlement de Paris, comme celle de Nevers, diſent ſeulement que la Certification ſe fera par
l'avis des avocats, procureurs & praticiens aſſiſtans. Dans cette diverſité d'opinions il eſt
difficile de ſe déterminer, quand il s'agit d'un
ſiége où l'uſage n'eſt pas certain. Ce qu'on peut
dire de plus raiſonnable, c'eſt que l'eſprit des
légiſlateurs qui ont ordonné la Certification, a
été que la procédure des criées fût examinée par
pluſieurs perſonnes, qu'ils ont laiſſé à la prudence des juges d'en fixer le nombre, & que
le parlement de Paris ayant rendu pluſieurs
arrêts, par leſquels il a ordonné de prendre les
ſuffrages de dix praticiens, le plus ſûr dans le
reſſort de ce parlement, eſt de s'attacher à cette
régle. Au parlement de Touloufe on ſe contente

que quatre ou cinq praticiens aient cru les criées
bonnes & valables felon que l'attefte Maynard
& après lui Defpeiffes.

Suivant l'article 140 du réglement de 1666
du parlement de Rouen, fi l'on fait quelques
criées d'abondant, il n'eft pas néceffaire de les
Gertifier, non plus que celles qui ont été confirmées par des arrêts; mais le fergent qui les
a faites les doit recorder aux prochains plaids,
qui font tenus, après la criée d'abondant, s'il
s'agit de roture, ou à la prochaine affife, s'il
s'agit d'un fief noble.

Quand les faifies-réelles & les criées ne fe
trouvent point faites fuivant les régles prefcrites
par les ordonnances & par la coutume des lieux,
on les rejette comme nulles, & le fergent qui
les a faites doit être condamné, fuivant l'édit
de 1694, aux dommages & intérêts du faifif-
fant, & à foixante livres d'amende, dont un
tiers s'applique au profit du roi, un autre tiers
au profit de la partie, & un autre tiers au profit des Certificateurs des criées. Cette difpofition de l'édit de 1694 eft fi jufte, qu'il y a
lieu d'être furpris qu'on ne l'ait pas toujours obfervée à la lettre. Un fergent qui fait un exploit
doit s'inftruire des fonctions de fon miniftère,
& fi par négligence il fait quelques fautes grof-
fières, cette faute eft du nombre de celles qui ap-
prochent du dol, & dont il doit porter la peine.

Comme on ne rend point en France les juges
refponfables de leurs fentences, on ne condamne
point aux dommages & intérêts les rapporteurs
des criées, ni ceux qui les ont Certifiées valables, quoiqu'elles foient dans la fuite déclarées nulles par quelque défaut de formalités;

c'eſt ce qui fait que dans pluſieurs ſiéges, ces Certifications s'accordent ſans beaucoup d'attention, même ſans prendre l'avis des praticiens, quoiqu'on en faſſe méntion dans le jugement.

Soit que la partie ſaiſie interjètte appel de la Certification des criées ſoit qu'elle les attaque en propoſant ſes moyens de nullité contre la procédure du décret, elle peut relever non-ſeulement les défauts qui ſe trouvent dans la forme de la Certification, mais encore ceux qui ſe trouvent dans les criées, quoiqu'on ait Certifié qu'elles étoient faites ſuivant la coutume. La nullité de la Certification n'emporte point avec elle celle des criées, ainſi on peut ordonner que la Certification ſera refaite, ſans faire recommencer les criées, car une dernière procédure nulle ne vicie pas une procédure précédente qui étoit valable.

Cette maxime ne s'applique point aux criées mêmes, dans les coutumes où elles doivent être faites ſans diſcontinuation; car, comme il eſt de l'eſſence des criées dans ces coutumes, qu'elles ſoient faites de quinzaine en quinzaine, ou de huitaine en huitaine, ſi cet ordre eſt interrompu, parce qu'on a manqué à faire une criée au jour marqué, ou parce qu'on en a fait une qui eſt nulle, elles doivent être toutes déclarées nulles; mais dans les coutumes où la continuité des criées n'eſt pas néceſſaire, & où on les peut faire après le jour qu'elles échoient, quoiqu'on n'en puiſſe anticiper le terme, les criées faites après le terme de l'échéance ſont valables, & ſi une criée étoit nulle, on ne ſeroit pas obligé de recommencer les procédures; mais ſeulement celle où il ſe trouveroit quelque faute. C'eft la difpofition de l'article 126 de la coutume de Sens, auquel l'article 125 de la coutume d'Auxerre a beaucoup de rapport.

Il n'eft pas néceffaire de Certifier les criées des vaiffeaux, n' n plus que celles des charges: nous en avons pour les vaiffeaux une difpofition expreffe dans l'ordonnance de la marine, qui dit, qu'après les trois criées & les affiches appofées le lendemain de chaque criée, au grand mât du vaiffeau, à la principale porte de l'églife & de l'auditoire de l'amirauté, il fera procédé à l'adjudication fans aucune formalité. L'édit du mois de février 1683 pour les offices, porte auffi qu'après les trois publications, il fera donné deux remifes de mois en mois, avant de procéder à l'adjudication de la charge faifie réellement ; mais l'édit n'ordonne aucune fignification des criées, & il défend de faire pour la vente des offices par décret, d'autres procédures que celles qui y font prefcrites.

Dans les lieux où les biens fe vendent en juftice, fuivant les anciens ftatuts des ducs de Savoye, comme dans la Breffe, il ne fe fait point de Certification de criées. On n'y obferve point d'autres formalités pour les criées que de faire crier trois fois à haute voix par un huiffier, que le bien faifi fera adjugé au plus offrant & dernier enchériffeur. Ces proclamations fe font au marché de huitaine en hûitaine, ou à la porte des églifes, devant le château, ou devant l'auditoire, fuivant les ufages des lieux.

En Lorraine il n'y a point d'office de Certificateur des criées : l'ordonnance du duc Léopold du mois de novembre 1707, a prefcrit les formalités qui doivent être obfervées pour la vérification de ces sortes d'actes. Suivant cette loi, lorsque les oppositions aux criées font vidées, ou qu'il n'y en a point eu de formées, la partie saisie doit être assignée à personne ou domicile pour donner ses moyens de nullité contre les criées, si elle en a à proposer, & les voir certifier en la manière accoutumée. On doit en l'assignant lui donner copie des criées.

Si au jour de l'échéance de l'assignation la partie saisie n'a aucun moyen de nullité à proposer, ou si on la déboute de ceux qu'elle propose, ou qu'enfin elle déclare employer les nullités de droit, le siége ordonne qu'il sera procédé à la vérification des criées, laquelle doit être faite à la chambre du conseil sur le rapport du juge à qui on les a distribuées. Il est enjoint aux juges d'examiner ces criées avec toute l'exactitude possible, & de les déclarer nulles si le cas le requiert, sauf à recommencer, & sauf le recours du poursuivant contre l'huissier ou sergent qui les a faites (*).

_____

(*) *Jugement qui déclare nulles des criées faites en Lorraine.*

Vu par nous, &c. les exploits de commandement, saisie réelle & criées faites par l'huissier en ce siége le.... à la requête de M.... des biens immeubles de N.... situés à.... pour être payé de la somme de.... que ledit N.... lui doit par contrat du.... ou sentence du.... en la grosse & scellé, (*il faut enoncer toutes les pièces du décret sans en omettre aucune, leurs dates & contrôles, &c.*) Oui le sieur conseiller rapporteur en son rapport, tout vu & consideré.

Nous (*il faut dire les moyens de nullité qui operent celle du décret*) avons déclaré lesdits exploits de commandement, saisie réelle, & criées, nul & de nul effet, ordonné qu'ils

Le jugement qui certifie les criées & les déclare bien & dûement faites doit en même tems ordonner qu'il fera procédé à l'enchère & adjudication des héritages criés, à jour précis qui doit être au moins un mois après (*).

Telles font les dispositions des articles 19, 20 & 21 du titre 18 de l'ordonnance citée.

Voyez l'édit de septembre 1551, & celui de septembre 1581; la déclaration du 12 juin 1587, & celle du mois de juillet 1597; les édits de mars 1690, & d'octobre 1694; le traité des criées par le président le Maistre; Bacquet des droits de justice; le traité de la vente des immeubles par décret; les arrêts de notorité du châtelet; les œuvres de Despeisses; les déclarations des 27 août, 17 septembre, 20 septembre, 29 novembre 1695, & 20 mars 1696; les arrêts de Bardet; la bibliothéque de Bouchel; le style du châtelet; l'ordonnance de la marine du mois d'août 1681; les coutumes de Clermont & de Normandie; l'édit du mois de septembre 1772; l'ordonnance du duc Léopold du mois de novembre 1707, &c. Voyez aussi les articles SAISIE RÉELLE, DÉCRET, CRIÉES, ADJUDICATION, ORDRE, NULLITÉ, &c.

---

feront recommencés aux frais du pourfuivant, fauf fon recours contre qui il avifera bon être & l'avons condamné aux dépens.

(*) *Jugement de Certification de criées fuivant le style de Lorraine.*

Vu par nous, &c. nous avons déclaré lesdits exploits de commandement, faifie réelle, & criées, bien faits fuivant les édits & ordonnances, en conféquence ordonné qu'il fera procédé à l'enchere & adjudication des héritages criés à l'issue de l'audience de.... a l'effet de quoi ledit pourfuivant criées fera mife au greffe. Jugé le....

CÉRUSE. Subſtance de couleur blanche tirée du plomb.

Suivant une déciſion du conſeil du 12 novembre 1742, la Céruſe doit pour droit d'entrée quinze ſous par cent peſant.

Cette ſubſtance n'eſt réputée venir d'Angleterre, & n'eſt par conſéquent défendue à l'entrée que quand elle arrive ſur des vaiſſeaux anglois. C'eſt ce qui réſulte d'un arrêt du conſeil du 26 août 1714.

Voyez *les obſervations ſur le tarif de 1664*, & les articles ENTRÉE, SORTIE, MARCHANDISE, SOU POUR LIVRE, &c.

CÈS. Terme dont ſe ſert la coutume de Hainaut pour exprimer un interdit mis ſur une égliſe. Suivant l'article 10 du chapitre 27 des chartes générales de cette province, quand le *Cès* eſt mis ſur quelque égliſe pour venger la mort ou une bleſſure notable d'un eccléſiaſtique conſtitué dans les ordres ſacrés, ſi le délinquant eſt auſſi eccléſiaſtique, le juge ſéculier peut l'appréhender pour le remettre à ſon évêque ou à ſon doyen ; & ſi l'on ne peut l'appréhender, l'évêque ou le doyen doivent ſe contenter des pourſuites du juge ſéculier, ſans pouvoir différer davantage la levée du *Cès*.

Voyez les articles CENSURE, INTERDIT, &c. (*Article de M. MERLIN , avocat au parlement de Flandres.*)

CESSION DE BIENS. C'eſt un acte judiciaire par lequel un débiteur hors d'état de payer ce qu'il doit, rend ſes créanciers propriétaires de ſes biens pour éviter les pourſuites qu'is pourroient diriger contre lui.

La Ceſſion de biens eſt un avantage introduit
originairement

originairement par le droit romain en faveur du débiteur que des pertes ou des malheurs ont rendu infolvable (*).

_____

(*) Dans le reffort du parlement de Flandres, pour parvenir à la Ceffion de biens, il faut lever des lettres en la chancellerie fuivant le placard de Charles-Quint du 20 octobre 1541 ; il faut excepter la ville de Lille où l'ufage permet de demander à être admis au bénéfice de Ceffion par une fimple requête préfentée aux mayeur & échevins. Cet ufage fut confirmé par arrêt rendu au parlement de Flandres le 16 juillet 1699.

Le même placard de Charles Quint porte qu'*on ne donnera nulles lettres pour contraindre le créditeur à confentir à l'appointement fait par fon débiteur avec la plus grande partie de fes créditeurs, fi avant que par ledit appointement on quitte quelque partie de la dette, ou que l'on baille jour de payement fans caution.*

L'enregiftrement de l'ordonnance de 1673 au parlement de Flandres, a changé cette jurifprudence de forte qu'aujourd'hui un créancier eft obligé de fe conformer à l'avis du plus grand nombre, lorfqu'il s'agit d'atermoiement fans caution, ou de modération.

Avant que cette ordonnance ne fût enregiftrée en Flandres, on étoit, malgré le placard de Charles-Quint, obligé de fe conformer au plus grand nombre des créanciers lorfque leurs délibérations ne regardoient que la direction des biens de leur débiteur commun. C'eft ce que jugea le même parlement en 1690.

Le placard de 1541, contient encore trois autres articles fur les Ceffions de biens.

» Tous impétrans de ceffion feront tenus de préfenter » leurs lettres en jugement en-dedans le mois de l'impétra- » tion avec l'état de tous leurs biens, & iceux abandonner » à tous leurs créditeurs fans en retenir la maniance & » affirmer ledit état par ferment, requérir l'entérinement » de leurfdites lettres, des cheints (*fans ceinture*) & à tête » nue en perfonne & non par procureur.

» Lefdit impétrans de Ceffion acquérant autres biens,

» feront tenus les configner au profit de leurs créditeurs,
» & ne pourront retenir qu'un lit avec fa fuite, & de cha-
» cune partie de meubles, une : pourvû qu'ils ne pourront
» avoir ne eftain, ne vaiffelles, ne autres meubles de va-
» leur, & ce qu'ils auront davantage feront à chacune fois
» tenus de configner au profit de leurs créditeurs, à peine
» de perdre l'effet de leurs lettres de Ceffion.

» Que lettres de Ceffion n'auront lieu contre dettes re-
» connues fous notre fcel, ou de nos cenfaux pardevant
» échevins & gens de loi des villes & lieux privilégiés,
» ou pardevant auditeurs impériaux fous le fcel des con-
» trats gardés par officiers à ce commis. N'auront auffi lieu
» contre fentence paffée en force de chofe jugée, n'eft
» que le débiteur foit venu à pauvreté par fortune fans fa
» coulpe. «

Suivant la loi 4 §. 1. D. *de Ceffione bonorum*, celui
à qui fait Ceffion de biens ne peut plus être emprifonné
pour les dettes qu'il avoit contractées avant la ceffion,
même par un créancier qui n'auroit point été affigné pour
voir procéder à l'entérinement des lettres de Ceffion, &
qui auroit un titre exécutoire contre lui. Le parlement de
Flandres s'eft conformé à cette difpofition par un arrêt
rendu au mois de février 1713.

En France celui qui a fait Ceffion de biens ne peut
renoncer à une fucceffion qui lui furvient au préjudice de
fes créanciers : cette jurifprudence contraire au droit romain
n'eft pas obfervée dans le reffort du parlement de Flandres.
C'eft ce qu'il jugea par arrêt rendu en 1708 entre Marie-
Barbe Soenen & le fieur de l'Hermitage, confirmatif d'une
fentence du préfidial d'Ipres.

C'eft par le même principe qu'il fut jugé au même parlement en 1689, entre les enfans du baron de faint Remy
& Philippe-Ignace Grufon, que fi un fils étoit venu à
mourir obéré, fans avoir apprehende la fucceffion de fon
pere, & que les créanciers du fils euffent fait faifir cette
fucceffion du vivant de leur débiteur, elle paffero it à fes enfans fans charge de la faifie, s'il n'étoient point héritiers
de leur pere.

fion doit dépofer au greffe de la juridiction confulaire fes regiftres & fon bilan, contenant un
état exact & détaillé de tous fes biens tant meubles qu'immeubles : il faut pareillement qu'il
dépofe un double des mêmes regiftres & bilan
au greffe de la juridiction où il veut être admis
au bénéfice de Ceffion, & qu'il donne copie de
l'acte de dépôt à chacun de fes créanciers afin
qu'ils puiffent examiner fi ces regiftres & bilan
font fincères & véritables.

La demande pour être admis au bénéfice de
Ceffion peut être formée de deux manières,
fçavoir, par une requête que préfente à cet effet

Il y a néanmoins plufieurs coutumes de la Flandre, qui
font en cela conformes à la jurifprudence de France. On
peut en voir l'énumération dans les notes de Vandenhane
fur la coutume de Gand.

Les chartes générales du Hainault portent auffi que celui
qui demande d'être admis au bénéfice de Ceffion, eft tenu
d'abandonner à fes créanciers tous les meubles & immeu-
dont il eft propriétaire *ou héritier apparent*.

La faveur du bénéfice de Ceffion prévaut dans la même
coutume, fur l'incapacité légale d'aliéner. De forte que pour
y être admis, un homme veuf avec enfans peut abandonner
à fes créanciers les biens foumis à la *dévolution* qu'il pof-
fede. C'eft ce que lui permet l'article 4 du chapitre 50 des
chartes générales. Voyez les articles Valenciennes, Mons
et Dévolution Coutumière.

L'ancienne jurifprudence de France obligeoit un débiteur à tenir prifon pendant l'inftruction du procès fur l'entérinement de fes lettres de Ceffion. La coutume de Douai,
chapitre 17 article 2 prefcrit la même formalité, ainfi l'on
doit encore s'y foumettre aujourd'hui dans cette ville.

Voyez les arrêts de M. Pollet; Deghewiet en fes infti-
tutions Belgiques; Dulauri en fon recueil d'arrêts du
grand-confeil de Malines, &c. (Cette note eft de M. Merlin, avocat au parlement de Flandre.)

Z ij

le débiteur, & fur laquelle il obtient la permiſſion de faire aſſigner ſes créanciers, ou par des lettres de chancellerie appellées *lettres de bénéfice de Ceſſion* (*), qu'il fait ſignifier à ſes créanciers avec aſſignation pour en voir ordonner l'entérinement (**).

(*) *Formule de lettres de bénéfice de Ceſſion.*

LOUIS, par la grace de Dieu, &c. à notre prévôt de Paris, ou ſon lieutenant civil : ſalut ; de la partie de notre amé Pierre, marchand à Paris, nous a été expoſé que depuis plus d'un an, ayant eſſuyé beaucoup de banqueroutes & de pertes dans ſon commerce, il n'a pu s'acquitter exactement envers ſes créanciers, leſquels ont obtenu contre lui ſentences par corps, l'ont pourſuivi avec la dernière rigueur, & néceſſité par-là de ſouſtraire ſa perſonne à leurs pourſuites ; & comme il ne peut ſe libérer qu'en leur abandonnant tous ſes biens, tant meubles, qu'immeubles, ce qui lui donnant la liberté de vaquer à ſes affaires, lui facilitera d'autant plus ſa libération ; il a recours à nous, s'il nous plaiſoit lui accorder nos lettres ſur ce néceſſaires : à ces cauſes, voulant ſubvenir à nos ſujets ſuivant l'exigence des cas ; nous vous mandons que tous les créanciers de l'impétrant étant aſſignés par-devant vous, s'il vous appert de ce que deſſus & autres choſes, tant que ſuffire doivent, après qu'il aura rempli les formalités préalables preſcrites par les ordonnances, vous ayez à le recevoir à l'abandon de ſes biens, tant meubles qu'immeubles ; & en conſéquence le déchargez de toutes contraintes par corps, à la charge par lui de ſatisfaire aux formalités preſcrites : car tel eſt notre plaiſir. Donné à Paris le.... &c.

(**) *Aſſignation pour voir entériner les lettres de Ceſſion.*

L'an, &c. en vertu des lettres de Ceſſion obtenues par le ſieur Pierre ci-après nommé, en la chancellerie du palais à Paris, le.... duement ſignées, ſcellées & inſinuées ; & à la requête du ſieur Pierre, marchand à Paris, &c. je, Claude..... huiſſier..... ſouſſigné, certifie avoir donné aſſignation au ſieur...... créancier dudit

Après cette affignation, le débiteur ne peut plus être valablement emprifonné par les créanciers auxquels elle a été donnée, & qui n'ont point de moyens pour empêcher la Ceffion. C'eft mal-à-propos qu'un commentateur de l'ordonnance du commerce a prétendu que quand un débiteur, au lieu de fe pourvoir par fimple requête devant le juge, fe pourvoyoit en chancellerie, & obtenoit des lettres de bénéfice de Ceffion, elles n'empêchoient pas les créanciers

---

fieur Pierre, de la fomme de fix cens livres, au payement de laquelle ledit fieur Pierre a été envers lui condamné par corps, &c. au fieur..... &c.... à comparoir d'hui en huitaine, à l'audience du parc civil du châtelet de Paris; pour voir dire que les lettres de Ceffion fufmentionnées feront entérinées pour être exécutées felon leur forme & teneur; en conféquence qu'il fera donné lettres au demandeur de l'abandon qu'il fait par ces préfentes de tous fes biens & effets, tant meubles, qu'immeubles, détaillés en fon bilan par lui dépofé avec fes regiftres au greffe de la juridiction des confuls de cette ville, ainfi qu'il eft juftifié par acte de dépôt, délivré par..... greffier d'icelle : les doubles defquels bilan & regiftres, certifiés véritables par ledit fieur Pierre, ont été avec les titres des actifs dudit bilan, dépofés au greffe de Me.... greffier audit châtelet, fuivant l'acte de dépôt par lui délivré le.... lefquels bilan, regiftres & titres, ledit fieur Pierre offre d'affirmer fincères & véritables, qu'il n'a détourné, ni fait détourner directement ni indirectement aucun de fes effets; quoi faifant, & en obfervant par lui les formalités prefcrites par l'ordonnance; il demeurera déchargé pour l'avenir de toutes contraintes par corps, prononcées ou à prononcer contre lui, pour raifon des créances énoncées audit bilan ; & pour en outre répondre & procéder comme de raifon, à fins de dépens, en cas de conteftation ; & ai fignifié, &c. & ai aux fuf-nommés laiffé copie, tant defdites lettres de Ceffion & dudit acte de dépôt, que du préfent.

Z iij

de faire mettre à exécution avant l'entérinement les contraintes par corps qu'ils pouvoient avoir contre ce débiteur : il eft évident que des lettres émanées de l'autorité fouveraine doivent au moins produire autant d'effet qu'une fimple ordonnance de *permis d'affigner* donnée par un juge inférieur.

Lorfque les créanciers comparoiffent, ils peuvent propofer les moyens qu'ils ont pour s'oppofer à ce que le débiteur foit reçu à faire Ceffion de biens, & s'ils n'ont aucun moyen pour cet effet, ou qu'ils ne comparoiffent pas, le juge doit entériner les lettres de bénéfice de Ceffion (*).

_____

(*) *Formule d'une fentence d'entérinement.*
Nous difons que les lettres de Ceffion obtenues par le demandeur, feront & demeureront entérinées pour être exécutées felon leur forme & teneur ; en conféquence, lui donnons lettres de l'abandon qu'il a déclaré par fon exploit de demande, faite à tous fes créanciers, de tous fes biens, meubles & immeubles détaillés en fon bilan par lui dépofé au greffe, avec fes regiftres & papiers, à la charge par lui d'affirmer ledit bilan & les titres & créances, tant actifs que paffifs, y énoncés, fincères & véritables ; qu'il n'a détourné, ni fait détourner, directement, ni indirectement, aucun de fes effets ; & en outre de réitérer ladite Ceffion au pilori des halles de cette ville ; fes créanciers appelés ; à l'effet de quoi il y fera conduit fur la minute de la préfente fentence, par.... huiffier audiencier de fervice, que nous commettons à cet effet, lequel en dreffera procès-verbal : ce fait, & en obfervant par le demandeur les autres formalités en tel cas requifes & accoutumées, il demeurera déchargé pour l'avenir, de toutes contraintes par corps, prononcées ou à prononcer contre lui, pour raifon des créances énoncées audit bilan.

Cet entérinement doit être prononcé contre les créanciers qui n'ont point de moyens pour s'y oppofer, quand même il y en auroit d'autres contre lefquels le bénéfice de Ceffion ne peut avoir lieu : dans ce cas, le débiteur ne doit être débouté du bénéfice de Ceffion qu'à l'égard de ceux-ci.

La fentence qui admet un débiteur au bénéfice de Ceffion, doit le charger d'affirmer la vérité du bilan & des titres de créance tant actifs que paffifs qu'il a dépofés au greffe, & qu'il n'a détourné, ni fait détourner directement, ni indirectement aucun de fes effets. Elle doit pareillement le charger de réitérer fa Ceffion au pilori des halles, fes créanciers préfens ou dûment appellés, fi la Ceffion a lieu à Paris, ou de remplir les formalités ufitées en cas pareil, fi la Ceffion fe fait ailleurs (*).

Si le débiteur eft prifonnier, la fentence porte :
A l'effet de quoi, fur la minute de la préfente fentence, le demandeur fera tiré des prifons du petit-châtelet, où il eft maintenant détenu ; & ce par.... huiffier audiencier de fervice qu'à ce faire commettons ; lequel s'en chargera fur les regiftres de la geole ; pour, après les formalités en tel cas requifes & accoutumées remplies, & dont ledit.... huiffier dreffera fon procès-verbal, être le demandeur ramené au greffe de la geole dudit châtelet, & mis en pleine liberté, après que l'huiffier à ce commis en aura déchargé les regiftres.

(*) *Lorfque le débiteur eft prifonnier au moment où les juges entérinent les lettres de bénéfice de Ceffion, l'huiffier commis pour le mettre en liberté doit fommer les créanciers de fe trouver à l'audience ordinaire du fiège pour y voir prêter l'affirmation ordonnée par la fentence, & les affigner pour affifter à la Ceffion à faire à tel jour qu'il indique, au pilori des halles, &c. Après cette affignation, l'huiffier commis doit dreffer le procès verbal qui fuit :*

Il y a quelques coutumes comme celle de

L'an, &c. A la requête du sieur Pierre, marchand à Paris, &c.... je.... assisté de.... demeurant à.... & de.... demeurant à.... me suis transporté au greffe de la geole des prisons du petit châtelet de cette ville, où étant, j'ai signifié & donné copie à Me.... greffier de la geole desdites prisons, de la sentence rendue cejourd'hui au parc civil du châtelet de Paris, entre ledit sieur Pierre & les sieurs.... ses créanciers, par lequel ledit sieur Pierre a été reçu au bénéfice de Cession, & déchargé de toutes contraintes par corps, & a été ordonné qu'il seroit mis en liberté, à la charge de satisfaire aux formalités en tel cas requises & accoutumées; de laquelle sentence, l'éxécution a été ordonnée sur la minute d'icelle. En conséquence de laquelle signification, j'ai huissier susdit & soussigné, porteur de ladite minute, fait commandement audit Me.... de laisser présentement sortir desdites prisons du châtelet, ledit Pierre, à l'effet de satisfaire aux formalités susmentionnées aux offices que j'ai faites de m'en charger sur les registres, après que ledit sieur Pierre aura satisfait auxdites formalités. A quoi ledit Me.... obtempérant a présentement remis sous ma garde la personne dudit sieur Pierre, après que je m'en suis chargé sur les registres de la geole; ce fait, ai conduit ledit sieur Pierre sous bonne & sûre garde au châtelet de Paris, en l'auditoire du parc civil dudit châtelet, où étant, à l'heure de.... l'audience de l'ordinaire tenante, ledit sieur Pierre, assisté de Me........ son procureur, a requis M. le lieutenant particulier tenant le siége, de recevoir l'affirmation à lui prescrite par la sentence susdatée, & lui en donner lettres; ce qui ayant été fait, je huissier susdit & soussigné, assisté comme dessus, ai conduit ledit Pierre sous bonne & sûre garde au pilori des halles de cette ville, & après que l'heure de une heure après midi, indiquée aux créanciers dudit sieur Pierre, pour voir faire ladite Cession, a été sonnée à l'horloge de saint-Eustache, paroisse desdites halles, & avoir attendu encore plus d'une demi-heure, sans qu'aucun créancier dudit sieur Pierre, ni personne quelconque se soit présenté pour s'opposer à ladite cession; ledit sieur Pierre, après avoir dit & déclaré ses nom & qualité,

Bretagne, qui veulent que la Ceſſion ſoit publiée dans la paroiſſe du débiteur; & d'autres, comme celle du Bourbonnois, qui exigent qu'elle ſoit inſinuée & publiée en jugement à jour ordinaire.

---

a pareillement déclaré à tous ceux qui ſe ſont trouvés préſens, à haute & intelligible voix, qu'il a été reçu à faire ladite Ceſſion forcée; à ce que perſonne n'en ignore. Enſuite ledit ſieur Pierre a fait faire trois tours audit pilori, dont il a requis acte, & a ſigné avec moi huiſſier ſuſdit & ſouſſigné, & leſdits témoins.

Et ledit jour, quatre heures de relevée, je, huiſſier ſuſdit & ſouſſigné, aſſiſté comme deſſus, ai conduit ledit ſieur Pierre au lieu où ſe tient l'auditoire des conſuls de cette ville, fis rue. . . . où étant, l'audience deſdits conſuls tenante; ledit ſieur Pierre, après avoir dit & déclaré à haute & intelligible voix ſes nom, ſurnom, qualité & demeure, a pareillement déclaré que par la ſentence du parc civil ſuſmentionnée, il a été reçu à faire Ceſſion forcée de biens, laquelle déclaration il a requis MM les juge & conſuls de recevoir, lui en donner acte, la faire lire & publier, & inſérer dans le tableau public à ce deſtiné, ſuivant l'ordonnance, à quoi MM. les leſdits juge & conſuls ayant égard, ont reçu ladite déclaration, de laquelle il a été fait lecture & publication. Après quoi, je, huiſſier ſuſdit & ſouſſigné, aſſiſté comme deſſus, ai conduit & ramené ledit ſieur Pierre au greffe de la geole des priſons du petit châtelet de cette ville, où étant, ai dit & déclaré à Me. . . . . greffier de la geole deſdites priſons, parlant à ſa perſonne; qu'attendu que ledit ſieur Pierre a ſatisfait aux formalités preſcrites par la ſentence ſuſdatée, ainſi que je lui en ai juſtifié par la lecture du préſent procès-verbal, j'étois prêt & offrois d'en décharger les regiſtres de la geole deſdites priſons, le ſommant de me les repréſenter à cet effet; à quoi obtempérant, j'ai déchargé ledit Me. . . . . de la perſonne dudit ſieur Pierre; lequel en conſéquence de ce que deſſus, & en vertu de ladite ſentence, ai mis en pleine & entière liberté, ce fait, & après avoir vaqué à ce que deſſus, juſqu'à. . . . (telle heure) je me ſuis retiré avec meſdits témoins, Signé. . . .

Ces formalités particulières ont pour but, en rendant publiques les Ceffions, d'empêcher qu'on ne fe prête avec la même confiance à contracter avec ceux qui ont eu recours à cette voie.

C'eft dans les mêmes vues que l'ordonnance du commerce veut que les marchands, négocians ou banquiers qui ont été reçus judiciairement au bénéfice de Ceffion, comparoiffent enfuite en perfonne à l'audience de la juridiction confulaire, s'il y en a une dans le lieu, finon à l'audience de l'hôtel-de-ville, pour y déclarer leurs noms, furnoms, qualités & demeures, & qu'ils ont été reçus à faire Ceffion. Leur déclaration doit être enfuite lue & publiée pour la rendre notoire à tout le monde. Mais cette formalité particulière aux commerçans ou banquiers, & qui doit fuivre le jugement par lequel on admet la Ceffion, ne donne aucune forte de droit aux juges confuls pour connoître de la Ceffion en elle-même. Il n'y a que les juges royaux ordinaires qui foient compétens pour juger fi elle doit être admife ou rejetée.

Autrefois on exigeoit que ceux qui avoient fait Ceffion de biens portaffent un bonnet vert; mais cela ne s'obferve plus maintenant, fi ce n'eft dans quelques-unes de nos provinces méridionales où l'on affure que cet ufage s'eft confervé.

Il y a différens cas où un débiteur ne peut pas être admis au bénéfice de Ceffion : ainfi ce bénéfice n'a pas lieu à l'égard des dettes dans lefquelles l'intérêt public ou celui du roi fe trouvent engagés, comme quand le débiteur eft comptable de deniers publics & furtout de deniers royaux. C'est ce qui résulte de l'article 13 du titre commun de l'ordonnance des fermes, du mois de juillet 1681. On n'admettroit par conséquent pas au bénéfice de Cession les payeurs des rentes, les receveurs des deniers du roi, des villes, des hôpitaux, les commissaires aux saisies réelles, les huissiers ou autres dépositaires de justice, ni en général les particuliers ou officiers avec qui l'on est obligé de contracter.

Les tuteurs des mineurs & les curateurs des interdits ne peuvent pas être admis non plus au bénéfice de Cession pour les reliquats de leurs comptes, parce que ces reliquats sont dans la classe des créances nécessaires dont on vient de parler. Mainard & la Rocheflavin rapportent un arrêt du 7 mai 1608, qui l'a ainsi jugé.

Le bénéfice de Cession n'a pareillement pas lieu relativement aux créances qui procèdent du crime ou du dol du débiteur : ainsi on n'y admet ni les banqueroutiers frauduleux, ni les stellionataires, ni ceux qui détournent leurs effets pour tromper leurs créanciers. Il en est de même de l'héritier qui n'a pas fait d'inventaire, parce qu'alors on présume qu'il y a fraude.

On ne reçoit pas non plus au bénéfice de Cession ceux qui ont été condamnés en matière criminelle à des dommages & intérêts ; & l'on en use de même envers ceux qui pour cause de délit, ont été condamnés à quelque amende envers le roi : mais s'il ne s'agit que de simples dépens, même en matière criminelle, on peut faire Cession de biens pour éviter la contrainte par corps. C'est ce qui résulte de différens arrêts, & particulièrement d'un du 14 janvier 1661.

On refuse auſſi d'admettre au bénéfice de Ceſſion les cautions judiciaires , les adjudicatai-res de biens vendus judiciairement, & en général ceux qui contractent en juſtice. Il y a là-deſſus un arrêt du 15 juillet 1571 rapporté par Carondas.

Lorſque la contrainte par corps a été ſtipulée par le bail d'une terre ou métairie, on n'admet pas le fermier au bénéfice de Ceſſion relative-ment aux fermages & à l'argent que lui a avancé le propriétaire à l'entrée & dans le cours du bail. C'eſt ce qu'ont jugé différens arrêts, notamment un du 31 mai 1633, qui in-firma une ſentence du prévôt de Paris, par la-quelle le nommé Jacques Gruet, fermier d'un domaine, avoit été admis au bénéfice de Ceſſion nonobſtant l'oppoſition du propriétaire de ce domaine. La raiſon de cette juriſprudence eſt que le fermier commet une eſpèce de vol lorſ-qu'il applique à ſon profit les fruits provenans des héritages qu'il tient à ferme avant que le propriétaire ait été payé de ſes fermages. Il faut conclure de là que s'il étoit évident que des malheurs ou cas fortuits euſſent fait périr les fruits de la ferme, & euſſent par conſéquent mis le fermier hors d'état de payer les fermages au propriétaire, on ne pourroit pas refuſer de l'admettre au bénéfice de Ceſſion accordé par la loi aux débiteurs malheureux.

On ne doit pas recevoir au bénéfice de Ceſ-ceux dont les dettes ont pour cauſe les achats, ventes ou échanges qu'ils ont faits en foire ou marché public.

Il faut en dire autant des courtiers & autres qui ſe chargent moyennant ſalaire , de faire ven-dre ou acheter des bleds, des vins , des chevaux

ou d'autres marchandises : on doit leur refuser
le bénéfice de Cession relativement à la restitution de ces marchandises ou du prix qu'elles
ont été vendues. Le parlement de Rouen l'a ainsi
jugé par arrêt du 28 mars 1630.

Suivant l'article 2 du titre 10 de l'ordonnance du commerce, les étrangers non natura-
lisés ne doivent point être admis à faire Cession
de biens. Cette décision est fondée sur deux motifs principaux ; le premier est que leurs biens
sont ordinairement hors du royaume, ou du
moins qu'il leur est aisé de les y faire passer : il
seroit par conséquent fort difficile à des régni-
coles de faire valoir en pays étranger la Cession
que leur débiteur leur auroit faite de ses biens,
& même de connoître la vérité & la réalité de
cette Cession. Le second motif est celui de la
réciprocité ; car on n'admettroit pas la Cession
de biens qu'un débiteur françois voudroit faire
envers un étranger son créancier. C'est ce qu'ont
jugé différens arrêts des 18 avril 1556, 5 décembre 1591 & 17 août 1598.

Observez que si le créancier d'une dette pour
laquelle on n'est pas admis au bénéfice de Cession prenoit en payement un billet ou une obligation de son débiteur, sans réserver son privilége, il seroit censé y avoir renoncé, & ne
pourroit plus en user pour empêcher la Cession. Papon cite deux arrêts qui l'ont ainsi jugé.

Au reste, il ne suffit pas à un débiteur pour
être libéré irrévocablement envers ses créanciers, de leur avoir fait la Cession de tous les
biens dont il avoit la possession : l'autorisation
légale de cette Cession suppose l'impossibilité
actuelle où est le débiteur d'en faire davantage

pour ſes créanciers ; c'eſt pourquoi ſi dans la ſuite ce même débiteur vient à rétablir ſes affaires & à acquérir de nouveaux biens, il peut être pourſuivi au payement de ce qu'il redoit ſur les créances qu'il n'a acquittées qu'en partie.

La Ceſſion de biens entraîne avec elle une eſpèce de note d'infamie, qui conſiſte particulièrement en ce que ceux qu'on a admis à cette Ceſſion ſont incapables de poſſéder aucune charge : mais il ne faut pas croire avec Ferrières qu'ils n'aient plus le droit d'eſter en jugement, ſoit en demandant, ſoit en défendant. Cet auteur ajoute ſans aucun fondement, que c'eſt à cauſe de cette interdiction que *le jugement qui reçoit au bénéfice de Ceſſion a coutume de nommer un curateur au ceſſionnaire, & que quand cela a été omis, ceux qui ont quelque action à diriger contre lui ſont obligés de lui en faire créer un en juſtice.* Il n'y a pas un mot de vrai dans tout cela.

On trouve une autre erreur plus importante ſur cette matière dans la collection de Deniſart : il ne faut toutefois pas l'imputer à ce procureur ; elle appartient au continuateur de ſon ouvrage : voici ce qu'il dit :

· « Celui qui a été admis une fois au bénéfice » de Ceſſion, ne peut faire enſuite un contrat » d'union avec ſes créanciers ; c'eſt ce qui a été » jugé par arrêt rendu à l'audience de ſept heu- » res, le lundi 27 juillet 1761 ; il eſt vrai que » dans l'eſpèce de cet arrêt, on argumentoit » encore de ce que le contrat d'union n'avoit » point été précédé du bilan ; mais le premier » moyen étoit le principal ».

Il n'y a ni vérité, ni juſteſſe dans les conſéquences déduites de l'eſpèce rapportée. On ſait

que c'eſt par un principe d'humanité que le bénéfice de Ceſſion a été introduit en faveur des
débiteurs : or ce bénéfice de la loi pourroit leur
être préjudiciable, s'il leur enlevoit la faculté
de s'arranger avec leurs créanciers. Il nuiroit
encore à ceux-ci, puiſqu'en les empêchant de
procurer à leur débiteur le moyen de rétablir
ſes affaires, il faudroit qu'ils renonçaſſent à l'eſpérance d'en être payés. Il eſt donc clair que le
légiſlateur, en introduiſant le bénéfice de Ceſſion, n'a jamais prétendu qu'il devint un obſtacle
aux actes de bienfaiſance que des créanciers jugeroient à propos d'exercer envers leur débiteur.

Mais comme en venant au ſecours du débiteur malheureux, la loi n'a pas eu deſſein de
favoriſer les débiteurs de mauvaiſe foi, elle n'a
pas voulu qu'ils puſſent tromper leurs créanciers
impunément : c'eſt pourquoi tout débiteur qui
cache à ſes créanciers l'état de ſes affaires comme
fait celui qui ne leur préſente pas ſon bilan, ſe
rend indigne de toute faveur de leur part. C'eſt
par conſéquent le défaut de bilan qui a empêché
la cour de conſolider l'arrangement ſur lequel
elle a prononcé par ſon arrêt du 27 juillet 1761.
Cela eſt d'autant plus vrai, qu'elle n'a fait qu'appliquer la déciſion de la loi à l'objet du litige.

Le continuateur de Deniſart auroit été péné-
tré de cette vérité, & n'auroit peut-être pas
erré autant qu'il l'a fait, s'il eût conſulté les obſervations qui terminent le quatre-vingt-dix-neu-
vième chapitre de la première centurie de M. le
Prêtre, d'où un commentateur de l'ordonnance
du commerce a fort bien tiré la doctrine ſuivante :

« Mais ſi après la Ceſſion, *le débiteur* fait avec
» ſes créanciers un contrat d'attermoiement par
» lequel ils ont conſenti de lui remettre une par-

» tie de fa dette, alors ils ne peuvent plus agir
» contre lui pour fe faire payer d'une plus grande
» fomme que celle dont ils font convenus, à
» moins qu'ils ne juftifient que par la tranfaction
» il y a eu dol ou fraude de la part de leur dé-
» biteur ».

. Le défaut de bilan eft dans le fens de la loi,
une preuve de fraude; il n'a donc point fallu
d'autre motif pour rendre l'arrêt cité.

Lorfqu'après avoir fait Ceffion de biens, un
débiteur vient par la fuite à acquitter fes dettes
& à payer tous fes créanciers, il peut obtenir
des lettres de réhabilitation qui le font rentrer
dans les droits dont jouiffent les autres citoyens.

Le jugement qui admet au bénéfice de Ceffion
de biens a été affujetti à l'infinuation par la déclaration du 19 juillet 1704, & il doit être perçu
dix livres pour le droit, conformément à l'article 16 du tarif du 29 feptembre 1722.

Outre la Ceffion de biens judiciaire dont nous
venons de parler, les débiteurs font fouvent ufage
d'une autre efpèce de Ceffion, connue plus particulièrement fous le nom d'ABANDONNEMENT,
Voyez cet article.

CESSION, fe dit auffi d'un acte par lequel
on transfère à quelqu'un la propriété de chofes
mobiliaires ou immobiliaires.

L'artice 25 du tarif du 29 feptembre 1722
porte que le droit de contrôle d'un acte de cette
efpèce doit être payé conformément aux articles
3 & 4.

Ainfi lorfque les chofes cédées ne font pas défignées, & qu'il n'y a point de prix certain,
comme quand on cède des droits litigieux moyennant une fomme, & à la charge de foutenir des
procès

procès, ou de payer des dettes, c'est le cas de percevoir deux cents livres pour tenir lieu du plus fort droit de contrôle en conformité de l'article 4 du tarif, à moins que les parties ne fassent dans l'acte, une estimation de tout ce qui peut-être l'objet de la Cession, conformément à l'article 22 de la déclaration du 20 avril 1694, auquel cas le droit le contrôle doit être perçu sur cette estimation.

S'il s'agit de Cession d'immeubles, droits réels & immobiliers, le droit de centième denier en est dû.

Lorsque les objets cédés sont désignés, la perception du plus fort droit de contrôle ne peut avoir lieu : ces objets doivent alors être évalués par les parties pour régler les droits en conformité.

S'il ne s'agit dans la Cession que de biens immeubles & droits immobiliers non désignés, & que cette Cession soit faite moyennant un prix, & à la charge de payer les dettes, &c. il faut nécessairement, pour régler le droit de centième denier, qu'il soit fait une déclaration affirmée de la valeur de ce qui est cédé ; la même déclaration doit alors servir à fixer le droit de contrôle, en se départant de la rigueur de la loi, qui le fixe dans ce cas à deux cents livres ; mais si la Cession comprend aussi des effets mobiliers non désignés, la déclaration faite pour régler le centième denier ne peut servir pour le droit de contrôle, qui doit être perçu sur le pied de l'article 4 du tarif, faute d'avoir fait dans l'acte même une estimation suffisante. Les commis ne peuvent se départir de cette règle, qu'autant qu'ils y sont autorisés par leurs supérieurs dans des cas où les objets font peu confidérables.

Par arrêt du confeil du 4 novembre 1755, la dame de Louvat, femme du fieur Dagoult, & le fieur Gerard, notaire à Grenoble, ont été condamnés folidairement au payement de quatre-vingt-quatre livres pour fupplément du droit de contrôle d'un acte portant Ceffion de droits fucceffifs faite moyennant vingt-un mille livres pour en jouir par la dame ceffionnaire comme elle aviferoit, *néanmoins à fes rifques, périls & fortunes.* Cette claufe qui impofoit l'obligation d'acquitter les dettes de la fucceffion, autorifoit à percevoir le droit de contrôle fur le pied de l'article 4 du tarif. Cependant le commis ne le perçut que fur la fomme ftipulée ; mais en même-temps il prit la foumiffion du notaire, de payer le fupplément fur le pied de l'inventaire des effets & de la déclaration des immeubles, avec le centième denier des mêmes immeubles.

Lorfqu'il fut queftion de faire exécuter cette foumiffion, la partie & le notaire foutinrent que les droits n'étoient dûs que fur la fomme convenue, & l'intendant de Grenoble le décida de même ; mais ce jugement a été réformé par l'arrêt cité, qui a condamné à payer le fupplément du droit de contrôle fur la valeur entière de ce qui étoit compris dans la Ceffion, & le centième denier des immeubles, ainfi qu'au coût de l'arrêt.

Voyez *l'ordonnance du commerce & les commentaires ; le ftyle du châtelet de Paris ; Chorier en fa jurifprudence fur Guypape ; l'ordonnance du mois d'août 1699 ; Toubeau en fes inftitutions confulaires ; les arrêts de le Prêtre ; l'ordonnance* d'Abbeville pour le Dauphiné ; Carondas en ses réponses ; les arrêts de Papon ; Coquille, sur la coutume de Nivernois ; Brodeau sur Louet ; les arrêts de Bardet ; l'ordonnance des fermes du mois de juillet 1681 ; Tronçon, sur la coutume de Paris ; les arrêts de Maynard ; la collection de jurisprudence ; le journal des audiences ; Péléus en ses actions forenses ; l'ordonnance du mois d'octobre 1535 ; le dictionnaire de droit & de pratique ; Berault, sur la coutume de Normandie ; les arrêts de Boniface ; l'ordonnance du mois de janvier 1629 ; la bibliothèque de Bouchel ; le dictionnaire des arrêts ; l'ordonnance du mois de juin 1510 ; les institutes de Justinien ; le journal du palais ; Belordeau, en ses observations forenses ; le tarif du 29 septembre 1722 ; la déclaration du 20 avril 1694, &c. Voyez aussi les articles ABANDONNEMENT, BILAN, RÉPIT, BANQUEROUTE, ATTERMOIEMENT, HOMOLOGATION, DIRECTION, AGENT DE CHANGE, FOIRE, MARCHÉ, STELLIONAT, ASSURANCE, NAUFRAGE, TRANSPORT, SUBROGATION, RENTE, CENTIÈME DENIER, &c.

CHABLIS. On donne ce nom aux bois que les vents ont abattus dans les forêts.

Lorsqu'il y a des Chablis dans les forêts du roi, le sergent à garde du canton doit dresser un procès-verbal contenant la qualité, la nature, la grosseur de ces Chablis, ainsi que le lieu où il les a trouvés, & déposer ce procès-verbal trois jours après au greffe de la maîtrise, à peine de cinquante livres d'amende. C'est ce que prescrit l'article premier du titre 17 de l'ordonnance des eaux & forêts du mois d'août 1669.

Suivant l'article 2, le garde-marteau & le

A a ij

fergent à garde font tenus de veiller à la confervation des Chablis, & d'empêcher qu'ils ne
foient pris, ébranchés ou enlevés par les ufagers
ou par d'autres perfonnes, fous quelque prétexte que ce puiffe être, à peine d'amende arbitraire & d'en répondre en leur nom ; le même
article veut que les ufagers ou autres qui auront
enlevé ou feulement ébranché des Chablis,
foient condamnés à l'amende au pied le tour,
comme s'ils avoient eux-mêmes abattu ces arbres.

L'article 3 porte qu'auffitôt que les officiers
auront été avertis qu'il y a des Chablis, ils feront tenus de fe tranfporter fur les lieux accom-
pagnés du garde-marteau & du fergent avec fon
procès-verbal, pour reconnoître ces Chablis &
les marquer du marteau du roi, à peine d'a-
mende arbitraire, & d'en demeurer perfonnellement refponfables.

L'article 4 avoit réglé que ces bois feroient
vendus fans délai dans l'état où ils fe trouveroient, fans qu'il fût permis de les réferver ou
façonner, fous prétexte même de les débiter
dans un temps plus favorable : mais comme en
vendant les Chablis par petites parties & à mefure qu'il y en avoit, on multiplioit les entrées
dans les forêts, & par conféquent les délits, le
confeil rendit un arrêt le 30 décembre 1687,
par lequel il fut défendu de vendre les Chablis,
à moins qu'il n'y en eût au mois la valeur de dix
cordes (*).

_____

(*) *Cet arrêt eft ainfi conçu* : Le roi étant informé que
dans la plupart des maîtrifes des eaux & forêts du royaume
les officiers y font des ventes & adjudications de bois, Cha-

Suivant le même article 4, les ventes des Chablis doivent être faites en l'auditoire de la justice des eaux & forêts, par le grand-maître

---

blis & volis de deux ou trois arbres seulement, moyennant cinquante & soixante sous, à gens interposés pour sous ce pretexte avoir entrée dans les forêts & la liberté d'y exploiter les Chablis & y prendre d'autres bois de délits, ainsi que les grands-maîtres des eaux & forêts l'ont reconnu en faisant les visites des forêts de leurs départemens & examinant les registres & papiers des greffes ; ce qui est contraire aux ordonnances & réglemens des forêts ; & voulant y pourvoir : oui le rapport du sieur le Pelletier, conseiller ordinaire au conseil royal , contrôleur général des finances, sa majesté en son conseil , conformément à son ordonnance sur le fait des eaux & forêts du mois d'août 1669, arrêts & règlemens rendus en conséquence, a ordonné & ordonne que les Chablis & volis de ses forêts & bois seront vûs , visités , estimés & marqués du marteau du roi par le maître particulier , procureur du roi & garde marteau de chaque maîtrise, en présence du sergent garde du triage du canton où ils se trouveront avant d'en faire la vente & adjudication, qui sera par eux faite au plus offrant , judiciairement suivant l'ordonnance ; faisant sa majesté , très-expresses inhibitions & défenses aux officiers desdites maîtrises de procéder à la vente desdits Chablis & volis qu'en la forme ci-dessus prescrite, & qu'il n'y ait au moins dans chacune forêt jusqu'à la quantité de dix cordes de bois Chablis & volis, qui seront cependant conservés par les gardes, sur peine de répondre par lesdits officiers en leurs propres & privés noms , des délits qui pourroient être commis dans la forêt pendant l'usance desdits arbres Chablis & volis, & d'interdiction de leur charges. Enjoint sa majesté auxdits grand-maîtres de tenir la main à l'exécution du présent arrêt, qui sera pour cet effet lu , publié , affiché & enregistré par-tout où besoin sera , à la diligence des procureurs du roi, en chacune maîtrise. Fait au conseil d'état du roi, tenu à Versailles le trentième jour de décembre mil six cens quatre-vingt-sept. *Signé* de Fremont.

ou par les officiers de la maîtrise, à l'extinction
des feux, après deux publications, & en obfervant d'ailleurs les mêmes formalités que pour
les ventes ordinaires.

Cette loi veut en outre que la vidange des
Chablis fe faffe dans le cours d'un mois, pour le
plus long délai, à peine de confifcation de ces
bois.

Avant l'ordonnance de 1669, plufieurs règlemens, & particulièrement celui du 6 octobre
1705, avoient ftatué que les bois Chablis ne
pourroient être employés en charbon, merrain,
pelles, fabots & autres ouvrages, & que les
adjudicataires feroient tenus d'en faire du bois
de chauffage, de corde ou de traverfe, à l'exception que le chêne pourroit être équarri fur
place pour ouvrage de charpente. Quoique ces
difpofitions ne fe trouvent pas rappelées expreffément dans l'ordonnance de 1669, on peut dire
qu'elles y font implicitement, par la raifon que
cette loi n'ayant accordé qu'un mois pour la vidange des Chablis, il eft clair qu'elle a voulu
que ces bois ne ferviffent pas aux ouvrages dont
on a parlé, puifque ce tems ne fuffiroit pas pour
établir les atteliers néceffaires à la fabrication de
ces ouvrages.

L'article 5 du titre cité défend, fous peine
d'amende arbitraire, au garde-marteau de marquer, & aux officiers de vendre aucun arbre,
fous prétexte qu'il a été fourché ou ébranché
par la chûte des Chablis (*).

_____

(*). *Pour faire connoître plus particulièrement l'efprit
de la loi au fujet des délits relatifs aux Chablis, nous
rapporterons le fameux arrêt que le confeil rendit le 26 mars*

L'article 6 veut qu'immédiatement après la

1726, & qui doit *suffire pour rappeler aux officiers le soin avec lequel ils doivent faire exécuter les dispositions de l'ordonnance sur la matière dont il s'agit.*

Le roi s'étant fait représenter en son conseil les mémoires qui y ont été remis au sujet des abus commis dans les forêts dépendantes de la maîtrise d'Arques, à l'occasion de plusieurs arbres qui s'y sont trouvés arrachés par l'impétuosité des vents, dont partie étoient déjà exploités, tant par les officiers, que par les adjudicataires des ventes ordinaires desdites forêts : le procès-verbal fait par le maître particulier le 18 janvier 1726, en exécution des ordres qui lui ont été donnés pour vérifier le contenu auxdits mémoires, par lequel il paroît qu'il a trouvé dans la forêt d'Eauy plusieurs arbres arrachés par les vents, d'autres abattus à la coignée, exploités en cordes de coterets, en planches, & partie sciés à certaines longueurs, que le nommé Pierre Louis, facteur des ventes qu'exploite actuellement Simon Gouye, lui a déclaré avoir été façonnés par l'ordre dudit Simon Gouye, & mis dans ses ventes, pour les conserver & empêcher les riverains de les emporter ; & qu'après avoir examiné les souches desdits arbres, il a reconnu qu'il y avoit quatre-vingt-dix chênes, deux cens quarante-un hêtres, soixante-onze trembles, & cent neuf boulleaux, partie marqués du marteau du garde-marteau, que Gilles Carpentier, garde dudit canton, lui auroit déclaré avoir laissé façonner par ledit Gouye sur ce qu'il lui avoit dit qu'il n'avoit que faire de s'en embarasser ; & qu'il lui répondoit des évènemens qui en pourroient arriver, ce qui, joint à ce que lorsqu'il avoit assisté ledit garde-marteau dans la marque qu'il avoit faite desdits arbres, il y en avoit déjà partie de façonnés, dont il n'avoit rien dit : autre procès-verbal fait par le maître particulier les 30, 31 janvier & premier février 1726, par lequel il paroît que ledit maître particulier étant retourné dans ladite forêt pour prendre le compte desdites cordes, il lui auroit été impossible d'en faire un exact, lesdites cordes étant mêlées avec celles provenantes des ventes dudit Gouye ; & qu'ayant demandé à Louis Gouye son fils, qu'il auroit trouvé dans lesdites ventes, pourquoi les cordes qu'il disoit provenir de son exploitation

vente des Chablis, il en soit dressé un état pour

étoient mêlées de tremble, hêtre & mérisier, attendu qu'il
n'y avoit point de souches de ces sortes d'arbres auprès desdits bois, il auroit répondu que quand il faisoit exploiter une
vente, il ne s'attachoit point à remarquer les souches ; qu'il
auroit néanmoins reconnu autant qu'il auroit été possible,
qu'il y avoit deux cens huit cordes de coterets provenans
desdits arbres arrachés, & quelques hêtres sciés en planches, & dans le triage de la lande Hardel, dans les ventes
dernières recollées, il auroit trouvé pareillement douze baliveaux de hêtre & deux de chêne sciés par le pied & coupés
à la coignée, que le nommé Cartier, facteur des ventes en
usance qu'exploite Jean Chauvel, lui auroit déclaré avoir
été exploités par ordre dudit garde marteau, qui en avoit
déja même fait enlever & conduire une voiture chez lui. Le
jugement rendu par ledit maître particulier, le 20 décembre 1725, sur le requisitoire du procureur de sa majesté en
ladite maîtrise, par lequel il est enjoint aux gardes des forêts de ladite maîtrise, de remettre au greffe leurs procès-
verbaux de la quantité & qualité des arbres tombés dans
l'étendue de leurs gardes, & d'en faire les publications, pour
être procédé à l'adjudication d'iceux le 17 janvier 1726,
les publications faites en conséquence par le nommé Pierre
Paugé & Douté, gardes desdites forêts ; le procès-verbal
fait par le garde-marteau de ladite maîtrise, déposé au
greffe, le 31 janvier 1726, par lequel il déclare qu'après
avoir marché & visité lesdites forêts pour reconnoître les
arbres arrachés & tombés par le vent, il en a trouvé quatorze cens quarante-sept pieds, à laquelle visite il paroît
avoir vaqué depuis le 12 décembre jusques & compris le 6
janvier dernier ; & que le 14 dudit mois de janvier, passant
dans la forêt d'Eauy, au canton du Fourchet d'Orival, il a
trouvé un chêne de sept pieds de tour abattu à la coignée,
& le 20 dudit mois dans la garde de saint-Martin, un chêne
de quatre pieds de tour, abattu pareillement à la coignée,
qu'il auroit fait conduire chez le nommé Cauchois, avec
celui trouvé dans le canton du Fourchet d'Orival, & un
autre qu'il auroit trouvé dans le triage de Campastourel.
Le jugement rendu par ledit maître particulier, le 7 février

être délivré dans la huitaine par le greffier au

1726, sur les conclusions du procureur de sa majesté, par
lequel il est ordonné que Michel Duval, garde-marteau,
Louis Gouye, fils aîné de Simon Gouye ; les nommés
Martel frères ; Jean & Nicolas Monier pere & fils, &
Gilles Carpentier, garde, seront assignés pour être ouïs
sur les faits résultans desdits procès-verbaux. Les interrogatoires desdits Pierre & Nicolas Martel frères, Nicolas
Monier & Jean Monier pere & fils, par lesquelles ils conviennent que huit jours après que lesdits arbres furent tombés par les vens, ils se seroient mis à y travailler pour les
exploiter avec quatre autres ouvriers, sans aucuns ordres ;
qu'après y avoir travaillé huit jours, le garde-Marteau de
ladite maîtrise leur auroit fait scier par les extrémités les
chênes arrachés par les vens, & tombés dans la grande
route de saint-Martin, ce qu'ayant fait, ils auroient pareillement scié les autres chênes, quoiqu'éloignés de ladite
grande route, pourquoi ledit garde-marteau leur auroit
donné sept livres ; & Jean Monier en outre déclare qu'il
ne connoît point les autres ouvriers qui leur auroient aidé à
scier lesdits chênes ; qu'ils étoient venus leur aider par ordre
dudit garde-marteau ; qu'à l'égard des autres arbres exploités, ils l'avoient été par l'ordre dudit Gouye, qui en avoit
payé la façon à raison de dix sous la corde, & qu'il avoit
été présent audites exploitations. L'interrogatoire de Michel Duval, par lequel il convient que le 12 décembre
1725, il auroit commencé sa visite pour reconnoître lesdits
arbres arrachés, & en faire le martelage ; qu'il ne se sou-
vient pas du jour qu'il auroit commencé à le faire, & qu'é-
tant parvenu à la garde de saint-Martin, il auroit trouvé
Louis Gouye & son facteur, qui en faisoient façonner en
bois de coterets ; que les arbres tombés dans la route de
saint-Martin la traversant entièrement, il auroit donné
ordre à sept ouvriers de les scier par les deux bouts pour
rendre le chemin libre, & empêcher les voituriers de faire
une nouvelle route au travers des jeunes ventes ; qu'il n'a
point vu lesdits ouvriers y travailler ; qu'il se peut cependant bien trouver qu'il ait passé auprès d'eux en faisant son
martelage sans y faire attention ; qu'il est bien vrai que les

receveur général ou particulier des domaines qui doit en faire la recette.

---

nommés Monier & Mattel étant venus chez lui un soir lui demander le payement de deux journées qu'ils avoient employées à scier lesdits chênes, qu'il leur auroit donné sept livres, dont il comptoit se faire rembourser par lesdits adjudicataires; que lorsqu'il leur avoit donné l'ordre pour les couper, ceux des autres espèces étoient déjà façonnés, & que les trois chênes qu'il avoit fait transporter chez ledit Cauchois, il les avoit fait enlever par ses gens, chevaux & harnois, pour empêcher qu'ils ne fussent pris par les riverains, comme plusieurs autres qu'il avoit reconnu avoir déja été enlevés en partie, dont il avoit donné ordre de faire l'exploitation du surplus en corde; que son charetier en avoit enlevé une demi-corde sans son ordre; que le 17 janvier 1726, il se seroit présenté au greffe pour y déposer son procès-verbal, que le greffier avoit refusé d'enregistrer par rapport à l'absence du procureur du roi; & que lorsque les officiers avoient envoyé chez lui pour lui dire de remettre son procès-verbal au greffe, il ne s'y étoit pas trouvé; qu'ayant rencontré en chemin celui qu'ils y avoient envoyé, il lui auroit répondu que le greffier n'avoit qu'à se transporter chez lui la veille de l'audience, qu'il lui feroit porter sur son registre correctement; qu'il étoit vrai qu'il avoit omis de comprendre dans son procès-verbal les arbres qui s'étoient trouvés arrachés dans la Laye-madame & Landehardel, qu'il y avoit ajoutés depuis. L'interrogatoire de Gilles Carpentier, garde de la forêt d'Eauy au détroit de saint-Martin, par lequel il convient que le 12 décembre 1725 & jours suivans, il avoit assisté ledit garde-marteau à la marque desdits arbres arrachés, dont il n'auroit pas dressé son procès-verbal, parce qu'il lui avoit dit que le sien suffiroit; qu'en procédant audit martelage ils avoient trouvé quelques arbres blancs & de hêtre coupés par les extrémités, & façonnés en coterets par l'ordre dudit Gouye; que depuis les ouvriers qui avoient travaillé à scier lesdits arbres & exploiter en corde, lui ont déclaré qu'ils avoient scié les chênes par ordre du garde-marteau, & exploité les autres par l'ordre dudit Gouye, qui l'avoit même prié de lui laisser

Suivant l'article 7, les vacations des officiers

---

façonner les autres, lui difant qu'il lui répondoit de tout ce qui en pourroit arriver, ce qu'il avoit cru de bonne foi ; & qu'à l'égard des chênes menés chez Louis Cauchois, ledit garde-marteau lui avoit dit qu'il ne les faifoit enlever que pour les mettre en fûreté. L'interrogatoire de Louis Gouye, fils de Simon Gouye, adjudicataire des ventes en ufance, convient que s'étant tranfporté dans les ventes, qu'il avoit commencé à faire exploiter les 12 & 13 dudit mois, que le garde-marteau y étant venu, il lui auroit reprefenté qu'il ne le faifoit que pour les intérêts du roi, & qu'il l'avoit même affuré qu'il n'en feroit point inquiété ; ce qu'il avoit cru d'autant plus qu'en l'année 1720, s'étant trouvé plufieurs arbres arrachés près des ventes qu'il exploitoit, lefdits officiers ne lui en auroient rien dit, fur ce qui leur auroit été repréfenté que ce n'étoit que pour empêcher les riverains de les emporter ; qu'au furplus il ne l'avoit fait qu'après que le garde lui avoit permis, & que d'ailleurs il s'y croyoit autorifé par l'article 8 du titre d'affiette de l'ordonnance des eaux & forêts de 1669, qui permet aux adjudicataires de couper les bois abattus pour les layes & tranchées, avec défenfes aux riverains d'y toucher ; qu'il eft vrai qu'après l'exploitation defdits arbres, il en avoit fait tranfporter les bois dans fes ventes, pour que fon facteur fût plus à portée de les conferver ; que les chênes qui s'étoient trouvés fciés dans le triage du grand chemin de faint-Martin, du Fourchet d'Orival & dans la grande route, l'avoient été par l'ordre du garde-marteau, qui avoit même donné ordre à fon garde-vente d'y veiller, qu'il avoit fait fcier en planche de billes de tremble provenant defdits arbres arrachés, qui étoient encore fur le lieu, & que fon deffein n'étoit pas de les enlever ; qu'il étoit bien vrai qu'il avoit dit à Gilles Carpentier garde, qu'il le garantiffoit de tous les évènemens & pourfuites qui pourroient arriver pour raifon defdites exploitations. Le mémoire préfenté par ledit Louis Gouye, fils de Simon Gouye, adjudicataire des ventes de ladite forêt d'Eawy, par lequel il expofe que s'étant apperçu que les riverains emportoient les bois provenans defdits arbres arrachés, pour en empêcher l'enlèvement total, il

& du greffier, tant pour la reconnoiſſance & le

auroit pris quarante ouvriers pour les faire tranſporter auprès de ſes ventes, où ayant reconnu qu'ils n'étoient pas
encore en ſûreté, pour être plus en état de les conſerver,
il les auroit fait mettre dans ſes ventes, le tout à intention
d'empêcher les riverains de les prendre, & ſa majeſté étant
d'ailleurs informée que ledit Duval, garde marteau avoit
fait abattre pluſieurs arbres dans leſdites forêts, qu'il avoit
appliqués à ſon profit; à quoi étant néceſſaire de pourvoir
pour réprimer de pareils abus, ſa majeſté s'eſt pareillement
fait repréſenter l'ordonnance du mois d'août 1669, ſur le
fait des eaux & forêts, par laquelle ſuivant l'article 15 du
titre 48, il eſt fait défenſes aux adjudicataires de retenir
dans leurs ventes d'autres bois que ceux qui en provien-
dront, à peine d'être punis comme s'ils avoient volé leſdits
bois. Par les articles 1, 2, 3, & 4 du titre 17, il eſt
ordonné que lorſqu'il ſe trouve quelques arbres abattus,
arrachés ou rompus par l'impétuoſité des vents, les gardes
ſeront tenus d'en faire leur rapport; que le garde-marteau
& leſdits gardes ſeront tenus de veiller à la conſervation
deſdits bois, empêcheront qu'ils ne ſoient pris; que les particuliers qui les couperont ou emporteront, ſeront condamnés par les officiers, au pied de tour, à peine contre
leſdits officiers d'amende arbitraire, & d'en répondre en
leurs noms; qu'ils ſeront marqués du marteau du roi en
préſence deſdits officiers, & que ſous quelque prétexte que
ce puiſſe être, ils ne pourront être réſervés ni façonnés,
mais qu'ils ſeront vendus inceſſamment en l'état qu'ils ſe
trouveront, & par les articles 1, 5, 6 & 8 du titre 32,
que les peines prononcées contre les délinquans pour la
première fois, ſeront de quatre livres pour chacun pied de
tour de chêne & de tous arbres fruitiers, de cinquante ſous
pour chacun pied de ſaulx, hêtre, orme, tillot, ſapin;
charme & frêne, & trente ſous pour les arbres d'autres
eſpèces; que lorſque leſdits délits ſe trouveront avoir été
faits par officiers, marchands, ventiers & gardes-ventes
leſdites peines ſeront du double, & qu'outre leſdites amendes ils ſeront pareillement condamnés aux reſtitutions,
dommages & intérêts, qui ſeront au moins de pareille

martelage, que pour l'adjudication des Chablis

somme que l'amende, & l'édit du mois de mai 1716, par
lequel article 50, il est ordonné que les amendes & restitutions réglées par ladite ordonnance ne pourront être dimi-
nuées ; que les restitutions seront égales aux amendes, &
les amendes égales aux restitutions. Oui le rapport du sieur
Dodun, conseiller ordinaire au conseil royal, contrôleur
général des finances. Sa majesté étant en son conseil a déclaré
Michel Duval, garde-marteau de la maîtrise d'Arques, &
Gilles Carpentier, garde, incapables de pouvoir exercer à
l'avenir de pareils offices ; ordonne que ledit Duval sera tenu
de se défaire dudit office de garde-marteau, dans un mois
pour toute préfixion & délai, à compter du jour de la signification du présent arrêt ; sinon & à faute de ce faire, l'a déclaré vacant & impétrable, & qu'il sera pourvu incessamment par commission auxdits offices ; condamne ledit Michel Duval, Simon Gouye adjudicataire des ventes en
usance de la forêt d'Eauy, au détroit de saint Martin, &
Louis Gouye son fils, solidairement en neuf mille trois
cens quatre-vingt-neuf livres d'amende, & pareille somme
de restitution, pour raison des chênes, hêtres, trembles &
bouleaux par eux exploités ; & Gilles Carpentier garde, pour
avoir souffert lesdites exploitations sans en rendre aucun
procès-verbal, en trois cens livres d'amende, au payement desquelles amendes & restitution, lesdits Duval,
Gouy pere & fils, & Carpentier seront contraints, ainsi
qu'il est accoutumé pour les affaires de sa Majesté, à la
requête du sieur Nérot, receveur général des domaines &
bois de la généralité de Rouen, nonobstant clameur de
haro, toutes oppositions, appellations, ou autres empêchemens quelconques, dont si aucuns interviennent, sa majesté s'est réservé la connoissance, & icelle interdit à toutes
cours & jurisdictions. Ordonne sa majesté, qu'à la requête
de son procureur en ladite maîtrise, procès-verbal & état
sera fait par les officiers de tous les bois mis en corde,
planches & arbres façonnés provenans desdits arbres arrachés, ensemble le martelage de tous ceux contenus au
procès verbal dudit garde marteau, pour être vendus sans
délai avec les trois chênes trouvés chez le nommé Cau-

& arbres de délit, doivent être taxées par l
grand maître, felon l'importance du travail, &c

Un arrêt du conseil royal des finances 8
commerce du feu roi de Pologne, revêtu de
lettres-patentes, a réglé ce qui devoit être ob
fervé en Lorraine relativement aux Chablis trou
vés dans les forêts des domaines de fa majesté
Cette loi a été faite en conformité des difpoﬁ
tions de l'ordonnance de 1669 (*).

---

chois, au profit de fa majesté ; que lors dudit martelag
les officiers fe faffent repréfenter les procès-verbaux fait
par les gardes, defdits arbres arrachés, & que faute pa
lefdits gardes de les repréfenter, ils prononcent contr'eu:
les peines portées par l'article premier du titre des vente
des Chablis de l'ordonnance du mois d'août 1669 ; enjoin
fa majesté aux officiers de ladite maîtrife, de fe conforme
à l'avenir à ce qui eft porté par ladite ordonnance, & de n
faire aucune vente & adjudication d'arbres, Challis &
menus marchés, qu'au préalable ils n'ayent été marqués e
leur préfence à peine d'amende arbitraire & de privation d
leurs offices, & au fieur Savary, grand-Maître des eaux &
forêts au département de Rouen, de tenir la main à l'exécution du préfent arrêt, qui fera regiftré au greffe des mai-
trifes dudit département, lu, publié & affiché partout où
befoin fera. Fait au conseil d'état, fa Majesté y étant, tenu
à Verfailles le 26 Mars 1726. *Signé*, Fleuriau.

(*) *Voici cet arrêt.*

Le roi étant informé qu'il fe paffe dans les maîtrifes un
abus très-préjudiciable à fes intérêts, & à la confervation
des forêts de fon domaine, en ce qu'on procède à la vente
des arbres Chablis, fur les fimples déclarations que les
forêtiers en apportent aux greffes, & fans qu'ils ayent été
reconnus par les garde-marteaux, ni qu'ils en ayent dreffé
aucuns procès-verbaux ; & fa majesté voulant pourvoir à la
réformation d'un pareil abus, ouï le rapport du fieur Gallois, confeiller-fécrétaire d'état ordinaire, & confeiller au
conseil royal des finances & commerce, commiffaire à ce
député.

Les gruyers ne doivent faire aucune vente

Sa majesté en son conseil a ordonné & ordonne ce qui suit :

ARTICLE PREMIER. Lorsqu'il se trouvera quelques arbres abattus, arrachés ou rompus par l'impétuosité des vents ou quelques autres accidens, les forêtiers seront tenus d'en faire leurs rapport aux greffes des maîtrises, trois jours après ; lesquels rapports contiendront la qualité, nature & grosseur desdits arbres, le lieu où ils les auront trouvés & observeront si en tombant ils en ont rompus ou touché d'autres par leurs chûtes, à peine de cinquante livres d'amende.

II. Le garde marteau & les forêtiers du canton, veilleront à la conservation des bois Chablis, & empêcheront qu'il ne soient pris, enlevés ou ébranchés par les usagers & autres, sous prétexte de coutume & d'usage, quel qu'il puisse être ; & en cas qu'il s'en rencontre de coupés & ébranchés, la garde-marteau en dressera procès-verbal, qu'il remettra au greffe, & les forêtiers en feront rapport, de même que s'il avoient été abattus sur pied, & les officiers prononceront les condamnations en conséquence, à peine d'amende arbitraire, & d'en répondre en leurs noms.

III. Aussi-tôt que les officiers auront été avertis, le maître particulier ou son lieutenant, en cas d'absence, se transportera sur les lieux, accompagné du procureur du roi, du garde marteau & du forêtier, pour voir les arbres Chablis, & reconnoître si le rapport du forêtier est fidèle ; lesquels arbres seront marqués de notre marteau, en la présence desdits officiers, qui procéderont à la vente desdits arbres, en l'audience de la justice des eaux & forêts, à l'extinction des feux, après deux publications faites à l'audience ou marché du lieu, & dans les villes & villages des environs de la forêt, & pour cet effet, billets proclamatoires seront envoyés, & affiches mises, comme pour les ventes ordinaires, & le temps de vidange ne sera que d'un mois pour le plus, à peine de nullité & confiscation des bois vendus.

IV. Fait sa majesté très-expresses inhibitions & défenses

de Chablis fans la permiffion des maîtres parti-

aux officiers defdits maîtrifes de procéder à la vente defdits Chablis, qu'en la forme ci-deffus prefcrite, & qu'il n'y
ait au moins dans chacune forêt jufqu'à la quantité de dix
cordes de bois Chablis, qui feront cependant confervés par
les forètiers, fur peine de répondre par lefdits officiers en
leurs propres & privés noms, des délits qui pourroient être
commis dans la forêt pendant l'ufance defdits arbres Chablis, & d'interdiction de leurs charges.

V. Défendons au garde-marteau de marquer, & aux
officiers de vendre aucuns arbres en eftant, fous prétexte
qu'ils auroient été fourchés & ébranchés par ladite chûte
des Chablis; mais voulons qu'ils foient confervés à peine
d'amende arbitraire.

VI. Incontinent après la vente des Chablis & l'adjudication des menus marchés, il en fera dreffé un état pour
être délivré dans la huitaine, par le greffier, au receveur
des bois, ès mains duquel feront payés les deniers du prix,
& par lui au receveur général, & compris dans fon état
de recouvrement ainfi que le prix principal de nos bois.

Mande fa majefté au fieur Gallois, commiffaire à ce
député, de tenir la main à l'exécution du préfent arrêt,
pour l'exécution duquel toutes lettres néceffaires feront expédiées. Fait audit confeil tenu à Lunéville le 19 décembre
1750. Collationné, Rouot, fécrétaire d'état.

Stanislas, par la grace de dieu, roi de Pologne, grand
duc de Lithuanie, Ruffe, Pruffe, Mazovie, Samogitie,
Kiovie, Volhinie, Podolie, Podlacie, Livonie, Smolensko,
Sévérie, Czernikovie, duc de Loiraine & de Bar, &c. A
nos amés & féaux les préfidens, confeillers & gens tenans
notre cour fouveraine de Lorraine & Barrois, falut. Ayant
été rendu arrêt en notre confeil royal des finances & commerce, nous y étant le dix-neuf du préfent mois, portant
règlement au fujet de la connoiffance, confervation & vente
des Chablis qui fe trouveront dans les bois & forêts de nos
domaines; & voulant que ledit arrêt dont l'expédition eft
ci-jointe & attachée fous le contre-fcel de notre chancellerie, ait fon plein & entier, nous vous mandons de le
faire inceffamment lire, publier, régiftrer & afficher par-
culiers,

culiers, ou des lieutenans des maîtrises pardevant lesquelles ils ressortissent. C'est ce qui résulte de l'article 86 de l'ordonnance de 1515 &
de plusieurs arrêts postérieurs.

Les Chablis des bois sujets aux droits de
grurie, grairie, tiers & danger, doivent être
vendus avec les mêmes formalités que les Chablis trouvés dans les forêts du roi, & sa majesté doit y avoir la même part que dans les
ventes ordinaires. C'est ce qui est prescrit par
l'article 11 du titre 23 de l'ordonnance des eaux
& forêts.

Quant aux Chablis des bois engagés, l'article
5 du titre 22 les attribue en entier au roi, no-

tout où besoin sera, & de tenir la main à sa pleine &
entière exécution, sans permettre ni souffrir qu'il y soit
contrevenu directement ni indirectement : car ainsi nous
plaît. En foi de quoi nous avons aux présentes, signées de
notre main, & contre signées par l'un de nos conseillers-
secrétaires d'état, commandemens & finances, fait mettre
& appendre notre grand scel. Donné en notre ville de
Luneville le 28 décembre 1750, signé, Stanislas roi. Par
le roi, Rouot, registrata, Guire.

La cour a ordonné acte de la lecture & publication du
présent arrêt, ensemble des lettres d'attaches y jointes ; ouï
& ce requérant le procureur général ; ordonne qu'il sera
suivi & exécuté selon sa forme & teneur, & registré en ses
greffes, pour y avoir recours le cas échéant ; & qu'à la
diligence du procureur général, copies duement collationnées dudit présent arrêt, seront envoyées dans tous les
bailliages & autres sièges ressortissans nuement à la cour,
pour y être pareillement lû, publié, registré & exécuté ;
enjoint aux substituts des lieux de tenir la main à son exécution, & d'en certifier la cour au mois. Fait à Nancy
en la grande salle du palais, audience publique tenante le
4 janvier 1651, Signé, du Rouvrois. Et plus bas, F. la
Croix, greffier.

nobstant toûtes lettres vérifiées, clauses, dons, arrêts, contrats, adjudications, usages & possessions contraires. Un arrêt du conseil du 24 mars 1685 a confirmé cette loi (*).

(*) *Il convient de rapporter ici l'arrêt cité.*
Le Roi étant informé qu'au préjudice de son ordonnance sur le fait des eaux & forêts du mois d'août 1669, & de la disposition d'icelle, portée par les articles 5 & 6 du titre des bois tenus à titre de douaire, concession, engagemens & usufruit, suivant laquelle les engagistes, usufruitiers & autres personnes qui jouissent à titre d'aliénation & d'engagement des bois des domaines de sa majesté, ne peuvent disposer d'aucune futaye, arbres anciens, modernes, ou baliveaux sur taillis, même de l'âge du taillis; ni de Chablis, & arbres de délit, ni en faire couper aucuns par arpent, ou par pied, pour l'entretien & réparations des maisons, moulins, & bâtimens dépendans de leurs domaines, ou sous aucun autre prétexte, qu'en vertu de lettres-patentes regiftrées ès cours de parlement & chambre des comptes, sur les avis & procès verbaux des grands maîtres, à peine de privation desdits domaines, de l'amende & restitution contre les possesseurs, & de condamnation tant contr'eux & leurs fermiers, agens & receveurs, que contre les marchands & entrepreneurs qui les auront exploités, & d'interdiction contre les officiers qui en feroient la délivrance : la plûpart desdits engagistes & usufruitiers font abattre & couper indifféremment toutes les futayes & balivaux anciens, modernes, & ceux de l'âge des taillis, dont ils disposent sous divers prétextes à leur profit. A quoi étant nécessaire de pourvoir : oui le rapport du sieur le Peletier, conseiller au conseil royal, contrôleur général des finances, sa majesté en son conseil, conformément à son ordonnance du mois d'août 1669, titre des bois engagés, articles 5 & 6, a ordonné & ordonne que les engagistes, usufruitiers, & autres qui possédent des bois dépendans des domaines de sa majesté, soit à titre de concession, ou d'aliénation, ne pourront à l'avenir faire abattre, couper, ni disposer d'aucuns bois de futaye, arbres anciens, moder-

Voyez *l'ordonnance des eaux & forêts, & les commentateurs de cette loi; le dictionnaire raisonné des eaux & forêts; le recueil des édits & règlemens de Lorraine; les lois forestières; le règlement du 6 octobre 1605;* &c. Voyez auffi les articles BOIS, DÉLIT, GARDE, MARTELAGE, MAÎTRISE, GRURIE, ENGAGISTE, USAGE, &c.

CHAIRE. Ce mot préfente diverfes fignifications : tantôt il eft pris pour la première place qu'un évêque occupe dans fon églife, tantôt pour l'endroit d'où l'on annonce aux peuples la parole évangélique, tantôt enfin pour une place de profeffeur dans un collége ou dans une univerfité. Il y a donc trois fortes de Chaire : *Chaire épifcopale, Chaire à prêcher & Chaire de profeffeur.*

---

nes, ou baliveaux fur taillis, même de l'âge des bois réfervés dans les dernières ventes, ni des Chablis & arbres de délits, des amendes, reftitutions, & confifcations qui en proviennent, & ne pourront faire couper aucuns defdits arbres pour entretien & réparations de maifons, moulins & bâtimens dépendans defdits domaines engagés, aliénés, ou concédés à titre de douaire & ufufruit, ou fous aucun autre prétexte que ce foit, qu'en vertu de lettres-patentes, regiftrées au parlemens & chambres des comptes, fur les avis & procès-verbaux des grands maîtres, auxquels fa majefté ordonne, comme auffi aux officiers des maîtrifes particulières des eaux & forêts, d'informer, chacun en droit foi, des contraventions faites aufdits articles 5 & 6 du titre des bois engagés de ladite ordonnance du mois d'août 1669, Enjoint aufdits grands-maîtres de tenir la main à l'exécution du préfent arrêt & de le faire publier & entegiftrer aux fiéges des tables de marbre & ès maîtrifes particulières des eaux & forêts du royaume, & d'en rapporter les actes au confeil dans un mois. Fait au confeil d'état du roi, tenu à Verfailles le vingt-quatrième jour de mars mil fix cens quatre-vingt-cinq. *Signé,* Bertier.

Chaire épiscopale. Dans les premières années de l'église chrétienne, lorsque l'évêque présidoit au *presbytère*, c'est-à-dire à l'assemblée des anciens, il avoit sa Chaire, c'est-à-dire son siége particulier qu'on appelloit *Chaire pontificale*, à l'exemple de Moïse qui avoit sa Chaire lorsqu'il publioit la loi des juifs.

L'archevêque d'Aix voulut le siécle passé changer la forme de la Chaire épiscopale de son église pour y faire plus commodément les offices : le parlement s'opposa à ce changement, parce qu'il avoit été fait, dit-on, sans sa permission ; mais le vrai motif étoit que ce changement gênoit les places du chœur & bornoit la vue. Ceci donna lieu à un arrêt du conseil du 3 mai 1623, par lequel il y eut un règlement concernant la forme de cette Chaire & le rang que doivent avoir les ministres qui assistent l'archevêque aux offices pontificaux.

Chaire à prêcher. C'est à la charge des habitans d'une paroisse qu'est la construction, l'entretien & la réparation de cette Chaire, d'abord parce qu'elle est ordinairement placée dans la nef, & en second lieu, parce qu'elle est entièrement pour l'intérêt des habitans.

Chaire de professeur. C'est une place dans une université ou dans un collège que remplit celui qui y est destiné pour professer une branche des connoissances qu'on y enseigne.

L'article 19 de la déclaration du 6 août 1682, concernant les études du droit, porte que lorsqu'il viendra à vaquer des Chaires de professeur, nul ne pourra en être pourvu que par la voie de la dispute & du concours, conformément aux statuts de chaque faculté.

L'article 15 renferme des dispositions particulières pour les Chaires de droit françois. Il est dit que lorsqu'il en vaquera par mort ou autrement, les gens du roi du parlement de Paris pourront proposer à M. le chancelier trois personnes ayant les qualités requises pour les remplir, & que de ces trois le roi nommera celle dont on lui aura rendu le meilleur compte ; mais parmi les qualités requises il faut être avocat, en avoir fait les fonctions au barreau pendant dix ans avec assiduité & avec succès, ou du moins avoir exercé pendant ce tems-là un office de judicature royale.

Lors de l'érection de la faculté de Dijon, il fut réglé par l'article 21 des lettres patentes du 20 septembre 1723, données à ce sujet, que lorsqu'une Chaire de droit civil & canon viendroit à vaquer, elle seroit donnée au concours ; que le jour de ce concours seroit indiqué au moins trois mois auparavant, & qu'à cet effet il seroit envoyé des affiches à toutes les facultés de droit des universités du royaume.

Il y a eu à ce même sujet une déclaration du roi du 10 juin 1742 concernant l'université de Toulouse ; elle contient des dispositions trop étendues pour trouver place ici. Ceux qui aspireroient à une Chaire dans cette université ne pourroient se dispenser de la consulter tout au long. Nous observerons seulement que les places de docteurs-aggrégés y sont sujettes au concours ainsi que celles des professeurs ; que pour être professeur il faut être âgé de trente ans accomplis, & de vingt-cinq pour être docteur-agrégé ; qu'il y a une exclusion pour un sujet qui seroit père, fils, frère, oncle, neveu, beau-père, beau-fils, gendre ou beau-frère d'un des profefleurs ou d'un des docteurs-aggrégés, & que cette exclufion auroit lieu encore fi l'afpirant & l'un des profefleurs ou docteurs-aggrégés avoient époufé les deux fœurs, fi l'une des deux étoit vivante, ou en cas de décès s'il y avoit des enfans de l'une ou de l'autre (*). Ceux qui feroient parens ou alliés de l'afpirant jufqu'au quatrième degré inclufivement, ne pourroient point affifter au concours ni être juges des capacités de cet afpirant: s'il y avoit d'autres moyens de recufation on feroit recevable à les propofer.

Il arrive quelquefois qu'après qu'une Chaire a été difputée, il furvient des conteftations entre ceux qui font dans le cas de donner leurs fuffrages, de façon qu'il ne leur eft pas poffible de s'accorder. Dans ce cas on fe pourvoit auprès de M. le Chancelier, & le roi fur le compte qu'il fe fait rendre des contendans, accorde la Chaire à celui dont on lui a rendu le meilleur témoignage. C'eft ce qui s'eft pratiqué par un arrêt du confeil du 18 juillet 1722 en faveur du fieur Prouft de Chambourg docteur aggregé en l'univerfité d'orléans pour une Chaire de profefleur vacante par le décès du fieur le Berche.

L'édit du mois de mars 1707, portant règlement pour les études de médecine, veut que toutes les Chaires de médecine quand elles viennent à vaquer, foient mifes à la difpute, & qu'après que les afpirans ont fait les leçons, les démonftrations & les autres actes probatoires

(*) Ceci eft conforme à une déclaration du 2 août 1712, donnée pour toutes les univerfités du royaume.

qui leur ont été prescrits par les docteurs de
chaque faculté, la Chaire vacante soit ajugée à
celui qui se trouve le plus digne à la pluralité
des suffrages. Ces suffrages doivent se donner
par scrutin, & l'on doit envoyer le procès-verbal d'élection à celui des sécrétaires d'état dans
le département duquel se trouve la faculté où
l'élection a été faite, ainsi qu'au premier médecin du roi pour en être rendu compte à sa
majesté.

Aucun docteur en médecine ne peut être
admis à donner son suffrage sur les disputes si
depuis qu'il a acquis le degré de licencié, il
n'a exercé la médecine pendant dix années au
moins.

Lorsqu'il ne se trouve pas dans une faculté de
médecine jusqu'à sept docteurs au moins en état
d'assister à la dispute des Chaires vacantes & d'y
donner leurs suffrages, la dispute doit être renvoyée de plein droit dans la faculté la plus prochaine, sans qu'il soit besoin d'aucun jugement
qui l'ordonne, à moins que tous les aspirans ne
veuillent consentir unanimement qu'elle se fasse
dans la faculté de Paris ou dans celle de Montpellier.

Pour ce qui est des Chaires établies dans les
colléges, l'édit du mois de février 1763, servant de règlement pour les colléges qui ne dépendent pas des universités, porte que la nomination aux Chaires de théologie qui se tiennent dans des écoles publiques, autres que celles des universités, appartiendra aux archevêques & évêques, chacun dans son diocèse; que
celles qui se trouveront dans des colléges des-
servis par des congrégations régulières ou sécu-

lières, continueront d'être remplies par les
sujets que leurs supérieurs trouveront les plus
capables, & que les personnes ecclésiastiques
ou séculières, qui en vertu de bons titres sont
fondées à nommer à ces sortes de places, continueront enfin d'y nommer en la manière accoutumée, à la charge néanmoins que les sujets
nommés par ces personnes ou par les supérieurs
des congrégations, se retireront par-devers le
prélat diocésain pour avoir son approbation (*).
Le même édit porte que le prélat diocésain qui
aura nommé aux Chaires, aura le pouvoir de
destituer, en déclarant les motifs de la destitution s'il en est requis; mais si la nomination a
été faite par d'autres que par lui, le professeur
ne peut être destitué que par le concours du
prélat & des nominateurs. En cas de refus de
concourir à la destitution, les motifs de ce
refus doivent se donner par écrit; & s'il vient
des nominateurs, le prélat peut révoquer son
approbation en déclarant les causes de cette révocation. Lorsque la destitution ou la révocation de l'approbation ont été reconnues valables ou jugées telles, il doit être nommé par
ceux qui en ont le droit un nouveau sujet pour
remplir la place. Tous les professeurs de théologie ainsi nommés sont tenus de se conformer
aux dispositions de l'édit de 1682, concernant
les quatre propositions que renferme la déclaration donnée cette année-là par le clergé de
France.

Il y a eu le 3 mai 1766, des lettres-patentes

_____

(*) Il est dit que si le prélat refuse son approbation il
en donnera les causes par écrit au cas qu'il en soit requis.

concernant l'établissement de docteurs-aggrégés dans la faculté des arts de l'université de Paris, & il a été règlé que les Chaires ou places de docteurs - aggrégés feroient données au concours ; que ce concours s'ouvriroit tous les ans au mois d'octobre, mais qu'on n'y admettroit que des maîtres-ès-arts de quelque université que ce fût, âgés de vingt-deux ans pour remplacer les aggregés affectés aux Chaires de philofophie, de vingt ans pour les Chaires de rhétorique, de feconde & de troifième, & de dix-huit ans pour les Chaires inférieures ; que ceux qui fe préfenteroient au concours feroient tenus de remettre les preuves juftificatives de leurs qualités entre les mains du fyndic de l'université quinze jours au moins avant l'ouverture du concours afin de règler la lifte des afpirans fuivant la date de leurs lettres de maîtres-ès-arts.

Le concours doit fe tenir au Collège de *Louis le Grand* dans une falle deftinée à cet effet (*), & deux mois avant qu'il foit ouvert, il doit être publié & affiché dans Paris avec mention du nombre des places à remplir & de leur qualité.

Le Roi en uniffant par fes lettres-patentes du 16 mai 1772 le *collége royal* à l'université de Paris, a règlé pour fuppléer au concours établi autrefois par Charles IX relativement au choix des profeffeurs de ce collége, que dans la nomi-

(*) Il y a des lettres-patentes du 10 août 1766, qui forment pour ce concours un réglement fort étendu & dont il eft à propos de prendre connoiffance quand on veut concourir.

nation aux Chaires qui viendroient à vaquer, sa
majesté donneroit toute préférence soit aux professeurs de l'université qui se seroient distingués
dans l'exercice de leurs fonctions, soit aux
membres des trois académies royales de Paris;
& que si le choix tomboit sur un sujet qui ne
fût point membre de l'université, ce sujet seroit
immatriculé dans la faculté des nations à laquelle il appartiendroit par le lieu de sa naissance, en produisant son extrait baptistaire, & ses
lettres de nomination royale, sur lesquelles seroit inscrit le serment par lui prêté entre les
mains du grand aumônier de sa majesté.

Comme les Chaires de ce collége deman-
doient une destination différente de celle qu'elles avoient ci-devant, & le roi ayant reconnu
que sans en augmenter le nombre ni sans retran-
cher aucune des branches de littérature ou de
sciences qui s'enseignent dans ce même collége,
il étoit possible de multiplier les genres d'instruction, en appliquant à des professions nouvelles & d'une utilité reconnue, les fonds de
celles de ces Chaires qui se trouvoient doubles
ou qui pouvoient être commodément suppléées
par des professions analogues ; que la langue
syriaque ne différant presque point de l'hé-
braique, s'exerçant sur les mêmes objets, &
d'ailleurs n'attirant presque plus d'auditeurs,
n'exigeoit point un professeur particulier & que
les fonds qui y étoient consacrés pouvoient être
plus utilement employés à doter une Chaire de
mécanique ; qu'en réservant une seule Chaire
pour la langue arabe, la seconde pouvoit être
convertie en une Chaire de turc & de persan;
qu'en laissant subsister deux Chaires pour le

grec, & en chargeant l'un des professeurs d'expliquer de préférence les ouvrages des anciens
philosophes qui ont écrit en cette langue, on
pourroit sans inconvénient appliquer le fond
de la Chaire de philosophie grecque & latine
à l'établissement d'une Chaire de littérature
Française ; que des deux Chaires d'éloquence
latine l'une pouvoit être spécialement consacrée
à l'étude des orateurs, l'autre à celle des poë-
tes ; que la Chaire de physique deviendroit encore plus utile qu'elle ne l'étoit alors, en four-
nissant au professeur des machines qui le missent
à portée de confirmer ses explications par des
expériences ; que des quatre Chaires de médecine deux se trouvant déjà converties, l'une en
Chaire de chymie, l'autre en Chaire d'anato-
mie, il convenoit que la troisième le fût en
Chaire d'histoire naturelle pour enseigner cette
science sur les rapports qu'elle a avec la phar-
macie ; qu'enfin l'une des deux Chaires de droit
canon pouvoit être utilement changée en une
Chaire de droit *de la nature & des gens*, sa majesté a opéré le changement de ces Chaires par
un arrêt de son conseil du 20 juin 1773, conformément à la destination ci-dessus qui a paru la
plus avantageuse.

Les lettres-patentes du 7 avril 1767 qui ont
affilié le collége royal de la Flêche à l'université de Paris, portent que lorsqu'il y aura des
Chaires vacantes dans ce collége, le roi y
pourvoira sur la seule présentation qui sera faite
par le recteur de l'université au secrétaire d'é-
tat ayant le département de la guerre, de la
liste des aggrégés affectés à la classe qui sera à
remplir.

Voyez *la déclaration du 6 août 1682 ; celle du 2 août 1712 ; celle du 10 juin 1742 concernant l'université di Toulouse ; l'édit du mois de mars 1707 ; celui de février 1763 ; les lettres-patentes du 20 septembre 1723 concernant l'université de Dijon ; celles du 3 mai & du 10 août 1766, du 7 avril 1767, du 16 mai 1772 ; l'arrêt du conseil du 20 juin 1773 ; &c.* Voyez aussi les articles CONCOURS, FACULTÉ, PROFESSEUR, UNIVERSITÉ, &c. (*article de M.* DAREAU *, avocat au parlement*).

CHAISE. Nous entendons parler ici des siéges qu'on place dans les églises pour la commodité de ceux qui veulent en faire usage.

Plusieurs règlemens donnés sur l'administration des biens des fabriques, ont permis d'affermer le droit de louer des Chaises dans les églises : cependant comme il faut que tous les fidèles puissent entendre l'office divin sans être obligés de payer pour cela une rétribution, les mêmes règlemens ont défendu de louer les Chaises les jours de dimanches & de fêtes aux messes de paroisses ni aux prônes ou instructions qui les accompagnent ou se font immédiatement après ces messes, ni même chaque jour aux prières du soir & aux autres instructions qui ne se font point en chaire : dans ces cas, l'adjudicataire ne doit retirer aucune rétribution de ses Chaises, & ne peut néanmoins se dispenser d'en laisser l'usage à ceux qui veulent s'en servir : & dans tous les temps, il doit laisser dans l'église un espace suffisant pour placer les paroissiens qui ne veulent pas se servir de Chaises.

Le prix des Chaises doit être réglé par une délibération de l'assemblée des administrateurs de la fabrique, & être inscrit sur un tableau qu'on doit ensuite placer dans un endroit visible de l'église (*).

Personne n'a le droit de placer dans l'église une Chaise pour son usage, à moins qu'il ne soit à cet égard fondé en titre. La sénéchaussée de Riom ayant fait le 7 janvier 1768, au sujet de l'église de Lempdes, un règlement conforme à ce principe, & ordonné que dans vingt-quatre heures les particuliers qui avoient placé des Chaises dans cette église sans droit ni sans titre seroient tenus de les retirer, sinon que le curé

(*) *Les Articles 35 & 36 de l'arrêt portant règlement pour la fabrique de saint Jean en Grève, ont établi cette jurisprudence, qui se trouve répétée dans plusieurs autres règlemens postérieurs : voici ces articles.*

ARTICLE XXXV. Les Chaises continueront d'être affermées ainsi qu'elles l'ont été par le passé dans ladite église, & le bail en sera fait après trois publications, au prône de huitaine en huitaine & les enchères reçues au bureau de la fabrique.......

ARTICLE XXXVI. Le prix des Chaises sera réglé pour les différens offices & instructions de chaque temps de l'année, par délibération du bureau ou de l'assemblée générale, qui sera annéxée à la minute du bail, & inscrite sur un tableau qui sera mis dans l'église en un endroit visible, sans néanmoins qu'il puisse jamais être permis de louer lesdites Chaises les dimanches & fêtes aux messes de paroisse, prônes & instructions qui les accompagnent ou se feront ensuite, ni même chaque jour aux prières du soir & autres instructions qui ne se feront point dans la chaire, & seront tenus les adjudicataires de garnir également l'église d'un nombre de Chaises suffisant, pendant lesdits offices & instructions auxquels il ne leur doit être payé aucune rétribution, comme aussi de laisser dans tous les temps un espace suffisant pour placer ceux des paroissiens qui ne voudroient pas se servir de Chaises.

& les marguilliers feroient autorifés à les faire enlever ; le fieur Fournier refufa d'exécuter cette ordonnance, & en interjeta appel au parlement : mais par arrêt du 29 juillet 1769, la cour confirma le règlement de la fénéchauffée de Riom, & condamna le fieur, Fournier à l'amende & aux dépens.

On appelle *Chaife à porteurs* une forte de fiége fermé & couvert dans lequel on fe fait porter.

Par lettres patentes du 23 mai 1767, enregiftrées au parlement le 10 mai 1768, le roi a accordé à la demoifelle Adélaïde-Thérèfe d'Eftampes, fille du marquis d'Eftampes, le privilége exclufif d'établir des Chaifes portatives dans la ville de Paris & les autres villes du royaume. En conféquence, elle a obtenu contradictoirement avec M. le procureur général, un arrêt le 20 décembre 1769, par lequel il a été fait défenfe à tout fellier, carroffier & autres, de louer aucune Chaife portative & d'en faire porter par des bricolliers ou journaliers non infcrits fur les regiftres des commis de l'impétrante dans la ville, les fauxbourgs & les environs de Paris. Il a pareillement été fait défenfe de porter ou louer d'autres Chaifes portatives que celles du bureau de l'impétrante, lefquelles ne peuvent être fervies par d'autres que ceux qui font infcrits fur les regiftres de ce bureau. A l'égard des Chaifes particulières, les propriétaires ne peuvent les faire porter que par des gens à leurs gages & livrées, ou domiciliés chez eux, finon par des porteurs infcrits au bureau de l'impétrante, fous peine de confifcation des Chaifes, & de cinq cents livres d'amende.

L'exécution de cet arrêt a depuis été ordonnée par un autre arrêt du 14 février 1770, qui a en outre permis à l'impétrante de faire conftater les contraventions & arrêter les contrevenans, même les jours de dimanches & de fêtes, & de faire contraindre, même par corps, au payement de vingt-cinq fous par femaine les porteurs infcrits fur les regiftres de fon bureau.

Voyez *les lois citées*, & les articles Banc, Paroisse, Fabrique, Privilége, &c.

CHÂLONS. Grande ville de France en Champagne fur la rivière de Marne.

Elle a difputé long-temps à la ville de Troye le titre de capitale de la province; mais cette queftion de prééminence a été décidée en faveur de la dernière, en 1775, par le roi qui étoit alors à Reims pour la cérémonie de fon facre.

Un titre qu'on ne peut contefter à la ville de Châlons eft celui de chef-lieu d'une intendance, d'un préfidial & d'une élection.

Cette ville n'étoit point fujette aux comtes de Champagne, & faifoit partie du baillage de Vermandois : mais Louis XIII y établit un préfidial dont il forma le diftrict d'une partie de celui de Vitry.

Châlons eft prefque la feule ville confidérable qui fe foit déclarée après la mort de Henri III, en faveur de Henri IV. Ce prince fit frapper en mémoire de fa fidélité une médaille avec cette infcription : *Catalaunenfis fidei monumentum*. Il y transféra l'hôtel des monnoies de Troye, ainfi qu'une chambre du parlement de Paris. Cette chambre y rendit un arrêt célèbre contre la bulle de Clément VIII, qui après la mort de Henri III, permettoit l'élection d'un nouveau roi.

Châlons & son territoire sont régis par une coutume particulière.

Les nobles y sont exempts des droits de *thonneux* (*), de *grand & petit guet* (**), de *prevôt* (***) & de *forage* pour ce qui est de leur crû, quoiqu'ils vivent roturièrement : mais il est nécessaire qu'ils vivent noblement pour être exempts des droits de voirie & autres semblables, conformément à deux arrêts du parlement de Paris de 1550 & de 1604.

Une femme noble ne jouit point des priviléges de la noblesse pendant son mariage avec un roturier; mais si son mari prédécede, elle peut rentrer dans cette jouissance en déclarant devant un juge compétent que son intention est de vivre noblement à l'avenir.

La puissance paternelle cesse lorsque les enfans sont âgés de vingt ans, ou par leur émancipation & par leur mariage, ou lorsqu'ils tiennent maison à part au vu & au sçu de leur père : mais celui-ci perçoit à son profit les fruits d'un héritage donné à ses enfans pendant qu'ils sont sous sa puissance.

La garde noble ni la garde bourgeoise n'ont pas lieu dans la coutume de Châlons; & lorsqu'un noble ou un roturier y laisse en mourant des enfans mineurs, ils doivent être pourvus de tuteur ou de curateur par le juge du lieu dans

---

(*) Droit dû au seigneur par les vendeurs & les acheteurs pour raison de ce qu'ils ont vendu & acheté.

(**) Obligation qui consiste en ce que les roturiers sont tenus de garder pendant la nuit la maison de leur seigneur.

(***) Les annotateurs du nouveau coutumier général pensent qu'il devroit y avoir *Prévôté* : c'est suivant eux, un droit de peage & de coutume.

une affemblée de parens tant paternels que maternels convoquée à la requête du procureur du roi ou des procureurs fiscaux.

Les fucceffions des bâtards qui ne laiffent point d'héritiers appartiennent aux feigneurs hauts-jufticiers ; mais il eft néceffaire que ces bâtards foient nés, aient été domiciliés, & foient décédés dans la haute-juftice, & que leurs biens y foient fitués, autrement ces biens appartiendroient au roi, à moins que le feigneur n'eût un titre particulier pour les recueillir.

Les bâtards & les aubains peuvent fe marier fans encourir les peines de formariage ; ils ont auffi la difpofition de leurs biens entrevifs ; mais ils n'en peuvent difpofer par teftament, fi ce n'eft avec modération pour leurs funérailles.

Les gens de condition fervile ont droit également de difpofer entrevifs de ce qu'ils tiennent en main-morte ; mais ils ne peuvent le faire par teftament que jufqu'à cinq fous.

Les hommes ou femmes de corps qui n'ont été ni réclamés ni pourfuivis pendant dix ans de liberté, prefcrivent contre leur feigneur ; mais ce droit n'a pas lieu s'ils font fortis furtivement de la province.

La communauté de biens entre gens mariés eft de droit dans le Châlonnnois, à moins que le contrat de mariage ne contienne une difpofition contraire.

Tout avantage direct ou indirect eft défendu entre conjoints ; auffi le remploi a-t'il lieu à l'égard du mari, de la femme & de leurs héritiers, quoiqu'il n'ait pas été ftipulé par le contrat de mariage, ni par les contrats de vente des propres ; & ce remploi fe prend fur les meubles &

les acquêts de la communauté, conformément à un acte de notoriété expédié par le bailli du comté de Châlons, le 18 juillet 1724.

Si le mari est noble, il gagne ainsi que sa femme en cas de prédécès de l'un d'eux, & quand même elle seroit de condition roturière ou servile, les biens meubles & les dettes actives de la communauté, à la charge de payer les dettes personnelles passives, les frais des obséques & les legs pieux payables pour une fois en deniers ou en meubles. Les nobles d'extraction peuvent jouir du bénéfice de cette loi lors même qu'ils vivent roturièrement.

Un femme noble ou roturière qui survit à son mari, peut renoncer à la communauté, à moins qu'elle n'ait pris ou recélé quelques effets pendant la maladie ou après le trépas de son mari.

Le don mutuel est permis entre le mari & la femme pour la propriété des meubles & l'usufruit des conquêts; mais cette donation cesse par survenance d'enfans.

Il y a à Châlons un douaire conventionnel & un douaire coutumier; celui-ci consiste dans l'usufruit de la moitié des héritages qui appartenoient au mari lors de la bénédiction nuptiale; & de la moitié de ceux qui lui sont échus depuis par succession en ligne directe.

Les fruits pendans sur un héritage sujet au douaire lors du décès de la douairière, appartiennent; dans l'état où ils se trouvent, à l'héritier du mari, en rendant toutefois aux héritiers de cette douairière les labeurs, les semences & les impenses; autrement il doit leur permettre de recueillir les fruits.

Si le mari vend les héritages sur lesquels le

douaire eft affigné, & que la femme confente à cette aliénation, elle doit être récompenfée fur les autres héritages de fon mari, à moins que le prix de l'héritage vendu ne foit tourné au profit de la communauté.

L'âge pour difpofer par teftament de fes meubles, acquêts & conquêts immeubles, eft à Châlons de vingt ans pour les hommes, & de dix-huit ans pour les femmes.

L'héritier pur & fimple exclut l'héritier par bénéfice d'inventaire, quoique celui-ci foit plus prochain, pourvu qu'il demande l'hérédité dans l'année, à compter du jour de la préfentation des lettres de l'héritier bénéficiaire.

Cette règle eft obfervée en ligne directe comme en ligne collatérale, fuivant un arrêt de la grand'chambre du parlement de Paris du 22 mai 1634.

La repréfentation a lieu dans le Châlonnois en ligne collatérale jufqu'aux enfans des frères & fœurs inclufivement, fuivant le droit écrit.

Les pères & les mères ne peuvent avantager aucun de leurs enfans au préjudice des autres; c'eft pourquoi ceux qui ont reçu quelque avantage doivent le rapporter, à l'exception des fruits des héritages.

Une poffeffion paifible de dix ans entre préfens, & de vingt ans entre abfens, fuffit à Châlons pour prefcrire en matière réelle quand on a un titre; mais lorfqu'on n'en a pas, il faut avoir poffédé pendant trente ans; il en faut même quarante pour prefcrire contre l'églife.

Un vaffal ne fauroit dans le Châlonnois démembrer fon fief au préjudice du feigneur; mais il peut en donner une partie à cens ou à rente, fans qu'il foit dû aucun profit de fief.

Il n'eft point dû de droits féodaux; mais feulement *la bouche & les mains*, dans le cas d'un échange d'héritages nobles ou roturiers fait fans foulte & fans fraude.

Un feigneur peut admettre au même fief tous les vaffaux qui fe préfentent, & recevoir d'eux les droits féodaux, fans qu'il foit tenu de les reftituer, dans le cas même où quelqu'un d'eux feroit évincé.

En matière de retrait, le lignager le plus diligent eft préféré au plus prochain; mais celui-ci a la préférence s'ils ont concouru le même jour.

Le fils d'un vendeur peut retirer l'héritage, quoiqu'il ne fût pas né ni même conçu lors de la vente.

Il n'y a point de retrait en cas de donation fimple, de legs teftamentaire & d'échange fans foulte d'argent; mais le retrait a lieu, s'il y a une foulte qui excede la valeur de la chofe donnée en contr'échange : il a lieu également pour les héritages donnés à titre d'emphytéofe & de cens viager ou perpétuel.

La confifcation du corps emporte celle des biens, & celle-ci appartient au feigneur hautjufticier, excepté en cas de crime de lèze-majefté.

Les meubles à Châlons n'ont de fuite par hypoteque que pour le prix des loyers & des baux; le propriétaire peut dans ces cas pourfuivre les meubles du locataire & les grains du fermier, quoiqu'ils ne foient plus en fa puiffance, & jufqu'à ce qu'ils ayent été vendus & délivrés fans fraude.

On peut dans la même coutume faisir les fruits pendant la dernière année d'un bail pour sûreté du prix, quoique le terme du payement ne soit pas encore échu.

Voyez *la coutume de Châlons ; les annotations des éditeurs du nouveau coutumier général ; la chronologie de Dom Vaissette, & le dictionnaire universel de la France ancienne & nouvelle.* Voyez aussi l'article CHAMPAGNE. (*Cet article est de M.* GILBERT DE MARETTE *, avocat au parlement de Bretagne*).

CHAMADE. C'est dans l'art militaire le fignal qu'en arborant le drapeau blanc, donne avec le tambour ou la trompette, le commandant d'une place assiégée, pour annoncer aux assiégeans qu'il est dans le dessein de capituler. Voyez CAPITULATION.

CHAMARIER. C'est le titre que porte dans certains chapitres un dignitaire qu'ailleurs on appelle plus communément *chambrier.* Tel est le Chamarier de l'église de Saint Paul de Lyon. Voyez CHAMBRIER.

CHAMBELLAGE. C'est un droit dû au feigneur dominant dans le cas de mutation de vassal.

La dénomination de Chambellage vient de ce qu'autrefois le chambellan, dont l'office est de veiller fur ce qui se passe dans la chambre du roi, assistoit à la cérémonie de la foi & hommage des vassaux du roi, & recevoit d'eux à cette occasion quelque libéralité ; ce qui fut depuis converti en un droit ; tellement que par arrêt de l'année 1262, il fut ordonné que les chambellans auroient droit de prendre de tous les vassaux qui relèveroient du roi, vingt sous

pour un fief de cinquante livres de rente & au-
deſſous; cinquante ſous pour un fief de cent livres de revenu, & cinq livres, le tout pariſis,
pour un fief de cinq cents livres de revenu &
au-deſſus.

Les ſeigneurs particuliers avoient auſſi autrefois la plupart leurs chambellans, leſquels, à
l'imitation du chambellan du roi, exigeoient un
droit des vaſſaux du ſeigneur pour les introduire
dans ſa chambre lorſqu'ils venoient faire la foi
& hommage; droit que les ſeigneurs ont appliqué à leur profit depuis qu'ils ont ceſſé d'avoir
des chambellans en titre.

Les coutumes de Hainaut & de Cambrai appellent ce droit *chambrelage*, & celle de Bretagne
chambellenage.

Le Chambellage n'eſt pas de droit commun;
il n'a pas lieu dans la coutume de Paris, ni dans
la plupart des coutumes; celles où il eſt uſité
ſont Meaux, Mantes, Senlis, Clermont, Châlons, Saint-Omer; Chauni, Saint-Quentin,
Ribemont, Doulenois, Artois, Amiens, Montreuil, Beauqueſne, Saint-Riquier, Péronne,
Saint-Paul, Poitou, Valois, Noyon, Laon, Pon-
thieu, Cambrai, Aire, Heſdin, Hainaut, Tournai, Bretagne, & quelques autres villes.

Le droit de Chambellage eſt réglé différemment par les coutumes, tant pour la quotité du
droit, que pour la qualité de ceux qui le doivent & les cas où il eſt dû.

Dans la coutume de Mantes il eſt d'un *écu-
ſou*, qui eſt dû au ſeigneur par le fils ou autre
aſcendant en ligne directe, auquel le fief eſt échu
par ſucceſſion, quand il vaut cinquante livres
de revenu & plus.

Dans la coutume de Poitou il eſt de dix ſous

pour chaque hommage-lige, & de cinq fous pour les hommages pleins.

Celles de Senlis, & de Valois, le fixent à vingt fous.

La coutume de Noyon donne le choix de payer vingt fous ou une pièce d'or, à la volonté du vaffal. Celle de Saint-Quentin veut que cette pièce d'or vaille un demi-écu ou au-deffus, à la difcrétion du vaffal, pourvu que le fief foit de vingt livres de rente; car s'il vaut moins, il n'eft dû que cinq fous.

Dans la coutume de Montdidier, ce droit eft de douze livres dix fous, fi le fief vaut cent livres par an & au-deffus; s'il vaut moins, il n'eft dû que vingt-cinq fous.

Il faut voir dans les coutumes mêmes les autres différences qu'il y a entre elles relativement à ce droit.

On appelle auffi *Chambellage* un droit que la chambre des comptes taxe à la réception d'un vaffal en foi & hommage. Ce droit fe percevoit dans l'origine par le grand chambellan pour l'introduction des vaffaux dans la chambre du roi, lorfque fa majefté recevoit elle-même leur foi & hommage : mais depuis que la chambre des comptes a été chargée de recevoir cette foi & hommage, le premier huiffier qui introduit les vaffaux dans cette cour, & qui repréfente en cette partie le chambellan, jouit des droits que percevoit cet officier, lefquels font d'un ou de plufieurs écus d'or, felon les revenus des fiefs.

Un édit du mois de novembre 1690 a réglé ce qui doit être payé pour droit de Chambellage, lorfqu'un vaffal rend foi & hommage pardevant la chambre des comptes, aides & finances de Montpellier.

On appelle encore *Chambellage* un droit que les évêques, archevêques, abbés & autres prélats du royaume, payoient au roi en lui prêtant serment de fidélité. Ce droit dû à cause des offices de grand-maître & de grand-sénéchal de France que le roi tenoit en ses mains, dénote qu'il étoit dû anciennement à ceux qui possédoient ces offices. Philippe IV, dit le Bel, ordonna au mois de mars 1309, que tout l'argent qui proviendroit du droit de Chambellage payé par les évêques, abbés, abbesses & autres prélats, seroit mis entre les mains du grand-aumônier, pour être employé à marier de pauvres filles nobles. Ce droit étoit alors de la somme de dix livres. Présentement les évêques & archevêques, avant de prêter leur serment de fidélité, sont obligés de payer la somme de trente-trois livres entre les mains du trésorier des aumônes & bonnes œuvres du roi.

Voyez *Pasquier, recherches de la France; les coutumes citées & les commentateurs; le glossaire de Laurière; le traité des droits seigneuriaux; l'édit du mois de novembre 1690; la déclaration du 18 juillet 1702, &c.* Voyez aussi les articles CHAMBELLAN, CHAMBRE DES COMPTES, MUTATION, VASSAL, FOI & HOMMAGE, &c.

CHAMBELLAN. On appelle *grand chambellan* un grand officier de la couronne, qui a la surintendance sur tous les officiers de la Chambre du roi.

Quand le roi s'habille, le grand Chambellan lui donne sa chemise, honneur qu'il ne cède qu'aux fils de France & aux princes du sang. Au facre du roi, il lui chauffe fes bottines, & le revêt de la dalmatique & du manteau royal. Dans les autres cérémonies il a fon fiége derrière le trône ou fauteuil du roi, excepté au lit de juftice, où il eft affis aux pieds de fa majefté fur un carreau de velours violet, couvert de fleurs-de-lis d'or. Lorfque le roi eft décédé, il enfevelit le corps, étant accompagné des gentils-hommes de la chambre. Les marques de fa dignité font deux clefs d'or dont l'anneau fe termine en couronne royale, paffées en fautoir derrière l'écu de fes armes. On croit que cette charge eft en France la plus ancienne charge de la couronne. Grégoire de Tours & plufieurs autres hiftoriens parlent des Chambellans & grands Chambellans de nos rois fous la premiere & la feconde race.

. Cette charge avoit autrefois beaucoup plus de prérogatives qu'elle n'en a aujourd'hui : le grand Chambellan étoit du confeil privé ; il portoit le fcel fecret du roi ; & par ordonnance du roi Philippe-le-Long, régent du royaume en .1316, il eft dit que le *grand Chambellan ne pourra fceller ni figner lettres de juftice, ni de bénéfice, ni aucune autre chofe, finon lettres d'état ou mandement de venir.* Il étoit exempt de payer les droits du fcel royal, comme on le remarque dans une ordonnance du roi Charles VI de l'an 1386. Il tenoit la clef du tréfor particulier, c'eft-à-dire de la caffette. Tout vaffal tenant fon fief en hommage du roi, auffi-bien que les évêques & abbés nouvellement pourvus, devoient une certaine fomme d'argent au grand Chambellan & aux autres Chambellans, comme il eft porté dans l'ordonnance de Philippe III, ou le Hardi, de l'an 1272. Aux hommages qui fe faifoient à la perfonne du roi, le grand Chambellan étoit à fon côté, & avoit pouvoir de dire par écrit ou de bouche au vaffal ce qu'il devoit au roi comme fon feigneur ; & après que le vaffal avoit dit *voire*, oui, le grand Chambellan parloit pour le roi, & marquoit que le roi le recevoit ; ce que roi approuvoit. C'eft ce que fit le vicomte de Melun, grand Chambellan, à l'hommage du duché de Guyenne, fait à Amiens en 1330 par le roi d'Angleterre Edouard III, au roi Philippe de Valois. Jean de Melun, comte de Tancarville, grand Chambellan, fit la même chofe lorfque Jean de Montfort, duc de Bretagne, fit hommage de fon duché au roi Charles V. Jean, bâtard d'Orléans, comte de Dunois, grand Chambellan, continua la même fonction, lorfque Pierre, duc de Bretagne, fit hommage de fon duché au roi Charles VII.

Le prévôt de Paris prend le titre de *Chambellan ordinaire du roi*, fuivant une ancienne commiffion attachée à fon office, parce que ce magiftrat avoit autrefois un libre accès auprès du roi pour lui rendre compte de ce qui fe paffoit journellement dans cette grande ville.

Voyez l'hiftoire des grands officiers de la couronne ; les ordonnances du Louvre ; l'hiftoire de France ; la bibliothèque hiftorique de la France, par le père le Long ; le recueil de du Tillet ; le traité de la police, &c. Voyez auffi les articles CHAMBELLAGE, SACRE, LIT DE JUSTICE, PRÉVÔT, &c.

CHAMBRE. C'eft un titre commun à différentes juridictions qui font enfuite diftinguées les unes des autres par un fecond titre propre à chacune.

Et l'on appelle auffi *Chambre* le lieu où fe tiennent certaines affemblées de juftice & de police.

Nous allons parler fucceffivement de chacun des principaux objets auxquels l'ufage a appliqué ce terme en jurifprudence.

CHAMBRE DES COMPTES. C'eft une cour dont l'objet principal eft de connoître en dernier reffort de ce qui concerne la manutention des finances & la confervation du domaine de la couronne.

La Chambre des comptes de Paris eft la première & la principale cour de ce genre qui ait été établie dans le royaume. Il paroît qu'elle étoit fédentaire fous le règne de faint Louis. On a une ordonnance de ce prince de l'an 1256, qui ordonne aux *mayeurs & prud'hommes* de venir compter devant *les gens des comptes* à Paris ; ce qui femble prouver que ce tribunal y étoit alors établi. d'autres néanmoins prétendent que cette cour n'a été rendue fédentaire qu'en 1329 fous Philippe-le-Long.

Nos rois ont fouvent honoré cette compagnie de leur préfence. Philippe de Valois, Charles V, Charles VI & Louis XII y font venus pour délibérer fur les affaires les plus importantes de l'état. Ce fut à la Chambre que l'on examina s'il convenoit de donner connoiffance au peuple du traité de Bretigny conclu en 1359, & qu'il fut réfolu qu'on le rendroit public.

Le confeil fecret, que l'on appelloit alors grand-confeil, fe tenoit fouvent à la Chambre des comptes en préfence des princes, des grands du royaume, du chancelier, des cardinaux, des archevêques & évêques, des préfidens & des maîtres des requêtes. On traitoit dans ces assemblées des affaires de toute nature, soit concernant la finance & la justice, soit concernant le fait & état du royaume, & les résolutions qui y étoient prises formoient les ordonnances qui sont connues sous le titre d'ordonnances rendues par le conseil tenu en la Chambre des comptes.

Dans d'autres occasions, les officiers de la Chambre des comptes étoient mandés près de la personne du roi, & étoient admis aux délibérations qui se prenoient dans le conseil privé.

Philippe de Valois, l'un des plus sages & des plus vaillans princes de la monarchie, donna pouvoir à la Chambre par lettres du 13 mars 1339, d'octroyer pendant le voyage qu'il alloit faire en Flandre toutes lettres de grace, d'annoblissemens, légitimations, amortissemens, octrois, &c. & il permit à cette compagnie, par d'autres lettres du dernier janvier 1340, d'augmenter ou diminuer le prix des monnoies d'or ou d'argent.

Des officiers de la Chambre des comptes furent chargés de l'exécution des testamens de Charles V & de Charles VI.

Outre ces marques d'honneur & de confiance que la Chambre a reçues de ses souverains, ils lui ont accordé des prérogatives & des priviléges considérables. Les officiers de cette compagnie ont la noblesse au premier dégré ; ils ont le titre & les droits de commensaux de la maison du roi ; ils ne doivent point payer de décimes pour les bénéfices qu'ils possedent : plusieurs d'entr'eux ont même joui du droit d'indult que Charles VII, en 1445, avoit demandé au pape d'accorder aux officiers de cette compagnie ; ils font exempts de toutes les charges publiques, de ban & arrière-ban, de logement de gens de guerre, de corvées, &c.

Un grand nombre d'édits & de déclarations ont confirmé à la Chambre ces priviléges, *comme étant cour souveraine, principale, première, seule & singulière du dernier ressort en tout le fait des comptes & des finances, l'arche & repositoire des titres & enseignemens de la couronne & du secret de l'état, gardienne de la régale, & conservatrice des droits & domaines du roi.*

Les titres dont le dépôt est confié à cette compagnie font si importans, que l'ordonnance de décembre 1460 expose que les rois se rendoient souvent en personne à la Chambre, pour y examiner eux-mêmes les regiſtres & états du domaine ; afin, eſt-il dit, *d'obvier aux inconvéniens qui pourroient s'enfuivre de la révélation & portation d'iceux.*

Pour donner une idée plus particulière de la Chambre des comptes, il faut la conſidérer, 1°. eu égard aux officiers dont elle eſt compoſée ; 2°. à la forme dont on y procède à l'inſtruction & au jugement des affaires ; 3°. à l'étendue de la juridiction qu'elle exerce.

Les officiers qui la compoſent font diviſés en pluſieurs ordres : il y a outre le premier préſident, douze autres préſidens, ſoixante-dix huit maîtres, trente-huit correcteurs, quatre-vingts-deux auditeurs, un avocat général, un procureur général, deux greffiers en chef, un commis au plumitif, deux commis du greffe, trois contrôleurs du greffe, un payeur des gages qui remplit les trois offices, un premier huiſſier, un contrôleur des reftes, un garde des livres, vingt-neuf procureurs & trente huiffiers.

Les officiers de la Chambre fervent par fé-meftre ; les uns depuis le premier janvier juf-qu'au dernier juin, les autres depuis le premier juillet jufqu'au dernier décembre. Le premier préfident, les gens du roi & les greffiers en chef, font les feuls officiers principaux dont le fervice foit continuel.

· Les fémeftres s'affemblent pour régiftrer les édits & déclarations importantes, pour déli-bérer fur les affaires qui intéreffent le corps de la Chambre, pour procéder à la réception des officiers, &c. Dans ces affemblées, MM. les préfidens & maîtres qui ne font point de fémef-tre, y prennent le rang que leur donne l'ancien-néré de leur réception.

A l'égard du fervice ordinaire, la Chambre eft partagée en deux bureaux ; les trois anciens préfidens du fémeftre font du grand bureau, & les trois autres du fecond. Les maîtres des comp-tes changent tous les mois de l'un à l'autre bu-reau. Ces deux bureaux s'affemblent pour déli-bérer fur des édits, déclarations & autres affaires qui par leur objet ne demandent pas à être portés devant les fémeftres affemblés.

· La forme dans laquelle fe dreffent & fe jugent les comptes, eft principalement réglée par les ordonnances de 1598 & de 1669. On fuit la dif-pofition de l'ordonnance de 1667 dans les affai-res civiles, & celle de 1670 pour l'inftruction & le jugement des affaires criminelles.

· C'eft au fecond bureau que fe jugent tous les comptes, à l'exception de celui du tréfor royal, de celui des monnoies & de ceux qui fe préfen-

tent pour la première fois. Lorsque la Chambre
faisoit l'examen des finances dont le roi vouloit
faire le remboursement, c'étoit au second bureau qu'on y procédoit, & que se dressoient les
avis de finance.

· C'est au grand bureau que s'expédient les autres affaires, & que se donnent les audiences
dont les jours sont fixés par l'ordonnance de
1454 aux mercredis & samedis : c'est dans ce
tribunal que les ordres du roi sont apportés, que
les invitations sont faites, que les députations
s'arrêtent, que les instances de correction &
les requêtes d'apurement sont rapportées &
jugées.

On peut distinguer en trois parties les fonctions que les officiers de la Chambre exercent,
1°. pour l'ordre public ; 2°. pour l'administration des finances ; 3°. pour la conservation des
Domaines du Roi & des droits régaliens.

- On peut comprendre dans la premiere classe
l'envoi fait à la Chambre de tous les édits,
ordonnances & déclarations qui forment le droit
général du royaume, par rapport à la procédure & aux dispositions des différentes lois que
les citoyens sont tenus d'observer.

L'enregistrement que fait cette compagnie
des contrats de mariage de nos rois, des traités
de paix, des provisions des chanceliers, gardes
des sceaux, secrétaires d'état, maréchaux de
France & autres grands officiers de la couronne
& officiers de la maison du roi.

L'enregistrement des édits de création & sup-
pression d'offices, de concession de priviléges
& octrois aux villes, de toutes les lettres d'é-
rection de terres en dignités, d'établissement

d'hôpitaux, de communautés ecclésiastiques & religieuses, d'union & détunion de bénéfices, de lettres de nobleffe, de légitimation & de naturalité, &c.

L'admiffion des principaux officiers de la Chambre aux affemblées des notables pour délibérer fur la réformation des abus ; la convocation de fes officiers à la Chambre de Saint-Louis, pour ftatuer fur les objets concernant la grande police ; l'invitation qui lui eft faite de la part du roi pour affifter aux cérémonies publiques, où elle marche à côté & prend fa place vis-à-vis du parlement. Dans celle qui doit fe faire le vendredi d'après pâques, ces deux compagnies font mêlées, & femblent n'en faire plus qu'une : le plus ancien officier du parlement eft fuivi du plus ancien officier de la Chambre, & les autres fe placent alternativement l'un après l'autre dans le même ordre.

La Chambre, comme toutes les autres compagnies fouveraines, a la police fur tous les officiers qui la compofent, exerce la juridiction civile & criminelle contre ceux qui commettent des délits dans l'enceinte de fon tribunal, & a connoiffance des contraventions & de tout ce qui a rapport à l'exécution de fes arrêts.

Le fecond objet, qui concerne l'adminiftration de la finance, doit comprendre l'enregiftrement de toutes les déclarations & lettres-patentes qui règlent la forme des comptes, les délais dans lefquels ils doivent être préfentés & les condamnations d'amende, de dommages & interêts, &c.

La réception des ordonnateurs, tels que le grand-maître de l'artillerie & le contrôleur général, & tels qu'étoient le furintendant des finances,

finances, le furintendant des bâtimens, le furintendant des mers & navigations, &c.

Les grands-maîtres des eaux & forêts, les tréforiers de France, tous les comptables & leurs contrôleurs font tenus de fe faire recevoir & de prêter ferment devant la Chambre.

Sur le jugement des comptes, on obfervera qu'anciennement les prévôts, les baillis & les fénéchaux venoient rendre leurs comptes à la Chambre, & qu'elle nommoit à leurs offices : depuis, le recouvrement des deniers royaux & des villes a été confié a des receveurs particuliers qui ont été créés en titre d'office. La Chambre des comptes de Paris connoît de tous les comptes des recettes générales des domaines & de celles des finances; des recettes des tailles & de celles des octrois des dix-huit généralités de fon reffort : mais elle juge beaucoup d'autres comptes, dont plufieurs femblent étendre fa juridiction dans tout le royaume, puifque les recettes & les dépenfes qu'ils renferment fe font dans toutes les provinces. Les plus importans de ces comptes font ceux du tréfor royal, de l'extraordinaire des guerres, de la marine, des monnoies, des fortifications, des ponts & chauffées, des colonies, &c.

Les charges qui font prononcées au jugement des comptes, doivent être levées en vertu de requêtes d'apurement préfentées par les comptables, lefquels prennent fouvent la précaution de faire corriger leurs comptes; ce qui leur devient néceffaire dans plufieurs circonftances.

Tous ceux qui obtiennent des lettres de don, de penfion, de gages intermédiaires, d'indemnités, de modérations d'amendes & d'intérêts,

font obligés de les faire regiftrer dans cette compagnie.

· La Chambre peut fermer la main aux comptables, & commettre à leurs exercices. Elle
rend des arrêts fur le référé des maîtres des
comptes diftributeurs, pour les obliger par différentes peines à ne pas retarder la préfentation
& le jugement de leurs comptes : elle fait ap-
pofer les fcellés chez ceux qui décedent dans la
généralité de Paris, fonction qu'elle n'exerce
que dans le cas de néceffité chez ceux qui font
domiciliés dans les provinces, & dans quoi les
tréforiers de France font autorifés à la fuppléer par arrêt du 19 octoble 1706. Elle accorde
la main-levée de ces fcellés aux héritiers des
comptables chez qui elle les a appofés, lorfqu'elle juge par leur foumiffion que les intérêts
du roi font en fûreté. S'il y avoit quelque crainte
à cet égard, ou qu'il n'y eût point de foumiffion
faite par tous les héritiers, elle procèderoit
à l'inventaire, à la vente des meubles, & au
jugement de toutes les conteftations qui naîtroient incidemment à cette opération.

Les pourfuites qui réfultent des charges fub-
fiftantes fur les comptes fe font à la requête du
procureur général, par le miniftere du contrôleur des reftes & fous les ordres des commiffaires de la Chambre, jufques & compris la faifie
réelle.

Troifième objet. La Chambre vérifie toutes
les ordonnances qui concernent la confervation
& la manutention du domaine ; les édits qui
permettent l'aliénation à temps des parties des
domaines, & les déclarations qui en ordonnent
la réunion. C'eft dans fes dépôts que doivent en

être remis les titres de propriété, & que sont conservés les hommages, aveux & dénombremens, les terriers & les déclarations de temporel des ecclésiastiques.

La Chambre reçoit les actes de féodalité de tous les vassaux de sa majesté dans l'étendue de son ressort, lorsqu'ils ne les ont pas rendus entre les mains de M. le chancelier. Ceux qui ne possedent que de simples fiefs hors de la généralité de Paris, peuvent aussi s'acquitter de ces devoirs devant les tréforiers de France, lesquels sont obligés d'en remettre tous les ans les actes originaux à la Chambre. Les oppositions qui se forment devant elle à la réception des hommages, aveux & dénombremens, sont renvoyées à l'audience pour y être statué.

La Chambre a souvent prononcé sur des ouvrages publics & royaux, sur des poids & mesures, sur les ponts & chaussées, sur des droits de péage & barrage; lesquels ne peuvent être établis ni concédés qu'en vertu de lettres-patentes dûement regiftrées par cette compagnie.

On voit par ses regiftres qu'anciennement elle passoit les baux des fermes, qu'elle commettoit plusieurs de ses officiers pour faire des recherches sur les usurpations & dégradations des domaines; elle a même eu l'administration des monnoies, dont elle a reçu les généraux jusqu'en 1552, que la cour des monnoies a été établie: depuis ce temps, elle a connu de cette partie avec moins d'étendue.

Ceux qui obtiennent des lettres de prélation, d'amortissement, de don, de confiscation, de déshérence ou de bâtardise, sont obligés de les faire regiftrer à la Chambre.

La Chambre des comptes de Paris connoît privativement à toutes les autres de ce qui concerne la régale. Lorsque les droits s'en percevoient au profit du roi, les comptes en étoient régulièrement rendus devant elle; depuis, Charles VII ayant jugé à propos par ses lettres du 10 décembre 1438, d'en destiner le produit à l'entretien de la sainte-chapelle, la Chambre qui a l'administration de cette église, établit une somme pour traiter avec les nouveaux pourvus des bénéfices, des revenus qui étoient échus pendant qu'ils avoient vaqué; & cette espèce de forfait s'appelloit *composition de régale*. Enfin Louis XIII, par les lettres-patentes de décembre 1641, ayant résolu de donner aux bénéficiers les revenus échus pendant la vacance, retira de la sainte-chapelle le don qu'il lui en avoit fait. C'est dans cet état que se trouve actuellement la régale; les archevêques & les évêques qui y sont soumis, ne touchent leur revenu & ne disposent des bénéfices qui en dépendent, que du jour que les lettres qui s'expédient sur leur serment de fidélité, & celles qui leur accordent le don des fruits ont été régistrées en la Chambre. On avoit douté si les archevêques & les évêques exempts de la régale étoient obligés de faire régistrer leur serment de fidélité; mais le roi, par sa déclaration de 1749, s'est expliqué sur la nécessité où ils sont de remplir ce devoir, dont ils ne peuvent s'acquitter qu'à la Chambre des comptes de Paris.

Les archevêques ou évêques qui sont élevés à la dignité de cardinal, sont obligés de prêter un nouveau serment entre les mains du roi, & de le faire régistrer en la Chambre : jusque-là leurs bénéfices retombent & demeurent en régale.

Les lettres concernant les appanages des enfans de France, les douaires des reines & les contrats d'échange, font adreſſées à la Chambre. Ces différentes lettres ne font d'abord regiſtrées que proviſoirement, & juſqu'à ce qu'il ait été fait évaluation des domaines qui les compoſent par les commiſſaires de la Chambre, en la forme preſcrite par l'édit d'octobre 1711, & la declaration du 13 août 1712 : il s'expédie ſur ces évaluations des lettres de ratification qui font envoyées à la Chambre pour être par elle procédé à l'enregiſtrement définitif.

Premier préſident. Dès l'origine de la Chambre des comptes il y a eu deux préſidens : le premier de ces offices étoit preſque toujours exercé par des archevêques ou des évêques : c'eſt ſans doute par cette raiſon qu'on lui a attribué le titre de premier préſident clerc, qu'on lui donne encore à préſent.

La réception du premier préſident ne conſiſte que dans une ſimple preſtation de ſerment ; il prend enſuite ſa place ſans y être inſtallé ; le préſident qui l'a reçu lui fait un diſcours françois, auquel il répond de la même manière.

Les plus grands perſonnages du royaume, ſoit par leur naiſſance, ſoit par leurs dignités, ſoit par leurs talens, ont rempli la charge de premier préſident à la Chambre : elle a été poſſédée par Jacques de Bourbon, arrière-petit-fils de ſaint Louis ; par Gaucher de Châtillon, connétable ; par Matthieu de Trie & Robert Bernard, maréchaux de France ; par Henri de Sully, Guillaume de Melun, Enguerrand de

Coucy, Valeran de Luxembourg, comte de Saint-Paul ; enfin par plusieurs cardinaux, archevêques & évêques, & par plusieurs grands officiers de la couronne.

Les premiers présidens de la Chambre ont donné, comme les autres magistrats, plusieurs chanceliers à l'état ; mais il n'y a que parmi eux qu'on trouve un premier président qui avoit été précédemment le chef de la justice. Sous Louis XI, Pierre Doriole, après avoir été chancelier de France, devint premier président de la Chambre des comptes.

Jean de Nicolaï, maître des requêtes, fut revêtu de cet office en 1506 ; il avoit servi Charles VIII, & Louis XII en plusieurs négotions importantes, & avoit exercé la place de chancelier au royaume de naples. Le roi, en lui écrivant, lui donnoit le titre de mon cousin. La postérité de Jean de Nicolaï a mérité par sa fidélité & ses services, d'être continuée dans la possession de cet office : Aymard-Charles-Marie de Nicolaï qui l'exerce aujourd'hui, est le neuvième de pere en fils qui le remplit sans aucune interruption.

· Le premier président de la Chambre est de tout sémestre & de tout bureau ; mais il ne prend place que rarement au second, & siége presque toujours au grand bureau, où se traitent les affaires les plus importantes.

Le procureur général, avant de présenter à la Chambre les édits, déclarations & lettres-patentes dont il est chargé de requérir l'enregistrement, les remet au premier président avec une lettre de cachet qui lui est personnellement adressée.

Le grand-maître des cérémonies lui apporte les lettres de cachet que sa majesté lui écrit, pour le prévenir des ordres qu'il envoie à la compagnie afin d'assister à différentes cérémonies.

Les lettres de cachet qui sont adressées à la compagnie sont ouvertes par le premier président, qui les donne à un maître des comptes pour en faire la lecture.

Dans toutes les occasions où la compagnie est admise à l'audience du roi, c'est le premier président qui porte la parole; il répond au nom de la compagnie à toutes les invitations qui lui sont faites.

Il donne des audiences extraordinaires aux jours qu'il lui plaît d'indiquer, outre celles qui sont fixées par l'ordonnance de 1454 aux mercredi & samedi.

Il distribue aux maîtres, aux correcteurs & aux auditeurs des comptes, les différentes affaires qui les concernent, & leur donne jour pour en faire le rapport au bureau.

Il fait prêter serment à tous les officiers qui sont reçus à la Chambre; c'est entre ses mains que les vassaux du roi y rendent leur foi & hommage.

Il nomme aux commissions que la Chambre établit, & il y préside de droit. Il est presque toujours de celles que le roi forme, soit pour la réunion ou aliénation des domaines, soit pour faire l'évaluation des terres données en apanage, en échange, ou pour les douaires des reines.

Il présente à la chambre les personnes qui remplissent les différens emplois dont elle dispose.

La garde du tréfor de la Sainte-Chapelle lui est confiée. Il est ordonnateur de ce qui concerne l'administration & l'entretien de cette église, conjointement avec un de MM. les maîtres qu'il choisit pour l'aider à remplir cette fonction.

Le premier préfident de la Chambre a titre de conseiller du roi en tous ses conseils d'état & privé ; il est compris au nombre de ceux qui reçoivent des droits d'écurie & de deuil dans les états de la maison du roi ; il drappe lorsque sa majesté prend le grand deuil.

Il est le seul des premiers préfidens des cours souveraines qui jouisse de cette distinction.

La robe de cérémonie du premier préfident de la Chambre est de velours noir, semblable à celle des autres préfidens de cette compagnie.

Préfidens de la Chambre des comptes. Les préfidens de la Chambre font au nombre de douze, non compris le premier préfident : six servent par chaque sémestre, suivant qu'ils y font destinés par la nature de leurs charges : les trois plus anciens de chaque sémestre servent toujours au grand bureau, & les trois autres font leurs services au second bureau.

Les préfidens de la Chambre font à l'égard de cette cour, ce que font les préfidens du parlement dans leur compagnie : ils ont été maintenus par la déclaration du roi du 30 novembre 1624, dans le rang & la préféance qu'ils avoient toujours eus fur les maîtres des requêtes, qui ont eux-mêmes la préféance fur les préfidens des enquêtes.

Suivant la disposition des édits des mois de décembre 1665, d'août 1669, de février 1672, on ne peut être reçu dans les charges de préfidens de la Chambre, non plus que dans celles de préfidens du parlement, ni des autres cours, qu'à l'âge de quarante ans accomplis, & qu'après avoir précédemment exercé pendant dix années un office de judicature dans une cour fupérieure ; ils font difpenfés par cette raifon, lors de leur réception en la Chambre, d'y faire des difcours, d'y expofer une loi, & d'y être interrogés.

Suivant les ftatuts de l'ordre du Saint-Efprit du mois de décembre 1598, l'un des préfidens de la Chambre devoit affifter aux chapitres généraux de cet ordre, pour procéder avec le chancelier & cinq commandeurs du même ordre commis par le chapitre, à l'examen du compte de fes deniers.

En l'abfence du premier préfident, le plus ancien des préfidens féant au grand bureau, occupe fa place & remplit fes fonctions.

Celles du préfident qui préfide au fecond bureau font,

De donner jour aux confeillers-auditeurs pour le rapport des comptes qu'ils ont examinés.

D'en diftribuer le borderau à l'un des confeillers-maîtres du bureau, qui fuivant les règlemens doit écrire les arrêts que la Chambre prononce au jugement de ces comptes.

De porter la parole quand le bureau juge à propos de mander les confeillers-correcteurs, le procureur général, les greffiérs, le garde des livres, les comptables ou leurs procureurs, pour leur faire part des ordres de la Chambre.

De prendre le ferment des comptables auxquels il eft accordé une indemnité pour les frais de leurs voyages à Paris & du féjour qu'ils y font, afin d'y fuivre le jugement de leurs comptes.

Les préfidens, lorfqu'ils font de fémeftre, font compris de droit dans les députations de la Chambre.

Ils ne font aucun autre rapport que celui des créances dont ils ont été chargés.

Ils font le plus fouvent compris dans le nombre des commiffaires nommés pour les évaluations des domaines du roi, ou pour d'autres affaires importantes.

Ils peuvent venir à la Chambre hors de leur fémeftre, & y prendre féance fuivant leur ancienneté; ils y ont voix délibérative fans y pouvoir préfider, que lorfque les fémeftres font affemblés.

C'eft le dernier des préfidens qui inftalle les préfidens & confeillers-maîtres reçus à la Chambre.

La robe de cérémonie des préfidens de la Chambre eft de velours noir.

On trouvera aux articles MAÎTRE DES COMPTES, CORRECTEUR DES COMPTES, & AUDITEUR DES COMPTES, ce qui concerne ces offices.

Avocat général. La charge d'avocat général de la Chambre des comptes a été établie par Louis XI; auparavant le miniftère public s'exerçoit à la Chambre des comptes par les officiers mêmes qui l'exerçoient au parlement.

Cette charge a été poffédée par des perfonnes diftinguées, tant par leur naiffance que par leur mérite. Jean Bertrand, lieutenant criminel au châtelet de Paris, en fut pourvu en 1570.

- Etienne, & Nicolas Pafquier fon fils, Simon, Guillaume & Jean Dreux, Jean-Aymard Nicolaï, qui dans la suite a été premier président, en ont été revêtus.

L'avocat général de la Chambre des comptes a rang & séance avant le procureur-général; il porte la parole, & prend des conclusions sur les édits & déclarations, lorsque la publication s'en fait à l'audience; mais il n'a aucune des fonctions qui dépendent de la plume; elles appartiennent au procureur-général, suivant le règlement du conseil du 18 avril 1684.

La robe de cérémonie de l'avocat général est de satin.

Procureur général. Avant l'année 1454, le procureur général du parlement l'étoit aussi de la Chambre des comptes. Mais Charles VII ayant jugé nécessaire pour le bien de son service, qu'il y eût à la Chambre un officier uniquement destiné à remplir cette fonction, en créa un en titre d'office par son ordonnance du 23 décembre 1454.

Le ministère public ayant pour objet l'exécution des ordonnances & la défense des droits du roi, son concours est presque toujours nécessaire dans les affaires qui se jugent à la Chambre, parce que pour l'ordinaire le roi s'y trouve intéressé.

Les principales fonctions du procureur-général de la Chambre sont de requérir l'enregistrement des édits, ordonnances, déclarations & lettres-patentes qui sont adressées à la Chambre avec les ordres du roi: de donner ses conclusions sur toutes les lettres obtenues par des particuliers, de quelque nature qu'elles soient; de faire exécuter par les comptables les ordonnances qui les concernent; les obliger de pré-

senter leurs comptes à la Chambre ; pourvoir à
la sûreté des deniers du roi pendant le cours de
leurs exercices & après leurs décès ; de veiller à ce que les vassaux de sa Majesté rendent
leurs hommages, aveux & dénombremens dans
le délai de l'ordonnance.

Il doit en général requérir tout ce qu'il croit
utile pour le bon ordre, l'exécution des lois, &
la conservation des intérêts du roi.

C'est lui qui donne aux comptables après l'a-
purement total de leurs comptes, un certificat
portant qu'ils sont entièrement quittes avec le
roi & les parties prenantes.

En l'absence de l'avocat général, il le supplée
dans ses fonctions.

Le procureur général porte la robe de satin, comme les conseillers-maîtres, dans les cérémonies.

Greffe, greffiers en chef & autres. Il y a eu de
toute ancienneté à la Chambre des comptes
deux greffiers en chef, qui sont qualifiés notaires & greffiers par l'ordonnance du 2 mars
1330.

Ces deux greffiers en chef ayant été créés
en titre d'office, on n'a admis aucun de ceux qui
ont été pourvus de ces offices à en faire les
fonctions, qu'ils ne fussent en même-tems revêtus de charges de secrétaires du roi.

Il fut créé un office de greffier en chef triennal
par édit de décembre 1639, mais il a été réuni dans la suite aux deux anciens offices qui ont
le titre d'ancien & mi-triennal, & d'alternatif
& mi-triennal, & dont les fonctions s'exercent
conjointement & sans distinction de semestre.

Par le même édit il fut créé trois offices de

contrôleurs du greffe, qui font chargés de contrôler les expéditions des arrêts.

Les fonctions de greffiers en chef de la Chambre font les mêmes que celles des greffiers en chef du parlement & des autres cours fouveraines.

Ils font chargés de l'un des principaux dépôts de la Chambre, qu'on appelle le dépôt du greffe.

Il contient un grand nombre de regiftres & de pièces, dont les principaux font les regiftres des chartes, qui comprennent toutes les lettres de naturalité, légitimation, anobliffement, amortiffement, établiffement d'hôpitaux & de communautés eccléfiaftiques, féculières & régulières; les regiftres des mémoriaux, comprenant tous les édits, ordonnances, déclarations & lettres-patentes de toute nature regiftrées en la Chambre; les traités de paix, les contrats de mariage des rois, & toutes les provifions des officiers reçus en la Chambre & qui y prêtent ferment, enfemble les arrêts de leurs réceptions, &c.

Les regiftres journaux, comprenant tous les arrêts rendus fur requêtes pour quelque caufe que ce foit.

Le plumitif, contenant les extraits des mêmes arrêts avec leurs difpofitifs, & de tout ce qui fe traite & fe décide journellement en la Chambre.

Les regiftres des audiences, comprenant tous les arrêts qui fe prononcent à l'audience, foit contradictoirement, foit par défaut.

Les regiftres cérémoniaux, comprenant les procès-verbaux de toutes les cérémonies où la Chambre affifte en corps, ou la relation des députations qu'elle fait au roi & à la reine dans différentes occasions.

Les regiſtres des créances, qui comprenoient tous les rapports & témoignages que les officiers de la Chambre ou autres officiers députés par le roi faiſoient à la compagnie, au ſujet d'enregiſtrement d'édits, ordonnances, lettres-patentes : ces regiſtres ſont diſcontinués, & les objets dont ils étoient compoſés font partie du plumitif établi en 1574.

Ce dépôt contient encore une infinité d'autres regiſtres, cartulaires, titres, & enſeignemens concernant les droits du roi & le domaine de la couronne ; les procès-verbaux d'évaluation des échanges, apanages & douaires des reines ; les informations faites de l'ordonnance de la Chambre ; les minutes des arrêts par elle rendus ſur toutes ſortes de matières, & toutes les autres piéces qu'elle juge à propos d'y faire dépoſer.

Les greffiers en chef en ſont chargés pour ce qui les concerne, chacun ſur un regiſtre particulier.

Ce dépôt a été endommagé par l'incendie du 27 octobre 1737. L'exécution des déclarations du roi des 26 avril 1738, 21 décembre 1739 & 14 mars 1741, qui ont ordonné la repréſentation des titres en la Chambre ; les ſoins, les attentions, les travaux & les dépenſes des officiers de cette compagnie ont infiniment contribué à réparer cette perte.

Outre les deux greffiers en chef, il y a un principal commis ou greffier pour tenir le plumitif : il eſt chargé de la rédaction de ce regiſtre, & des arrêts de la Chambre rendus au rap-

port des confeillers-maîtres fur toutes fortes de
matières : fes fonctions font importantes ; il eft
le greffier de la Chambre dans les affaires criminelles.

Enfin il y a deux commis du greffe qui font
préfentés par les greffiers en chef & approuvés
par la Chambre en laquelle ils prêtent ferment.
Ils peuvent fervir de greffiers lors de l'appofi-
tion & levée des fcellés de la Chambre, dans
les inventaires qu'elle fait des biens & effets
des comptables, & dans toutes les commiffions
où font employés les officiers de la Chambre.

Premier huiffier. Cet officier eft établi de toute ancienneté en la Chambre, dont il eft concierge ; & en conféquence il a fon logement
dans l'intérieur de fes bâtimens, & la garde des
clefs lui eft confiée.

Il étoit autrefois payeur des gages, commis à
la recette des menues néceffités, buvetier &
relieur ; mais ces fonctions ont été depuis déta-
chées de fon office.

Celles qu'il exerce actuellement confiftent à
prendre garde fi les officiers de femeftre entrent
en la Chambre, afin de les piquer fur une feuille
où tous les noms des officiers de fervice font
écrits ; il fait un relevé des abfens, qu'il apporte
au premier préfident lorfque le grand bureau a
pris place : quand l'heure de la levée de la
Chambre eft fonnée, il en avertit le bureau, &
fait fonner la cloche de la Chambre, lorfqu'il
lui eft commandé, pour avertir qu'on peut
fortir.

Il doit avoir attention qu'il n'entre point d'autres perfonnes que les officiers de la Chambre,
les comptables avec leurs procureurs & leurs

clercs, si ce n'est avec permission de la Chambre.

Il doit à la levée de la Chambre, en hyver, faire éteindre tous les feux, pour éviter les accidens d'incendie.

Il jouit des mêmes priviléges que les officiers de la Chambre, & de plusieurs droits, entre autres du droit de chambellage, qui lui est dû à chaque foi & hommage que les vassaux du roi font en la Chambre, & qui lui est taxé par celui de MM. les présidens qui reçoit l'hommage, eu égard à la dignité & valeur de la terre.

Sa robe de cérémonie est de taffetas ou moire noire comme les auditeurs.

Substitut du procureur général de la Chambre des comptes. Il fut créé un office de substitut du procureur général en la Chambre, par édit de mai 1586, portant création des substituts des procureurs généraux des cours souveraines.

Mais en 1606 cet office fut réuni à ceux d'avocat général & procureur général en la Chambre des comptes.

Par édit d'octobre 1640, il fut créé des offices de substitut du procureur général, qui furent acquis par le procureur général & réunis à son office.

Enfin par édit de décembre 1690, il fut encore créé un pareil office de substitut, qui est celui qui existe aujourd'hui.

Cet officier fait les mêmes fonctions à la Chambre, que les substituts des autres procureurs généraux font dans les autres cours.

Il assiste en l'absence du procureur général à l'apposition & levée des scellés des comptables, aux inventaires & ventes de leurs meubles & effets.

Il

Il affiste pareillement aux defcentes & commiffions qui fe font de l'autorité de la Chambre.

C'eft lui qui préfente les comptes au bureau en l'abfence du procureur général, & figne les conclufions des édits & déclarations après qu'elles ont été arrêtées par l'avocat général. Enfin en l'abfence du procureur général, les fonctions qu'il exerceroit font remplies par fon fubftitut, à l'exception de la préfentation des édits & déclarations, qui eft encore réfervée à l'avocat général par un règlement du confeil du 19 juillet 1692.

Garde des livres. Par édit du mois d'août 1520, le roi François I créa & établit en la Chambre un officier pour avoir la garde des comptes, regiftres, livres des Chambres des confeillers-auditeurs & des autres anciennes Chambres, afin que ces officiers ne fuffent plus détournés de leurs fonctions & qu'ils puffent plus aifément vaquer à l'exercice de leurs offices.

Jufqu'à cette époque, les auditeurs avoient été chargés de la garde des comptes & acquits, & les greffiers, des autres regiftres & papiers de la Chambre: auffi s'oppoferent-ils à la réception du premier pourvu de cet office, & il ne fut reçu qu'à la charge de ne faire d'autre fonction que celle de porter & rapporter les comptes devant les préfidens & maîtres quand befoin feroit.

Le roi Henri II créa un fecond office pareil par édit de février 1551; & celui qui en fut pourvu fut reçu à la même condition.

Ces deux offices fubfiftèrent jufqu'à l'édit d'août 1564, qui fupprima l'office créé en 1551, & le réunit à l'ancien office.

Ces deux offices furent rétablis par édit de septembre 1571 : les officiers qui en furent pourvus, furent chargés de la garde des comptes & acquits par inventaires faits & dressés par des commissaires de la Chambre ; ce qui a toujours été pratiqué depuis à la réception de leurs successeurs.

Ils furent supprimés par édits d'avril 1671 & juin 1675 ; & il fut établi au lieu de ces deux offices un garde des livres par commission : ce qui a duré usqu'à l'édit d'avril 1704, qui rétablit en titre d'office formé & héréditaire un conseiller garde des livres de la Chambre, pour le pourvu de cet office faire les mêmes fonctions que celui qui en jouissoit par commission.

Cet officier est chargé lors de sa réception, par inventaire fait par les commissaires de la Chambre, de tout ce qui est contenu dans ce dépôt, & il seroit garant & responsable de ce qui se trouveroit perdu ou adiré.

Le dépôt du garde des livres contient tous les originaux des comptes de toute nature, qui ont eté jugés en la Chambre depuis plus de quatre cens cinquante ans ; ensemble tous les acquits & piéces justificatives rapportées pour le jugement de ces comptes, & toutes les piéces produites lors de leurs appuremens, avec les états du roi, & au vrai.

Ce dépôt est très-considérable par le nombre de volumes & la quantité de sacs d'acquits qu'il contient. Lorsque les comptes & acquits sont remis après leurs jugemens au dépôt du garde des livres par les conseillers-auditeurs rapporteurs, il leur donne son certificat en ces termes : *habui les acquits & les premiers volumes*. A l'égard du dernier volume, le procureur général le retient pour faire tranfcrire l'état final fur un regiftre, enfuite fon fecrétaire le rend au garde des livres, qui s'en charge fur un regiftre du parquet deftiné pour cet effet.

Il eft tenu en outre d'infcrire enfuite de fon inventaire les comptes & acquits qui lui font remis.

Quand quelques officiers de la Chambre ont befoin de comptes qui font au dépôt du garde des livres, ils s'en chargent fur un regiftre, en fignant qu'ils ont reçu tel compte du garde des livres ; & lorfqu'ils lui rapportent ce compte, il raye les fignatures de ces officiers.

A la réception des correcteurs des comptes, il vient certifier au bureau que le prédéceffeur du récipiendaire n'étoit chargé envers lui d'aucun compte ni acquit ; il donne un certificat à la même fin pour la réception des confeillers-auditeurs.

Procureurs des comptes. On voit par les regiftres de la Chambre, qué dès 1344, il y avoit dix procureurs, dont le nombre fut dans la fuite augmenté jufqu'à vingt-neuf, qui n'étoient que poftulans, tenant leur pouvoir de la Chambre, laquelle en faifoit alors le choix & les recevoit pour en exercer les fonctions.

Ils furent créés en titre d'office au nombre de trente par deux différens édits de 1579 & 1620 ; mais ces créations n'eurent aucun effet, & furent révoquées par édit d'octobre 1640, qui leur permit d'exercer leurs fonctions comme aüparavant, avec augmentation de leurs droits moyennant finance.

Enfin ils furent créés en titre d'office par édit de février 1668, & leur nombre fixé à ving-tneuf, tels qu'ils étoient alors & qu'ils font encore actuellement, ayant réuni à leurs charges le trentième office créé par édit d'août 1705.

L'hérédité de ces offices leur fut accordée par déclaration du mois de mars 1672, puis révoquée & rétablie par édits d'août 1701, & décembre 1743.

Ils ont encore réuni à leurs charges les deux offices de procureurs tiers référendaires-taxateurs des dépens, créés par édit de novembre 1689; les 40 offices d'écrivains des comptes, créés par édit d'août 1692; les deux offices de contrôleurs des dépens créés par édit de mars 1674; celui de tréforier de leur bourse commune, créé par édit d'août 1696; & les deux offices de procureurs syndics, créés avec le trentième office par édit d'août 1705. Ils jouiffent de différens droits & privilèges, & entr'autres de celui de ne point déroger à la noblesse en exerçant leurs charges, suivant la déclaration du 6 septembre 1500; privilège fondé sur la nature de leurs fonctions & sur l'obligation qu'ils contractent par leur serment, de veiller autant aux intérêts du roi qu'à ceux des comptables dont ils font procureurs.

L'usage & la possession leur ont confervé fans aucune contradiction cette prérogative; en conféquence de laquelle on a vu & l'on voit encore des nobles de naissance posséder ces charges & jouir des privilèges de la nobleffe; & d'autres pourvus de ces charges, l'être en même temps d'offices de sécrétaire du roi du grand collège. Ils font entr'eux bourse commune de portion de leurs droits & vacations, dont le produit n'eſt point faiſiſſable , ſuivant différens arrêts & règlemens. Ils ſont préférés à tout créancier ſur le prix des offices comptables vendus par décret , pour le payement des frais de reddition & appurement des comptes. Enfin ils ont droit de *committimus* , dans lequel ils ont été maintenus & confirmés par lettres-patentes du mois d'août 1674, dûment regiſtrées , & jouiſſent d'un demi-minot de franc-ſalé , en vertu de la déclaration du 22 août 1705.

. Leurs fonctions principales conſiſtent à dreſſer & préſenter à la Chambre tous les comptes qui s'y rendent , & toutes les requêtes des parties tendantes à l'apurement & correction de ces comptes , vérification & enregiſtrement de lettres de toute nature , réceptions d'officiers, foi & hommage ; enfin ils occupent généralement dans toutes les affaires & inſtances qui ſe traitent & inſtruiſent en la Chambre, où ils ont droit de plaider ſur les oppoſitions & demandes ſuſceptibles de l'audience.

- Le règlement de cette cour du 21 mai 1670, fait défenſe à toute autre perſonne ſous peine de 500 livres d'amende , de faire aucune des fonctions qui appartiennent aux charges de procureurs des comptes. C'eſt dans le nombre des procureurs que la Chambre choiſit le contrôleur de la ſainte Chapelle, qui eſt chargé d'expédier tous les mandemens & ordonnances pour le payement des dépenſes de cette égliſe , de les contrôler, & de veiller ſous MM. les commiſſaires de la Chambre aux réparations & fournitures néceſſaires pour l'entretien de cette égliſe.

Suivant la déclaration du 2 mars 1692, ils peuvent amener à la Chambre un ou deux clercs.

Ces clercs ont entre eux une juridiction appelée *empire* de *Galilée*, semblable à la basoche qui est celle des clercs des procureurs au parlement.

Huissiers de la Chambre. Ils sont de fort ancienne institution, puisqu'on trouve dans les registres de la Chambre, dès 1354, qu'ils avoient alors la qualité de messagers de la Chambre & du trésor.

Ils étoient dix-huit en 1455 ; il en a été créé depuis en différens temps douze autres, de sorte qu'ils sont aujourd'hui au nombre de trente.

Leurs fonctions sont d'exécuter tous les commandemens de la Chambre, & particulièrement de saisir féodalement sur les vassaux du roi à la requète du procureur général, & d'assigner tous les comptables, commissaires & fermiers du ressort de la Chambre afin de venir compter; de faire tous exploits & significations pour les parties, au procureur général, au contôleur des restes & autres en exécution des arrêts de la Chambre.

Ce sont eux qui sont chargés des contraintes du contrôleur des restes, & de les mettre à exécution, soit à Paris ou dans les provinces.

Ils ont droit d'exploiter par tout le royaume, par l'édit de février 1551, & les lettres-patentes du 11 novembre 1559.

Ils sont obligés de départir cinq d'entr'eux pour servir aux jours & heures d'entrée de la Chambre, afin d'exécuter les ordres qui leur sont donnés, soit pour assembler les sémestres, ou pour toute autre considération.

Tout ce qu'on vient de dire sur la Chambre des comptes de Paris appartient à M. BOUCHER D'ARGIS, ancien conseiller au conseil souverain de Dombes, à qui le public doit plusieurs ouvrages de jurisprudence, non moins recommandables par la pureté de la doctrine, que par l'érudition & la clarté qui y règnent.

Outre la Chambre des comptes de Paris, il en a été établi plusieurs autres dans le royaume en différens temps. On voit qu'avant 1566, il y avoit, outre la Chambre des comptes de Paris, celles de Dijon, de Grenoble, d'Aix, de Nantes, de Montpellier & de Blois.

Les quatre premières étoient des Chambres des comptes établies par le duc de Bourgogne, le Dauphin de Viennois, le comte de Provence & le duc de Bretagne : les deux autres furent créées par François premier en 1522 & en 1525.

Elles furent toutes supprimées par l'ordonnance de Moulins du mois de février 1566, & la Chambre des comptes de Paris demeura la seule Chambre des comptes du royaume.

Un édit du mois d'août 1568 rétablit les six Chambres des comptes supprimées, (*) & depuis on en a encore créé plusieurs autres dont quelques-unes ont aussi été supprimées & rétablies. Celles qui subsistent aujourd'hui sont:

1°. La Chambre des comptes de Dijon dont le ressort comprend le duché de Bourgogne.

(*) Celle de Blois a de nouveau été supprimée par édit du mois de juillet 1775, & la juridiction qu'elle exerçoit a été attribuée à la chambre des comptes de Paris relativement aux états des domaines & bois, & au compte des recettes & dépenses du comté de Blois. Quant aux autres objets dont la cour supprimée connoissoit, & qui sont ailleurs de la compétence du bureau des finances, ils doivent être portés aux bureaux des finances établis à Orléans, à Tours & à Bourges.

2°. Celle de Grenoble dont le reſſort comprend le Dauphiné.

3°. Celle d'Aix dont le reſſort comprend la Provence. La cour des aides y eſt unie.

4°. Celle de Nantes dont le reſſort comprend le duché de Bretagne.

5°. Celle de Montpellier dont le reſſort comprend le Languedoc. La cour des aides y eſt unie.

6°. Celle de Rouen dont le reſſort comprend la Normandie. La cour des aides y eſt unie.

7°. Celle de Pau dont le reſſort comprend le royaume de Navarre. Elle eſt réunie au parlement de Pau.

8°. Celle de Metz dont le reſſort comprend les trois évêchés de Metz, Toul & Verdun. Elle eſt réunie au parlement de Metz.

Outre ces Chambres des comptes, il y en a deux autres qui ſubſiſtent en Lorraine & à Bar, telles qu'elles étoient lorſque ces provinces compoſoient une ſouveraineté particulière. M. Henri, avocat au parlement de Nancy nous a communiqué ſur ces deux dernières cours les articles ſuivans.

CHAMBRE DES COMPTES DE LORRAINE, COUR DES AIDES ET COUR DES MONNOIES. Cette cour eſt le plus ancien tribunal ſouverain de la province. Sa juridiction s'étend ſur toute la Lorraine & ſur le Barrois non mouvant, à l'exception de la connoiſſance des ſurtaux & de la comptabilité des receveurs des finances de cette partie du Barrois.

On peut diviſer en quatre objets principaux les matières qui ſont de la compétence de la Chambre des comptes de Lorraine; ſavoir,

1°. La comptabilité des receveurs des finances & des hôtels de ville.

2°. La répartition des impôts & la connoissance des contestations qu'ils occasionnent.

3°. La conservation & la police du domaine du roi non aliéné & des eaux & forêts qui en dépendent.

4°. La juridiction des monnoies. Nous allons parcourir successivement tous ces objets.

1°. Comme Chambre des comptes, elle a seule l'audition, l'examen, la clôture & l'appurement des comptes de tous les officiers comptables du roi, dans le duché de Lorraine, & la connoissance des malversations & concussions de ces officiers dans l'exercice de leurs charges. C'est par devant elle qu'ils doivent être poursuivis, ainsi que les fermiers & sous-fermiers des fermes & domaines du roi, soit au civil, soit au criminel, lorsque le cas le requiert.

Par l'article 2 de l'édit du 27 janvier 1729, la discussion des offices dont les titulaires sont redevables au roi, doit être faite en cette Chambre sur les poursuites du procureur général, ainsi que celle de leurs immeubles.

Elle peut évoquer de toutes les cours & juridictions, les saisies réelles, criées & ordres commencés à la requête des particuliers sur les immeubles pour le recouvrement des condamnations qu'elle a prononcées, & en ordonnant l'évocation, subroger par le même arrêt le procureur général a la poursuite; mais elle doit renvoyer aux justices ordinaires, dès que les intérêts du roi ou des particuliers, en faveur desquels elle a prononcé des condamnations, sont à couvert.

Les comptes des receveurs des deniers patrimoniaux & d'octroi, accordés aux villes de la province & aux bourgs & communautés qui ont juridiction royale, se portent d'abord par devant les officiers de ces communautés, & ensuite à la Chambre, pour y être examinés & clos définitivement.

Elle doit vérifier tous les dons, charges & pensions, mis sur les biens & revenus du roi dans la province.

2°. Comme cour des aides, la Chambre des comptes a la répartition de tous les impôts sur les villes, bourgs & villages de la Lorraine, ce qui s'entend non-seulement de la taille connue en Lorraine sous le nom de subvention, mais encore des impositions extraordinaires; comme celles qui concernent les ponts & chaussées, les gages des officiers du parlement & des autres tribunaux de la province, ceux des gouverneurs des places, &c. (*)

_____

(*) *Voici comment se fait cette répartition.*
Tous les ans le roi envoie à la Chambre un arrêt du conseil revêtu de lettres-patentes, qui déterminent le montant de toutes les impositions ordinaires & extraordinaires, qui sont à la charge de la province.

Après avoir vérifié l'arrêt & les lettres-patentes, la Chambre distribue les sommes qui y sont portées sur toutes les villes, villages & communautés de la province, en distinguant les sommes qui sont pour la subvention de celles qui sont pour les ponts & chaussées & autres impositions extraordinaires; elle adresse à chaque communauté le montant des sommes auxquelles elle est taxée.

Les officiers de chaque communauté doivent lever ces deniers aux deux termes de janvier & de juillet.

Le maire dresse la déclaration des contribuables, laquelle contient les noms, surnoms & qualités des habitans, les changemens arrivés dans leur fortune & les pertes ou profits qu'ils ont faits : on y insère les habitans des nouvelles habitations qui sont sur le ban ou qui font ban à part, contigu à celui de la communauté.

Si la communauté est composée de plusieurs villages, ils sont tous détaillés séparément.

Les laboureurs, les manœuvres, les veuves, les fils & filles majeures qui jouissent de leurs biens doivent former autant de chapitres dans la déclaration : elle doit aussi énoncer dans des articles séparés, tous les changemens arrivés dans la communauté, les entrans & les sortans, les incendiés & les morts, les gentilshommes, les nobles exempts & privilégiés, les insolvables & les mendians, ceux qui possédent des fiefs & seigneuries.

Aussitôt après la réception du mandement ou trois jours après au plus tard, le maire doit assembler la communauté pour lui en donner lecture, à peine de huit livres d'amende. Tous les habitans contribuables doivent s'y trouver à peine de trente sous d'amende applicable à la fabrique. Le maire est autorisé à faire payer sur le champ cette amende.

C'est dans cette assemblée que l'on élit les asséyeurs. Ces asséyeurs doivent être au nombre de trois, & tirés des trois classes des contribuables, haute, moyenne & basse. L'un des trois au moins doit sçavoir lire & écrire.

A l'instant de leur nomination, ils prêtent serment entre les mains du maire, qui en fait dresser acte, au bas de sa déclaration qu'il leur remet sur le champ, avec le rôle de l'année précédente. Les septuagenaires & ceux dont la cotte est dans le cas d'être diminuée pour des motifs connus, ne peuvent être élus asséyeurs ni collecteurs : tous les autres qui prétendent avoir des moyens suffisans pour être déchargés d'en faire les fonctions, sont tenus de se pourvoir dans les vingt-quatre heures, s'ils ne sont éloignés de Nancy que de cinq lieues, & dans trois jours, s'ils sont plus éloignés.

Les asséyeurs doivent s'assembler le lendemain de leur élection, & procéder sans retard à la répartition des sommes imposées, à peine de vingt livres d'amende & des dommages intérêts résultans du retard. Il est défendu à toutes personnes de s'entremettre avec les asséyeurs à la confec-

levée pour la construction des casernes de Nanci,

tion des rôles, d'y être présentes, ou d'user de menaces & voies de fait à leur égard, à peine de vingt-cinq livres d'amende & d'être pourfuivies extraordinairement.

Lorfqu'il fe préfente quelque difficulté fur la répartition, les afféyeurs peuvent confulter la Chambre par de fimples mémoires fur papier non timbré, & les décifions leur font délivrées fans frais.

Auffitôt que le rôle eft fait, on le lit le premier jour de dimanche ou de fête, & on le dépofe au greffe. Le maire doit en faire expédier aux collecteurs des copies fur papier timbré, & une autre dans la huitaine au receveur à peine de trois livres d'amende, dont moitié appartient au receveur & l'autre à la fabrique.

Les collecteurs font élus au nombre de deux dans la même affemblée & dans la même forme que les afféyeurs. Ils doivent être folvables & tirés de la première & de la feconde claffe; & au moins l'un des deux doit autant qu'il eft poffible fçavoir lire & écrire.

Auffitôt que le rôle leur eft remis, ils doivent lever conjointement les fommes impofées: ils font autorifés à exécuter le rôle par provifion, c'eft-à-dire à faifir & vendre les effets des contribuables en retard de payer, en quelque lieu de la province qu'ils puiffent avoir transféré leur domicile, & fans être tenus de demander aucun *pareatis*.

Ils ne peuvent fe faire fuppléer en aucun cas à peine de huit livres d'amende.

Ils doivent annoter en marge du rôle, à côté de l'article de chaque contribuable, & en fa préfence ce qu'ils reçoivent, & délivrer les deniers au receveur à l'échéance de chaque quartier, à peine de tous dépens, dommages & intérêts, fauf leurs recours contre ceux qui n'ont pas payé leur cotte.

Les receveurs particuliers tiennent des regiftres, dans lefquels ils inférent toutes les contraintes qu'ils ont décernées, les noms des communautés & les frais occafionnés à ce fujet.

Les contraintes font mention des noms & qualités de ceux qui en font porteurs, du montant des fommes pour

qui dans l'origine avoit été confiée au commiſſaire départi, a été rendue à la Chambre des comptes de Nanci.

---

leſquelles elles ſont décernées, ainſi que du nom des communautés.

Les porteurs arrivés dans la communauté, contraignent le cas échéant les collecteurs par arrêt de leurs perſonnes, & les cotiſables en retard par exécution & vente de leurs meubles, dont ils doivent remettre les procès-verbaux aux receveurs, à peine de tous dépens, dommages & intérêts.

Il eſt défendu aux receveurs de ſe ſervir de la maréchauſſée, à moins que le cas ne ſoit preſſant.

Les geoliers & concierges ne peuvent rien exiger pour la ſortie & l'entrée des collecteurs empriſonnés. Les frais ſont ſupportés par les contribuables ſeuls qui ſont en retard de payer, ſans pouvoir être pris ſur les communautés, ni ſur ceux qui ont payé leur cotte.

Lorſqu'une communauté a ſouffert des accidens qui la mettent en droit de demander une diminution ; ſi le dommage vient de la perte des récoltes, elle doit quinze jours avant la récolte, faire procéder à la viſite du ban, par des experts non ſuſpects, nommés par les juges royaux ſeuls & la viſite doit être affirmée par-devant eux, ſans communition à la partie publique ni aſſignation.

Le procès-verbal des experts doit contenir en gros la quantité des jours de terre dont le ban eſt compoſé, celle de chaque ſaiſon, l'eſpèce des grains dont elles ſont enſemencées & la quantité des terres endommagées, dont ils eſtiment la perte par moitié, tiers ou quart de la récolte & non en argent.

Les incendies & les autres accidens ſurvenus dans pluſieurs habitations, ſont conſtatés par les maires & gens de juſtice locaux, & certifiés par le lieutenant-général du bailliage le plus voiſin.

Les maladies épidémiques ſont conſtatées par certificat du médecin ou du curé. Les levées de deniers par des états qu'a certifiés le commiſſaire départi. Les paſſages de troupes, par les copies des routes ſignées du maire & du greffier. Les pertes de beſtiaux, par des certificats du maire ou principal officier.

· Les plaintes des furtaux formées par les particuliers contre les afféyeurs & autres officiers des
communautés, fe portent directement par devant
Chambre & s'y plaident fans beaucoup de frais.
Lorfque ceux-ci font affignés pour furtaux, ils
nomment un d'eux feulement pour défendre, &
dans le cas où ils comparoîtroient en plus grand
nombre, le voyage des autres ne pafferoit pas
en taxe.

La Chambre connoît auffi des franchifes accordées aux employés des fermes & régies du roi.
Mais la connoiffance de toutes les autres franchifes & exemptions eft réfervée en Lorraine au
roi feul & à fon confeil, à l'exclufion de tous les
juges, même des compagnies fouveraines; excepté lorfque les conteftations font incidentes
à celles qui font portées par devant elles.

Cependant les lettres de nobleffe doivent
être enthérinées à la Chambre des comptes &
enregiftrées au parlement.

Tous les droits ou impôts levés en Lorraine
& *dans le Barrois non mouvant*, tels que le haut
conduit, les entrées foraines, la vente des fels
& du tabac, les droits fur le contrôle, le papier
timbré, & les préfentations, la marque des
cuirs & des fers, la ferme des poftes, font de
la compétence de la Chambre des comptes de
Lorraine, au civil coume au criminel: toutes
les conteftations foit de la part des contribuables, foit de la part des fermiers & fous-fermiers,
foit entre ces derniers, à raifon de leur jouiffance & exploitation, doivent être portées par-
devant elle; & aucun autre tribunal n'en peut
connoître. La commiffion établie à Rheims contre les contrebandiers armés & attroupés, s'é-

tant cru autorifée d'établir différentes fubdélégations dans la province, fes prétentions ont été profcrites par le confeil en 1775, & la Chambre des comptes a été confervée dans l'intégrité de fa juridiction.

3°. Elle a dans la Lorraine & le Barrois non mouvant la juridiction en dernier reffort, relativement aux domaines & droits domaniaux, lorfqu'ils ne font ni engagés ni aliénés; elle connoît même de la mauvaife adminiftration des engagiftes ou détenteurs, lorfque le procureur général eft feul partie.

En conféquence elle reçoit les appels des fentences des bailliages & des maîtrifes des eaux & forêts, dans les matières domaniales & celles des juges des falines indictinctement.

Les bailliages font juges en première inftance, fous le reffort de la Chambre, lorfque la propriété des droits ou des héritages eft déniée ou conteftée au roi, foit en demandant, foit en défendant.

Mais les actions intentées pour la réunion des domaines aliénés & pour la liquidation des rembourfemens à faire à ce fujet, fe portent pardevant la Chambre directement.

Il en eft de même des fois & hommages des vaffaux de Lorraine, de leurs aveux & dénombremens, des blâmes, des oppofitions que le procureur général peut y former pour l'intérêt du domaine non engagé, ni aliéné : toutes les autres oppofitions doivent être portées à la juftice ordinaire, fauf l'appel au parlement.

Tous les détenteurs des biens domaniaux fitués en Lorraine, font tenus de donner à la Chambre des comptes leur reconnoiffance, avec une déclaration exacte & spécifique de la nature, mouvance, quantité & qualité de ces biens.

Ils sont obligés de renouveler cette déclaration à chaque mutation de détenteur, soit par succession, donation entre vifs, ou autres actes; dans les trois mois de la mutation arrivée.

L'article 7 de l'édit du 9 novembre 1728 ordonne ces déclarations sous peine de la réunion de plein droit à la couronne des biens & droits domaniaux; il enjoint au procureur général de faire à cet égard toutes les diligences nécessaires.

Cette Chambre ne peut cependant accorder aucun arrêt de mutation dans les cas de subrogation des censitaires du domaine, excepté pour les terrains propres à bâtir, situés dans la ville & finage de Nanci. C'est ce qui résulte de deux arrêts du conseil donnés en 1753, & en 1770 & confirmés par des lettres-patentes du mois de mars 1771 enregistrées; mais l'éloignement des censitaires, les frais & les lenteurs pour obtenir ces arrêts à raison de redevances presque toutes minutieuses, ont déterminé la justice du roi à restreindre par de nouvelles lettres-patentes du 17 mars 1776, enregistrées le 26 août suivant, la rigueur de cette règle, & à autoriser la Chambre des comptes de Lorraine à passer des contrats de subrogation, sans arrêt préalable du conseil, pour les objets domaniaux ascensés, qui n'excédent pas cent livres de rente de produit; & quand la redevance n'est que de trois livres & au dessous, les acquéreurs ou détenteurs sont dispensés de prendre arrêt de subrogation, pourvu qu'ils fassent viser & enregistrer leurs titres au greffe de la Chambre.

Ce

. . Ce tribunal en enregiſtrant les lettres-patentes a évalué la redevance en froment à un ſou trois deniers la livre, ce qui fait pour le reſal meſure de Nanci, onze livres cinq ſous, & l'avoine au tiers de cette ſomme, pour faciliter aux cenſitaires détenteurs des domaines chargés de redevance la connoiſſance du tribunal auquel ils doivent s'adreſſer pour obtenir la ſubrogation.

. Lorſque les biens vacans par déshérence, aubaine, bâtardiſe, confiſcation ou autrement, ſont réunis au domaine par les juſtices ordinaires, la Chambre des comptes en a la régie & l'adminiſtration.

Les difficultés ſur les droits du ſceau des contrats, les abus & malverſations des notaires & tabellions relatifs au droit de ſceau, ſe portent par-devant elle.

Elle a le pouvoir de faire des règlemens ſur l'adminiſtration & l'exploitation des ſalines, qui en Lorraine appartiennet au roi ; mais il y a une commiſſion particulière établie pour les bois affectés à ces ſalines.

La juridiction de la Chambre ſur le domaine non aliéné s'étend ſur les coches & meſſageries royales, ſur les eaux & forêts qui appartiennent au roi en entier ou par indivis, & ſur ceux des communautés qui dépendent de ſes hautes-juſtices même aliénées.

Par appel des maîtriſes particulières, elle connoît des abus, délits, malverſations, & dégradations commis dans les forêts, bois, buiſſons & garènes du roi, de la vente & exploitation de ces bois, des actions procédantes du fait de la pêche dans les ruiſſeaux, rivières ou étangs appartenans à sa majesté, curement & réparation de ces ruisseaux & étangs, des engins & instrumens servans à la pêche, du flottage des bois; excepté pour les dégradations qu'il peut entraîner dans les héritages des particulies riverains.

Les querelles arrivées, les crimes commis pour le sujet de la vente, coupe, exploitation des bois, de la pêche & navigation des rivières & ruisseaux, les différens concernants les salaires des bucherons & ouvriers qui y ont travaillé, enfin les actions résultantes des contrats, baux, marchés & associations pour raison des bois à prendre dans les forêts du domaine & qui y sont encore extans, sont de la compétence des maîtrises particulières en première instance, & sur l'appel, la Chambre des comptes en connoît.

Mais lorsque les traités sont sans désignation d'aucune forêt, que les bois sont à délivrer hors des forêts, ou qu'ils en sont déjà exportés, la connoissance en appartient aux juges ordinaires & au parlement, sans préjudice des poursuites que le procureur général de la Chambre des comptes ou ses substituts dans les maîtrises peuvent faire pour l'intérêt du roi, à raison du prix & de la mauvaise exploitation de ces bois.

La Chambre prononce également par appel des maîtrises sur les délits & malversations commis dans les eaux & forêts appartenantes aux communautés des paroisses, situées dans l'étendue des hautes-justices du domaine, & sur la propriété des eaux & forêts du roi, soit que les actions en aient été intentées directement, ou seulement incidement aux rapports faits par les gardes ou forêtiers du roi.

Mais à l'égard des rapports faits par les forêtiers des seigneurs, la question de la propriété même du roi peut être traitée incidemment par les juges des seigneurs sauf l'appel aux bailliages du ressort, & de-là au parlement.

Lorsque les officiers des maîtrises ont connu des délits commis dans les eaux & forêts du domaine aliéné, par abus, négligence ou malversations des engagistes, c'est à la Chambre des comptes de Lorraine que doit se relever l'appel de leurs sentences.

Nous avons dit qu'elle exerçoit sa juridiction domaniale dans le Barrois non mouvant comme dans la Lorraine; il est cependant certains objets domaniaux dont la Chambre des comptes de Bar est en possession de connoître, & sur lesquels sa juridiction a été confirmée à cet égard par l'édit du mois de novembre 1728.

C'est la possession qui est le principe de cette juridiction de la Chambre des comptes de Bar. Il est difficile d'en déterminer l'étendue; il faut consulter l'usage.

4° La Chambre des comptes de Lorraine est cour des monnoies dans la Lorraine & le Barrois non mouvant. C'est le seul tribunal du royaume qui partage encore cette attribution avec la cour des monnoies de Paris. les ordonnances sur le décri des anciennes monnoies de la province doivent lui être adressées.

Il n'y a plus d'hôtels des monnoies sous son ressort. Cependant les règlemens lui accordent en cette qualité à l'exclusion de tout autre juge, la connoissance de la fabrication des monnoies & de l'exploitation des mines par tout où elles puissent être situées (*) ; des crimes & délits commis par les entrepreneurs, ouvriers & autres employés à ces mines, même du billonage, & enlevement des espéces & matières d'or & d'argent.

Mais les ordonnances ne lui donnent que par prévention avec les juges des bailliages la connoissance du crime de fabrication, altération, ou exposition de fausse monnoie commis par les étrangers & toute autre personne que les ouvriers de la monnoie, & en ce cas les appels des sentences des bailliages se portent au parlement.

Les officiers des bailliages, des prevôtés & des maîtrises de la Lorraine & du Barrois non mouvant, doivent se faire recevoir & faire enregistrer leurs provisions à la Chambre des comptes, après l'avoir fait au parlement. Il en est de même des receveurs des finances & des domaines & bois de la Lorraine, & des receveurs des hôtels de ville.

La Chambre des comptes de Lorraine est composée d'un premier président, deux présidens, dix-huit conseillers, un procureur général, un avocat général, deux substituts, un greffier & un secrétaire. Les procureurs du parlement y postulent ; les charges de procureurs créées pour la Chambre, ayant été réunies aux leurs.

Anciennement les conseillers de la Chambre des comptes de Lorraine étoient appelés *maîtres rationaux* : ils ont ensuite eu le titre de *conseillers auditeurs* ; enfin le duc Léopold régla par sa déclaration du 9 mars 1708, qu'ils seroient à l'avenir qualifiés *maîtres des comptes*.

_____

(*) Il y en a plusieurs dans les montagnes de Vosges.

Les offices de cette compagnie ne font point à finance : le roi les donne gratuitement aux fujets qu'il juge propres à les remplir.

Le marc d'or à payer pour ces offices a été fixé par un arrêt du confeil du 14 mars 1773 (*)

(*) *Voici cet arrêt.*

Le roi s'étant fait repréfenter , en fon confeil , fon édit du mois de décembre 1770, qui ordonne qu'à l'avenir il ne pourra être fcellé en la grande chancellerie, aucunes lettres de provifion ou commiffion d'offices, de quelque nature qu'ils foient & fans aucuns excepter, foit que lefdites provifions on commiffions foient expédiées en commandement & par fes fecrétaires d'état, ou en la forme ordinaire , qu'au préalable le marc d'or defdits offices n'ait été payé par les impétrans & que fur la quittance dudit droit ; à l'effet de quoi fa majefté a déclaré nulles & de nul effet toutes exemptions dudit droit, qui pourroient avoir été accordées par quelque titre que ce foit. Et fa majefté voulant fixer le droit de marc d'or à payer par les officiers de fa Chambre des comptes, cour des aides & des monnoies de Nancy, qui ne le payoient pas antérieurement audit édit : Oui le rapport du fieur abbé Terray , confeiller ordinaire au confeil royal , contrôleur général des finances : le roi étant en fon confeil, a ordonné & ordonne qu'il fera payé pour le droit de marc d'or defdits offices, avant le fceau des provifions de ceux que fa majefté aura jugé à propos d'en pourvoir, favoir : pour l'office de premier préfident , deux mille quatre cens trente livres de principal, huit fous pour livre de ladite fomme, tant que les huit fous pour livre en fus des droits du roi fubfifteront ; & fix fous quatre deniers pour livre fur feize cens vingt livres feulement , pour les fecrétaires du roi du grand-collége & les greffiers du confeil , auxquels ils appartiennent en vertu de l'aliénation qui leur en a été faite par fa majefté : pour les offices de préfidens , douze cens quatre-vingt-feize livres de principal, huit fous pour livre en fus ; & fix fous quatre deniers pour livre fur huit cens foixante quatre livres feulement, pour les fecrétaires

CHAMBRE DES COMPTES DE BAR. On sçait que le Barrois avant d'être réuni à la Lorraine & ensuite à la couronne, a eu long-temps des comtes & des ducs particuliers.

Ce duché a conservé de son ancienne constitution une Chambre des comptes, dont on ne connoît pas exactement l'origine. On prétend qu'elle formoit le conseil des anciens ducs de Bar : raison pour laquelle elle a toujours eu le titre de Chambre du conseil & des comptes de Bar.

On trouve une ordonnance du duc Robert de l'an 1573, par laquelle ce prince établit trois espéces d'inquisiteurs avec la qualité de réfor-

---

du roi & les greffiers du conseil : pour les offices de conseillers, onze cens trente-quatre livres de principal, huit sous pour livre en sus ; & six sous quatre deniers pour livre sur sept cens cinquante-six livres seulement, pour les secrétaires du roi & les greffiers du conseil : pour l'office de procureur général, seize cens vingt livres de principal, huit sous pour livre en sus, & six sous quatre deniers pour livre sur mille quatre - vingt livres seulement, pour les secrétaires du roi & les greffiers du conseil : pour l'office d'avocat général, onze cens trente-quatre livres de principal, huit sous pour livre en sus ; & six sous quatre deniers pour livre sur sept cens cinquante-six livres seulement, pour les secrétaires du roi & les greffiers du conseil! : pour les offices de substituts du procureur général, trois cens vingt-quatre livres de principal, huit sous pour livre en sus, & six sous quatre deniers pour livres seulement, sur deux cens seize livres pour les secrétaires du roi & les greffiers du conseil : pour l'office d'huissier-audiencier & pour les offices d'huissiers ordinaires deux cens quarante-trois livres de principal, huit sous pour livre en sus ; & six sous quatre deniers pour livre sur cent soixante-deux livres seulement, pour les secrétaires du roi & les greffiers du conseil. Fait au conseil d'état du roi, sa majesté y étant, tenu à Versailles le quatorze mars mil sept cent soixante-treize. Signé, Monteynard.

mateurs, pour faire rentrer les domaines ufur-
pés avant les guerres, & veiller au rétabliffement des finances.

Quelques-uns prétendent que lors de la réunion du Barrois à la Lorraine, la Chambre des
comptes de Bar ne forma plus qu'une feule Chambre avec celle de cette province; & que les finances & domaines des deux duchés furent régis
par la Chambre des comptes de Lorraine. On
allégue en faveur de cette opinion, que les ordonnances des ducs Charles III & Henri II font
mention de la Chambre des comptes de Lorraine
& de Bar cumulativement.

Quoi qu'il en foit, tous les tribunaux de la
Lorraine & du Barrois ayant été difperfés pendant les guerres malheureufes du duc Charles IV
avec la France, & ce duc ayant été rétabli dans
fes états par le traité de Vincennes, il fongea
auffitôt à rappeler fes magiftrats difperfés.

. Il rendit à cet effet le 26 mars 1661, un édit
qui ordonne entr'autres difpofitions ; « que
» pour ce qui eft des terres du duché de Bar &
» pays de Barrois non mouvant, les comptes
» des receveurs feront examinés clos & arrêtés
» par la Chambre réfidente à Bar ; & que cette
» Chambre fera compofée d'un préfident, qua-
» tre auditeurs, un greffier & un huiffier com-
» mis par provifion jufqu'à ce qu'il en ait été au-
» trement ordonné avec même pouvoir & auto-
» rité que la Chambre des compes de Lorraine ».

. Cet établiffement qui ne paroît que provifio-
nel, eft celui en vertu duquel la Chambre des
comptes de Bar a fubfifté jufqu'aujourd'hui.

. Elle a l'audition, l'examen, la clôture & l'appurement des comptes de tous les officiers com-

ptables du Barrois mouvant & non mouvant.
Les comptes des déniers patrimoniaux & d'octroi des villes & bourgs se portent pardevant
elle, après avoir été rendus dans les assemblées
des officiers municipaux.

Elle a dans toute l'étendue de ce duché la répartition de la subvention, de l'abonnement,
des vingtièmes & autres impositions.

Elle connoît en première & dernière instance
des causes de surtaux, entre les officiers des
communautés & les contribuables, ainsi que des
franchises accordées aux employés des fermes
du roi.

La connoissance des exemptions de toute autre personne est réservée au conseil, ainsi que
celle du fait de noblesse.

: Cependant les lettres de noblesse accordées
aux domiciliés du Barrois, de même que les
provisions des baillis & des receveurs des finances de cette province, doivent être enthérinées
dans cette Chambre.

Il en est de même des dons de terres & biens
situés dans son ressort, ou des assignations de
deniers sur les recettes particulières du Barrois.

La Chambre des comptes de Bar prend les
titres de Chambre du conseil des comptes &
domaine, cour des aides, & monnoies de Bar. La
Chambre des comptes de Lorraine qui jouit dans
le Barrois non mouvant de l'attribution des affaires des domaines & droits domaniaux, pro-
teste contre les dernières de ces qualifications.

. La Chambre des comptes de Bar est maintenant composée d'un premier président, du
lieutenant général du baillage de Bar, qui en
est le premier conseiller né, de neuf conseillers

laïcs, d'un conseiller clerc, d'un procureur général, d'un avocat général, d'un greffier en chef, d'un secrétaire & de deux huissiers.

Ces officiers ne sont point à finances: les présidens, conseillers, avocats & procureurs généraux sont nommés gratuitement par le roi.

Le marc d'or à payer pour ces officiers a été fixé par un arrêt du conseil du 13 août 1773 (*).

_____

(*) *Voici cet arrêt:*
Le roi s'étant fait représenter en son conseil, son édit du mois de décembre 1770, qui ordonne qu'à l'avenir il ne pourra être scellé en la grande chancellerie aucunes lettres de provisions ou commission d'offices, de quelque nature qu'ils soient, & sans aucuns excepter, soit que lesdites provisions ou commissions soient expédiées en commandement & par ses secrétaires d'état, ou en la forme ordinaire, qu'au préalable le marc d'or desdits offices n'ait été payé par les impétrans & que sur la quittance dudit droit; à l'effet de quoi sa majesté a déclaré nulles & de nul effet, toutes exemptions dudit droit, qui pourroient avoir été accordées par quelque titre que ce soit : Et sa majesté voulant fixer le droit de marc d'or à payer par les officiers de sa chambre des comptes de Bar, qui ne le payoient pas antérieurement audit édit : ouï le rapport du sieur abbé Terray, conseiller ordinaire au conseil royal, contrôleur général des finances; le roi étant en son conseil, a ordonné & ordonne qu'il sera payé pour le droit de marc d'or desdits offices, avant le sceau des provisions de ceux que sa majesté aura jugé à propos d'en pourvoir; savoir, pour l'office de premier président, douze cens quinze livres de principal, huit sous pour livre de ladite somme, tant que les huit sous pour livre en sus des droits du roi, subsisteront; & six sous quatre deniers pour livre sur huit cens dix livres seulement, pour les secrétaires du roi du grand-collège & les greffiers du conseil, auxquels ils appartiennent, en vertu de l'aliénation qui leur en a été faite par sa majesté : pour les offices de conseillers, cinq cens soixante-sept livres de principal, huit sous pour

CHAMBRE DE LA MARÉE. C'eſt une juridiction ſouveraine compoſée de commiſſaires du parlement, ſavoir, du doyen des préſidens au mortier, & des deux plus anciens conſeillers laics de la grand-Chambre : il y a auſſi un procureur général de la Marée, autre que le procureur général du parlement & pluſieurs autres officiers.

Cette Chambre tient ſa ſéance dans la chambre de ſaint Louis ; elle a la police générale ſur le fait de la marchandiſe de poiſſon de mer, frais, ſec, ſalé & d'eau douce dans la ville fauxbourgs & banlieue de Paris, & de tout ce qui y a rapport ; & dans toute l'étendue du royaume pour raiſon des mêmes marchandiſes deſtinées pour la proviſion de cette ville, & des droits attribués

---

livre en ſus ; & ſix ſous quatre deniers pour livre ſur trois cens ſoixante-dix-huit livres ſeulement, pour les ſecrétaires du roi & les greffiers du conſeil : pour l'office de procureur général, huit cens dix livres de principal, huit ſous pour livre en ſus ; & ſix ſous quatre deniers pour livre ſur cinq cens quarante livres ſeulement, pour les ſecrétaires du roi & les greffiers du conſeil : pour l'office d'avocat général, cinq cens ſoixante ſept livres de principal, huit ſous pour livre en ſus, & ſix ſous quatre deniers pour livre ſur trois cens ſoixante-dix-huit livres ſeulement, pour les ſecrétaires du roi & les greffiers du conſeil ; le tout, indépendamment du droit de marc d'or de nobleſſe, qui ſera payé en outre, par ceux qui ſeroient dans le cas de le devoir : & pour les offices d'huiſſiers, cent vingt-une livres dix ſous de principal, huit ſous pour livre en ſus ; & ſix ſous quatre deniers pour livre ſur quatre vingt une livres ſeulement, pour les ſecrétaires du roi & les greffiers du conſeil. Fait au conſeil d'état du roi, ſa majeſté y étant, tenu à Compiègne le treize août mil ſept cent ſoixante-treize. *Signé* Monteynard.

ſur ces marchandiſes aux jurés vendeurs de marée.

Anciennement les juges ordinaires avoient chacun dans leur reſſort la première connoiſſance de tout ce qui concerne le commerce de marée; cela s'obſervoit à Paris comme dans les provinces.

Le parlement ayant connu l'importance de veiller à ce commerce, relativement à la proviſion de Paris, crut qu'il étoit convenable d'en prendre connoiſſance par lui-même directement. Il commença par recevoir des marchands de marée à ſe pourvoir devant lui immédiatement & en première inſtance contre ceux qui les troubloient. On trouve dans les regiſtres du parlement des exemples de pareils arrêts dès l'année 1314. Tout ce qui s'eſt fait alors concernant la marée pour Paris, juſqu'en 1379, eſt renfermé dans un regiſtre particulier intitulé *regiſtre de la marée*.

Par des lettres-patentes du 26 février 1351, le roi attribua au parlement la connoiſſance de cette matière, & aſſura les routes des marchands de marée, en les mettant ſous ſa ſauve-garde & protection & ſous celle du parlement.

Mais comme le parlement ne tenoit alors ſes ſéances qu'en certain temps de l'année, le roi Jean voulant pourvoir aux difficultés qui ſurvenoient journellement pour les marchands amenant de la marée à Paris, fit expédier une première commiſſion le 20 mars 1352, à quatre conſeillers de la cour, deux clercs & deux laics, & au juge auditeur du châtelet, pour faire de nouveau publier les ordonnances concernant ce commerce de poiſſon, informer des contraventions

& envoyer les informations au parlement; ils pouvoient aussi corriger par amende & interdiction les vendeurs de marée qu'ils trouvoient en faute.

Par arrêt du parlement du 21 août 1361, le Prevôt de Paris fut rétabli dans sa juridiction, comme juge ordinaire en première instance dans l'étendue de la prévôté & vicomté de Paris, & par-tout ailleurs, en qualité de commissaire de la cour.

Les marchands de marée pour Paris étant encore troublés dans leurs fonctions, Charles V fit expédier une commission, le 20 juin 1369, à deux présidens, sept conseillers au parlement & au prévôt de Paris, pour procéder à une réformation de cette partie de la police.

Les commissaires firent une ample ordonnance qui fut confirmée par lettres-patentes de Charles V du mois d'octobre 1370.

Cette commission finie, Charles V ordonna en 1379 l'exécution de l'arrêt du parlement de 1361, qui avoit rétabli le prévôt de Paris dans sa juridiction pour la marée.

Il y eut cependant toujours un certain nombre de commissaires du parlement, pour interpréter les règlemens généraux & pourvoir aux cas les plus importans.

Le nombre de ces commissaires fut fixé à deux par un règlement de la cour de l'an 1414; savoir, un président & un conseiller : on distingua les matières dont la connoissance étoit réservée aux commissaires, de celles dont le prévôt de Paris continueroit de connoître.

Ce partage fut observé pendant près de deux siécles, jusqu'au mois d'août 1602, que

le procureur général de la marée obtint des lettres-patentes portant attribution au parlement
en première inftance de toutes les caufes pourfuivies à fa requête, & de celles des marchands
de poiffon de mer. Il ne fe fervit pourtant pas
encore de ce privilège, & continua tant au châtelet qu'au parlement, d'agir comme partie civile fous la dépendance des conclufions de M.
le procureur général au parlement, ou de fon
fubftitut au châtelet.

Enfin depuis 1678 toutes les inftances civiles
ou criminelles pourfuivies par le procureur général de la marée concernant ce commerce,
font portées en première inftance à la Chambre
de la marée, qui eft préfentement compofée
comme on l'a dit en commençant.

CHAMBRE APOSTOLIQUE. C'eft un tribunal établi à Rome pour connoître de toutes
les affaires qui intéreffent le tréfor & le domaine de l'églife & du pape.

Ce tribunal eft compofé d'un chef, (*) d'un
tréforier général, d'un auditeur général, & de
douze prélats qui portent le nom de clercs &
notaires de la Chambre. Ces prélats prennent
auffi la qualité de fécrétaires de la Chambre.
Leurs fonctions confiftent à figner les bulles &
refcrits qui s'expédient dans ce tribunal (**).

Les officiers de la Chambre apoftolique s'affemblent les mêmes jours que les officiers de la
datterie. Quoique cette Chambre ait été infti-

_____

(*) Le chef de la Chambre apoftolique s'appelle ainfi :
Sanctæ romanæ Ecclefiæ camerarius, vulgo camerlingo.
(**) Les prélats fignent de cette manière : *eft in Camera
apoftolica N...Secret.*

tuée pour veiller à la confervation du domaine
& du tréfor de l'églife ou du pape ; on y expédie cependant des bulles & des refcrits fur les
matières bénéficiales ; mais les frais font plus
confidérables que ceux de la datterie. Ils montent ordinairement à un tiers de plus. Les impétrans ne s'adreffent à la Chambre apoftolique
que lorfqu'il y a quelque obftacle qui empêche
les officiers de la chancellerie d'accorder la grace demandée.

La juridiction du tréforier de la Chambre apoftolique eft differente de celle de l'auditeur.

L'endroit où tous les membres qui compofent ce tribunal s'affemblent pour expédier des
bulles ou refcrits, s'appelle la Chambre. Outre les officiers dont nous avons rappelé les
noms, il y a encore dans cette Chambre un *fummifte*. C'eft lui qui eft chargé de l'expédition
des bulles, d'en faire faire les minutes, de les
faire recevoir, de les faire plomber, en un mot
de remplir toutes les formalités néceffaires aux
bulles. Lorfque le fummifte eft abfent, il a un
fubftitut qui le remplace.

Le fummifte étoit autrefois un des clercs de
la Chambre ; mais fous le pontificat de Sixte V
cette place fut érigée en titre d'office particulier.
Depuis ce temps le fummifte a toujours été un
officier féparé des autres membres du tribunal.

La Chambre apoftolique eft dépofitaire des
regiftres les plus précieux de la cour de Rome.
C'eft dans fon dépôt qu'on trouve les livres qui
contiennent la taxe des annates. Toutes les graces accordées par le pape ou par fon vice chancelier font enregiftrées dans cette Chambre,
depuis la bulle que Pie IV publia pour ordonner cet enregiftrement.

Il eſt important d'obſerver que la date des bulles expédiées par la Chambre apoſtolique n'eſt pas la même que celle de la chancellerie.

On donne en France le nom de *Chambre apoſtolique*, à une juridiction qui appartient à l'abbé de Ste. Geneviève de Paris comme conſervateur né des privilèges apoſtoliques & député du St. ſiége. En cette qualité il avoit autrefois le privilége de connoître de toutes les conteſtations qui s'élevoient entre les eccléſiaſtiques. Cette prérogative rendoit l'abbé de Ste. Geneviève très-puiſſant. On ne pouvoit appeller de ſes jugemens qu'au pape ; mais cette Chambre apoſtolique ne jouit plus aujourd'hui des prérogatives dont elle jouiſſoit anciennement. Son pouvoir a été reſſerré dans les bornes les plus étroites, & l'abbé de Ste. Geneviève n'a conſervé que le droit de décerner des monitoires lorſque les tribunaux ſéculiers ordonnent de s'adreſſer à lui pour les obtenir.

L'abbé de Ste. Geneviève eſt le chef de ſa Chambre apoſtolique. Il a pour officiers un chancellier & un ſecrétaire.

Nous n'avons point parlé de tous les droits qui appartiennent à la Chambre apoſtolique de Rome. Les fonctions de ce tribunal, comme juridiction de ſa ſainteté ſont très-étendues ; mais elles ſont étrangères ici.

Voyez Corradus *dans ſon traité des diſpenſes ; le traité de l'uſage & de la pratique de la cour de Rome par* Caſtel *; l'encyclopédie ; le dictionnaire du droit canonique.* Voyez auſſi les articles DATTES, RESCRITS, BULLE, ANNATE, TAXES, SUMMISTE, &c. (*Cet article eſt de M.* DESESSARTS*, avocat au parlement*).

CHAMBRE ECCLÉSIASTIQUE. Voyez BUREAU DES DÉCIMES.

CHAMBRE SOUVERAINE DES EAUX ET FORÊTS. C'eſt le titre d'un tribunal ſouverain qui exerce dans certains parlemens la même juridiction que les tables de marbre exercent dans d'autres.

Un édit du mois de février 1704 ayant ſupprimé les tables de marbre, & les Chambres de réformation des eaux & forêts, créa dans chaque parlement & au conſeil ſouverain d'Alſace une Chambre ſouveraine pour juger en dernier reſſort & à l'excluſion de toute autre cour les inſtances civiles & criminelles concernant le fonds des eaux & forêts appartenantes au roi, les îles, les rivières, les bois tenus en grurie, tiers & dangers, appanage, engagement, uſufruit, &c. ainſi que tous les procès qui lui ſeroient adreſſés par ſa majeſté, ou que les grands maîtres des eaux & forêts du département lui enverroient ou porteroient; & pour prononcer auſſi en dernier reſſort, ſur les appellations des jugemens rendus par les grands-maîtres, les officiers des maîtriſes, ceux des ſeigneurs, & les autres juges ſur la matière des eaux & forêts. (*)

_____

(*) L'édit cité eſt ainſi conçu.

Louis par la grace de Dieu, roi de France & de Navarre, à tous préſens & à venir; ſalut. Auſſitôt après la paix conclue par le traité des Pyrénées, nous donnâmes toute notre application à rétablir l'ordre dans nos revenus, & principalement dans notre domaine, dont les forêts font un des plus notables parties; & comme les dégradations qui y avoient été faites pendant la guerre, les avoient preſque entièrement ruinées, nous en aurions fait ceſſer la vente dans

Le

Le même édit porte que comme les grands-

la plus grande partie, fait procéder à la réformation générale, formé plusieurs règlemens pour en fixer la coupe &
l'usage, & pour ne rien omettre sur une matière qui méritoit une attention particulière, nous rassemblâmes en un
corps d'ordonnances, au mois d'août 1669, tout ce qui
pouvoit établir une bonne police & des règlemens utiles
pour la conservation & l'usage de nos bois & forêts, ceux
des ecclésiastiques, des communautés & des particuliers, &
pour tout ce qui concerne la chasse & les eaux ; l'avantage
que nous en avons reçu, & l'augmentation du revenu de
nos forêts, ont été les fruits de nos soins : & comme nous
avons en vue depuis long-tems, d'établir une juridiction,
pour connoître privativement & en dernier ressort de tout
ce qui regarde nos forêt·, & généralement de tout ce qui
est attribué aux tables de marbre, afin que faisant cesser les
conflits, & supprimant les différens degrés de juridiction,
les affaires puissent être expédiées avec plus de diligence & à
moins de frais. A ces causes & autres à ce nous mouvant,
de notre certaine science, pleine puissance & autorité royale, nous avons par le présent édit perpétuel & irrévocable
éteint & supprimé, éteignons & supprimons les sièges &
juridictions des tables de marbre, établis près nos cours de
parlement de Paris, Rouen, Toulouse, Dijon, Bretagne,
Metz & autres parlemens de notre royaume, & tous les
officiers qui les composent, & les chambres de réformation
des eaux & forêts établies en aucuns de nos parlemens, &
révoqué & révoquons l'édit du mois de mais 1558, en ce
qu'il portoit établissement des juges en dernier ressort ès-
dites tables de marbre, au remboursement desquels offices
supprimés, nous voulons qu'il soit incessamment procédé
suivant les liquidations qui en seront faites en notre conseil
sur les quittances de finances, provisions & titres qu'ils
seront tenus de représenter, & mettre ès-mains du sieur
contrôleur général de nos finances dans le mois ; & au lieu
desdites tables de marbres, chambre de réformation &
juges en dernier ressort, nous avons créé & erigé, créons
& érigeons en chacune de nos cours de parlement de notre
royaume, & au conseil supérieur d'Alsace, une chambre

maîtres ont toujours été les principaux officiers

composée du nombre de juges & officiers ci-après déclarés pour juger privativement à l'exclusion de toutes autres cours, & juger en dernier reffort & fans appel, toutes les instances & procès civils & criminels concernant les fonds, propriétés & contestations de nos eaux & forêts, iles & rivières, bois tenus en grurie, grairie & fégrairie, tiers & danger, appanage, usufruit, engagement, & par indivis, & de tous ceux qui leur feront renvoyés par nous ou notre confeil, & ceux qui leur feront portés ou envoyés par les grands-maîtres des eaux & forêts de leur département; comme auffi nous voulons & entendons que lesdites chambres jugent en dernier reffort & fans appel toutes les appellations des fentences & jugemens rendus par les grands-maîtres & les officiers des maîtrifes des eaux & forêts, & que les appellations des fentences & jugemens rendus par les juges des feigneurs & communautés eccléfiastiques & laïques, & de celles rendues par tous autres juges, concernant les eaux & forêts, pêches & chaffes, fans exception, foient relevées & jugées en dernier reffort ès-dites chambres des eaux & forêts de nofdits parlemens, fans qu'elles puiffent être relevées en autres cours, lefquels jugemens en dernier reffort feront rendus au moins par dix juges dans la chambre près notre cour de parlement de Paris, & par huit dans les autres : & à l'égard des appellations des fentences & jugemens qui feront rendus par les officiers de notre cher & bien amé le grand veneur, & des capitaineries royales réfervées, il en foit ufé comme par le paffé jufqu'à ce que nous en ayons autrement ordonné. Comme auffi nous voulons que lesdites Chambres jugent en dernier reffort toutes les affaires qui fe trouveront pendantes en nofdits parlemens ou ès-dites tables de marbre au jour de la publication du préfent édit, lefquelles nous avons à cet effet évoquées & évoquons à notre confeil, & icelles renvoyées & renvoyons ès-dites chambres fouveraines des eaux & forêts, pour y être inftruites fuivant les derniers règlemens, & jugées en dernier reffort ; déclarons nuls tous les jugemens qui feront rendus à l'avenir en d'autres juridictions qu'ès-dites chambres ; enjoignons aux greffiers defdites juridictions de porter ou envoyer lefdits procès aux greffes des chambres des eaux & forêts fur la première requifition qui leur en fera faite par l'une des parties, à peine de 300 livres d'amende; faifons défenfes à tous autres juges d'en prendre connoiffance à peine de nullité: voulons que lefdites chambres des eaux & forêts foient compofées des officiers ci-après déclarés, que nous avons à cet effet créés & érigés, favoir celle de notre cour de parlement de Paris, de deux préfidens & vingt-deux confeillers, fix nos confeillers fubftituts de notre procureur général, qui auront un parquet près ladite chambre, en laquelle nous voulons que nos avocats & procureurs généraux prennent des conclufions, tant dans les caufes qui feront portées à l'audience, que dans les inftances & procès par écrit, & généralement dans toutes les affaires qui doivent être communiquées au parquet, ainfi qu'ils ont accoutumé de le faire dans les autres chambres du parlement, à la charge néanmoins que nofdits avocats généraux porteront la parole chacun à leur tour aux audiences de ladite chambre de la tournelle, & que le même ordre foit fuivi & gardé pour les autres chambres créées par le préfent édit, pour les autres parlemens; d'un notre confeiller-contrôleur général des bois & forêts dépofitaire des titres, plans & figures des bois & forêts, d'un greffier en chef civil & criminel, de deux commis audit greffe ayant qualité de fecrétaire en ladite chambre, d'un greffier garde-minutes, d'un greffier garde-facs, d'un greffier de préfentations & affirmations, de deux greffiers commis à la peau, pour écrire en parchemin les expéditions des arrêts, d'un notre confeiller-tréforier-payeur des gages des officiers de ladite Chambre, d'un notre confeiller-contrôleur dudit payeur des gages, d'un notre confeiller-receveur des épices, amendes & reftitutions, & d'un notre confeiller contrôleur dudit receveur des épices, amendes & reftitutions, de trente procureurs poftulans pour poftuler en ladite Chambre feulement; d'un premier huiffier & de huit autres huiffiers, & d'un concierge buvetier; & les Chambres créées par notre préfent édit, en nos cours de parlement de Touloufe, Rennes, Rouen, Dijon & Tournai, foient auffi compofées chacune de deux préfidens, de douze confeillers, trois nos confeillers fubftituts de nos procureurs

G g ij

parlement de leur reffort & être inftallés à la

généraux ès-dits parlemens, un notre confeiller-contrôleur
général des bois & forêts, dépofitaire des titres, plans &
figures defdits bois & forêts, un greffier en chef civil criminel, de deux commis audit greffe ayant qualité de fecrétaires defdites Chambres, d'un greffier garde minutes, d'un
greffier garde facs, d'un greffier des préfentations & affirmations, & de deux greffiers appelés commis à la peau,
pour faire écrire en parchemin les expéditions des arrêts,
d'un notre confeiller-tréforier payeur des gages des officiers
en chacune des Chambres, & d'un confeiller-contrôleur
dudit payeur des gages, d'un notre confeiller-contrôleur
dudit receveur des épices, amendes & reftitutions, auffi en
chacune defdites Chambres, de quinze procureurs poftulans, tiers référendaires & taxateurs des dépens, d'un premier huiffier, quatre autre huiffiers & d'un concierge buvetier ; & d'autant qu'il n'y a que peu de bois dans l'étendue des refforts de nos cours de parlemens de Bordeaux,
Metz, Befançon, Grenoble, Aix, Pau, & que le confeil
fupérieur d'Alface, établi à Colmar, eft déjà compofé d'un
grand nombre d'officiers, nous voulons & entendons que
les Chambres des eaux & forêts qui feront établies près lefdites cours, foient compofées chacune feulment d'un préfident & huit confeillers, fauf fi dans aucun cas il manquoit
des juges, d'appeler des confeillers de l'ordinaire, ou d'y
être pourvu en interprétation du préfent édit, ainfi que nous
aviferons. Comme auffi nous avons créé & érigé, créons
& érigeons en chacune defdites Chambres un notre confeiller-contrôleur général des bois & forêts, dépofitaire des
titres, plans & figures des bois & forêts, deux fubftituts de
nos procureurs généraux ès-dites cours, un greffier en
chef civil & criminel, deux commis audit greffier ayant
qualité de fecrétaires de la chambre, un greffier garde-
minutes, un greffier garde-facs, un greffier des préfentations & affirmations, & deux greffiers appelés commis à la
peau pour écrire en parchemin les expéditions des arrêts,
un notre confeiller-tréforier payeur des gages des officiers
en chacune defdites chambres, & un notre confeiller-contrôleur dudit payeur des gages, un notre confeiller-receveur
des épices, amendes & reftitutions, & un notre confeiller-

contrôleur dudit receveur des épices, amendes & restitutions, dix procureurs postulans, tiers-référendaires & taxateurs des dépens, un premier huissier & quatre autres huissiers; & en outre en celle de notre conseil supérieur d'Alsace, deux nos conseillers secrétaires interprètes. Tous les offices desquelles Chambres (à l'exception de celle de Paris), pourront être possédés par des anciens officiers de nosdites cours, desquels ils seront pourvus par provisions séparées, pour en jouir & les posséder distinctement & séparément de leurs offices, desquels ils pourront disposer, ou des anciens tant de fois que bon leur semblera, en nous payant la finance comme feroient d'autres particuliers. Déclarons, voulons & nous plaît que lesdites chambres des eaux & forêts, & les officiers d'icelles, créés par le présent édit, fassent partie & soient du corps de nosdites cours de parlemens, chacun en droit soi, & que les officiers d'icelles puissent prendre le titre & qualité de conseillers en nosdites cours de parlement, sans néanmoins monter à la grand-chambre, ni servir à celles des tournelles civiles & criminelles, ni pouvoir prendre rang ni séance aux assemblées du parlement, sinon en la manière ci-après expliquée. A tous lesquels offices desdites chambres créées par le présent édit, il sera par nous pourvu de personnes ayant les qualités requises, pourvu qu'ils aient au moins l'âge de 22 ans, les dispensant du surplus, même des degrés de parenté d'avec les officiers des autres chambres de nosdites cours de parlement, à l'exception de père à fils, & de frère à frère èsdites Chambres, & en payant en nos revenus casuels la finance qui sera pour ce fixée, & les deux sous pour livre, à l'exception des présidens & conseillers seulement de la chambre de Paris, que nous avons dispensés & déchargés du payement des deux sous pour livre : & seront les présidens reçus & les conseillers interrogés, & pareillement reçus en nosdites cours de parlement & conseil supérieur, de même & comme les autres officiers d'icelles en la manière accoutumée, & y prêteront serment, après lequel ils seront reçus & installés ès dites Chambres par un président à mortier desdites cours ; & à l'égard des substi-

voix délibérative après le premier conseiller,
&c.

tuts & autres officiers defdites chambres, ils feront reçus
& inftallés en icelles en la manière accoutumée ; & pour
éviter que les jugemens des affaires defdites Chambres foient
retardés, nous commettrons inceffamment le nombre de
juges que nous eftimerons néceffaires pour inftruire & juger
lefdites affaires, en attendant que lefdits officiers créés pour
compofer lefdites Chambres foient pourvus & inftallés :
voulons qu'aux proceffions & aux affemblées publiques &
particulières les officiers defdites Chambres des eaux &
forêts ayent rang, favoir, les préfidens après les derniers
préfidens des enquêtes & des requêtes, & les confeillers après ceux defdits parlemens ; tous lefquels officiers
defdites chambres des eaux & forêts jouiront, chacun à leur
égard, des mêmes honneurs, priviléges attributions, immunités, droits d'indult, de committimus, de franc-falé &
de tous autres attribués, & dont jouiffent ceux de nofdites
cours de parlement, fans aucune reftriction ni modification ;
fera par nous fait fonds dans nos états des fommes que nous
eftimerons néceffaires pour les buvettes, menues néceffités
& chauffage, que nous accorderons aufdites Chambres ;
& d'autant que les grands-maîtres des eaux & forêts ont
toujours été les principaux officiers defdites eaux & forêts
& que par notredite ordonnance du mois d'août 1669,
nous leur avons accordé la faculté d'avoir féance, & de
faire rapport des affaires avec les officiers de nos cours de
parlement ; nous voulons que ceux qui feront pourvus
defdites charges de grands-maîtres prêtent ferment & foient
reçus au parlement de leur reffort en la manière accoutumée, & inftallés ès-dites Chambres des eaux & forêts, &
qu'ils y aient entrée, voix délibérative & féance après le premier & plus ancien confeiller, étant en habit noir, avec
manteau & l'épée, & non autrement, fans néanmoins qu'ils
puiffent fe trouver ès dites Chambres, affifter aux audiences ni aux jugemens des procès plus de deux grands-maîtres à la fois, pour éviter la confufion ; voulons auffi qu'ils
rapportent ès dites Chambres les procès qu'ils auront inf-
truits ou fait inftruire ou renvoyer, & qu'ils n'auront pas

jugés ès-siéges des maîtrises, en procédant aux visites,
ventes & réformations, encore qu'ils ne soient pas gradués;
& pour faire cesser les contestations qui leur seront faites
par les juges des lieux, voulons que lesdits grands-maîtres,
présentement pourvus, & leurs successeurs jouissent à l'a-
venir du droit de committimus, de même & comme les
présidens & conseillers de nos cours de parlement, auxquels
nous avons à cet effet attribué & attribuons ledit droit de
committimus; voulons aussi que lesdits grands-maîtres exé-
cutent privativement à tous autres juges, les arrêts de
nosdites Chambres des eaux & forêts, qui interviendront en
exécution des lettres-patentes qui seront par nous accordées
aux ecclésiastiques & autres, tant pour ventes ordinaires
qu'extraordinaires de bois, qu'autres cas concernant les
eaux & forêts, conformément à notredite ordonnance du
mois d'août 1669, lesquelles lettres nous voulons être
regiftrées en nosdites cours de parlement, & l'exécution
d'icelles renvoyée à nos Chambres des eaux & forêts. Les
officiers desdites Chambres pourront vaquer, juger & tenir
les audiences pendant le cours de l'année, même pendant
les vacations, excepté néanmoins dans les tems que toutes
les juridictions cessent; pendant lequel tems voulons que
lesdites Chambres nomment quatre ou au moins deux commissaires pour l'instruction des affaires criminelles; voulons
que les officiers des maîtrises & les autres officiers des eaux
& forêts & chasses qui avoient accoutumé d'être reçus au
parlement ou aux tables de marbre, soient à l'avenir reçus
ès-dites Chambres des eaux & forêts, pour la réception
desquels défendons de prendre plus grands droits que ceux
réglés par notre ordonnance du mois d'août 1669 à l'égard
des tables de marbre : en cas de conflit entre les officiers
des Chambres créés par notre présent édit, & ceux des
autres Chambres de nos cours de parlement, ils seront
réglés par l'entremise de nos avocats & procureurs généraux, suivant l'usage de nosdites cours; voulons que les
officiers des maîtrises jugent en première instance tous les
procès & différens concernant lesdites eaux & forêts, conformément à notre ordonnance du mois d'août 1669, &

rétablies en plusieurs endroits, comme on peut
le voir à l'article TABLE DE MARBRE.

---

que les appellations des jugemens & sentences qui seront
par eux rendus, soient relevées & jugées ès-dites Chambres
des eaux & forêts & non ailleurs ; & pour donner moyen
à ceux qui seront pourvus des greffes en chef desdites Chambres de signer les expéditions d'icelles, sans être obligés de
se faire pourvoir separément d'offices de nos conseillers-
secrétaires, suivant nos règlemens, nous avons par notre
présent édit perpétuel & irrévocable créé & érigé, créons
& érigeons en titre d'office formé, un notre conseiller-se-
crétaire en chacune des chancelleries établies près des parlemens & cours ou lesdites Chambres sont établies, même
en celle du conseil supérieur d'Alsace, ausquels nous avons
attribué & attribuons les mêmes gages, honneurs, autorités, prééminences, franchises, libertés, privilége de noblesse & autres exemptions, rang, séance, fruits, profits,
revenus & émolumens que ceux dont jouissent les pourvus
de pareils offices dans les chancelleries établies près lesdits
parlemens, lesquels offices de nos conseillers secrétaires
présentement créés, nous avons uni & incorporé, unissons
& incorporons à chacun desdits greffiers en chef de nosdites
Chambres des eaux & forêts, dont les pourvus pourront
prendre la qualité de nos conseillers-secrétaires & greffiers
desdites Chambres, sans que lesdits offices puissent être dé-
sunis, lesquels au moyen de ce pourront signer tous les
arrêts & expéditions d'icelles, sans pouvoir être pour raison
de ce inquiétés ; à l'égard des droits & émolumens desdits
greffes & commis d'iceux, ils seront perçus par les pourvus
& propriétaires desdits greffes, sur le même pied que
ceux des greffes des autres Chambres desdits parlemens sont fixés, lesquels droits & émolumens appartiendront en entier aux propriétaires desdits greffes, au
moyen de la finance qui sera par eux payée en nos revenus
casuels ; & pour faciliter aux officiers desdites eaux & forêts
le moyen de soutenir leurs rangs & dignités, & d'en remplir
les fonctions avec l'application nécessaire, nous leur avons
attribué & attribuons la somme de cent quatre-vingt-sept
mille cinq cens livres de gages, pour trois quartiers de
deux cens cinquante mille livres, lesquelles leur seront dé-

parties par les rôles qui feront arrêtés en notre confeil, &
payées aux pourvus defdits offices par chacun an, fans
aucun retranchement, fur leurs fimples quittances, par le
payeur pour ce créé ; & à cet effet le fond defdits gages
fera fait par chapitre féparé dans les états de nos termes
ou autres, avec ceux des autres officiers de nofdits parlemens, à commencer du premier février 1704; & en attendant que les acquéreurs defdits offices foient pourvus &
reçus, l'emploi defdits gages & des taxations des payeurs
fera fait fous le nom de celui qui fera par nous prépofé
pour l'exécution du préfent édit, & à lui payés fur fes
fimples quittances, & paffés dans les états & comptes, fans
qu'il foit befoin d'autres lettres que ces préfentes, tous lefquels receveurs & payeurs des gages, amendes & épices
defdites Chambres des eaux & forêts defdits parlemens &
dudit confeil d'Alface, & à leurs contrôleurs créés par le
préfent édit, nous avons attribué & attribuons les mêmes
taxations, droits de deux fous & d'un fou pour livre des
épices & amendes que ceux dont jouiffent les pourvus de
pareils offices ès-dites cours, fans payer autre finance que
celle qu'ils payeront en nos revenus cafuels pour le corps
de leurs épices, pour en jouir par eux-mêmes, & comme
font ceux qui font pourvus de pareils offices ès-dites cours;
voulons que notre ordonnance du mois d'août 1669, &
celles des rois nos nos prédéceffeurs & de nous, fur le fait
des eaux & forêts, pêches & chaffes, & particulièrement
fur ce qui regarde les bois des eccléfiaftiques en ce qui
n'y a point été dérogé par notredite ordonnance du mois
d'août 1669, foient gardées & obfervées dans nofdites chambres ; & en cas que les règlemens qui ont été faits par
nos ordres pour le rétabliffement de nos bois & forêts,
même de ceux des eccléfiaftiques & communautés laïques
& féculières, n'ayant pas été obfervés, foit pour faire re-
planter les bois & forêts ou autrement ; nous voulons qu'ils
foient inceffamment exécutés à la requête de nos procureurs
généraux defdits bois, par les grands-maîtres ou par les
officiers defdites chambres qui feront par nous commis pour
le faire ; le fonds néceffaire pour la pourfuite des procès

dans lesquels il n'y aura point d'autres parties, que notre procureur général sera employé dans l'état des charges des recettes de nos domaines & forêts. Et afin que nous puissions toujours savoir l'état de nos bois & forêts, & le prix des ventes d'iceux, même des condamnations qui seront prononcées, tant par les grands maîtres que dans les maîtrises particulières, voulons que les grands-maîtres fassent remettre tant par leurs secrétaires que par les greffiers esdites maîtrises ès mains desdits contrôleurs genéraux des bois à la fin de chaque quartier, des états sommaires de toutes les condamnations qui auront été jugées par eux ou par les officiers desdites maîtrises, des adjudications qui auront été faites de nos bois & forêts, & ceux des appanages & de nos domaines engagés, des ecclésiastiques & communautés pour en tenir registre, même à la fin de chacune année au temps des procès-verbaux des visites générales que lesdits grands maîtres sont tenus de faire dans leurs départemens, & ceux des récollemens qu'ils doivent faire des réformations par chacun an. Comme aussi nous voulons que les plans, figures & les procès-verbaux qui ont été faits de l'état de nos forêts, même ceux des appanages, des ecclésiastiques & communautés laïques, & ceux qui le seront à la venir, soient mis & déposés dans chacune desdites Chambres, & gardés par lesdits contrôleurs généraux dans les bureaux qui leur seront à cet effet destinés près desdites Chambres pour les communiquer a nos procureurs & avocats généraux & autres que besoin sera, & seront tenus lesdits contrôleurs généraux lorsqu'ils sortiront de charge, de laisser aux dépôts desdites chambres les plans, figures, procès-verbaux, registres & autres titres, suivant l'inventaire qui en aura été fait en présence des commissaires qui seront à cet effet nommés & députés par lesdites chambres; comme aussi nous voulons que les communautés laïques qui possèdent des bois, terres, près, rivieres & autres biens à titre d'usage, fournissent aux greffes des maîtrises pour une fois seulement, des déclarations de la consistance d'iceux, signées & certifiées, pour en tenir registre, & le double fourni auxdits contrôleurs généraux

criminels d'état qui étoient de grande naiſſance.

---

des bois, pour y avoir recours quand beſoin ſera ; ce qu'ils ſeront tenus d'exécuter à peine de dix livres d'amende , & d'être leſdites déclarations faites à leurs frais & dépens. Et pour donner moyen auxdits contrôleurs généraux de faire leurs fonctions avec application , nous leur avons attribué & attribuons deux deniers pour livre de taxations, tant ſur le prix des ventes de nos bois ordinaires qu'extraordinaires , même ſur ceux des eccléſiaſtiques & communautés , leſquels leur ſeront payés par les adjudicataires, outre & par-deſſus le prix de leurs adjudications, à quoi faire en cas de refus ils ſeront contraints. Leſquels contrôleurs généraux auront entrée éſdites Chambres & au parquet, pour y être ouïs & entendus au ſujet des titres, plans, figures, procès-verbaux & pièces qui leur auront été ou devront être fournis en exécution du préſent édit, & pour les autres cas concernant leurs fonctions. Voulons auſſi que les Chambres & lieux qui étoient occupés par les officiers des tables de marbre ſervent pour tenir les audiences, Chambre du conſeil , parquet, greffe & buvette deſdites Chambres, & s'ils ne ſont pas ſuffiſans, il y ſera inceſſamment par nous pourvu ; & dans les cours où il n'y avoit point de table de marbre, leſdites Chambres ſeront établies dans les Chambres & lieux deſdites cours qui ſeront trouvés commodes, en attendant qu'il en ait été par nous ordonné. Voulons que les pourvus des offices de préſidens, conſeillers, ſubſtituts, contrôleurs généraux des bois & autres offices caſuels créés par le préſent édit, ſoient reçus à payer : le droit annuel ſur le pied du ſoixantieme denier du quart de l'évaluation deſdits offices, ſuivant l'état qui ſera arrêté en notre conſeil ; cependant nous les avons diſpenſés & déchargés du payement du droit annuel pour l'année dans laquelle ils ſeront pourvus, même les préſidens conſeillers de prendre aucune augmentation de gages quant-à-préſent, pour être reçus audit droit annuel, & leſdits contrôleurs généraux & officiers inférieurs caſuels de payer aucun prêt pour être reçus audit droit annuel, pendant le bail courant dudit prêt ; & à l'égard des offices heréditaires, qu'ils jouiſſent de l'hérédité ſans pouvoir être inquiétés ni

Cette Chambre fut ainſi appelée, parce qu’elle étoit toute tendue de deuil, & n’étoit éclairée que par des flambeaux; de même qu’on a appelé *chapelle ardente*, le mauſolée garni de flambeaux que l’on dreſſe aux perſonnes de qualité le jour des ſervices ſolemnels qu’on fait pour honorer leur mémoire, la grande obſcurité du deuil faiſant paroître les lumières plus ardentes qu’elles ne ſeroient ſans l’oppoſition de cette nuit artificielle.

Le nom de Chambre ardente fut enſuite donné à une Chambre particulière, établie par François II, dans chaque parlement, pour faire le procès aux Luthériens & aux Calviniſtes: ces

troublés pour raiſon de confirmation ni autrement, & nos ſecrétaires, greffiers deſdites cours, des droits de ſurvivance, en nous payant les ſommes qui ſeront pour ce fixées en notre conſeil. Permettons à tous ceux qui voudront acquérir leſdits offices d’emprunter les ſommes qui leurs ſeront néceſſaires à cet effet; voulons que ceux qui prêteront leurs deniers aient privilège ſpécial ſur les offices & gages. Si donnons en mandement à nos amés & féaux les gens tenans notre cour de parlement, que le préſont édit il ayent à faire lire, publier & regiſtrer, & le contenu en icelui garder & obſerver, ſelon ſa forme & teneur, ceſſant & faiſant ceſſer tous les troubles & empêchemens, nonobſtant tous édits déclarations réglemens & autres choſes à ce contraires, auxquels nous avons dérogé & dérogeons par le préſent édit, aux copies collationnées duquel par l’un de nos amés & féaux conſeillers ſecrétaires, voulons que foi ſoit ajoutée comme à l’original: car tel eſt notre plaiſir; & afin que ce ſoit choſe ferme & ſtable à toujours, nous y avons fait mettre notre ſcel. Donné à Verſailles au mois de février l’an de grace mil ſept cent quatre, & de notre règne le ſoixante-unième. *Signé*, Louis. Et plus bas, par le roi, Colbert. Viſa Phelippeaux. Vu au conſeil, Chamillart.

Chambres furent ainſi nommées, parce qu'elles faiſoient brûler ſans miſéricorde tous ceux qui ſe trouvoient convaincus d'héréſie.

On a appelé par la même raiſon *Chambre ardente*, une Chambre de juſtice qui fut établie en 1679, pour la pourſuite de ceux qui étoient accuſés d'avoir fait ou donné du poiſon. Ce qui donna lieu à l'établiſſement de cette Chambre, fut que deux Italiens, dont l'un ſe nommoit Exili, avoient travaillé long-temps à Paris a chercher la pierre philoſophale avec un apothicaire allemand nommé Glaſer, connu par un traité de chimie qu'il donna en 1665. Ces deux italiens ayant perdu à cette recherche le peu de bien qu'ils avoient, voulurent réparer leur fortune par le crime, & pour cet effet ils vendirent ſecretement des poiſons : la marquiſe de Brinvilliers fut du nombre de ceux qui eurent recours à ce déteſtable artifice ; & ayant été convaincue d'avoir fait mourir le lieutenant civil d'Aubray ſon père, & pluſieurs autres perſonnes de ſa famille, ce qui fit donner à ces poiſons le nom de poudre de ſucceſſion, elle fut brûlée à Paris en 1676.

Les ſuites de cette affaire donnèrent lieu en 1679 d'établir une Chambre pour la pourſuite des empoiſonnemens : elle tint d'abord ſes ſéances à Vincennes, & enſuite à l'Arſenal.

Pluſieurs perſonnes de la première conſidération furent impliquées dans cette affaire ; mais il n'y eut de punie que la Voiſin, ſage-femme à Paris, qui ſe faiſoit paſſer pour devinereſſe : ayant été convaincue de crime de poiſon, elle fut condamnée au feu & brûlée vive, après avoir eu la main coupée & percée auparavant d'un fer chaud. Elle fut exécutée à Paris le 22 février 1680.

L'inftruction ayant été finie contre fes complices, la Chambre ardente mit fin à fes féances.

On donne encore quelquefois le nom de *Chambre ardente*, à certaines commiffions ou Chambres de juftice établies pour un temps, foit dans l'Arfenal, foit dans quelque province, pour connoître de certaines affaires de contrebandiers, fauffaires & autres accufés de crimes graves qui ont plufieurs complices.

CHAMBRE DE JUSTICE. On a ainfi appelé un tribunal fouverain établi extraordinairement pour la recherche de ceux qui ont malverfé dans les finances. On a fouvent établi de ces fortes de tribunaux dont les fonctions ceffoient immédiatement après que l'objet pour lequel on les avoit créés étoit rempli. La plus ancienne commiffion de cette efpèce eft celle qu'établit en Guienne la déclaration du 26 novembre 1581, & la dernière eft celle que créa l'édit du mois de mars 1716.

CHAMBRE DE L'ARSENAL, ou CHAMBRE ROYALE DE L'ARSENAL. C'eft le nom d'une commiffion qui a été établie en différentes circonftances dans l'enclos de l'Arfenal à Paris, pour connoître fouverainement de certaines matières.

CHAMBRE ROYALE, s'eft dit d'une commiffion établie par lettres-patentes du 25 août 1601, pour juger fouverainement les appellations des jugemens des commiffaires envoyés dans les provinces pour la recherche des financiers. Elle fut fupprimée par édit du mois d'octobre 1604.

CHAMBRE ROYALE DE VERDUN, s'eſt dit d'une juridiction établie en cette ville en 1607, pour juger en dernier reſſort les appellations de première inſtance qui ſe relevoient précédemmeut à Spire. Elle fut ſupprimée en 1633 par la création du parlement de Metz.

CHAMBRE ROYALE DE METZ, s'eſt dit d'un tribunal extraordinaire établi à Metz par lettres-patentes du 9 novembre 1679, pour connoître de la réunion des fiefs mouvans des évêchés de Metz, Toul & Verdun. Cette Chambre étoit compoſée d'un premier préſident, de douze conſeillers & d'un procureur général, tous tirés d'entre les conſeillers du parlement de Metz. Elle fut ſupprimée par une déclaration du 28 novembre 1686.

Il y a encore eu d'autres tribunaux extraordinaires ſous le titre de *Chambre royale*.

CHAMBRE DES ALIÉNATIONS *faites par les gens de main-morte*, s'eſt dit d'un tribunal ſouverain crée par lettres-patentes du 4 novembre 1659, pour connoître des aliénations faites par les gens de main-morte, & pour la recherche, taxe & liquidation de ce que devoient payer les poſſeſſeurs des biens aliénés, en conſéquence de la déclaration du 20 décembre 1658.

CHAMBRE DU DOMAINE. Voyez BUREAU DES FINANCES.

CHAMBRE DE LA MAÇONNERIE. Voyez MAÇONNERIE.

CHAMBRE RIGOUREUSE. C'eſt une juridiction établie dans quelques villes du reſſort du parlement de Touloufe, pour connoître de l'exécution des contrats paſſés ſous un certain ſcel appelé *ſcel rigoureux*, en vertu duquel on a execution parée, non-feulement pour faifir les biens de fon débiteur, mais auffi pour le contraindre par emprifonnement de fa perfonne.

Le viguier de Touloufe eft juge du fcel rigoureux. Il y en a auffi un à Nifmes.

Il y avoit une Chambre rigoureufe à Aix, qui fut fupprimée par édit du mois de feptembre 1535.

CHAMBRE DE LA SANTÉ. C'eft un bureau établi dans la ville de Lyon, compofé d'un certain nombre de juges, appelés commiffaires de la fanté, qui dans le temps d'une contagion foit déjà formée ou qui fe fait craindre, s'affemblent fous les ordres du confulat de cette ville, pour ordonner, même en dernier reffort, de tout ce qui convient pour la guérifon ou le foulagement du mal conutagieux, ou pour le prévenir & en empêcher la communication.

Le bureau eft compofé d'un préfident, de cinq ou fix commiffaires, d'un procureur du roi & d'autres officiers.

Ces commiffaires de la fanté font nommés par le confulat, lequel a été confirmé fpécialement dans ce droit par les rois Henri III, & Henri IV.

La maifon de la quarantaine, ou hôpital de faint-Laurent, fitué au confluent du Rhône & de la Saone, eft fous la direction de ces commiffaires : il fert à faire féjourner pendant quarante jours ceux qui viennent des pays infectés ou foupçonnés de contagion.

A Paris, & dans quelques autres lieux, on établit dans le temps de contagion un capitaine bailli ou prévôt de la fanté : mais cet officier n'a aucune juridiction ; ce n'eft qu'un prépofé qui,

qui, affifté de quelques archers, exécute les
ordres du lieutenant de police pour l'enlevement des malades ou l'inhumation de ceux qui
meurent de la contagion, & pour les autres
foins néceffaires en pareil cas.

CHAMBRE DU PLAIDOYER OU GRAND-
CHAMBRE. C'eſt la première & principale
Chambre de chaque parlement : c'eſt le lieu
où toute la compagnie ſe raſſemble, où le roi
tient ſon lit de juſtice. On y fait les enregiſtre-
mens, on y plaide les appellations verbales,
les appels comme d'abus, les requêtes civiles
& les autres cauſes majeures, cette Chambre
étant deſtinée principalement pour les audiences.

Quelquefois par le terme de *Grand'Chambre*,
on entend les magiſtrats qui y tiennent leurs
ſéances.

La grand'Chambre du parlement de Paris,
qui eſt la plus ancienne de toutes, & dont les
autres ont emprunté leur dénomination, a été
ainſi appelée grand'Chambre par contraction de
grand'Chambre, parce qu'en effet c'eſt une
Chambre fort vaſte : elle fut auſſi nommée la
grand'voûte, parce qu'elle eſt voûtée deſſus &
deſſous, & que la voûte ſupérieure a beaucoup
de portée : elle eſt auſſi appelée quelquefois la
Chambre dorée, à cauſe de ſon ancien plafond
qui eſt doré.

Elle étoit d'abord nommée la Chambre des
plaids, *Camera placitorum*, ſuivant une ordonnance de 1291; on ne lui donnoit point encore le ſurnom de grand'Chambre, quoiqu'il y
eût dès-lors une ou deux Chambres des enquêtes. On l'appeloit auſſi quelquefois le par-

lement fimplement, comme étant le lieu d'affemblée de ceux qui compofoient principalement le parlement. C'eft ainfi que s'explique
une ordonnance du 23 mars 1302, par laquelle,
attendu qu'il fe préfentoit au parlement de
grandes caufes & entre de notables perfonnes,
le roi ordonna qu'il y auroit toujours au parlement deux prélats & deux laïcs de fon confeil.

Pafquier rapporte auffi une ordonnance ou
règlement de 1304 ou 1305, qui fixe le nombre de ceux qui devoient compofer le parlement, & ceux qui devoient être aux enquêtes ;
favoir, au parlement deux prélats, treize clercs
& treize laïcs.

Une autre ordonnance de Philippe V, dit le
Long, du 17 novembre 1318, fait connoître
que le roi venoit fouvent au parlement, c'eft-
à-dire à la grand'Chambre, pour entendre les
caufes qu'il s'étoit réfervées. Ces caufes étoient
publiées d'avance ; & pendant qu'on les plai-
doit, toutes les autres affaires demeuroient en
fufpens. On y faifoit auffi des règlemens généraux en préfence du roi, & ces règlemens étoient
de véritables ordonnances.

Philippe V ordonna en 1319, qu'il n'y auroit
plus de prélats députés au parlement, c'eft-à-
dire à la grand'Chambre ; mais qu'il y auroit un
baron ou deux, outre le chancelier & l'abbé de
faint-Denis, & qu'il y auroit huit clercs &
douze laïcs.

La première fois qu'il eft parlé de la grand'-
Chambre, eft dans une ordonnance de Philippe
VI en 1342.

Dans une autre ordonnance du même roi,
du 11 mars 1344, on trouve un état de ceux

qui étoient nommés pour tenir la grand'Chambre ; savoir, trois présidens, quinze clercs, & quinze laïcs ; & l'on y remarque une distinction entre les conseillers de la grand'Chambre & ceux des enquêtes & des requêtes : c'est que quand les premiers étoient envoyés en commission, on leur passoit en taxe pour leur voyage six chevaux, au lieu que les autres n'en pouvoient avoir que quatre.

La grand'Chambre est nommée simplement *Camera parlamenti*, à la fin d'une ordonnance de 1340, enregistrée le 17 mai 1345 ; elle est encore nommée de même dans les ordonnances de 1363 & de 1370.

Il y avoit en 1359 quatre présidens ; mais il fut arrêté que la première place vacante ne seroit point remplie ; qu'il n'y auroit à l'avenir à la grand'Chambre que quinze conseillers clercs, & quinze laïcs, sans compter les prélats, princes & barons, dont il y auroit tel nombre qu'il plairoit au roi, parce que ceux-ci n'avoient point de gages.

Charles V en 1364, nomma pour la grand'-Chambre du parlement quatre présidens, quinze conseillers clercs, treize conseillers laïcs.

Les ordonnances lues & publiées à la grand'-Chambre, étoient ensuite publiées à la porte du parlement, c'est-à-dire, de la grand'Chambre.

Charles VII en 1453, ordonna que la grand'-Chambre seroit composée de quinze conseillers clercs, & quinze laïcs, outre les présidens, qui étoient toujours au nombre de quatre.

Présentement la grand'Chambre est composée du premier président, & de quatre présidens au mortier, de douze conseillers clercs

H h ij

qui fe mettent du même côté, c'eft-à-dire, fur le banc à gauche du premier préfident : fur le banc à droite font les princes du fang, les fix pairs eccléfiaftiques, les pairs laïcs, les confeillers d'honneur, les maîtres des requêtes, qui ne peuvent y entrer qu'au nombre de quatre ; le doyen des confeillers laïcs, les préfidens honoraires des enquêtes & requêtes, & le refte des confeillers laïcs, qui font au nombre de vingt-un.

Les trois avocats généraux affiftent aux grandes audiences, & M. le procureur général y vient auffi quelquefois lorfqu'il le juge à propos.

La grand'Chambre du parlement de Paris connoît feule dans tout le royaume des caufes des pairs & des matières de régale.

On donne dans cette Chambre deux audiences le matin : la première, que l'on appelle la petite audience, parce qu'elle eft moins folemnelle ; la cour s'y tient fur les bas fiéges, & l'on n'y plaide que les affaires les plus fommaires : la feconde, qu'on appelle la grande audience, où l'on plaide les lundi & les mardi les caufes des rôles des provinces du reffort : MM. les préfidens y font en robes rouges, de même qu'à la grande audience du jeudi, où l'on plaide d'autres caufes de toutes fortes de provinces du reffort du parlement : les autres jours on expédie à la feconde audience de moindres affaires ; les mercredi & famedi on plaide les règlemens de juges, les appels de fentences de police, &c.

Les mardi & le vendredi il y a audience de relevée à la grand'Chambre ; c'eft le plus ancien des préfidens au mortier qui y préfide.

CHAMBRE DES ENQUÊTES. Voyez ENQUÊ-
TES.

CHAMBRE DES REQUÊTES DU PALAIS. Voyez
REQUÊTES.

CHAMBRE DE LA TOURNELLE. Voyez TOUR-
NELLE.

CHAMBRE DES VACATIONS. Voyez VACA-
TIONS.

CHAMBRES DE L'ÉDIT. On a ainſi appelé les
Chambres que le roi avoit établies dans quelques parlemens pour connoître & juger en dernier reſſort des cauſes & affaires des proteſtans,
à l'exception des appellations comme d'abus.

Les Chambres de l'édit faiſoient partie du
corps des parlemens où elles étoient établies.
Celles de Paris & de Rouen avoient été créées
par des édits des mois d'avril 1598 & août
1599, & dans chacune il y avoit un conſeiller
de la religion prétendue réformée.

La Chambre de l'édit du parlement de Paris
connoiſſoit des cauſes & procès, tant des proteſtans de ſon reſſort, que des différens & conteſtations de ceux qui étoient domiciliés dans le
reſſort du parlement de Rennes ; & ceux du
reſſort du parlement de Bourgogne avoient le
choix de plaider à la chambre de l'édit du parlement de Paris, ou à celle du parlement de
Grenoble.

Les Chambres de l'édit établies à ʼaris & à
Rouen furent ſupprimées par un édit du mois
de janvier 1669, regiſtré au parlement de Paris
le 4 février ſuivant, & on renvoya les affaires
qui y étoient pendantes, ſavoir, les appellations
verbales & demandes civiles à la grand'Cham-

bre, & les affaires criminelles à la tournelle, les inſtances & procès aux enquêtes.

Cet édit permettoit aux proteſtans, lors du jugement de leurs affaires à la grand'Chambre, de récuſer deux conſeillers clercs, ſans autre expreſſion de cauſe que celle de la religion prétendue réformée; mais cette faculté ne ſubſiſte plus, parce que tous les François ſont préſumés catholiques romains, au moyen de ce que l'exercice public de la religion proteſtante en France a été défendu par un autre édit du mois d'octobre 1685.

CHAMBRES MI-PARTIES, s'eſt dit des Chambres qui furent autrefois établies dans la Guyenne, le Languedoc & le Dauphiné, pour juger les cauſes dans leſquelles étoient intéreſſés les ſujets du roi qui profeſſoient la religion prétendue réformée : elles différoient des Chambres de l'édit en ce que dans celles-ci il y avoit au plus deux magiſtrats ſuivant la religion prétendue réformée, & que dans les autres les catholiques n'étoient qu'en nombre égal avec les réformés.

CHAMBRES TRIPARTIES, s'eſt auſſi dit de quelques-unes des Chambres établies pour connoître des affaires où les catholiques & les ſujets du roi qui profeſſoient la religion prétendue réformée étoient parties. On les appelloit triparties, parce que les deux tiers des magiſtrats qui les compoſoient étoient catholiques, & l'autre tiers étoit de la religion prétendue réformée.

CHAMBRE DU CONSEIL. C'eſt dans les différens tribunaux, le lieu où l'on délibère des affaires de la compagnie, & où l'on rapporte les inſtances & procès par écrit. Elle eſt ordinairement derrière la Chambre de l'audience. Il y

a des tribunaux qui n'ont point de Chambre particulière pour le Conſeil. On y délibère & l'on
y rapporte dans la Chambre d'audience, mais à
huis clos. Quelquefois par les termes de *Chambre du conſeil*, on entend ceux qui compoſent
l'aſſemblée.

Dans quelques tribunaux, une partie des juges
eſt diſtribuée pour faire le ſervice de la Chambre du conſeil, & cette diviſion s'appelle *la
Chambre du conſeil*.

François I, par un édit du mois de juin 1544,
établit une Chambre du conſeil au parlement de
Paris, pour juger les appellations verbales appointées au conſeil. Les conſeillers de la grand'-
Chambre devoient être diviſés en trois colonnes;
une pour ſervir à la Chambre du plaidoyer, une
à la tournelle, & l'autre à la Chambre du conſeil.
Cette diſtinction de la Chambre du conſeil ne
ſubſiſte plus.

Par édit du mois de mars 1477, il avoit été
auſſi établi une Chambre du conſeil au parlement
de Dijon.

Au châtelet de Paris, le ſervice des conſeillers eſt partagé entre quatre Chambres différentes; ſavoir, le criminel ou la Chambre criminelle,
le parc civil, le préſidial, & la Chambre du
conſeil. C'eſt dans la Chambre du conſeil que ſe
rapportent toutes les affaires appointées. Les
conſeillers qui ſont de cette Chambre ne font
point d'autre ſervice pendant ce tems. Ils ſont
diſtribués en quatre colonnes ou diviſions qui
changent de ſervice tous les mois; de manière
que chaque colonne remplit alternativement le
ſervice de la Chambre du conſeil, & y revient
tous les trois mois, & ainſi des autres ſervices.

CHAMBRE DES CONSULTATIONS. C'eſt un lieu dans le palais où les avocats au parlement donnent des conſultations, ſoit verbales ou par écrit. Ceux qui viennent au palais pour conſulter, peuvent appeller à cet effet un ou pluſieurs avocats; & comme il ſe fait ſouvent dans le même temps pluſieurs conſultations, il y a auſſi pour la facilité de l'expédition pluſieurs Chambres des conſultations. On choiſit communément les avocats que l'on veut conſulter, au pilier des conſultations où il ſe fait auſſi quelquefois des conſultations verbales.

Le bâtonnier, les anciens bâtonniers & les autres anciens avocats s'aſſemblent quelquefois en la principale Chambre des conſultations pour délibérer entre eux des affaires de l'ordre. Le 14 mai 1602, les avocats au nombre de trois cens ſept, partirent deux à deux de la Chambre des conſultations, & allèrent poſer leurs chaperons au greffe, déclarant qu'ils ne vouloient plus faire la profeſſion.

Les avocats des autres parlemens ont auſſi leurs Chambres des conſultations.

CHAMBRE DES TIERS, ſe dit d'une aſſemblée qui ſe tient au palais, & qui eſt compoſée de procureurs prépoſés pour juger les différens relatifs aux taxes de dépens, quand les parties refuſent de s'en tenir à ce qu'a réglé le procureur tiers. Ces procureurs ſont au nombre de trente-ſix choiſis parmi ceux qui ont dix ans d'exercice : il y a un trente-ſeptième procureur qui fait la diſtribution des dépens à régler. C'eſt de-là que les procureurs du parlement, qui ont dix ans d'exercice, ſe qualifient de tiers référendaires.

CHAMBRE DE POSTULATION, fe dit d'une efpèce de juridiction compofée de dix-huit procureurs élus par la communauté pour exercer pendant trois ans, & dont les fonctions confiftent à faire une recherche exacte des particuliers qui poftulent fans en avoir le droit, & des procureurs qui leur prêtent leurs noms. Ils faififfent les papiers qui peuvent fervir de conviction, & le procès eft fait aux délinquans à la requête de M. le procureur général du parlement, lequel fait condamner les coupables aux peines prononcées par les règlemens. Le premier de ces dix-huit procureurs fe nomme préfident, le fecond, procureur général, & les autres confeillers.

CHAMBRE ROYALE ET SYNDICALE DE LA LIBRAIRIE ET IMPRIMERIE DE PARIS, fe dit du lieu où s'affemblent les fyndic & adjoints appelés autrement les officiers de la librairie, pour travailler aux affaires générales de ce corps. C'eft là que s'enregiftrent les priviléges du roi & les autres permiffions d'imprimer. C'eft auffi là que doivent être portés tous les livres qui arrivent à Paris pour y être vifités par les fyndic & adjoints, & que les marchands forains doivent vendre les livres qu'ils apportent à cet effet dans cette ville. Cette Chambre tient fes affemblées le mardi & le vendredi après midi.

CHAMBRE DU COMMERCE, fe dit de l'affemblée des principaux marchands & négocians d'une ville, lefquels traitent enfemble des affaires de leur commerce.

L'établiffement général des Chambres de commerce dans les principales villes de France eft du 30 août 1701 ; mais l'exécution particulière n'a fuivi l'édit de création qu'à des dates inégales.

Ces Chambres doivent fournir de tems à autre au confeil du commerce, des mémoires inftructifs fur l'état du commerce, & fur les moyens d'en rendre les branches floriffantes ; le gouvernement peut connoître par-là les fecours qu'exige cette partie de l'adminiftration.

La Chambre du commerce de Lyon eft compofée du prévôt des marchands, d'un échevin négociant, d'un ex-conful marchand, d'un marchand drapier, de deux banquiers ou marchands de foie, d'un marchand épicier ou d'un marchand de dorure & d'un marchand fabriquant de la communauté des marchands maîtres ouvriers en foie, faifant fabriquer ; tous font appelés *directeurs de la Chambre du commerce.*

En l'abfence du prévôt des marchands l'échevin préfide, & l'ex-conful en l'abfence du prévôt des marchands & de l'échevin.

La chambre tient fes féances une fois la femaine dans l'hôtel-de-ville.

Les affembées générales pour les élections fe font tous les ans le 15 décembre, & dans ces affemblées on choifit quatre nouveaux directeurs, enforte que chacun d'eux ne refte que deux ans en place, & ils ne peuvent être continués que deux autres années.

L'élection du député au confeil royal du commerce de Paris, fe fait conjointement par le corps de ville & la Chambre, qui ont tous deux le même fecrétaire.

Pour fubvenir aux frais de la Chambre, on prend tous les ans treize mille livres fur les deniers communs de la ville, dont huit mille font pour les appointemens du député au conseil du commerce, & deux mille pour ceux du secrétaire ; le reste s'emploie aux frais du bureau, à la distribution de deux jetons d'argent à chaque directeur à la fin de toutes les assemblées, d'une médaille d'or aussi à chacun d'eux en sortant de charge, & d'une autre pareille médaille au député, quand il a rempli ses fonctions.

La Chambre du commerce de Rouen est composée du prieur, de deux juges-consuls en charge, du procureur-syndic & de cinq marchands ou négocians, avec la qualité de *syndics du commerce de la province de Normandie*.

La Chambre s'assemble une fois chaque semaine dans la maison consulaire.

L'élection des nouveaux syndics se fait tous les ans au mois de décembre : on en choisit deux une année, & trois l'année suivante, ensorte que chaque syndic est au moins deux ans en charge ; il peut être continué deux autres années, mais jamais au-delà.

La nomination du député au conseil royal du commerce se fait par la Chambre, & par les anciens juges consuls & les anciens syndics.

Le secrétaire qui doit être marchand ou avoir fait le commerce s'élit tous les deux ans, & peut être continué.

Les appointemens du député sont fixés à huit mille livres. Il y a quatre mille livres pour ceux du secrétaire, les frais de l'écritoire, bois, bougies, &c. ainsi que pour la distribution de deux jetons d'argent à chacun des syndics à la fin de chaque assemblée, & celle d'une médaille d'or à chacun & au député, quand leurs fonctions sont terminées.

Nous ne nous arrêterons pas fur les détails qui peuvent concerner les autres Chambres du commerce du royaume, d'autant qu'ayant toutes les mêmes objets en vue, la conftitution particulière de chacune ne peut guère différer de celles dont nous venons de parler.

CHAMBRE GARNIE. C'eft une Chambre que l'hôte loue toute meublée. Ce font ordinairement des perfonnes de province ou des étrangers qui fe logent en Chambre garnie : on leur loue tant par mois ou, tant par jour. Outre les meubles dont la Chambre eft garnie, on leur fournit auffi les uftenfiles néceffaires pour leur ufage, ce qui eft plus ou moins étendu, felon les conventions. Il y a des hôtels garnis & des Chambres garnies où l'on nourrit les hôtes, d'autres où on ne leur fournit que le logement & quelques uftenfiles.

Les Chambres garnies tirent leur première origine des hôtelleries.

La police a toujours eu une attention particulière fur ceux qui louent des Chambres garnies, & fur ceux qui les occupent.

Augufte créa un officier appelé *magifter cenfus*, dont la fonction étoit de faire fous les ordres du premier magiftrat de police, la defcription du peuple romain & de fes revenus : il étoit auffi chargé de tenir un regiftre de tous les étrangers qui arrivoient à Rome, de leurs noms, qualités & pays, du fujet de leurs voyages ; & lorf-qu'ils y vouloient demeurer oififs après la fin de leurs affaires, il les obligeoit de fortir de Rome, & les renvoyoit dans leurs pays.

En France on eft très-attentif fur la police des Chambres garnies.

Suivant un règlement de police du châtelet de Paris du 30 mars 1635, il est défendu aux taverniers, cabaretiers, loueurs de Chambres garnies & autres de loger & de recevoir de jour ni de nuit les personnes suspectes ou de mauvaises mœurs, & de leur fournir des vivres ou alimens.

Le même règlement enjoint à cette fin à toutes les personnes qui s'entremettent de louer & relouer, soit en hôtellerie ou Chambre garnie, au mois, à la semaine, ou à la journée, de s'enquérir de ceux qui logeront chez eux, de leurs noms, surnoms, qualités, conditions & demeure; du nombre de leurs serviteurs & chevaux; du sujet de leur arrivée, du temps qu'ils doivent séjourner; en faire registre, le porter le même jour au commissaire de leur quartier, lui en laisser autant par écrit; & s'il y a quelques-uns de leurs hôtes soupçonnés de mauvaise vie, en donner avis au même commissaire, de donner caution de leur fidélité au greffe de la police; le tout à peine de 48 livres parisis d'amende.

Suivant les derniers règlemens, ceux qui tiennent des Chambres garnies, doivent avoir un registre paraphé du commissaire du quartier, pour y inscrire ceux qui arrivent chez eux, en faire dans le jour leur déclaration au commissaire, en outre lui représenter tous les mois leur registre pour être visé; & lorsqu'ils cessent de louer en Chambres garnies, ils doivent en faire leur déclaration à ce même commissaire, qui en fait mention sur leur registre.

En temps de guerre on renouvelle les règlemens, & l'on redouble les précautions pour la police des auberges & Chambres garnies, à cause des gens fufpects qui pourroient s'y introduire.

Par arrêt de règlement du 7 feptembre 1773, le parlement de Paris a enjoint aux aubergiftes de veiller à ce que les clefs des Chambres qu'ils donnent aux perfonnes qui logent chez eux ne puffent ouvrir les ferrures des autres Chambres, à peine de répondre en leur propre & privé nom des effets de ces perfonnes fur leur déclaration.

CHAMBRE ÉTOFFÉE, fe dit dans quelques endroits des Pays-bas des meubles qu'un contrat de mariage où la coutume du lieu attribue à une femme après la mort de fon mari.

La Chambre étoffée eft plus ou moins bien garnie, fuivant la qualité des perfonnes. Il y a des règlemens à la fuite de la coutume de Douai, où font fcrupuleufement détaillés tous les meubles, vaiffelle & linge qui doivent compofer la Chambre étoffée des veuves de chaque état.

On dit dans le même fens, *Chambre tapiffée*, *Chambre garnie*, pour exprimer le don de noces & de furvie qu'on ftipule par contrat de mariage en faveur de la femme furvivante dans plufieurs provinces, particulièrement en Provence, en Dauphiné & en Breffe. (*)

Au furplus les ftipulations de ce genre peuvent avoir lieu par-tout, attendu que les contrats de mariage font fufceptibles de toutes les claufes qui ne font pas contre les bonnes mœurs, ni défendues par quelque loi expreffe. Cet ufage paroît fort ancien, & fe pratiquoit même parmi les grands ; puifqu'on trouve dans le conttat de

---

(*.) Ce don confifte en ce que la femme peut après la mort du mari reprendre une certaine quantité de meubles.

mariage de Louis II, roi de Sicile, avec Yolande fille de Jean, roi d'Arragon, de l'an 1399, une clause portant que *ladite Yolande auroit sa Chambre.*

Voyez le recueil des ordonnances du Louvre; les édits & déclarations des 13 août 1375, 7 décembre 1460, 23 novembre 1461, 26 février 1464, & 20 mars 1500; les ordonnances de 1598, 1667, 1669, & 1670; l'histoire des grands officiers de la couronne; l'arrêt du conseil du 19 octobre 1706; les lettres-patentes de Charles VII du 10 décembre 1438, & celles de Louis XIII du mois de décembre 1641; l'édit du mois d'octobre 1711; la déclaration du 13 août 1712, & celle du 30 novembre 1624; les édits de décembre 1665, d'août 1669, & de février 1672; le règlement du conseil du 18 avril 1684; l'ordonnance du 23 décembre 1454; les déclarations des 26 avril 1738, 21 décembre 1739, & 14 mars 1741; les édits des mois de mai 1586, octobre 1640, & décembre 1690; le règlement du conseil du 19 juillet 1692; les édits des mois d'août 1520, février 1551, août 1564, septembre 1571, avril 1671, juin 1675, avril 1704, février 1668 & août 1705; la déclaration du mois de mars 1672; les édits d'août 1701, décembre 1743, novembre 1689, août 1692, mars 1694, août 1696, & août 1705; la déclaration du 6 septembre 1500; les lettres-patentes du mois d'août 1674; la déclaration du 22 août 1705; l'ordonnance de Moulins; les édits des mois d'août 1568, juillet 1580 & avril 1624; le recueil des ordonnances, édits & règlemens de Lorraine; les lettres-patentes du mois d'août 1602; le traité de la police; les arrêts de Brillon; l'histoire de France par Mézeray; Pasquier, *recherches de la France ; les lettres-patentes du 25 août 1601 ; l'édit du mois d'octobre 1604 ; la déclaration du 28 novembre 1686 ; les lettres-patentes du 4 novembre 1659 ; la déclaration du 20 décembre 1658 ; l'édit du mois de décembre 1535 ; les ordonnances de Fontanon ; l'histoire de la chancellerie ; le glossaire de Laurière ; les édits de mars 1477, & de juin 1544 ; le glossaire de Ducange, &c.* Voyez aussi les articles MAÎTRE DES COMPTES, CORRECTEUR DES COMPTES, AUDITEUR DES COMPTES, CONTRÔLEUR GÈNÉRAL DES RESTES, COMPTE, COMPTABLE, CHAMBELLAGE, FRANC-SALÉ, COUR DES AIDES, BAR, LORRAINE, SUBVENTION, MARC D'OR, MARÉE, DOMAINE, PARLEMENT, GRAND-MAÎTRE, TABLE DE MARBRE, BOIS, MAÎTRISE, PROTESTANT, CHATELET, AVOCAT, BATONNIER, CONSULTATION, SYNDIC, LIBRAIRIE, BAILLI, POLICE, LIEUTENANT, RÉGALE, PRIRIE, DÉCIMES, BUREAU, MARIAGE, CONSEIL. &c.

CHAMBRERIE. On appeloit ainsi ancien-nement une justice qui étoit attachée à l'office de grand chambrier de France.

CHAMBRERIE est aussi le nom qu'on donne dans certaines églises collégiales à un office dont le titulaire est chargé de prendre soin des revenus communs.

On appelle encore de même dans quelques monastères un office dont les fonctions consistent à prendre soin des greniers, du labourage & des provisions.

On donne le titre de *chambrier* à ceux qui sont revêtus de ces offices.

CHAMBRIER

CHAMBRIER DE FRANCE. (grand) C'eſt le titre d'un officier qui poſſédoit autrefois une des cinq grandes charges de la couronne, & il étoit non-ſeulement diſtingué du grand chambellan ; mais il lui étoit en quelque manière ſupérieur par l'étendue de ſon pouvoir. Il ſignoit les chartres & autres lettres de conſéquence. Pendant longtemps il précéda le connétable, & il jugeoit avec les pairs de France ; ce qui lui fut accordé par arrêt de l'an 1224. Le grand Chambrier avoit la ſurintendance de la chambre du roi, de ſes habillemens & de ſes meubles. Il avoit ſa juridiction à la table de marbre du palais à Paris ; & il tenoit ſa charge à fief & hommage du roi, comme le reconnut le comte d'Eu en 1270, à l'égard du roi ſaint Louis. Les princes de la maiſon royale de Bourbon de temps immémorial avoient poſſédé cette charge, comme on le remarque ſur les inſcriptions de leurs tombeaux aux Jacobins de Paris, & à la galerie baſſe du château de moulins : ils ont prétendu même qu'elle étoit héréditaire dans leur maiſon. Après la mort de Charles, duc de Bourbon, en 1527, le roi François I la donna à Charles de France, duc d'Orléans, ſon fils : mais à la mort de ce prince arrivée l'an 1545, le roi ſupprima entièrement cette charge, & y ſubſtitua deux premiers gentilshommes de ſa chambre, qui depuis ont été portés au nombre de quatre. Le grand Chambrier avoit inſpection ſur tous les merciers & ſur les profeſſions qui ont rapport à l'habillement : il avoit en conſéquence quelques droits qui ont été quelquefois partagés avec le grand chambellan.

CHAMPAGNE. Province de France avec titre de comté-päirie.

Pour mettre quelque ordre dans cet article, nous le diviserons en six parties. Il sera question dans la première de la réunion des comtés de Champagne & de Brie à la couronne ; dans la deuxieme, des représentations que firent les nobles pour la conservation de leurs droits & des ordonnances rendues en conséquence ; dans la troisième, des coutumes & droits domaniaux ; dans la quatrième, des droits d'aides ; dans la cinquième, des anciennes foires de Champagne ; & dans la sixième, de ce qui concerne le titre de capitale de cette province.

PREMIÈRE PARTIE.

Réunion des comtés de Champagne & de Brie à la couronne.

La Champagne telle qu'elle est aujourd'hui, se divise en haute & basse ; la première comprend le Rhémois, le Rhételois, le Châlonnois, le Pertois, l'Argonne & le territoire de Sedan ; on trouve dans la seconde le comté de Troyes, ou la Champagne particulière, le Senonnois, le Vallage, le Bassigny, avec une partie de la Brie.

Par le partage qui se fit de la monarchie françoise entre les enfans de Clotaire premier, la Champagne fut comprise dans le royaume d'Austrasie : elle étoit alors gouvernée par des ducs ; mais cette dignité n'étoit pas perpétuelle. Le premier comte héréditaire de Champagne fut Robert de Vermandois : il s'empara de la ville de Troyes vers le milieu du dixième siècle, sous l'évêque Ensegise qui en étoit gouverneur. Ce prince mourut sans enfans.

Son frère Héribert qui lui succéda, eut d'Ogine d'Angleterre plusieurs enfans, du nombre desquels étoient Etienne & Alix.

Etienne fut comte de Champagne après la mort de son père en 993, & décéda sans postérité.

Sa sœur Alix avoit été mariée à Thibaud premier, qui suivant quelques écrivains, étoit fils de Gerlon, cousin germain de Rollo premier, duc de Normandie.

Eudes II, fils d'Eudes I, & petit-fils de Thibaud, voyant son cousin Etienne mort sans enfans, se saisit des villes de Troyes & de Meaux, & eut pour successeurs dans le comté de Champagne & de Brie, Thibaud III, Etienne, surnommé Henri; Thibaud IV, Henri I, Henri II, Thibaud V, Thibaud VI, & Henri III, dit le Gros, roi de Navarre.

Ces souverains jouissoient d'un pouvoir modéré : ils avoient pour pairs sept comtes, sçavoir celui de Joigny, qui étoit le doyen ; & ceux de Rethel, Brienne, Châteauporcien, Grand-Pré, Roussy & Braine : ils avoient, suivant les circonstances, plus ou moins de part à l'administration publique : c'étoit à leur tête que le prince décidoit aux grands jours de Troyes les affaires les plus importantes.

Henri le Gros eut pour héritière Jeanne, reine de Navarre : cette princesse, mariée à Philippe-le-Bel en 1284, conserva la propriété des biens qu'elle avoit apportés en dot ; Philippe ne prenoit pas même les titres de roi de Navarre & de comte de Champagne. Lorsqu'il donnoit quelques ordonnances ou quelques chartres qui devoient être exécutées dans la Champagne ou dans la Brie, il y déclaroit qu'il les avoit données du confentement de fon époufe ; & immédiatement avant la datte : *Jeanne, par la grace de Dieu, reine de France & de Navarre, comteffe palatine de Champagne & de Brie*, les approuvoit, & y mettoit fon fceau avec celui de Philippe-le-Bel.

Jeanne mourut en 1304 ; & Louis Hutin, fon fils, devint par fa mort roi de Navarre & comte de Champagne & de Brie.

Philippe-le-Bel étant décédé en 1314, Louis joignit la couronne de France à celle de Navarre & au comté de Champagne.

Louis Hutin mourut en 1316, & laiffa une fille nommée Jeanne de Marguerite de Bourgogne, & Clémence, fa feconde femme, enceinte.

Philippe-le-Long, frère de Louis, qui prenoit le titre de *fils du roi de France, régent des royaumes de France & de Navarre*, paffa un acte le 17 de Juillet 1316, avec Eudes, duc de Bourgogne, au nom de Jeanne, fille de Louis Hutin, fa niece : il fut ftipulé qu'en cas que là reine Clémence accouchât d'une fille, cette fille & Jeanne fa fœur du premier lit, ou l'une des deux, en cas que l'autre vint à mourir, auroient en héritage auffi-tôt qu'elles feroient en âge d'être mariées, le royaume de Navarre & les comtés de Champagne & de Brie ; à l'exception de ce que Philippe-le-Long & fon frère Charles-le-Bel, en avoient ou devoient en avoir pour la fucceffion de Jeanne de Navarre leur mère, & qu'en attendant qu'elles fuffent en âge d'être mariées, Philippe auroit le gouvernement de la Navarre & de la Champagne.

La reine Clémence accoucha d'un fils qui ne vécut que quelques jours. Philippe-le-Long se voyant sur le trône, fit un second traité le 27 mars 1317, avec le même duc de Bourgogne stipulant pour sa niece : on convint que si le roi décédoit sans enfans mâles, les comtés de Champagne & de Brie appartiendroient à la princesse Jeanne en propriété, & que si elle mouroit sans héritiers, ces comtés retourneroient à la couronne.

Le roi promit à sa nièce par le même acte en forme de dédommagement quinze cents livres de rentes en domaines, & cinquante mille livres à placer en héritages qui lui seroient propres.

Philippe-le-Long étant mort sans enfans, les comtés de Champagne & de Brie auroient dû être restitués ainsi que la Navarre, à Jeanne de France, qui étoit alors mariée au comte d'Evreux; mais les Rois Charles-le-Bel & Philippe de Valois conservèrent la possession de ces comtés au moyen de deux actes qu'ils passèrent en 1327 & 1335.

On voit par le dernier traité que le roi & la reine de Navarre cédèrent à Philippe de Valois tout le droit qu'ils avoient aux comtés de Champagne & de Brie moyennant les rentes de cinq mille livres, de trois mille livres & de sept mille livres sur différens domaines qu'ils tiendroient de la couronne en baronnie & pairie & à foi & hommage.

La Champagne & la Brie rentrèrent ainsi dans le domaine royal, & cette réunion devint irrévocable par les lettres que le roi Jean donna en

1361. Il enjoignit à son fils de ne jamais les séparer de la couronne, non plus que quelques autres provinces qu'il réunissoit : il voulut même que les rois à l'avenir fussent obligés de jurer 'observation dé cette loi en montant sur le trône.

SECONDE PARTIE.

Représentations des nobles du comté de Champagne, & ordonnances rendues en conséquence.

La comtesse de Champagne en se mariant avec Philippe-le-Bel, n'avoit fait aucune stipulation en faveur de ses sujets ; leurs droits devoient nécessairement être compromis ; les nobles eurent bientôt lieu de se plaindre.

Ils représentèrent à Louis Hutin qu'on n'avoit pas droit de les empêcher de donner à leurs serviteurs nobles ou autres, des terres à foi & hommage en récompense de leurs services ; que le roi ne devoit point s'immiscer dans ce qui concernoit leurs justices, sinon en cas de déni de justice ou d'appel de faux jugemens, ou bien lorsqu'il s'agiroit d'affaires dans lesquelles seroient intéressés des bourgeois (*) du roi ou des églises dont la garde lui appartiendroit : que le roi ne pouvoit rien acquérir dans leurs baronnies, fiefs, arrières-fiefs ou censives : que les aubaines & les épaves appartenoient aux seigneurs hauts-justiciers de quelque nature qu'elles fussent, ainsi que les bâtards nés dans leurs

_____

(* C'étoient des roturiers de condition libre, lesquels relevoient du roi ou de seigneurs hauts justiciers qui ne jouissoient pas dans leurs terres des droits royaux.

hautes-juftices ; que les loix prefcrites par les ordonnances concernant les bourgeoifies n'étoient
point obfervées ; que le roi ne pouvoit donner
afile aux mortaillables qui s'enfuioient des domaines des feigneurs, & qu'on ne devoit pas
empêcher ceux-ci d'exercer leurs droits fur ceux
de leurs ferfs qui fe marioient dans les domaines
du roi : que les officiers royaux n'avoient pas
droit d'ajourner les vaffaux des nobles, ni de leur
faire fubir la queftion ; que les nobles eux-mêmes
ne pouvoient être affignés que dans les Châtellenies où ils étoient *levans & couchans*, & qu'ils
étoient jufticiables des baillis & non des prévôts ; qu'en cas de faifie de leurs terres au profit
du roi pour dettes ou pour amendes, elles devoient être eftimées à frais communs par deux
prud'hommes l'un nommé par le roi & l'autre
par le débiteur : que lorfqu'ils étoient arrêtés
pour crimes, on devoit les entendre dans leurs
défenfes, & leur rendre enfuite la liberté, à
moins qu'ils n'euffent été pris en flagrant-délit ;
& que s'il fe préfentoit une partie, ils avoient
droit de fe défendre par gage de bataille, s'ils
ne vouloient pas confentir à une information :
qu'ils ne devoient pas fubir la queftion fur de
fimples préfomptions, mais feulement dans le
cas du flagrant-délit : que la convocation de
l'oft de chevauchée (*) ne devoit fe faire que dans
la province même, moyennant certains gages,
& qu'ils ne pouvoient être obligés d'en fortir
qu'aux feuls frais du roi : qu'enfin les change-

_____

(*) Le ban & l'arrière ban.

mens & l'altération des monnoies (*) leur avoient causé les plus grands préjudices.

Louis Hutin rendit en 1315 sur ces représentations une ordonnance dont voici les dispositions :

Il permit aux seigneurs du comté de Champagne de donner à leurs serviteurs nobles seulement des terres avec rétention de foi, pourvu qu'ils ne diminuassent pas trop leurs fiefs.

Il leur promit que ses officiers s'abstiendroient de connoître des contestations qui naîtroient dans leurs hautes-justices, excepté dans les cas dont la connoissance lui appartenoit.

Il renonça à toute acquisition dans leurs fiefs par contrat volontaire, à moins qu'ils n'y consentissent : mais il déclara que s'il lui venoit quelque fief par forfaiture ou autrement, il le retiendroit s'il le jugeoit à propos, en dédommageant le seigneur ou en lui donnant un homme pour desservir le fief.

Le roi accorda aux seigneurs hauts-justiciers la possession des bâtards qui naîtroient de leurs femmes de corps.

Il ordonna que les loix des bourgeoisies fussent observées, que les dommages causés aux nobles à cet égard fussent réparés, & que ceux qui contreviendroient à l'avenir à son ordonnance fussent punis.

Il permit aux nobles de poursuivre leurs hommes dans l'an & jour de leur évasion, excepté dans le cas où ils seroient désavoués par le mor-

_____

(*) Philippe le bel avoit souvent changé & même altéré les monnoies : ce qui lui avoit fait donner le nom de *faux monnoyeur*.

taillable : il voulut que le mariage de leurs ferfs dans fes domaines ne pût nuire à leurs droits.

Il défendit à fes officiers de pourfuivre en juftice ou de mettre à la queftion des vaffaux nobles.

Il confentit à ce que les nobles ne puffent être affignés que dans les châtellenies où ils étoient *levans & couchans*, excepté en cas de reffort ou *pour caufe de fouveraineté*.

Il voulut bien auffi qu'ils ne puffent être pourfuivis que devant les baillis dans les cas où il ne s'agiffoit que de l'honneur & des biens.

Louis Hutin ordonna que les frais d'eftimation des terres qui lui échoiroient par autorité de juftice ou du confertement des débiteurs, feroient pris fur la chofe, & confentit à payer la moitié des dépens dans les autres cas.

Il déclara que les nobles prévenus de crimes ne pourroient être condamnés fans avoir été entendus ; qu'ils ne fubiroient la queftion que fur des préfomptions graves, & pour des crimes qui mériteroient la mort, & qu'ils ne feroient jugés coupables qu'après avoir perféveré dans l'aveu de leur délit.

Il promit aux nobles que la fommation pour *l'oft de chevauchée* fe feroit dans le comté, fe réfervant de leur faire fçavoir à quelles conditions fes prédéceffeurs les avoient conduits hors de la province.

Enfin il leur annonça qu'il avoit déja réformé une partie de la monnoie, & que fon intention étoit de la rétablir au même état où elle étoit du temps de faint Louis.

Louis Hutin adreffa cette ordonnance aux baillis de Meaux, de Troyes, de Chaumont, de

Vitri, & généralement à tous les juges du royaume, en leur enjoignant de maintenir les nobles du comté de Champagne dans les droits, propriétés & possessions dont ils jouissoient anciennement, de ne pas permettre qu'il fût rien innové à leur égard, & de réparer le tort que l'on pourroit leur avoir fait.

En interprétation de cette ordonnance, Louis Hutin en rendit deux autres la même année à la réquisition des nobles du comté de Champagne, par lesquelles il déclara qu'ils pourroient donner à leur serviteurs non nobles une pension annuelle sur leurs terres, s'ils le jugeoient à propos; que l'homme que le roi donneroit pour desservir le fief qui lui seroit échu par forfaiture ou autrement, seroit tenu d'obéir au seigneur comme son propre vassal; qu'il seroit enjoint aux officiers royaux d'observer les anciennes ordonnances touchant les ajournemens des vassaux des seigneurs, à peine d'encourir son indignation; que des officiers royaux qui prétendroient que des nobles auroient consenti à procéder devant eux en cas de crime, n'en seroient crus que sur de bonnes preuves: que les ordonnances relatives aux gages de bataille seroient observées; que les nobles ne subiroient la question que pour les crimes qui mériteroient peine ne mort; que *l'ayde pour l'oft* (*) ne seroit pas levée sur les hommes des nobles, *taillables haut & bas*, *abonnés* ou *de jurée* (**), ni sur ceux qui leur devoient *oft & chevauchée*, non plus que sur ceux qui étoient affranchis *d'aydes*

_____

(*) Subsides pour l'armée.
(**) Différentes espèces de serfs.

d'oft, ni fur les églifes dont les nobles avoient la garde, ni fur les *chévagiers* (*) & les *mortaillables* des églifes : que par les cas dont il s'étoit réfervé la connoiffance, & qui touchoient *fa royale majefté*, il avoit entendu ce qui *de droit & d'ancienne coutume pouvoit appartenir à un prince fouverain & à nul autre.*

Louis Hutin donna le premier feptembre 1315 une déclaration qui a trop de rapport aux ordonnances que l'on vient d'expofer, pour n'en pas faire mention : il déclara que les nobles de Champagne s'étant rendus à l'armée de Flandres quoiqu'ils n'euffent pas été convoqués, fuivant l'ufage, dans un lieu déterminé du comté, fon intention n'étoit pas d'acquérir par cette innovation un nouveau droit qui pût préjudicier à la nobleffe.

En vertu de ces loix, les privileges de la nobleffe étoient en fureté ; mais le clergé avoit auffi fes prérogatives, & le peuple avoit des droits plus facrés encore ; Louis avoit intérêt, lui-même de le fouftraire à l'oppreffion : c'eft ce qui l'engagea à ordonner dans le comté de Champagne l'exécution de l'ordonnance que Philippe le Bel avoit rendue en 1302 pour la réformation du royaume, & dont voici les principales difpofitions.

Philippe le Bel avoit promis aide & faveur aux églifes, prélats & autres eccléfiaftiques de quelque état & condition qu'ils fuffent, & vouloit que leurs droits, coutumes, libertés & franchifes fuffent maintenus & confervés de même que du temps de faint Louis.

_____

(*) Vaffaux qui devoient une capitation à leur feigneur.

Il défendit à ses officiers d'anticiper sur la juridiction & les autres droits des ecclésiastiques, avec injonction de réparer sans délai le tort qu'on pourroit leur avoir fait, sous peine de punition exemplaire.

Il déclara que s'il donnoit quelques commissions pour faire saisir ou confisquer des biens appartenans à des ecclésiastiques, ce seroit avec la clause, *pourvu toutefois que ce qui nous est notifié, soit fondé sur la vérité.* Il ordonna en conséquence à ses sénéchaux & à ses baillis de ne laisser procéder à ces saisies & confiscations qu'après avoir vérifié les faits sur lesquels les commissions auroient été accordées, à moins qu'ils ne fussent de notoriéte publique.

Lorsque les saisies & confiscations devoient avoir lieu, le roi défendit d'y comprendre les biens meubles ; de découvrir & de détruire les maisons, & de saisir au-delà de ce que porteroit l'amende.

Pour que les ecclésiastiques fussent moins détournés de leurs fonctions, Philippe le Bel enjoignit à ses parlemens & à ses barons de juger ou de faire juger sans délai leurs procès, à moins que la décision n'eût du être différée pour cause juste & raisonnable & du spécial commandement du roi.

Il promit de ne faire aucune acquisition dans les fiefs des ecclésiastiques que de leur consentement ou dans les cas de droit ; qu'il n'exigeroit point de nouveaux droits de leurs vassaux, ni de leurs hommes, non plus que de ceux des barons, & qu'il ne jouiroit des anciens qu'autant que l'acquisition en seroit fondée sur une possession paisible & ancienne.

· Et attendu que les régiffeurs des droits de régale commettoient différens abus préjudiciables aux bénéfices qui tomboient en vacance,
il défendit de toucher aux bois de décoration,
& ne permit de couper les autres que dans les
temps convenables & fans détérioration ; il
voulut que les étangs & les viviers ne fuffent
pêchés qu'avec modération, & qu'on y laiffât
affez de poiffon pour les entretenir. Son intention étoit que les régiffeurs des bénéfices vacans fe comportaffent en loyaux adminiftra-
teurs, qu'on ne nommât à cet emploi que des
perfonnes dont la probité feroit connue, & que
ceux qui auroient commis ou commettroient
des dommages feroient obligés de les réparer
& de fubir la peine qu'ils mériteroient.

Philippe le Bel ordonna que les jugemens &
arrêts de fa cour fuffent exécutés fans appel, à
moins qu'ils ne continffent quelque *erreur* ou
quelque *ambiguité* qui les rendît fufceptibles de
réforme d'interprétation ou de *révocation*. Dans ce
cas il s'en réfervoit la connoiffance ou à fa cour
ou à des commiffaires qu'il nommeroit fpécialement (*).

Il voulut que le Parlement jugeât les procès
dans deux mois au plus tard à compter du jour
que les enquêtes & les productions des parties

(*) Telle eft l'origine des inftances en caffation : on ne
doit fans doute entendre par les mots *d'erreurs* & *d'ambiguité* dont fe fert Philippe le Bel, que des erreurs de
droit, des contraventions aux ordonnances, des contra-
riétés d'arrêts ou des difpofitions contradictoires ; s'il en
étoit autrement, les arrêts du parlement n'auroient pas été
fans appel.

auroient été apportées à cette cour ; que la justice
fût rendue avec intégrité par les sénéchaux & les
baillis ; que ces officiers fussent élus & institués
par délibération de son conseil ainsi que les
juges & gardes des foires de Champagne, &
les maîtres & gardes des eaux & forêts ; &
que si quelqu'un avoit été nommé à quelque
office, sans qu'il eût les qualités nécessaires
pour les remplir, on l'en avertît afin qu'il pût y
remédier.

Il ordonna que tous ses officiers sans en excepter ses procureurs fissent un serment dont il
prescrivit la formule ; & pour qu'il fût observé
plus exactement, il voulut qu'il fût prononcé
en public à haute & intelligible voix dans la
première assise qui se tiendroit immédiatement
après cette loi dans les sénéchaussées & dans les
bailliages. Le roi soumit à cette formalité les
juges mêmes qui avoient déjà fait en sa présence le serment accoutumé, afin que s'ils n'étoient
pas retenus par la crainte de Dieu, ils le fussent
du moins par celle du déshonneur & de son
indignation.

Philippe le Bel déclara qu'on ne pourroit être
en même-temps de son conseil & remplir les
offices de sénéchal ou de bailli : il enjoignit même à ses conseillers de renoncer aux pensions
qu'ils pourroient avoir reçues des ecclésiastiques ou des séculiers ainsi que des villes &
communautés.

Il ne voulut pas que les sénéchaux & les baillis eussent pour juges inférieurs leurs parens,
leurs alliés ni leurs commensaux, de peur que
ces liaisons n'influassent sur les jugemens qu'ils
rendroient dans les causes d'appel, & ordonna

que ceux qui fe trouveroient dans cès cas fuffent privés de leur office.

Il recommanda que s'il arrivoit que quelques
prévôtés fuffent vendues ou affermées, elles ne
fuffent confiées qu'à des perfonnes folvables,
de bonne réputation & capables d'en exercer
les fonctions : il défendit de les donner à des
clercs, à des ufuriers ou à des gens fufpects
d'oppreffion envers leurs jufticiables quand même ils offriroient un prix plus confidérable que
d'autres qui auroient les qualités convenables.

Il voulut qu'une prévôté ne pût être remplie
que par un ou deux officiers tout au plus, &
qu'une feule perfonne ne pût poffeder en même temps deux offices de prévôt, de fénéchal
ou de bailli.

Il défendit à fes procureurs de fe mêler des
affaires qui leur feroient étrangères, & s'il arrivoit qu'il fe fiffent fubftituer dans celles qu'ils
pourfuivroient au nom du roi, il leur enjoignit
de payer eux-mêmes leur fubftitut fans qu'ils
puffent y faire contribuer la partie adverfe.

Philippe le Bel recommanda aux fénéchaux,
aux baillis & aux autres juges du royaume de
recevoir fes mandemens avec refpect & de les
mettre fans délai à exécution, à moins que
quelques caufes légitimes ne s'y oppofaffent ;
que s'il y en avoit, ils les lui fiffent connoître,
leur déclarant que ceux qui n'auroient pas exécuté fes mandemens par fraude ou malice & même
par fimple négligence, feroient punis & répondroient des dommages & intérêts des parties.

Par une difpofition dont il déclara qu'il ne fe
défifteroit jamais, il voulut que les officiers de
juftice, quelle que fût leur dénomination & dans

quelque lieu du royaume qu'ils fuſſent établis,
exerçaſſent par eux-mêmes leur emploi, qu'ils
ne ſe fiſſent ſubſtituer qu'en cas de néceſſité,
par exemple pour cauſe de maladie, & qu'ils ſe
remiſſent à leurs fonctions ſans fraude, & ſuivant
leur ſerment auſſitôt qu'ils le pourroient; que
s'ils étoient obligés de s'abſenter pour quelque
cauſe indiſpenſable, ils ne pourroient ſe faire
ſubſtituer que par des perſonnes de probité &
capables de les remplacer. Le roi vouloit que
ces ſubſtituts ne puſſent être choiſis parmi les
avocats, & qu'ils n'euſſent pas un trop grand
nombre d'amis ni d'affaires. Les officiers devoient répondre de la geſtion de leurs ſubſtituts, & ceux-ci devoient faire ſerment de ſe
comporter fidèlement dans l'exercice de leur
emploi.

Philippe le Bel fit défenſe à tous ſes officiers
de juſtice ſans exception, ſous peine de la perte
de leur office, de rien recevoir pour leurs ſceaux,
ni de ſouffrir qu'on exigeât pour eux de l'argent,
des ſervices, ni quelque autre utilité de quelque nature que ce fût : ils ne devoient même recevoir abſolument rien de leurs juſticia-
bles, quand même ceux-ci le leur offriroient : il
leur étoit auſſi défendu de gréver les égliſes par
des aides & des ſubſides, ni d'aller coucher &
manger chez les eccléſiaſtiques, ſi ce n'étoit
pour quelque cauſe importante, & le roi les
déclaroit dignes de punition exemplaire, s'ils
faiſoient quelque pacte ou marché avec les gens
d'égliſe ou leurs vaſſaux pour les amendes auxquelles ceux-ci pourroient être condamnés,
attendu que ce ſeroit leur donner une occaſion
de délinquer.

Le

Le roi voulut qu'une ordonnance qu'il avoit
donnée touchant les bourgeoisies fut exécutée ;
il permit en conséquence aux seigneurs ecclésiastiques ou laïcs, & à ses autres sujets, de demander la possession provisoire de quiconque
auroit été reclamé comme bourgeois du roi, &
dont ils nieroient la bourgeoisie, comme étant
leur homme ou leur justiciable, ou comme ayant
commis quelque délit dans leur juridiction : &
si ces faits étoient prouvés par l'enquête qu'on
auroit faite, la question devoit être jugée suivant le droit & la coutume, & conformément
à l'ordonnance des bourgeoisies dont il devoit
être donné copie à ceux qui le réquerroient. :

Philippe le Bel défendit à perpétuité d'accorder des commissions pour faire assigner devant
ses officiers ou ses cours, les vassaux ou les justiciables des prélats, des barons & de ses autres
sujets, à moins que ce ne fût en cas de ressort,
ou dans les autres cas royaux.

Il ordonna que les assises se tinssent dans chaque sénéchaussée ou bailliage tous les deux mois
au moins, & qu'à la fin de chacun, les sénéchaux & les baillis indiquassent les jours de l'assise suivante ; avec défenses d'en tenir dans les
domaines des prélats, barons & autres vassaux
& sujets du roi, ou dans les lieux où sa majesté
n'auroit pas les droits de justice, de fief, ou de
garde, à moins qu'on n'eût été dans cet usage
depuis environ trente ans : il voulut aussi que
ces assises n'eussent lieu que dans les villes ou
autres endroits peuplés, & que si ses officiers
contrevenoient à son ordonnance, ils ne pussent
nuire aux droits d'autrui.

Il ne voulut pas qu'on pût être sénéchal,

bailli ou prévôt dans le lieu de fa naiffance.

Il défendit à fes fergens de faire des affigna-tions fans ordre du juge: & s'il arrivoit qu'ils fiffent des faux & des ajournemens nuls; il vou-lut qu'ils fuffent tenus de dédommager la partie, & qu'on les punît fuivant l'exigence des cas.

Il leur fit auffi défenfe d'exercer leur miniftè-re dans les terres des prélats barons, ou de tout autre qui auroit droit de fief ou de juftice; à moins que ce ne fût en cas de reffort, ou dans les autres cas appartenans au roi; lefquels feroient fpécifiés dans la commiffion que le fé-néchal ou le bailli leur auroit fait expédier: il ne voulut pas même qu'ils puffent demeurer dans les terres ou dans le voifinage des feigneurs fans leur confentement, à moins qu'ils n'y fuf-fent nés ou mariés; & dans ce cas même, fon intention étoit qu'ils ne puffent y exercer leurs offices, fauf à fe faire fuppléer par d'autres dans les cas de reffort & autres cas royaux. Au fur-plus le roi n'entendoit point préjudicier à la juridiction fpirituelle ou temporelle que les fei-gneurs eccléfiaftiques ou laïcs feroient dans le cas d'exercer fur les fergens, même au crimi-nel, ainfi que fur tout autre particulier, pour raifon des délits qu'ils auroient commis hors de l'exercice de leur office.

Philippe le Bel voulut qu'une ordonnance qu'il avoit rendue pour diminuer le trop grand nombre des fergens fût exécutée, qu'en confé-quence on les réduifit à quatre dans les lieux où il y en auroit vingt: & de même à proportion dans tous les autres endroits; que l'on confervât ceux qui auroient des lettres de fa majefté avec les qualités néceffaires pour exercer leur office ; que ceux qui feroient confervés fuffent tenus d'obéir aux fénéchaux & aux baillis ; qu'ils fuffent fujets à leur correction ; & que dans le cas où ils commettroient quelque malverfation, ils fuffent punis, s'ils le méritoient, par la privation de leur office, quand même leur commiffion auroit été émanée de fa majefté.

Le roi ordonna que les fergens qui feroient choifis, s'obligeroient en donnant bonne & fuffifante caution entre les mains des fénéchaux & des baillis, à remplir fidèlement leur devoir, & à répondre à toutes les demandes qui feroient formées contre eux pour raifon de leur office : il autorifa en même temps les fénéchaux à nommer aux offices de fergens qui viendroient à vaquer par mort, par démiffion, ou pour caufe de forfaiture, mais à condition qu'ils répondroient de la geftion de ceux qu'ils auroient nommés, fans qu'ils puffent excéder le nombre fixé par les ordonnances.

Philippe le Bel fixa le falaire des fergens à cheval à trois fous par jour, & celui des fergens à pied à dix-huit deniers tournois lorfqu'ils fortiroient de la ville, fans qu'ils puffent demander davantage, fous prétexte d'avoir fait plufieurs exploits pour différentes perfonnes & dans des affaires différentes ; & s'il y avoit des endroits où l'on fût dans l'ufage de leur donner un moindre falaire, cette coutume devoit être obfervée.

Il voulut que lorfqu'une terre faifie par fes officiers pendant une conteftation, auroit été définitivement adjugée à l'une des deux parties, ils fuffent obligés de reftituer en entier les fruits qu'ils auroient perçus, déduction faite des frais & impenfes néceffaires.

Il défendit à tous les fénéchaux, baillis, juges & autres d'inftituer des notaires, & fe réferva fpécialement, ainfi qu'à fes fucceffeurs, le pouvoir de nommer ces officiers, attendu que par le paffé leur nombre avoit été porté à un excès nuifible aux fujets ; il déclara qu'il fe propofoit pour l'utilité publique, & de l'avis de fon confeil d'apporter un reméde à l'inconvénient qui en réfultoit, fans néanmoins préjudicier aux prélats, barons & autres qui feroient autorifés par un ancien ufage à nommer des notaires dans leurs feigneuries.

Il voulut que les notaires royaux, ceux des fénéchauffées, bailliages & prévôtés, & tous les autres notaires pourvus par commiffion de fa majefté, reçuffent pour falaire un denier pour un écrit de trois lignes, & depuis quatre jufqu'à fix, deux deniers, & rien de plus. Il fut enjoint aux tabellions de fe conformer à ces difpofitions, lefquelles ne pourroient fervir de prétexte pour augmenter le prix des écritures dans les endroits où leur taxation ferait moindre.

Le roi voulut que les fceaux des fénéchauffées, bailliages, prévôtés, vicairies & autres juridictions du royaume, ne fuffent donnés à ferme ou en garde qu'à des perfonnes de bonne renommée, & que l'on prît la même précaution pour l'office de receveur des droits royaux.

Et attendu qu'il y avoit au parlement plufieurs caufes importantes dans lefquelles des perfonnes de grande confidération étoient intéreffées, Philippe-le-Bel voulut que deux prélats & deux commiffaires laïcs de fon confeil, ou du moins un prélat & un laïc, eussent séance au parlement pour entendre ces causes & y avoir voix délibérative.

Il ordonna que les lettres expédiées pour crimes, ne pourroient absolument passer au grand sceau qu'après avoir été revues & signées de deux ou du moins d'un commissaire du conseil ; & voulut que les prélats, barons & autres hauts-justiciers fissent exécuter celles qui seroient obligatoires envers leurs vassaux.

Philippe-le-Bel ordonna que les jugemens définitifs fussent rendus par le parlement suivant le droit écrit, lorsque les parties seroient de quelque province régie par le droit commun.

Il défendit aux sénéchaux, baillis, prévôts & autres juges, d'obliger un homme d'une châtellenie, d'un bailliage ou d'une prévôté, à plaider dans une autre juridiction.

Il voulut que les vassaux des prélats & des barons, se pourvussent par appel devant leurs seigneurs suivant l'ancien usage.

Pour accélérer l'expédition de ces causes, il ordonna que l'on tint tous les ans deux parlemens à Paris, deux échiquiers à Rouen, & deux fois l'an les jours de Troyes : il vouloit même qu'il y eût un parlement à Toulouse, si les habitans de cette province consentoient que les jugemens qu'il rendroit fussent sans appel.

Suivant la formule du serment que Philippe-le-Bel prescrivit aux sénéchaux, baillis, viguiers & autres juges, ils devoient jurer qu'ils rendroient justice aux grands & aux petits, & à toutes personnes de quelque condition qu'elles fussent, sans acception : qu'ils conserveroient les droits du roi sans faire préjudice à personne :

K k iij

qu'ils ne recevroient ni or ni argent, ni aucun autre don, quel qu'il fût, si ce n'étoit de
choses à manger ou à boire : qu'ils ne souffri-
roient pas que l'on fît aucun présent à leurs
femmes, leurs enfans, leurs frères, leurs neveux, leurs nièces, ni qu'on leur donnât aucun
bénéfice : que s'ils recevoient du vin en présent,
ce ne seroit qu'en barils ou en bouteilles : qu'ils
ne recevroient rien à titre de prêt des personnes de leur bailliage, non plus que de ceux qui
auroient ou seroient sur le point d'avoir des
causes devant eux : qu'ils ne recevroient aucun
don de leurs inférieurs, ni n'en feroient à leurs
supérieurs : qu'ils ne feroient aucun présent à
ceux qui seroient du conseil du roi, à leurs femmes, à leurs enfans, ni à leurs domestiques :
qu'ils ne prendroient aucun intérêt dans les ventes des bailliages, des prévôtés, & autres revenus du roi, sans en excepter les monnoies :
qu'ils ne toléreroient pas les fautes, les injures,
les exactions, les usures & les vices des officiers
qui leur seroient soumis, & qu'ils les puniroient
suivant l'exigence des cas : qu'ils ne feroient aucune acquisition d'immeubles dans leur bail iage,
tant que leur office dureroit : qu'ils ne contrac-
teroient pas mariage dans le lieu de leur administration, non plus que leur enfans, leurs frères, leurs sœurs, leurs neveux ou leurs nièces :
qu'ils ne mettroient ou ne tiendroient aucune
personne en prison pour dettes, à moins qu'on
ne se fût obligé par corps : qu'ils ne confieroient
ou ne donneroient à ferme les prévôtés du roi,
& ses autres revenus, qu'à des personnes capables. Enfin, qu'ils ne feroient ni ne permet-
troient rien par dol ou fraude contre la teneur
des précédentes dispositions.

Philippe-le-Long, frère & l'un des successeurs de Louis Hutin, rendit une ordonnance en 1319, par laquelle on voit que quelques nobles de Champagne avoient demandé à faire preuve qu'ils avoient dans leur haute-justice la possession des épaves & des bâtards : comme Louis Hutin avoit déjà restreint leurs prétentions aux seuls bâtards nés dans leurs terres de leurs femmes de corps, Philippe confirma cette disposition & enjoignit aux baillis de Troies, de Vitri & de Chaumont, de ne pas recevoir les hauts-justiciers à faire la preuve qu'ils offroient.

TROISIÈME PARTIE.

Coutumes & droits domaniaux.

La Champagne est régie par différentes coutumes : celles de Troies, de Meaux & de Chaumont sont remarquables par un usage singulier : nous voulons parler de la noblesse de ventre ou de celle que les femmes peuvent transmettre.

On prétend que ce privilège fut accordé aux champenois par Charles-le-Chauve après la bataille de Fontenay, où la plus grande partie de la noblesse de Champagne avoit péri : il crut pouvoir réparer cette perte en permettant aux femmes nobles qui se marieroient à des rôturiers, de conférer la noblesse à leurs enfans.

Quoi qu'il en soit, les coutumes de Champagne contiennent des dispositions formelles à ce sujet : celle de Troyes, au titre de l'état & condition des personnes, s'exprime de la manière suivante :

« Entre les rivières d'Aube & de Marne, *le* » *fruit ensuit le ventre & la condition d'icelui*, ex-

» cepté quand l'un des conjoints est noble, au-
» quel cas le fruit ensuit le côté noble, si suivre
» le veut.... les anciens sont nobles, les autres
» non-nobles : ceux sont nobles qui sont issus en
» mariage de père ou de mère noble, & suffit
» que le père ou la mère soit noble, posé que
» l'autre desdits conjoints soit non-noble ou de
» serve condition. »

Pierre Pithou observe que cette disposition
est conforme à l'article 20 des anciennes coutumes (*) de Champagne : il atteste que cette loi
était autrefois exécutée sans modification ; &
pour le prouver il rapporte différens jugemens
contradictoires.

Le plus ancien est une sentence rendue par le
bailli de Troyes le 12 avril 1431, contre le procureur du roi qui avoit pris le fait & cause du
receveur des droits royaux : François & Catherine de la Garmoise furent déclarés nobles
& exempts de jurer (**) du chef de leur mère.

Le même juge donna un acte de notoriété en
1440, dans la cause & en faveur du sieur Oudi-
not, sur les dépositions des conseillers, avocats
& praticiens du bailliage. On y voit qu'il étoit
justifié par différentes sentences & enquêtes par

_____

(*) Elles portent pour titre, *ci droit & liscoutumes de
Champagne & Brie que li roys Thiébaulx établi* : c'est une
compilation d'usages & de jugemens sur des points de coutumes, distribués en 66 articles ou chapitres, dont la plupart ont leur date particulière : la plus ancienne est de
l'an 1224, & la plus récente de 1299.

(**) Droit dû au roi ou au seigneur haut justicier par
les roturiers selon la valeur de leur bien, savoir de six
deniers pour livre des meubles & de deux deniers pour livre
des immeubles.

Turbes, que de tems immémorial l'enfant d'un rôturier & d'une mère noble avoit joui du privilège de la noblesse. Il fut enjoint en conséquence au procureur du roi ainsi qu'à ses succeffeurs de respecter cet usage.

Les élus de Troyes s'y sont conformés par différentes sentences qu'ils ont rendues en 1510, 1515, 1516, 1517 & 1528, en faveur de Jean Piétraquin, P. Pourille, Jean & Georges Lès-Echoliers, les sieurs Quartier & Baillet, & N. Gillain.

M. Pithou nous apprend que la dernière étoit intervenue sur le consentement des gens du roi.

Le même jurisconsulte cite de plus un arrêt en faveur de la noblesse de ventre, rendu par la cour des aides sur une enquête par Turbes, le 7 août 1483, au profit de Jean Gouyer élu à Château-Thierry.

Il paroît cependant par les procès-verbaux des rédactions & des publications faites en 1494 & 1509, des coutumes (*) de Troyes, Meaux & Chaumont, que la disposition relative à la noblesse de ventre éprouva beaucoup de difficultés de la part du plus grand nombre des gentilshommes aux assemblées des trois états qui se tinrent dans ces différens bailliages.

Les nobles soutenoient que cette disposition

_____

(*) Les coutumes de Troyes & de Chaumont avoient été rédigées en 1494, en vertu des lettres-patentes de Charles VIII Données à Moutiers-lez-Tours l'année précédente: mais elles ne furent publiées qu'en 1509, lors de la rédaction de celle de Meaux, par MM. Thibault bailli & président & Roger Barene avocat général au Parlement de Paris.

étoit contraire au droit écrit, & qu'elle ne pouvoit être autorifée par le confentement du peuple auquel la noblefle étoit étrangère. Qu'une femme noble ne confervoit fa noblefle qu'autant qu'elle fe marioit avec un homme de fa condition, mais qu'elle la perdoit par fon mariage avec un roturier, & que par conféquent elle ne pouvoit la conférer à fes enfans. Qu'il étoit abfurde que le fils d'un ferf fût noble ; que cette coutume aviliroit la vraie noblefle, qu'elle multiplieroit les privilégiés, & feroit auffi préjudiciable au roi qu'au public.

Le tiers-état fe renferma dans le fait ; il foutint que la difpofition de la coutume étoit claire & qu'elle avoit été obfervée de tout tems.

Cette conteftation & le peu d'unanimité qui régnoit parmi les membres des differens ordres, déterminèrent les commiffaires nommés par le roi pour la publication des coutumes de Champagne, à enjoindre aux parties d'expofer leurs raifons par écrit, pour, fur le rapport qui en feroit fait à la cour, être ordonné ce qui conviendroit : ils décidèrent qu'en attendant on en uferoit dans le bailliage de Troyes à l'égard de la noblefle du chef des femmes comme on avoit fait par le paffé ; mais ils ordonnèrent relativement aux deux autres coutumes, que l'effet de leurs difpofitions refteroit en fufpens.

Le parlement ne donna point fans doute de règlement, puifqu'il intervint aux grands jours de Troyes en 1535 un arrêt entre Jeanne de Toulongeon, dame de Lanoy & Thomas Fouquet, portant qu'il feroit informé fi la noblefle de ventre avoit lieu dans la coutume de Chaumont.

On ignore s'il a été procédé à cette enquête ;

mais on fçait qu'en 1566 le fermier du huitième du vin ayant interjeté appel d'une fentence des élus de Troyes, la cour des aides jugea contre Guillemin de Morigny & confors que la nobleffe du chef des femmes fe reftreignoit aux droits que la coutume accorde aux nobles, fans préjudicier au roi. Elle ordonna même que cet arrêt feroit publié en l'élection de Troyes ; ce qui fut exécuté le 20 mars 1567.

Quoique M. Pithou approuve peu cette décifion, il eft obligé de convenir que fuivant la jurifprudence de la cour des aides, un noble du chef de fa mère peut poffèder des fiefs, partager noblement & jouir des autres prérogatives de la coutume, mais non de l'exemption de la taille & des autres impofitions que fupportent les roturiers. Les éditeurs & annotateurs du coutumier général ont le même fentiment. Ainfi on peut regarder comme conftante la modification que la cour des aides a faite à la difpofition qui a lieu en Champagne touchant la nobleffe du côté des femmes.

S'il nous eft permis d'expofer notre opinion à ce fujet, nous obferverons que la cour des aides ne pouvoit prendre un parti plus fage : quelque bizarre que fût la loi, les juges devoient s'y conformer puifque le fouverain ne l'avoit pas abrogée : mais elle tendoit à multiplier les privilégiés en furchargeant la claffe laborieufe du peuple ; il étoit fans doute effentiel de remédier à cet inconvénient : & la cour des aides l'a fait, fans contrevenir à la coutume.

Les bourgeois du roi dans la Champagne particulière font les roturiers qui demeurent dans les refforts du bailliage & de la prévôté de

Troyes ou dans la terre d'un seigneur haut-justiciers qui n'a pas les droits royaux.

Ces bourgeois sont suivant la coutume justiciables du roi dans tous les cas personnels civils ou criminels.

Les seigneurs représentèrent lors de la publication de la coutume de Troyes, que si cette disposition n'étoit pas corrigée, les hautes & moyennes justices qu'ils tenoient en fief du roi seroient illusoires : ils observoient qu'ils avoient dans leurs juridictions des sujets de quatre qualités différentes, savoir, des nobles, des clercs, des roturiers & des serfs ou gens de morte-main. Or, disoient-ils, nous n'avons point droit de justice sur les nobles ni sur les clercs : & si l'on nous enlevoit encore les roturiers, il ne nous resteroit que les serfs hommes & femmes de corps, pour justiciables : ils demandèrent en conséquence que la disposition fût reformée.

Les officiers de justice s'étant opposés à la prétention des seigneurs, les commissaires du roi ordonnèrent qu'il en seroit référé à la cour.

Les bourgeois des terres des seigneurs hauts-justiciers sont restés soumis à la juridiction immédiate du roi ; mais l'exercice du droit de bourgeoisie dépend de la volonté de ces bourgeois, comme il résulte de différens arrêts, dont le plus remarquable est celui que le parlement rendit en 1632, sur une enquête par Turbes entre Gabrielle de Vauldray, dame de la terre d'Aureuil & ses vassaux d'une part, & Charles de Gonzague, duc de Mantoue & baron d'Ervy, qui avoit pris fait & cause pour les officiers de sa baronie. Cet arrêt confirmatif d'une sentence que les requêtes du palais avoit rendue en

1622 au profit de la dame de Vauldray, fit défenſes au bailli d'Ervy d'empêcher l'exercice de la juſtice d'Aureuil, ni de s'arroger aucune juridiction en première inſtance ſur les vaſſaux de cette ſeigneurie, à moins qu'ils ne fuſſent bourgeois du roi, & ne ſe fuſſent déclarés & avoués tels par un acte paſſé devant un notaire ou un ſergent & ſignifié au ſiége d'Aureuil, & qu'en cette qualité ils n'euſſent demandé leur renvoi devant le bailli d'Ervy ; ce qui leur ſeroit accordé.

La cour ordonna que cet arrêt ſeroit lû & publié au bailliage de Troyes, pour y être gardé & obſervé.

Dans les coutume de Troyes, de Chaumont & de Vitry, tout héritage eſt réputé francalleu, quioque ſitué dans la juſtice d'autrui, à moins que le contraire ne ſoit prouvé par titres.

Cette ſorte de biens donna lieu à une conteſtation lors de la publication des coutumes.

Les ſeigneurs haut-juſticiers du bailliage de Troyes, tant laïcs qu'eccléſiaſtiques, repréſentèrent aux commiſſaires du roi, que les gentilhommes qui poſſédoient des fiefs, étoient obligés de rendre foi & hommage au roi, & de faire le ſervice lorſque le ban & l'arrière-ban étoient convoqués ; qu'il étoit juſte à plus forte raiſon qu'un roturier qui avoit des terres dans leurs juſtices leur payât quelque cens, ou redevance ; que s'il en étoit autrement, un domaine en roture ſeroit plus privilégié qu'une terre féodale.

Le tiers état ſoutenoit au contraire que toute terre étoit franche de droits ; que celui qui prétendoit quelque cens & redevance devoit en juſtifier, & que la franchiſe à cet égard mé-

ritoit d'autant plus de faveur, qu'il ne réfultoit que du mal de la fervitude féodale.

Ce différent fut remis ainfi que les autres,
à la décifion du parlement. Par un arrêt qu'il
rendit le 17 février 1673, au profit des habitans de Nogent fur Seine, il a été décidé que
le franc-alleu fans titre, avoit lieu à Troyes,
Vitry & Chaumont, nonobftant l'oppofition des
feigneurs haut-jufticiers.

En effet leur prétention ne portoit que fur
un fophifme : ce n'étoit pas avec une terre tenue en fief du Roi qu'ils devoient comparer le
franc-aleu roturier, mais plutôt avec le franc-
aleu noble dont ils ne nioient pas l'exiftence.
Pourquoi donc celle du franc-aleu roturier au-
roit-elle été impoffible ? Il paroît d'ailleurs que
le tiers état avoit la poffeffion pour lui ; & c'en
étoit fans doute affez dans une caufe auffi favorable que la fienne.

Le cens étant une forte de fervitude auffi
contraire à l'efprit de la coutume de Troyes
qu'à la liberté naturelle, doit être fujet à la
prefcription : mais il femble auffi que les feigneurs font fondés à demander que celui qui
poffède des terres en franc-aleu, leur en faffe
une déclaration afin qu'ils puiffent connoître
ce qui eft dans leur mouvance & ce qui n'y
eft pas.

La vente des héritages tenus en cenfive dans
le bailliage de Troyes donne lieu aux lods &
ventes ; mais l'échange n'y eft pas fujet à moins
qu'il n'y ait une foulte : ils font de trois fous
quatre deniers tournois pour livre du prix ou de
la foulte. Le vendeur, l'acquéreur ou ceux qui
ont fait l'échange les doivent par moitié, & juf-

qu'à ce qu'ils se soient acquittés le seigneur a hypothéque sur l'héritage.

Il n'est point dû de lods & ventes pour les héritages qu'on recueille par succession & en vertu de partage, lors même qu'il y a une soulte ; à moins qu'elle ne soit si grande que le contrat doive être considéré plutôt comme une vente que comme un partage.

Un héritage en censive ne peut être chargé d'un second cens, à moins que le seigneur n'y consente ; & dans ce cas les lods & ventes qui peuvent être dûs par la suite se partagent entre les deux seigneurs censiers.

Si le seigneur haut-justicier vend un héritage vacant dans la censive d'un autre, les lods & ventes sont dûs au seigneur censier.

Lorsque deux parens lignagers veulent retirer dans le bailliage de Troyes un propre qui a été vendu, la coutume donne la préférence au plus prochain, à la différence de celle de Paris qui préfère le plus diligent ; mais s'il y en a plusieurs en même degré, le plus diligent l'emporte.

Lorsque le vassal vend son fief à quelqu'un qui n'est pas de son lignage, le seigneur peut en former le retrait, en payant le prix de la vente avec les loyaux coûts, pourvu toutefois qu'il n'ait pas reçu l'acquéreur à rendre foi & hommage.

Si l'héritage reste à l'acquéreur, il doit la moitié des droits de quint & requint, à moins que par le contrat le vendeur ne doive avoir *ses deniers francs* : car en ce cas les quint & requint seroient à la charge seule de l'acquéreur.

Ces droits font également dûs dans les autres coutumes de Champagne.

Celle de Reims porte qu'on les payera, 1°. pour un bail à vie ou pour plus de neuf ans à la charge de quelque redevance, 2°. en cas de prorogation de la grâce du réméré portée par la coutume; 3°. enfin si le vaffal céde fon fief pour s'acquitter d'une rente perpétuelle ou viagère.

Le droit de quint eft également dû fuivant les coutumes de Troyes, de Vitry & de Sedan, fi le vaffal difpofe de fa terre pour plus de trois ans : il en eft de même tant à Sedan & à Vitry qu'à Chaumont pour la foulte des échanges; & cette difpofition eft devenue genérale en vertu des édits & déclarations du roi des années 1673 & 1674.

Le droit de rachat eft dû en toute mutation de fief, excepté en cas de vente ou de bail à rente rachetable, fuivant la plupart des coutumes de Champagne : telles font celles de Troyes, de Vitry, de Sedan, de Reims, Chaumont & Châlons.

Dans les trois dernières, la veuve qui fe remarie doit le relief. Elles font conformes à cet égard à la coutume de Paris, comme il paroît par deux arrêts rendus par le parlement en 1602 & 1603.

Le même droit eft dû fuivant la coutume de Troyes en cas d'échange d'héritages féodaux.

Il faut cependant obferver que les habitans des villes, bourgs & communautés de Champagne ayant offert quatre-vingt mille livres en 1697 pour la fuppreffion en cette généralité des droits d'échange appartenans au roi dans toutes les direfles des feigneurs & particuliers;

&

& leurs offres ayant été acceptées, Louis XIV rendit un arrêt le 7 mai de la même année revêtu de lettres-patentes du 30 juin suivant, au moyen desquelles les droits d'échange ne font perçus que dans les directes & domaines du roi.

Par un arrêt du conseil du 9 juillet 1668, le roi ordonna qu'il fût procédé à la recherche des domaines, quints, requints, reliefs & autres droits domaniaux de la généralité de Châlons pour être réunis au domaine fa majesté. Elle voulut qu'il fût procédé à la confection des papiers terriers de chacun des domaines, suivant le règlement fait pour le papier terrier de la ville, prévôté & vicomté de Paris ; qu'il fût fait une exacte visite des châteaux, maisons, terres & autres domaines, & qu'il fût dressé des procès-verbaux de l'état où ils se feroient trouvés, pour le tout rapporté au conseil avec l'avis du sieur commissaire départi, être ordonné ce qu'il appartiendroit.

Un édit du mois de sepembre 1555 ordonna qu'il feroit aliéné du domaine du roi en Champagne, jusqu'à concurrence de quinze mille livres de rentes.

Le roi donna un autre édit en 1594 pour la vente à faculté de rachat perpétuel des domaines, greffes, sceaux & tabellionrage des généralités de Champagne, moulins, &c.

Un arrêt du conseil du 9 octobre 1669 ordonna le remboursement des engagistes des domaines de Vermandois, Mouzon, Chaumont, St Dizier, Vaffy, Bar-sur-Aube & autres domaines de Champage, qui avoient été aliénés en exécution d'un édit du mois de décembre 1643, &

réfervés pour le payement des charges locales.

Un autre arrêt du confeil du 9 décembre 1669 réunit au domaine Montereau-faut-Yonne, qui avoit été adjugé au fieur le Tellier le premier août 1660, avec injonction à fes créanciers de rapporter leurs titres pour parvenir à en faire la liquidation.

Les coches par eau de Montereau furent compris dans le bail des domaines fait à Charière le 18 mars 1687.

Un arrêt du confeil du 7 août 1725, ordonna que le droit de juridiction nommé *jurée* dû au domaine par les habitans de la ville de Bar-fur-Aube, à raifon de douze deniers par ménage & de fix deniers par demi-ménage, payables au jour de St. André, feroit levé à l'avenir fans frais, à la fin de chaque bail des domaines, par les collecteurs des tailles de la ville même, fur les exempts, les privilégiés & autres particuliers, qui feroient taxés d'office en vertu des ordonnances de l'intendant de Champagne : il a été enjoint aux collecteurs de remettre le montant aux fermiers & régiffeurs, à la réferve de dix deniers pour livre qu'ils retiendroient pour leurs frais & falaires.

QUATRIÈME PARTIE.

Des Droits d'Aides.

La Champagne eft un pays d'élection, & par conféquent fujet aux droits d'aides : le vin qui en fort pour entrer dans les pays étrangers ou dans les provinces où les aides n'ont point cours, doit treize livres dix fous par muid mefure de Paris, y compris la fubvention.

Il est défendu de faire passer le vin ailleurs que par les bureaux de Torcy, Sedan, Donchery, Mezières & autres endroits, le long de la Meuse jusqu'à Verdun, ou par ceux des généralités de Soissons & d'Amiens : les droits de sortie doivent être payés dans ces bureaux, lors de l'enlèvement, à peine de confiscation & de cinq cens livres d'amende.

Il est enjoint à ceux qui déclarent du vin pour les villages de la frontière de souffrir la marque des commis des fermes sur leurs futailles : ils doivent donner caution de les représenter au lieu de la destination, pendant trois mois, à compter du jour qu'ils y sont arrivés, toutes les fois que les gardes & commis y font leur visite : & si on ne les représente pas, le vin est réputé sorti du royaume, & celui à qui il appartient est contraint solidairement avec sa caution à payer le double des droits.

La généralité de Champagne, à l'exception de quelques villes privilégiées, est sujette au sou pour livre sur les espéces réservées, aux anciens & nouveaux cinq sous, aux droits de gros & d'augmentation, ainsi qu'à ceux de huitième & de subvention.

Le sou pour livre imposé sur les boissons, les denrées & les autres espéces de marchandises avec l'augmentation du parisis, sou & six deniers pour livre a lieu à Châlons, Rheims, Bar-sur-Aube, Epernay, Sainte Ménehoult, Vertus & Sezanne.

Un arrêt de la cour des aides de 1684, confirmé par un autre du conseil de 1686, a déchargé du sou pour livre les agneaux & autres chairs de lait à l'entrée de la ville de Sezanne.

Les anciens & nouveaux cinq fous avec l'augmentation du parifis, fou & fix deniers pour livre ont été fixés par un arrêt du confeil de 1683, à neuf fous fept deniers par demie queue de Champagne, & à fept fous par demi muid de vin ordinaire ou de liqueur.

Différentes villes & communautés de la généralité fe prétendoient exemptes de ces droits : les habitans de Vertus, de Marmeft près Château-villain, & des villes & principauté de Sedan en ont été effectivement déchargés par des arrêts rendus tant au confeil qu'à la cour des aides en 1680, 1699, & 1724.

Mais d'autres arrêts de 1681, 1690, & 1727, ont affujetti au payement des anciens & nouveaux cinq fous les habitans des Ecarts, de Dormans, de la ville de Troyes & de la Châtellenie de Mouzon.

Ces droits font partagés à Châlons entre l'évêque de cette ville qui a les anciens cinq fous & l'adjudicataire général des fermes qui jouit des nouveaux.

Les habitans de Chaumont ne doivent que l'augmentation du gros fur les vins, cidres & poirés qu'ils recueillent fur leur territoire : mais ils payent pour les vins qu'ils tirent des pays fujets au gros, favoir, la totalité de ce droit fur ceux qui font de leur crû & la moitié feulement fur ceux qui n'en font pas.

On ne perçoit à Langres pour tout droit de gros & d'augmentation que vingt fous par muid de vin du crû des habitans & vendu dans la ville ou les fauxbourgs.

Les habitans des paroiffes d'Aigrémont, la Rivière, Montbazières, Befmont & Rigny, ne payent que l'augmentation du gros fur le pied de feize fous trois demers par muid pour les vins de leur crû.

Il ne fe perçoit à Rhêtel, Mezières, Donchery & autres lieux dépendans de l'élection de Rhêtel, que l'augmentation du gros fur les vins, bierres cidres & poirés.

On ne doit pareillement dans la ville & les fauxbourgs non taillables de Troyes, que l'augmentation pour les vins vendus par les habitans ou les forains, & la moitié feulement pour les vendanges du crû des bourgeois, à raifon de deux muids de vin pour trois muids de vendange.

Les habitans de Saint Difier & de Vauçouleurs ne payent que l'augmentation pour les vins de leur crû qu'ils vendent dans leur ville, & ceux de Vitry pour celui-même qu'ils tranfportent dans les lieux où le gros à cours.

Charleville, Pont d'Arches, Sedan, Rocroy, & les villes & Châtellenie de Mouzon, font exemptes (*) de tout droit de gros & d'augmentation fur les boiffons que les habitans font venir pour leur confommation des pays exempts ou non exempts, ainfi que fur celles de leur crû qu'ils tranfportent ailleurs : à l'égard de celles qu'ils tirent du dehors & qu'ils font paffer à l'étranger ou dans les pays exempts d'aides, ils en doivent les droits, & le fermier a été autorifé à les percevoir.

Le huitième a été modéré en faveur de quelques autres villes ou communautés, foit à caufe

_____

(*) Les villes de Sedan, Rocroy & Mouzon font même exemptes des anciens droits d'aides.

de la valeur médiocre de leurs vins, soit pour d'autres considérations.

Suivant les tarifs de 1687 & de 1688, il est dû à Châlons par muid de vin d'achat vendu à pot, cinq livres.

Par muid de vin du crû des bourgeois vendu à pot dans leur maison (*), deux livres dix sous.

Par muid de vin soit du crû, soit d'achat vendu à assiette, sept livres.

On perçoit à Rheims, à Châteauporcien, à Saint Dizier & dans les paroisses de Beaumont & de Clinchamp, par muid de vin vendu tant à pot qu'à assiette, une livre treize sous.

On doit à Chaumont, par muid de vin du crû des bourgeois vendu dans le lieu de leur domicile, une livre huit sous.

Il est dû à Rhêtel, à Mezières, & à Donchery, par muid de vin vendu soit à pot soit à assiette, une livre dix sous, par muid de bierre, quinze sous.

On paye à Torcy & autres lieux de l'élection de Rhêtel, par muid vendu à pot ou à assiette, une livre dix sous.

On perçoit la moitié de ce droit pour la bierre.

_____

(*) Les bourgeois de Châlons ont prétendu, que n'étant point exempts des droits de détail, attendu qu'ils en payoient une partie, ils ne devoient pas être considérés comme privilégiés, & qu'en conséquence ils pouvoient vendre le vin de leur crû dehors sans payer de plus grands droits que deux livres dix sous par muid; mais ils ont été déboutés de leur prétention par deux arrêts du conseil des 3 janvier & 17 octobre 1730, & condamnés au payement du droit pour le vin de leur crû sur le pied du vin d'achat & sans modération, lorsqu'ils le vendroient ailleurs que dans leur maison.

Il est dû à Vitry par muid de vin du crû des habitans vendu à pot, une livre huit sous.

Pour celui du crû vendu à assiette, une livre treize sous

On perçoit dans les paroisses d'Aigremont, de la Rivière, de Montbuizière, de Besmont & de Rigny de l'élection de Langres, par muid de vin du crû des habitans vendu à pot, une livre huit sous.

Pour le même vin vendu à assiette, trois livres.

Quant aux habitans de la ville & des faux-bourgs de Langres, ils ne payent point de huitième pour le vin de leur crû conformément au tarif du 15 mai 1688, & à un arrêt de la cour des aydes du 19 août 1699; ils ne doivent d'ailleurs que dix-huit sous par muid de vin pour la subvention : ce droit est perçu dans les autres endroits, à l'entrée ou au détail suivant la fixation ordinaire.

Le tarif de 1688, porte qu'il sera perçu à Rheims le quatrième avec l'augmentation sur l'eau-de-vie, & le parisis, sous & six deniers de ce droit sur le vin de liqueur, la bierre, le cidre & le poiré.

Le fermier du roi ne jouit que du parisis, sous & six deniers du quatrième; ce dernier droit appartenant à la ville de Rheims à titre d'octroi.

Cette ville a fait autrefois un abonnement en vertu duquel les quatre foires qui s'y tiennent chaque année sont exemptes de tout droit de gros & d'augmentation pour les vins qui y sont vendus.

Les foires franches de Châlons jouissoient autrefois du même privilége; mais il a été réduit par le tarif de 1688 à l'exemption du droit de gros pour les vins du crû des habitans.

Les deux foires qui se tiennent à Sezanne sont exemptes du droit de gros ainsi que de l'augmentation; mais suivant le tarif du 8 février 1687, il est nécessaire que le vin soit exposé & vendu dans le champ de foire.

CINQUIÈME PARTIE.

Anciennes foires de Champagne.

Ces foires étoient autrefois célébres (*) : elles étoient déja anciennes du temps de Philippe-le-Bel. On voit par l'ordonnance que ce Prince rendit en 1302, pour la réformation de son royaume, qu'il s'étoit introduit des nouveautés aussi contraires au bien public qu'aux *anciennes coutumes* des foires de Champagne : il ordonna qu'il fût fait une enquête à cet égard par des commissaires qui seroient envoyés sur les lieux pour faire observer les usages qui seroient approuvés, & rétablir ceux qui auroient été enfreints ou abolis.

Chacune de ces foires duroit trois jours & même davantage pour certaines marchandises : elles se tenoient six fois l'année à Troyes, à Provins, à Bar-sur-Aube & à Lagny-sur-Marne.

Elles avoient une juridiction composée de deux juges qui avoient le titre de *maîtres* ou de *gardes*, d'un chancelier & d'un grand nombre de notaires & de sergens.

(*) On n'ignore pas que la jurisprudence de ces foires ne peut plus être d'usage ; & si l'on en présente ici le tableau, c'est uniquement à cause des réglemens bizarres ou singuliers qui s'y trouvent & comme pouvant servir à l'histoire de l'esprit humain.

L'autorité des juges-gardes étoit considérable; les prévôts de Champagne & autres officiers de justice étoient obligés d'exécuter leurs ordres; ils pouvoient nommer ou destituer à volonté les notaires, les sergens & les changeurs ou banquiers; toute autre nomination auroit été nulle même celles que le roi auroit pu faire: ils furent dispensés par une ordonnance de Charles-le-Bel, d'obéir aux commissaires du roi, s'il en envoyoit aux foires par inadvertance. Et Philippe-de-Valois fit défense à ceux qu'il députeroit de ne rien faire qu'avec l'attache de l'un des juges-gardes.

Ils avoient la police de la foire & toute juridiction sur tous les marchands qui y venoient: ils connoissoient de l'exécution des contrats qui s'y étoient passés, & jugeoient toutes les contestations, circonstances & dépendances qui y avoient rapport.

Les marchands ne devoient reconnoître aucune autre autorité que celle de ces juges, à l'exception cependant de la cour des comptes & des jours de Troyes, mais seulement en cas d'appel & de souveraineté.

Philippe-de-Valois leur avoit attribué le droit d'interprêter, conjointement avec son conseil privé, les cas douteux qui concerneroient le gouvernement des foires; mais par une ordonnance postérieure il voulut que cette interprétation se fît à leur réquisition seulement par les gens de son conseil ou par ceux de sa cour des comptes de Paris: d'ailleurs ils ne pouvoient être arrêtés dans leurs jugemens par des exceptions déclinatoires & dilatoires; & si les parties se pourvoyoient au parlement, cette cour ne devoit y avoir aucun égard.

Au refte, ces juges, fuivant une ordonnance
du mois d'octobre 1351, devoient être élus par
le confeil du roi & prêter ferment entre les
mains de fa majefté.

Philippe-de-Valois avoit ordonné en 1344,
que ces gardes ou du moins l'un d'eux fe trou-
vaffent au lieu de la foire la veille des trois jours
qu'elle devoit durer, & qu'ils y demeuraffent jufqu'à ce que les plaidoiries fuffent finies : fi quelqu'un s'abfentoit, il devoit être fupplée par
le lieutenant du roi. Dès que la foire étoit
ouverte, l'un de ces officiers étoit tenu de vifiter les halles, les marchands, & les marchandifes, & de donner fes ordres pour que tout
fût en fûreté pendant la foire.

Par une autre ordonnance que le même prince
donna en 1349, il enjoignit aux gardes, & au
chancelier de réfider aux foires à peine de privation de leurs gages. Les deux gardes devoient être
préfens pour exercer leur juridiction; fi cependant l'un d'eux s'abfentoit, l'autre étoit autorifé
à lui fubftituer le chancelier, & en cas d'abfence de celui-ci, quelqu'autre perfonne capable
& non fufpecte.

La plus ancienne ordonnance où il foit fait
mention du chancelier ou garde-fcel des foires
de Champagne, eft celle de Philippe-le-Long,
du mois de Novembre 1318; elle porte qu'un
garde-fcel fuivroit les foires, recevroit les émolumens du fceau, & en remettroit le produit au
receveur des droits royaux.

Suivant une ordonnance du même prince &
de la même année, les fceaux, écritures & émolumens du chauffecire du fcel devoient être mis
aux enchères.

Les fonctions ordinaires du chancelier étoient de sceller les commissions & sauf-conduits qui étoient expédiés aux marchands, les contrats qui se passoient entr'eux, les jugemens & autres actes de justice. On voit par les ordonnances que Charles-le-Bel & Philippe-de-Valois rendirent en 1326 & 1349, que les contrats passés entre les marchands & les lettres & commissions relatives aux foires étoient de nul effet, s'ils n'étoient pas scellés du scel du chancelier.

L'ordonnance de Philippe-de-Valois enjoignoit aux gardes & au chancelier de faire aux gens du conseil du roi le rapport de l'état des foires; il vouloit qu'ils eussent conjointement le droit d'établir des commissaires sur le fait des monnoies : cette disposition eut lieu à l'occasion des marchands qui venant aux foires, avoient été volés par des gens qui se disoient commissaires du roi pour la confiscation des monnoies défendues.

Philippe-de-Valois, par une ordonnance de 1344, avoit déja autorisé les gardes & le chancelier à remplir les places vacantes des notaires & des sergens, mais gratuitement & sans qu'ils pussent y nommer des étrangers.

Philippe-de-Valois fixa le nombre des notaires à quarante, parmi lesquels il devoit y en avoir quatre capables d'écrire en françois & en latin; il leur enjoignit d'obéir aux gardes & au chancelier, & leur défendit de dresser des actes qui ne seroient pas mis en exécution *par mandement des foires*, & s'ils le faisoient, il étoit défendu au chancelier de les sceller.

Quelque grand que fût le nombre des notaires, celui des sergens l'étoit bien davantage, puifque Philippe-de-Valois fut obligé de les réduire à cent cinquante & enfuite à cent; Philippe-le-Long les avoit réduits précédemment à cent quarante, fçavoir, cent vingt à cheval & vingt à pied.

Ces fergens devoient fe préfenter aux gardes une fois chaque foire pour exécuter leurs ordres : ils ne pouvoient, ainfi que les notaires, exercer leurs offices qu'en perfonne, ni même les aliéner fans la permiffion des gardes; & ils étoient obligés de donner caution.

Outre le privilége exclufif qu'ils avoient de faire tout acte & exploit pour ou contre les marchands des foires, ils étoient exempts de péages, de jurées, de chevauchée & de toute impofition : auffi l'on ne doit pas s'étonner qu'ils fe foient fi multipliés, & qu'on ait été obligé fi fouvent d'en réduire le nombre.

Le chancelier des foires leur ayant ordonné de prêter à Philippe-de-Valois quelque argent dont il avoit befoin pour des dépenfes de guerre, ce prince leur donna des lettres par lefquelles il leur promit que ce prêt ne porteroit aucun préjudice à leurs exemptions. Elles furent confirmées par les rois Jean, Charles V & Charles VI.

Il y avoit dix-fept villes en France, du nombre defquelles étoit Provins & Châlons, qui étoient obligées d'envoyer des draps aux foires de Champagne : les autres marchandifes dont il eft fait le plus fouvent mention dans les ordonnances font les chevaux, les cuirs, les épiceries & autres denrées.

Philippe-le-Bel rendit une ordonnance dans le mois de Janvier 1312, touchant les denrées qui fe vendent au poids & l'adreffa aux gardes des foires de Champagne , en leur mandant de la faire publier à *cri folemnel*. Elle avoit· pour objet de faire ceffer les plaintes de quelques marchands qui avoient été trompés dans un achat de confitures.

Le même prince avoit rendu l'année précédente une autre ordonnance concernant le taux de l'intérêt ou de l'ufure ; on y voit qu'elle étoit permife dans le royaume fur le pied d'un denier pour livre par femaine & de quatre fous par an ; ce qui faifoit le cinquième du capital : mais le roi défendit d'exiger aux foires de Champagne plus de cinquante fous pour cent livres de foire en foire : comme il y en avoit fix chaque année , cet intérêt étoit de quinze pour cent. Ce n'étoit pas fans doute le moyen de faciliter les opérations du commerce que de réduire l'intérêt qui devoit avoir lieu aux foires. Suivant toute apparence , Philippe-le-Bel avoit en vue de borner le bénéfice que les Italiens y faifoient dans le commerce de l'argent. Une ordonnance de Philippe-de-Valois dont nous parlerons dans la fuite nous apprend que cette réduction étoit faite en faveur des marchands.

Quoi qu'il en foit , les défenfes que Philippe-le-Bel fit à ce fujet portoient peine de mort & de confifcation de biens : il défendit fous la même peine par la même ordonnance , à tout créancier de dater les lettres (*) des *foires de Champagne* pour s'en procurer le privilége, fi elles étoient faites en d'autres lieux.

Les graces & répits accordés aux débiteurs ,

_____

(*) Billets ou obligation s.

& les droits impofés fur le commerce, avoient nui vraifemblablement aux foires de Champagne. Charles-le-Bel fupprima (*) le quart du courtage qui fe percevoit à fon profit, ainfi que fix deniers par chaque mandement, & trois deniers pour livre que l'on payoit au fceau. Il ordonna que toutes les grâces & répits cefferoient, & que les *défenfes* (**) accordées par les précédens gardes feroient fufpendues pendant quatre ans avec inhibition à ceux qui étoient en exercice d'accorder des lettres contraires à l'ufage des foires. Il enjoignit en même temps aux prévôts de Champagne d'obéir aux mandemens qui leur feroient adreffés par les gardes, fous les peines prefcrites par les ordonnances : & s'il arrivoit que fes officiers caufaffent quelque préjudice aux marchands, il promit de nommer deux commiffaires de fon confeil pour redreffer les griefs qu'ils auroient commis.

Cette ordonnance fut révoquée l'année fuivante, & par conféquent les impôts fur le commerce & l'ufage des grâces & des répits rétablis : mais Charles-le-Bel confirma ce qu'il avoit ordonné relativement aux griefs des marchands contre fes officiers.

Philippe de Valois fon fucceffeur, fut obligé d'abolir (***) le quart du courtage ainfi que les grâces & les répits. Quant aux défenfes, il voulut qu'elles ne fuffent fufpendues que pendant deux ans, paffé lequel tems, elles reprendroient leur valeur, fi les créanciers ne s'accordoient

---

(*) En 1326.
(**) Sentences par corps que les créanciers obtenoient contre leurs débiteurs.
(***) En 1331.

pas avec leurs débiteurs: fon intention étoit que les marchands qui voudroient jouir des priviléges des foires, y conduififfent leurs marchandifes, les miffent en vente pendant les trois jours de la foire, & qu'ils puffent tranfporter celles qu'ils n'auroient pas vendues en tel lieu du royaume qu'ils jugeroient à propos : mais il vouloit que ceux qui les feroient paffer à l'étranger fuffent privés du bénéfice du fauf-conduit (*) des foires. Les marchandifes qui y avoient été achetées pouvoient être tranfportées fous ce fauf-conduit dans le royaume ou hors du royaume. Il ordonna aux maîtres ou gardes de faire rendre aux marchands les chevaux que les officiers leur auroient pris, & promit de commettre quatre perfonnes de fon confeil, fçavoir, deux du parlement & deux de la chambre des comptes, pour ftatuer à la réquifition des maîtres fur les dommages que fes officiers pourroient avoir caufés.

Le même prince rendit en 1344 une ordonnance pour la réformation des foires de Champagne : on y voit les motifs de leur établiffement. Elles avoient été inftituées, difoit-il, pour le bien commun de tous les pays qui pouvoient s'y procurer les marchandifes qui leur étoient néceffaires. Tous les prélats, princes, barons, chrétiens & *mécreans* avoient approuvé leur inftitution, enforte qu'*il étoit dû obéiffance au roi dans tous les pays en-deçà & en-delà de la mer.* Il avoit été accordé aux marchands qui venoient

---

(*) Ce fauf conduit étoit néceffaire pour en impofer aux feigneurs haut jufticiers qui fe permettoient alors de devalifer les marchands dans les chemins.

à ces foires des franchiſes & des libertés, ainſi qu'un ſauf-conduit pour eux & leurs marchandiſes; ſon intention étoit de rétablir ces foires dans leurs anciens priviléges, & pour cet effet, il ordonna la ſuppreſſion de tous les impôts qui avoient été créés depuis trente ans : il voulut qu'il ne fût accordé ni grâces, ni répit contre la liberté des foires; & ſi l'on en accordoit, les gardes devoient n'y avoir aucun égard. Il défendit aux drapiers & aux autres marchands des dix-ſept villes qui étoient obligés de venir aux foires, de vendre leurs marchandiſes dans aucun endroit du royaume pour être tranſportées à l'étranger, à moins qu'ils ne les euſſent amenées à l'une de ces foires, nonobſtant la permiſſion qui en avoit été accordée aux marchands de Châlons & de quelqu'autres des dix-ſept villes. Il voulut que les marchands ne puſſent être obligés de livrer leurs marchandiſes avant d'être payés, à moins qu'ils n'euſſent vendu à terme. Les marchands qui vendoient en détail étoient tenus d'expoſer leurs marchandiſes pendant le tems accoutumé, c'eſt-à-dire, depuis le premier des trois jours que duroit l'expoſition des draps, juſqu'au ſixième jour ſuivant. Les marchands de chevaux devoient avoir leurs écuries ouvertes depuis les trois jours des draps juſqu'aux *changes abattues*. Si leurs chevaux étoient arrêtés par les écuyers du roi, ils ne pouvoient être retenus plus de trois jours, après leſquels les marchands pouvoient les reprendre ſans encourir d'amende. Les marchands de cuirs devoient expoſer leurs marchandiſes au lieu accoutumé & *non autre part* pendant trois jours, après lequel tems il leur étoit *défendu d'en vendre*.

Le

Le roi voulut que les marchands qui viendroient aux foires ne puffent être arrêtés, non plus que leurs marchandifes, pendant cinq ans, à compter du jour de fon ordonnance, en vertu des défenfes données précédemment, & que fi pendant ce délai les parties ne pouvoient pas s'arranger, les créanciers pourroient exercer des contraintes contre leurs débiteurs. Il enjoignit aux compagnies des *changeurs* (*) de remplir leurs charges dans des lieux apparens, & d'avoir des tapis à leurs fenêtres & à leurs comptoirs, fuivant l'ufage. Il ordonna aux officiers de juftice de Champagne d'exécuter les ordres des gardes des foires, & autorifa ceux-ci à les y contraindre par leurs commiffaires. Enfin le roi attribua à perpétuité à l'office des gardes le pouvoir de faire obferver les ordonnances relatives aux foires, avec injonction à tous les officiers de fon royaume de leur obéir à cet égard.

Cette ordonnance fut bientôt fuivie (**) d'une troifième ; c'eft celle où Philippe de Valois déclara que c'étoit en faveur des marchands qu'il étoit défendu de prêter de foire en foire à plus haut intérêt que quinze pour cent par an. Après avoir renouvelé ces défenfes, il ajouta que les contrats fimulés & dont la date feroit caufée contre la vérité pour *marchandifes vendues*, afin de pallier des ufures, feroient nuls comme ufuraires. Il défendit aux créanciers qui feroient renouveler leurs lettres-de-change, d'y faire entrer les intérêts pour les convertir en princi-

(*) Banquiers.
(**) En 1345.

pal, & permit aux marchands de ftipuler qu'ils feroient payés du prix de leurs marchandifes fuivant la valeur que les monnoies auroient le jour de la vente.

Enfin le même prince, après avoir confulté les gens tenant les jours de Troyes, les avocats & les autres perfonnes habiles qui fréquentoient les foires, défendit à tout créancier de faire énoncer dans un contrat qu'il avoit été paffé aux foires lorfqu'il avoit été rédigé ailleurs : il obferva que le privilége que les créanciers acquerroient par ce moyen, cauferoit du préjudice aux débiteurs, aux perfonnes qui auroient des créances fur eux, ainfi qu'aux jufticiers dans la juridiction defquels les contrats auroient été paffés réellement. Il déclara que ceux qui les auroient faits encourroient la peine de faux.

Philippe-de-Valois rendit une quatrième ordonnance (*) concernant les foires de Champagne : il déclara que plufieurs marchands les avoient abandonnées à caufe des impôts qui y avoient été établis & de l'inobfervation de leurs priviléges ; il ajouta que l'exportation des laines avoit nui confidérablement au commerce : il défendit en conféquence d'en laiffer fortir aucune, foit qu'elles fuffent du royaume, foit qu'on les eût tirées de l'étranger. Il voulut que les différentes fortes de marchands euffent en préfence des gardes & du chancelier, des perfonnes habiles pour vifiter les marchandifes. Il autorifa ces nouveaux officiers à faifir, fans employer le miniftère des fergens, les marchandifes qui ne feroient pas de bonne qualité. Il

(*) En 1349.

leur étoit enjoint de faire leur examen devant
fix, cinq ou du moins quatre marchands, &
leur rapport devant les gardes & le chancelier,
qui condamneroient les délinquans à une amende
arbitraire au profit du roi.

On doit obferver qu'autrefois les marchands
qui n'étoient pas payés s'adreffoient aux gardes
des foires, qui mandoient aux juges des lieux
où les biens immeubles des debiteurs étoient
fitués de les faire vendre. Si perfonne ne formoit oppofition, ou fi ceux qui l'avoient formée en étoient déboutés, on procédoit à la
vente, & l'acquéreur en confignoit le prix au
regiftre des foires. Les juges qui avoient fait l'adjudication en donnoient des lettres à cet acquéreur, & celui-ci les faifoit confirmer par d'autres qu'il faifoit fceller du fceau des foires.
Lorfque toutes ces formalités avoient été remplies, les ventes étoient irrévocables, & l'on
ne pouvoit plus y former d'oppofition ; mais
dans la fuite on reçut des oppofans : les débiteurs faifoient affigner leurs créanciers fans appeler les acquéreurs, & fi la vente étoit annul-
lée, la fentence qui étoit intervenue contre les
créanciers étoit exécutée contre les acquéreurs
qui fans avoir été entendus, étoient dépouillés
des biens qu'ils avoient achetés.

Philippe-de-Valois voulut remédier à cet inconvénient ; il ordonna que les perfonnes do-
miciliées dans le royaume ne puffent s'oppofer
aux ventes faites avec les formalités requifes,
que pendant un an à compter du jour qu'elles
auroient été confirmées par des lettres fcellées
du fceau des foires, & que les étrangers ou
ceux qui auroient été abfens du royaume pen-

dant un an depuis la première criée, euffent deux ans pour former leur oppofition : que les oppofans fiffent affigner non-feulement le créancier, mais encore le détenteur des biens ; que fi l'un des deux ne fe préfentoit pas, il fût affigné une feconde fois, & que s'il perfiftoit à ne fe point préfenter, le jugement rendu avec le comparant fût exécuté contre le défaillant, après toutesfois que le prix de la vente auroit été configné au *regiftre* des foires, pour y être rendu à l'acquéreur, s'il étoit dépoffédé.

Jean I, & fuivant quelques-uns Jean II, publia une ordonnance par laquelle il nomma, ainfi que l'avoit fait avant lui Philippe-le-Bel, des commiffaires pour remettre en vigueur les anciennes coutumes, & abolir les nouveautés contraires au bien du commerce.

Les étrangers venoient de toutes parts aux foires de Champagne ; auffi les ordonnances font-elles remplies de difpofitions qui les concernent, & particulièrement les Lombards & autres Italiens.

Philippe-le-Bel, par des lettres du 7 mars 1294, ratifia un traité paffé en fon nom & en celui de Jeanne, fa femme, comteffe de Champagne & de Brie, par *Mufcetus Guidonis*, fon receveur, & le capitaine des compagnies des marchands & changeurs italiens.

Cet accord portoit que pour raifon des marchandifes que ces étrangers vendroient ou acheteroient aux foires, il feroit payé au roi un denier tournois par livre du prix qu'elles auroient coûté, & autant par le vendeur, & qu'il feroit perçu le double dans le refte du royaume ; que pour raifon du change qu'ils feroient aux foires, il feroit dû au roi pour chaque livre de petits tournois, une pite tournoife, & dans les autres lieux une obole tournoife, que les changeurs de profeffion payeroient en monnoie parifis. Que fur chaque livre d'or ou d'argent en maffe & vendue au poids, il feroit payé au roi un petit tournois en quelque lieu du royaume que la vente fût faite. Que pour que ces droits fuffent payés fans fraude, tout le commerce des Italiens ne fe feroit que par forme de vente, d'achat ou de change : qu'en récompenfe, ils joui-roient des franchifes & des priviléges dont jouif-foient les bourgeois du royaume qui fréquen-toient les foires. Qu'ils pourroient aller & venir librement & en fûreté avec leurs effets dans tout le royaume. Qu'ils feroient exempts de tout droit *d'oft*, de garde, de prêt & de toute taille & impofition, à l'exception des rede-vances qu'ils pourroient devoir pour leurs biens immeubles. Qu'ils feroient déchargés des amen-des qu'ils pourroient avoir encourues précé-demment à divers égards. Que dans leurs con-trats & leurs affaires, foit civiles, foit crimi-nelles, ils feroient traités, non comme étrangers, mais comme bourgeois du royaume. Que les défenfes faites à leur requête par les maîtres des foires ne pourroient être fufpendues ou chan-gées fans le confentement des créanciers. Qu'ils ne pourroient être cités en juftice pour fait de commerce que devant les maîtres des foires. Qu'ils feroient fous le fauf-conduit du roi en y allant ou en revenant, & que s'ils fouf-froient quelque dommage, le roi le répareroit, s'ils n'étoient pas indemnifés deux mois après qu'ils l'auroient requis. Que ceux qui apporteroient des draps pour les vendre, seroient tenus de les exposer pendant quatre jours entiers au son de la cloche. Que si quelqu'un de la compagnie avoit commis quelque délit, ses biens seuls pourroient être saisis, & non ceux de ses compatriotes. Qu'ils ne seroient obligés de payer d'autre salaire pour les écritures des clercs que celui qui auroit été fixé par les maîtres des foires. Qu'ils pourroient faire des règlemens entr'eux, pourvu que ce fût sans préjudice d'autrui.

Philippe-le-Bel accorda l'année suivante quelques autres priviléges aux Italiens, à condition qu'ils payeroient un denier, une obole & une pite par livre du prix des marchandises qu'ils auroient vendues.

Par une ordonnance du 9 juillet 1315, Louis Hutin fixa les droits que les marchands Italiens devoient lui payer au double de ceux portés par le traité de Philippe-le-Bel, pour les ventes, achats & échanges qu'ils feroient d'or, d'argent & d'autres marchandises, tant aux foires de Champagne qu'ailleurs. Il ordonna qu'ils fissent des contrats en forme, & que leurs marchés fussent faits par des courtiers qu'il nommeroit, & qui lui payeroient une redevance convenable. Il permit aux capitaines & consuls des villes d'Italie d'instruire leurs compatriotes des droits qu'ils auroient à payer. Il fixa leur domicile dans les villes de Paris, de Saint-Omer, de Nîmes & de la Rochelle; il leur confirma les exemptions & priviléges qui leur avoient été accordés par Philippe-le-Bel.

Charles-le-Bel ordonna en 1326 que ce règlement qui n'avoit été fait que pour dix années, fût exécuté à perpétuité.

Le même prince prescrivit l'année suivante pour demeures aux Italiens & aux Provençaux le lieu même des foires & la ville de Nîmes, en leur permettant néanmoins d'envoyer leurs facteurs où ils jugeroient à propos. Il leur permit aussi de faire conduire les marchandises qu'ils n'auroient pu vendre aux foires dans tel lieu du royaume qu'ils voudroient. Il voulut bien que ceux qui étoient mariés dans le royaume, & qui y faisoient quelque commerce nécessaire demeurassent hors des foires : enfin il leur accorda un tabellion pour dresser les contrats qu'ils passeroient entr'eux.

Philippe-de-Valois ordonna que les marchands ultramontains fissent entrer leurs marchandises dans le royaume par Aigues-Mortes, Carcassonne, Beaucaire & Mâcon. Il voulut que ceux qui chercheroient à passer aileurs, ne pussent jouir du sauf-conduit des foires ni des autres priviléges qui y étoient attachés : il enjoignit, ainsi que l'avoient déja fait ses prédécesseurs, aux marchands de chevaux Italiens de résider aux foires, à peine de perdre leurs chevaux : il fit la même injonction à ceux de cette nation, qu'il qualifie de *cazeniers* & de *prêteurs*, s'ils n'aimoient mieux sortir du royaume dans trois mois: mais ils pouvoient envoyer leurs facteurs partout où ils vouloient pour toucher leurs créances : il leur permit même de demeurer où ils jugeroient à propos, pourvu qu'ils renonçassent à leurs contrats usuraires, & qu'ils payassent les redevances ordinaires. Il ajouta un second tabellion à celui que Charles-le-Bel avoit déja établi pour la rédaction des contrats que les Italiens passeroient entr'eux ; mais il voulut que ces actes ne pussent être mis à exécution en vertu du *mandement des foires.*

Par trois ordonnances postérieures (*), Philippe-de-Valois voulut que les Florentins, les Luc-quois, les Milanois, les Vénitiens, les Allemands, les Provençaux & les autres marchands des pays étrangers soit qu'il fissent le commerce en particulier ou en s ciété, eussent une demeure honnête aux foires pour eux & leurs facteurs, sans qu'ils pussent demeurer ailleurs. Il ordonna que leurs marchandises ne pussent être arrêtéesque par les gardes des foires, à moins que ce ne fût pour quelque crime ou délit étranger au commerce, & que ceux qui contreviendroient à cette disposition fussent punis. Il leur accorda les privilèges des foires pour toutes les marchandises qu'ils y amèneroient, pour celles qu'ils n'auroient pu y vendre, & pour celles qu'ils auroient achetétées. Il ordonna aux changeurs ou banquiers étrangers qui venoient aux foires, de former une société, ou de sortir du royaume dans deux mois. Il confirma la disposition qu'il avoit faite pour la précédente ordonnance concenant la résidence des *cazeniers* ou prêteurs sur gages Italiens, & renouvela les défenses de prêter à plus de quinze pour cent par an.

Philippe-de-Valois pour récompenser l'attachement des Génois pour les rois de France, avoit supprimé en 1328 à la requête de Raphaël de *Campis* leur ambassadeur, les droits établis par le traité de Philippe-le-Bel & par les ordonnances de Louis Hutin & de Charles-le-Bel, à condition que les marchands Génois payeroient

_____

(*) En 1344, 1345, & 1349.

les droits ordinaires fur les marchandifes qu'ils vendroient dans le royaume.

Charles V confirma cette fupreffion par des lettres qu'il adreffa en 1365 à la chambre des comptes. Charles VI imita fon exemple : mais il voulut que l'exemption en faveur des Génois n'eût lieu que pendant cinq ans : il les déchargea en même temps des cautions qu'ils pourroient avoir données pour le payement des droits établis par Philippe-le-Bel & Louis Hutin.

Le même prince conformément à des lettres que fon prédéceffeur avoit accordées en 1380, permit à trois Lombards de la ville d'Aft de demeurer à Troyes pendant quinze ans, pour y faire le commerce & y prêter de l'argent : les lettres qu'il donna à ce fujet furent adreffées *à la garde* des foires de Champagne & de Brie.

Charles VI voulut (*) conformément à des lettres de Thibaud roi de Navarre & comte de Champagne, que lorfque le duc de Lorraine feroit une femonce à Neufchâteau (**) pour une expédition militaire dans le temps des foires de Champagne & de Brie, les *changeurs* & les marchands qui s'y trouveroient ne feroient point obligés d'aller fervir en perfonne & pourroient y envoyer quelqu'un à leur place.

Il ordonna en faveur de la ville de Figeac que fi un bourgeois avoit contracté quelqu'engagement dans les foires de Champagne ou ailleurs, & que l'on fût en conféquence dans le cas d'ufer du droit de *marque* contre la ville, on ne pût le

---

(*) En 1390.
(**) Les ducs de Lorraine tenoient cette ville en fief des rois de France en qualité de comte de Champagne.

faire fans avertir auparavant les confuls, afin qu’ils euffent le temps de prendre des mefures pour fatisfaire à cette obligation.

Tous ces priviléges n’ont pu foutenir les foires de Champagne dans l’état floriffant où elles étoient autrefois : elles font tombées infenfiblement, & différentes caufes ont contribué à cet effet : les Italiens ont ceffé de venir à ces foires depuis que le paffage du Cap de Bonne-Efpérance a fait paffer le commerce des épiceries de leurs mains dans celles d’autres nations. Les foires franches de Lyon ayant été établies au commencement du feizième fiécle, les Allemands les ont préférées à caufe de leur proximité. Les guerres de la ligue ont été encore plus contraires aux foires de Champagne, de manière qu’il n’y avoit prefque plus de commerce en cette province vers la fin du fiécle dernier. Les habitans de Troyes & de quelques autres villes de la province cherchèrent à le remettre en vigueur, & Louis XIV voulut bien à leur follicitation concourir à leurs vues en rétabliffant leurs foires franches, mais on ne voit pas que l’arrêt du confeil & les lettres-patentes qu’il donna à ce fujet en 1697 aient produit beaucoup d’effet : les caufes qui contribuèrent à leur ruine fubfiftent encore & la protection que le gouvernement fage accorde depuis long-temps au commerce en général a rendu les foires moins néceffaires.

On a dû remarquer dans les réglemens qui ont été faits concernant les anciennes foires de Champagne qu’elles étoient moins des foires franches que des foires de prohibition : il eft vrai qu’ils contiennent quelques difpofitions dictées par l’équité : mais on y en trouve un plus grand nombre qui font ou inutiles ou même diametralement oppofées au but que l'on fe propofoit. Elles fuffiroient pour démontrer que les réglemens prohibitifs en fait de commerce font plus nuifibles que profitables : & ce qui le prouve mieux encore, c'eft l'état floriffant dont le commerce jouit en Hollande & dont il eft redevable à la liberté la plus entière.

SIXIÈME PARTIE.

Du titre de capitale de la province de Champagne.

Les comtes de Champagne & de Brie ont formé avec la haute Champagne depuis leur réunion à la couronne une feule province : Troyes & Châlons fe font long-temps difputé l'honneur d'en être la capitale ; leur conteftation éclata en 1722 à l'occafion du facre de Louis XV, & donna lieu à différens écrit polémiques.

La ville de Reims avoit auffi des prétentions à cette prééminence ; elle avoit été, de l'aveu des deux autres, capitale de la Gaule Belgique fous les Romains : elle leur étoit fupérieure par fa grandeur, fa population, fon opulence, fes antiquités, fes édifices, fon fiége archiépifcopal : elle joignoit à tous ces avantages le privilège fingulier d'avoir été choifie par nos rois pour la cérémonie de leur facre.

Châlons convenoit que fi elle n'étoit pas capitale de la Champagne, Reims devoit l'être : mais elle fe croyoit fondée à réclamer cette prérogative parce que la haute & la baffe Champagne formoient une généralité dont elle étoit le chef-lieu par la réfidence qu'y faifoient les intendans.

On ajoutoit que l'on avoit transféré l'hôtel de la monnoye de Troyes à Châlons & établi dans cette dernière ville une chambre de parlement en confidération de la fidélité qu'elle avoit témoignée au roi dans les circonftances les plus critiques : Henri III lui avoit écrit une lettre en 1589, par laquelle il lui avoit donné le titre de *ville principale de la province de Champagne.*

Les gouverneurs & les généraux d'armée faifoient leur féjour à Châlons lorfqu'ils étoient dans la province : il y avoit en cette ville un magafin d'armes & de munitions de guerre : & lorfque les villes de la province vinrent préfenter leurs hommages à Louis XV lors de fon facre, les députés de Châlons avoient été appelés les premiers.

La ville de Troyes ne fe bornoit pas à des prérentions : elle articuloit une poffeffion qui remontoit jufqu'aux temps de fes anciens comtes : ces princes y faifoient leur réfidence & y tenoient leurs grands jours avec les fept comtes & pairs leurs vaffaux.

La réunion du comté de Champagne à la couronne n'apporta aucun changement à cet égard, puifque Philippe-le-Bel ordonna que les grands jours fe tiendroient deux fois l'année à Troyes: Louis Hutin & Philippe-le-Long renouvelèrent cette ordonnance.

Leur exemple fut fuivi par Henri III, qui ordonna en 1583, de l'avis des princes de fon fang que « la cour & juridiction vulgairement » appelée les grands jours, feroit tenue & exercée » la même année *dans la ville de Troyes comme* » *première, principale & capitale du comté de* » *Champagne* ».

Henri III s'exprima d'une manière au moins auſſi formelle dans un arrêt qu'il rendit en 1600 en ces termes : « Sur le rapport fait au roi de » pluſieurs requêtes préſentées par les maire, » échevins & habitans d'aucunes villes de la » province de Champagne, le roi, étant en » ſon conſeil, a ordonné & ordonne que les » habitans de la ville de Troyes, *comme capitale* » *de la province*, Reims pour la conſidération » du ſacre des rois de France, Langres, Châ- » lons, Chaumont en Baſſigny, Saint-Dizier, » Mezières, comme villes frontières, jouiront » de l'exemption & affranchiſſement de toutes » tailles, &c. »

Les députés du bailliage de Troyes avoient toujours été appelés les premiers dans les états généraux du royaume, comme on pouvoit le voir dans la relation de ce qui s'étoit paſſé aux états de Blois & de Paris : on obſervoit que la ville de Châlons n'y avoit point envoyé de députés : ſi elle avoit été capitale de la province, eût-elle été oubliée ?

Les députés de Troyes étant à Reims au ſacre de Louis XIII furent chargés des cahiers de la province, comme repréſentant la capitale.

Ils firent en la même qualité les propoſitions dans une aſſemblée des villes de la province qui ſe tint à Châlons en 1625, en préſence du duc de Nevers, gouverneur de la Champagne.

La ville de Troyes avoit été qualifiée de capitale dans trois arrêts rendus par Louis XIII, Louis XIV & Louis XV, touchant la nourriture des pauvres & les foires franches de cette ville.

Elle avoit toujours eu la préféance ſur les autres villes de la province aux paſſages des rois, princes & princesses du sang par la Champagne.

Elle avoit été reconnue pour capitale par MM. de Sainte-Marthe dans leur ouvrage *de Galliâ chriftianâ*, par Moreri dans son dictionnaire historique, par Samson dans son introduction à la géographie & par l'auteur des tables chronologiques de tous les archevêchés & évêchés de l'univers.

Elle réunissoit même en sa faveur l'aveu des officiers qui avoient rempli les charges municipales de Châlons en 1652. Par une lettre qu'ils avoient écrite aux maire & échevins de Troyes au sujet d'une assemblée des députés de la province qui devoit se tenir à Châlons, ils s'exprimoient ainsi : « Nous savons très-bien que l'as- » semblée devroit se tenir en votre ville ; mais » comme les autres villes ont jugé à propos » qu'elle se fît à Châlons pour la commodité » de tous les députés, comme étant le centre » de la province ; nous vous prions de l'avoir » pour agréable : notre dessein n'est en aucune » manière de nous en prévaloir ; *nous vous té-* » *moignerons de grand cœur que nous reconnoissons* » *votre ville pour la capitale, où nous nous ren-* » *drons toujours à votre mandement* ».

On observoit que les députés de Châlons n'avoient été appelés les premiers au sacre de Louis XV que par erreur, puisque sur la réclamation des députés de Troyes, ceux-ci furent autorisés à présenter les premiers leur hommage : on ne pouvoit rien inférer de l'établissement d'une chambre de parlement à Châlons non plus que de la translation en cette ville de l'hôtel de la monnoie de Troyes, ces innovations ayant cessé avec les troubles de la ligue qui les avoient occasionnées : si les intendans, les gouverneurs & les généraux d'armée faisoient leur séjour à Châlons, c'est que cette ville étant au centre de la province, ils étoient plus à portée de donner leurs ordres : ils pourroient résider pour la commodité du service dans toute autre ville même inférieure à celle de Châlons, sans lui conférer par-là le titre de capitale.

Tels étoient les moyens respectifs des villes rivales : leur différent s'étant renouvelé en 1775 au sacre de Louis XVI, les titres de la ville de Troyes ont paru victorieux au conseil de sa majesté : elle a été déclarée capitale de la province de Champagne, & les officiers municipaux de cette ville ont fait frapper une médaille pour signaler cette décision & en perpétuer le souvenir.

Voyez Mezeray & Villaret ; le traité des droits domaniaux de Dupuy ; le trésor de Chartres ; les ordonnances rendues par Philippe-le-Bel du 1302, par Louis Hutin en 1315, & par Philippe-le-Long en 1319 ; les lettres du roi Jean de 1361 ; les coutumes de Champagne ; les procès-verbaux de la publication qui en a été faite & les annotations de Pierre Pithou sur celle de Troyes ; le dictionnaire des domaines ; le traité des domaines de Berthelot ; le traité, & les ordonnances des aides ; les tarifs de 1687 & de 1688 ; le traité de commerce passé entre Philippe-le-Bel & les Italiens en 1294 ; l'ordonnance de Philippe-le-Long du mois de novembre 1318 ; l'ordonnance de Charles-le-Bel de 1326 ; celles de Philippe-de-Valois de 1328, de 1331, de 1344, de 1345, & de 1349 ; les ordonnances de Charles V de 1365, & de Charles VI de 1390.

Voyez aussi les articles TROYES, REIMS, MAUX, VITRY - LE - FRANÇOIS, CHASLONS, CHAUMONT, CHARLEVILLE, &c. (*Article de M. GILBERT DE MARETTE, avocat au parlement de Bretagne.*)

CHAMPAGNE ou DROIT de CHAMPAGNE. C'étoit un droit que les auditeurs des comptes prenoient autrefois sur les baux à ferme des domaines de Champagne : il étoit de vingt sous pour chaque ferme de mille livres & au-dessous & de quarante sous pour celles qui excédoient cette somme. Les présidens, les maîtres & les auditeurs des comptes le partageoient entr'eux, mais il ne subsiste plus depuis long-temps.

Voyez *le glossaire de Laurière.* (*Article de M. GILBERT DE MARETTE, avocat au parlement de Bretagne.*)

CHAMPART. Terme usité dans plusieurs coutumes, pour exprimer une redevance qui consiste dans une certaine portion des fruits qu'on recueille sur l'héritage assujetti à ce droit.

Ce terme vient du Latin *Campi pars*, ou *Campi partus*, d'où l'on a fermé dans les anciens titres Latins les noms de *Campars*, *Campipartum*, *Camparcium*, *Campartus*, &c.

Ce droit a aussi différens noms en François : dans quelques contrées on l'appelle *terrage* ou *agrier*; dans d'autres, on l'appelle *droit de quart* ou *de cinquain*, *neuvième*, *vingtain*, &c.

Le Champart a lieu dans plusieurs provinces tant des pays coutumiers que des pays de droit écrit : dans quelques endroits il dérive de la coutume ou des usages du lieu : dans d'autres endroits il est fondé sur des titres.

Le

Le Champart eft quelquefois un droit feigneurial, & quelquefois il ne l'eft pas. Lorfque l'héritage qui y eft affujetti n'eft chargé d'aucun cens, & que le Champart en eft la première redevance, ce droit eft alors cenfé avoir été retenu fur l'héritage, non feulement comme un droit utile, mais encore pour fervir de reconnoiffance de la feigneurie qu'a confervée celui qui a donné l'héritage à ce titre ; & par conféquent le Champart eft dans ce cas, un droit feigneurial.

Si l'héritage affujetti au Champart eft en outre chargé d'un droit de cens, foit envers le feigneur à qui le Champart eft dû, foit envers un autre feigneur, on regarde alors le cens comme la redevance feigneuriale, parce qu'il eft de la nature du cens d'établir la feigneurie de celui auquel il eft dû : ainfi le Champart n'eft dans ce cas qu'une fimple redevance foncière, attendu qu'un même héritage ne peut être tenu de deux redevances feigneuriales, ni relever de plus d'une feigneurie.

Cette diftinction entre le Champart feigneurial & celui qui ne l'eft pas, eft très-ancienne. Elle fe trouve dans l'auteur du grand coutumier, & forme le droit commun.

On ne connoît fur le droit de Champart, aucun réglement antérieur aux lettres de Louis le Gros, de l'an 1119, accordées aux habitans du lieu nommé *Angere-regis*, que M. Secouffe croit être Angerville dans l'Orléannois. Ces lettres portent que les habitans de ce lieu payeront au roi un cens annuel en argent pour les terres qu'ils poffédéront ; que s'ils y fément du grain, ils en payeront la dixme ou le Champart.

Elles furent confirmées par Charles VI, le 4 novembre 1391.

On voit dans les établissemens de saint-Louis, faits en 1270, que le seigneur direct pouvoit mettre en sa main la terre tenue à champart d'un bâtard, dont on ne lui payoit aucune redevance ; mais que ce bâtard pouvoit la reprendre à la charge du cens.

Il est dit, dans ces mêmes établissemens, que le seigneur pouvoit mettre en sa main la terre qui ne devoit que le terrage ou Champart ; mais qu'il ne pouvoit pas l'ôter au propriétaire pour la donner à un autre ; que si la terre devoit quelques autres droits, le seigneur ne la pouvoit prendre qu'après qu'elle avoit été sept ans en friche ; qu'alors le tenancier qui perdoit sa terre, devoit de plus dédommager le seigneur de la perte qu'il avoit faite du Champart pendant ce tems.

Philippe VI, dit de Valois, dans un mandement du 10 juin 1331, adressé au sénéchal de Baucaire, dit qu'on lui a donné à entendre que par un privilége accordé par les rois ses prédécesseurs, & observé jusqu'alors, deux qui tenoient du roi un fief, ou un arrière-fief, pouvoient posséder des héritages tenus à cens ou à Champart ; Philippe VI ordonne qu'il sera informé de ce privilége ; & que s'il est constant, les possesseurs des terres ainsi tenues à cens ou à Champart, ne seront point troublés dans leur possession.

Dans des lettres du roi Jean, du mois d'octobre 1361, portant confirmation de la charte de Bourgeoisie accordée aux habitans de Busency, il est dit, que les bourgeois payeront le terrage de treize gerbes une, de toutes les terres qu'on labourera fur le ban & finage de Bufency, & pour les vignes à proportion.

Un des articles des priviléges accordés aux habitans de Monchauvette, en Beauce, par Amauri, comte de Montfort, & Simon, comte d'Evreux, fon fils, confirmés par plufieurs de nos rois, & notamment par Charles V, au mois de mars 1393, porte que fi ceux qui font fujets au droit de Champart ne veulent pas le payer, on le levera malgré eux.

L'ufage qui s'obferve préfentement par rapport au droit de Champart, eft que dans les pays coutumiers, il n'eft dû communément que fur les grains femés, tels que blé, feigle, orge, avoine, pois de vefce, blé noir ou farafin, blé de mars & chanvre. Il ne fe perçoit point fur le vin ni fur les légumes, non plus que fur le bois, fur les arbres fruitiers, à moins qu'il n'y ait quelque difpofition contraire dans la coutume, ou un titre précis.

En quelques endroits les feigneurs ou propriétaires ont fur les vignes un droit femblable au Champart, auquel néanmoins on donne différens noms: on l'appelle *teneau* à Chartres, *complant* en Poirou, Angoumois & Xaintonge, *carpot* en Bourbonnois. Ces droits dépendent aufli de l'ufage & des titres, tant pour la perception en général que pour la quotité.

Dans les pays de droit écrit, le *Champart*, ou *agrier*, fe lève fur toutes fortes de fruits; mais on y diftingue l'*agrier* fur les vins & autres fruits, de celui qui fe perçoit fur les grains: les noms en font différens, aufli bien que la quotité ; cela dépend ordinairement de la *bail-lette*, ou conceffion de l'héritage.

La dixme, foit ecléfiaftique ou inféodée, fe perçoit avant le Champart;& le feigneur ne prend le Champart que fur ce qui refte après la dixme prélevée ; c'eft-à-dire, que pour fixer le Champart, on ne compte point les gerbes enlevées pour la dixme.

Le Champart feigneurial a les mêmes prérogatives que le cens : ainfi,

1 .Il eft imperfcriptible,c'eft-à-dire que les poffeffeurs d'un héritage affujetti au Champart, ne peuvent être libérés de ce droit , quel que foit le nombre des années que le feigneur ait laiffé écouler fans le faire acquitter.

2°. Le décret ne purge pas le droit de Champart feigneurial, quoique le feigneur n'ait point formé d'oppofition.

3°. Le Champart feigneurial produit des lods & ventes, en cas de mutation de l'héritage, excepté dans quelques coutumes qui ont des difpofitions fingulières à cet égard. Telle eft celle d'Orléans, dont l'article 143 porte, que les terres tenues à droit de Champart, ne doivent ni *ventes*, ni *relevoifon*, quand elles font aliénées.

Obfervez néanmoins qu'il eft dit par le même article, que quand les terres font chargées d'un cens & d'un Champart, quoiqu'envers le même feigneur, le Champart dont elles font chargées ne les affranchit pas du droit de vente, qui eft une fuite du droit de cens.

Lorfque le Champart n'eft pas feigneurial, il eft, 1°. prefcriptible comme toutes les autres redevances foncières.

2°.Il eft pareillement fujet commetoute autre redevance foncière à être purgé par le décret.

Il y a cependant une exception à cette règle dans la coutume d'Orléans : l'article 480 porte qu'il n'est pas nécessaire de s'opposer au décret pour le Champart, quoiqu'il ne soit pas seigneurial. La raison de cette décision peut être, selon M. Pothier, que la perception du Champart étant publique, les adjudicataires peuvent aisément le connoître, & que les décrets ne sont faits que pour purger les droits que les adjudicataires pourroient ignorer.

3°. Le Champart qui n'est pas seigneurial ne produit point de lods & ventes dans le cas de mutation.

Dans les pays de droit écrit, l'usage le plus général est que le Champart n'y est réputé seigneurial que quand quand il est joint au cens; cela dépend des titres ou reconnoissances. Cependant au parlement de Bordeaux il est réputé seigneurial de sa nature.

Le Champart, même seigneurial, n'est pas *portable* dans les parlemens de droit écrit; il est *quérable* sur le champ, excepté au parlement de Bordeaux; il tombe en arrérages : mais sur ce point l'usage n'est pas uniforme ; au parlement de Toulouse on n'en peut demander que cinq ans, soit que le droit soit seigneurial ou non; à Bordeaux on en adjuge vingt-neuf quand il est seigneurial, & cinq lorsqu'il ne l'est pas ; au parlement de Provence on en adjuge trente-neuf années, quand il est dû à un seigneur ecclésiastique.

En pays coutumier il ne tombe point en arrérages, & il est toujours *quérable*, si le titre & la coutume ne portent le contraire; comme les coutume de Poitou, Saintes, Amiens, Nevers, Montargis, Blois & Bourbonnois.

La quotité de Champart dépend de l'usage du lieu, & plus encore des titres. Les coutumes de Montargis, de Berri & de Vatan, le fixent à la douzième gerbe, s'il n'y a convention contraire : celle de Bovine le fixe à la dixième gerbe. Il y a des lieux où il est encore plus fort : quelques seigneurs en Poitou perçoivent de douze gerbes deux, & même trois ; ce qui fait la quatrième ou la sixième gerbe. Il y a aussi des endroits où il est moindre : tout cela, comme on l'a dit, dépend de l'usage & des titres.

Dans les provinces de Lyonnois, Forès, Beaujolois, il est ordinairement du quart ou du cinquième des fruits ; c'est pourquoi on l'appelle *droit de quarte* ou de *cinquain*.

En Dauphiné on l'appelle *droit de vingtain*, parce qu'il est de vingt gerbes une.

On peut intenter complainte pour le terrage. Celui qui possède un héritage sujet au Champart ou autre droit équipollent, est obligé de labourer & ensemencer ou planter la terre, de manière que le droit puisse y être perçu ; il ne peut, en fraude du droit, laisser l'héritage en friche, s'il est propre à être cultivé ; & si le titre spécifie la qualité des fruits qui sont dûs, le tenancier ne peut changer la surface du fond, pour lui faire produire une autre espèce de fruits : les coutumes de Blois & d'Amiens le défendent expressément ; celle de Montargis le permet, en avertissant le seigneur, & l'indemnisant à dire d'experts.

Il faut néamoins excepter le cas où la nature du terrein demande ce changement ; alors le seigneur ou propriétaire ne perd pas son droit, il le perçoit fur les fruits que produit l'héritage.

La coutume de Poitou veut, par l'article 104, que celui qui tient des terres à terrage ou Champart, en pays de *bocage*, c'eft-à-dire entouré de bois, emblave au moins le tiers des terres; & fi c'eft en plaine, qu'il emblave la moitié. L'article 61 porte qu'à l'égard des vignes, faute de les façonner, le feigneur les peut reprendre & les donner à d'autres.

Les coutumes de la Marche, Clermont, Berri, Amiens, ne permettent au feigneur de reprendre les terres qu'au bout de trois ans de ceffation de culture; celle d'Amiens permet au tenancier de les reprendre; la coutume de Blois veut qu'il y ait neuf ans de ceffation.

Le Champart fe prend chaque année dans le champ, foit pour l'emporter s'il eft *quérable*, foit pour le compter & le faire porter par le tenancier s'il eft *portable*. Dans tous les cas il faut que le feigneur ou propriétaire, ou fes prépofés, foient avertis avant que l'on puiffe enlever la dépouille du champ. La coutume de Soefme eft la feule qui permette au tenancier d'enlever fa récolte fans appeller le feigneur, en laiffant le terrage debout, c'eft-à-dire fans le couper; & réciproquement au feigneur avant le tenancier.

Quant à la manière d'avertir le feigneur ou propriétaire qui a droit de Champart, la coutume de Boulenois dit qu'on doit le fommer: celles de Berri & de Blois veulent qu'on lui fignifie; mais dans l'ufage le tenancier n'eft point obligé de faire aucun acte judiciaire; un avertiffement verbal en préfence de témoins fuffit, comme la coutume de Blois le dit en un autre endroit.

Lorfque ce droit eft commun à plufieurs, il

fuffit d'en avertir un, ou de faire cet aveztif-
fement au lieu où le Champart doit être porté,
comme la coutume de *Blois* le donne à entendre, dans l'article 133.

La coutume de *Mantes* veut que le feigneur
appelé pour la levée du terrage, comparoiffe
du foir au matin, & du matin à l'après-dînée.
Les coutumes de *Poitou* & de *Berri* veulent
qu'on l'attende vingt-quatre heures: celle de
Montargis, qu'on l'attende compétemment :
cela dépend de l'ufage & des titres, & même
des circonftances qui peuvent obliger d'enlever la moiffon plus promptement ; par exemple,
lorfque l'on craint un orage.

En *Dauphiné*, le Champart qu'on y appelle
vingtain, fe preferit par cent ans lorfqu'il eft
feigneurial, par trente ou quarante lorfqu'il ne
l'eft pas.

Le feigneur de Champart n'a que la voie d'action, pour fe faire payer tant du Champart que
de l'amende que le redevable a pu encourir.

Les coutumes ont accordé aux feigneurs de
cenfive pour le payement du cens, la voie de
la faifie cenfuelle, mais elles ne l'ont pas accordée pour le payement du Champart. La raifon
en eft que le feigneur qui demande le payement du Champart qu'on ne lui a pas rendu dans
fa grange, ou qu'on n'a pas laiffé fur l'héritage,
n'eft point créancier d'une fomme ou quantité
déterminée, attendu qu'il peut y avoir conteftation entre lui & le redevable fur la quantité
de gerbes que l'héritage a produites : or on ne
doit faifir que pour des fommes ou quantités dé-
terminées.

Il faut conclure de là que le feigneur de Champart ne pourroit agir que par voie d'action pour

le payement de son Champart, même dans le cas où le redevable se seroit obligé par une reconnoissance devant notaire, à la prestation de ce droit.

Lorsque le seigneur qui prétend un droit de Champart justifie qu'il est dans la possession annale de le percevoir, on doit l'y maintenir par provision, à la charge de rendre ce qu'il aura perçu, si en jugeant le procès au pétitoire, on vient à le déclarer mal fondé dans sa perception. Le parlement de Paris l'a ainsi jugé par deux arrêts des 5 mars 1718, & 27 janvier 1737.

Au pétitoire, le droit de Champart peut s'établir non-seulement par le rapport du titre primordial & coutumier de ce droit, mais encore à défaut de cette pièce, par des titres qui justifient une possession au moins trentenaire de ce droit : telles seroient plusieurs reconnoissances passées par le détenteur de l'héritage que l'on prétendroit assujettir au Champart ; tels seroient aussi les baux par lesquels ce détenteur & ses auteurs auroient chargé leurs fermiers d'acquitter ce droit ; &c.

Voyez *le recueil des ordonnances du Louvre ; les coutumes de Poitou , de Saintes , d'Amiens , d'Orléans , de Montargis , de Blois , de Berri , de Bourbonnois & plusieurs autres ; les glossaires de Ducange & de Laurière ; la Rocheflavain , traité des droits seigneuriaux ; les œuvres de Despeisses ; le traité des Champarts par M. Pothier ; Brodeau sur Louet ; Coquille , sur la coutume de Nivernois ; le journal des audiences ; le traité des droits seigneuriaux , par Boutaric ; Dumoulin sur Paris ; les arrêts de maynard ; le traité des fiefs , par Guyot ; Basnage , sur la coutume Normandie ; le traité du*

Champart, par Brunet ; les inſtituts coutumiers de Loiſel ; les œuvres de Henrys, &c. Voyez auſſi les articles CENS, DIRECTE, SEIGNEUR, PRESCRIPTION, TERRAGE, &c.

CHAMPARTAGE. C'eſt un ſecond droit de champart dont jouiſſent quelques ſeigneurs dans la coutume de Mantes, indépendamment du premier champart ; les héritages aſſujettis à ce droit ſont déclarés *tenus à champart & Champartage*. C'eſt d'après les titres que ſe règle la quotité du droit de Champartage. Il conſiſte communément dans un demi-champart. Il eſt ſeigneurial & impreſcriptible comme le champart quand il eſt dû ſans aucun cens, & qu'il eſt la première redevance à quoi l'héritage eſt aſſujetti. *Voyez le traité des fiefs de Guyot, l'hiſtoire de Dourdan & l'article précédent.*

CHAMPARTER, CHAMPARTIR. Termes uſités dans quelques coutumes, telles que celles de Nantes, d'Étampes, de Nivernois & de Montargis, pour ſignifier lever le droit de champart. Voyez CHAMPART.

CHAMPARTERESSE. Adjectif féminin qui s'emploie dans cette phraſe, *grange Champartereſſe*, pour ſignifier la grange ſeigneuriale où ſe mettent les fruits levés pour droit de champart. La coutume d'Orléans parle de la *grange Champarteteſſe*. Dans les lieux où le champart eſt ſeigneurial, & où il eſt dû en reconnoiſſance de la directe, comme le cens, les détenteurs des héritages aſſujettis à ce droit ſont obligés de le porter dans la *grange Champartereſſe* du ſeigneur, à moins qu'il n'y ait titre au contraire.

Voyez la coutume d'Orléans & Lalande ſur l'article 137 *de la même coutume.* Voyez auſſi l'article CHAMPART.

CHANCELADIN. Religieux d'une congrégation de chanoines réguliers de l'ordre de saint-Auguftin.

Au commencement du douzième fiécle, quelques eccléfiaftiques fe retirèrent dans une folitude à une lieue de Périgueux, auprès d'une fontaine nommée *Chancelade, Fons Cancellatus*, à caufe des treilllis de fer qui l'entouroient, & ils y menèrent une vie érémitique fous la conduite de l'abbé Foucaud de l'ordre faint-Auguftin. Ils bâtirent dans cet endroit un petit oratoire qu'ils dédièrent à la Vierge. Quelque temps après l'évêque de Périgueux leur céda l'églife de Born avec un autre lieu appellé *Bord*, leur fit embraffer la règle de faint-Auguftin, & leur donna un certain Géraud pour premier abbé. Ils jetèrent alors les fondemens d'une belle églife & d'une très-belle abbaye qui fut appellée de *notre dame de Chancelade*, & prirent l'an 1133 l'habit de chanoines réguliers (*). Mais cette magnifique abbaye fut pillée & détruite de fond en comble par les Calviniftes dans le feizième fiécle. Après ces ravages les religieux cherchèrent à y conferver un afile, mais les obfervances régulières ne pouvant pas s'y rétablir comme auparavant, la congrégation dégénéra au point qu'au commencement du fiécle paffé il n'y avoit plus que trois religieux qui vivoient à leur gré fans s'inquiéter aucunement de l'office divin.

(*) Cette abbaye étoit de vingt deux chanoines, mais Tallerand de Périgord, évêque d'Auxerre, cardinal & légat en France qui avoit été abbé de Chancelade, ordonna par fon teftament de l'an 1364, que le nombre de ces chanoines feroit porté jufqu'à foixante, & légua pour cet effet à chaque membre de cette nouvelle création cent florins d'or de rente : il les fit en outre légataires univerfels de fon mobilier.

Tel étoit l'état de cette abbaye, lorſqu'Alain de Solminiach en fut pourvu par Louis XIII. Ce nouvel abbé crut qu'il étoit de ſa conſcience de travailler à y rétablir la réforme. A peine en eut il pris poſſeſſion, qu'il ſongea à faire remettre en état les lieux réguliers. Quand ces lieux furent propres à recevoir des religieux, il reçut des novices, & les forma ſuivant l'eſprit de leur inſtitut, en leur donnant le premier l'exemple de la vie régulière, car il ne rédigea par écrit les réglemens qu'il avoit en vue que long-temps après. Ces réglemens forment dix chapitres : le premier régle tous les exercices de la journée ; le ſecond traite de l'office divin ; les trois ſuivans preſcrivent tout ce qui eſt néceſſaire pour une exacte obſervance des trois vœux de pauvreté, de chaſteté & d'obéiſſance ; le ſixième recommande le ſoin de l'homme intérieur & l'exercice de l'oraiſon mentale ; dans le ſeptième il eſt parlé de la mortification ; le huitième régle l'habillement qu'on doit porter (*) ; le neuvième comprend quelques réglemens pour les voyageurs ; le dixième enfin contient diverſes obſervances & pratiques communes.

Le réformateur craignoit deux choſes pour la ruine de ſa réforme dans la ſuite : la première étoit la liberté qu'avoient les chanoines d'accepter des bénéfices ſans la permiſſion de leurs ſupérieurs ; la ſeconde l'uſage où l'on étoit de prendre pour abbés des ſujets qui n'étoient point

---

(*) Cet habillement conſiſte en une robe blanche avec un petit ſcapulaire de toile par-deſſus lié avec une ceinture de laine. Quand ils ſont au chœur, ils portent le ſurplis avec l'aumuce noire ſur le bras en été ; & la chape de même couleur en hiver.

du corps des chanoines. Pour obvier à ces inconvéniens, il obligea les religieux après l'émiffion de leurs vœux de faire ferment entre les mains de l'abbé de ne rechercher jamais foit directement ou indirectement aucun bénéfice, mais de fe laiffer gouverner en cela comme en toute autre chofe par le fupérieur. A l'égard de l'abbé, il préfenta une requête à Louis XIII, dans laquelle après avoir informé ce monarque de la réforme qu'il venoit d'opérer, il le pria de fe démettre de fon droit de nomination à cette abbaye & de la rendre élective.

Louis accorda ce que l'abbé demandoit, & par des lettres patentes du mois de novembre 1629, enregiftrées au grand-confeil le 7 janvier de l'année fuivante, il fut ordonné que la dignité abbatiale de Chancelade venant à vaquer par le décès ou par la démiffion volontaire de l'abbé, les chanoines réguliers de cette abbaye feroient choix de trois religieux profés de cet ordre & qui auroient été élevés dans la réforme pour être préfentés à fa majefté, afin qu'elle en nommât un des trois pour être abbé; voulant que les religieux euffent la jouiffance de ce droit pendant qu'ils demeureroient dans la réforme.

Alain Solminiach fe fit une grande réputation par fes vertus. Il fut chargé par le cardinal de la Rochefoucaut, commiffaire apoftolique du faint-Siége pour la réformation de plufieurs ordres religieux en France, de vifiter en fon nom les monaftères des chanoines réguliers fitués dans les diocefes de Périgueux, de Limoges, de Saintes, d'Angoulême & de Maillezais. Il fut établi par un arrêt du confeil adminiftrateur de l'abbaye de la Couronne dans l'Angoumois; il

y envoya de ſes chanoines de Chancelade pour
y porter la réforme. Peu de temps après il paſſa
un concordat avec le prieur de ſaint-Gérard de
Limoges qui fut aprouvé par le cardinal de la
Rochefoucaut & revêtu de lettres patentes. Il
y envoya auſſi de ſes chanoines & commença
auſſi-tôt à faire bâtir l'égliſe. Son intention étoit
d'y établir un ſéminaire de l'ordre, mais les choſes
changèrent comme on le verra bientôt.

Il fut chargé quelque temps après d'introduire ſa réforme dans pluſieurs autres monaſtères:
il envoya de ſes religieux à l'abbaye de Sablonceaux dans la Saintonge. Les chanoines de ſaint-
Ambroiſe de Bourges lui demandèrent des ſujets.
On lui en demanda auſſi pour l'abbaye de Foix,
pour celle de Pebrac en Auvergne & pour différens autres endroits, même pour les pays-bas;
mais comme dans ce temps-là les chanoines réguliers de la réforme du père Charles Faure
avoient été mis en congrégation par le cardinal
de la Rochefoucaut, ſous le titre de *congrégation de France*, on voulut unir à cette congrégation les maiſons de la réforme de Chancelade. Quelques religieux profès de cette réforme y donnèrent les mains, & le cardinal de
la Rochefoucaud en ſa qualité de commiſſaire
apoſtolique, ordonna que les abbayes de Chancelade, de Sablonceaux & de la Couronne, avec
le prieuré de ſaint-Gérard de Limoges ſeroient
unis à la congrégation de France.

L'abbé de Chancelade s'oppoſa à cette union,
& l'on plaida dans pluſieurs tribunaux pour en
empêcher l'effet. Dans le cours du procès quelques religieux de la Couronne & de ſaint-Gérard ennuyés du gouvernement de l'abbé de
Chancelade, appelèrent les réligieux de la

congrégation de France, & se trouvant alors les plus forts, ils chassèrent ceux qui ne voulurent point quitter la réforme de Chancelade.

Le procès ne fut terminé qu'en 1670 ; il y eut un arrêt du conseil privé qui ordonna que les religieux des abbayes de Chancelade, de Sablonceaux, de saint-Pierre de Verteuil dans le Bordelois, du prieuré de notre dame de Cahors & du prieuré de saint-Cyprien au diocèse de Sarlat croient maintenus dans leurs anciennes observances & manières de se gouverner, conformément à la réforme de Chancelade qui y avoit été introduite, sans que les religieux de la congrégation de France pussent les inquiéter ni les contraindre de s'unir à eux en vertu des sentences du cardinal de la Rochefoucaut. Cependant il fut ajouté qu'il ne seroit point permis à l'abbé de Chancelade de prendre de nouvelles maisons de l'ordre.

Les religieux de cette réforme n'ont pas laissé de s'introduire dans l'hopital d'Aubrac diocèse de Rhodez : ils y furent appelés du temps de Louis Gaston de Noailles évêque de Châlons sur Marne, pour lors dom d'Aubrac, sur le refus que firent ceux de la congrégation de France d'accepter cette maison ; mais il obtinrent à cet effet le consentement du général & du procureur général de cette congrégation avec des lettres patentes de l'année 1697.

L'abbé de Chancelade qui est le supérieur général de cette congrégation, vit en commun avec ses religieux & ne porte les marques de sa dignité que quand il officie les jours solemnels.

Voyez CHANOINES - RÉGULIER, BÉNÉFICE, RELIGIEUX , &c. (*Article de M. DAREAU, avocat,* &c).

ADDITIONS ET CORRECTIONS.
TOME VII.

Page 276, à la place des lignes 12, 13 & 14 commençant par ces mots, *les devoirs*, lisez ce qui suit :

Le titre 7 du livre premier de l'ordonnance du 15 avril 1689 (*) a pareillement réglé les devoirs & les fonctions du Capitaine de vaisseau. Les dispositions de cette loi se trouvent renouvelées pour la plus grande partie dans le titre 5 du livre premier de l'ordonnance de la marine du 25 mars 1765, & cette dernière ordonnance en faisant quelques changemens a la précédente y a ajouté plusieurs nouvelles dispositions relatives aux circonstances.

A la place de la ligne 15 de la même page, lisez au commencement de la note ce qui suit.

(*) *Nous allons rapporter cette loi & indiquer ce qu'y a changé ou ajouté l'ordonnance du 25 mars 1765 :*
Après l'article XI de la note, lisez,
L'ordonnance du 25 mars 1765 a ajouté à cette disposition que » le Capitaine seroit pareillement sur son vaisseau pour le conduire de la rade dans le port & qu'il
» tiendroit la main à ce que son équipage exécutât ponctuellement la manœuvre qui seroit ordonnée par les
» officiers de port

Après l'article XVII de la note, lisez,
L'ordonnance au 25 mars 1765 a ajouté,
» Qu'il dresseroit de même le rôle & les dispositions pour
» le combat.

Après l'article XXXV de la note, lisez,
L'ordonnance du 25 mars a ajouté,
» Qu'il observeroit la même chose pour deployer ou
» serrer le pavillon de poupe.

Après l'article XXXVII de la note, lisez,
L'ordonnance du 25 mars 1765 a ajouté,
» Qu'il tiendroit & feroit tenir par ses officiers un journal
» exact des signaux, de leur espèce, de leur motif, & de
» l'heure, à laquelle ils auroient été faits.

Après l'article XL de la note, lisez,
L'ordonnance du 25 mars 1765 a ajouté,
» Que s'il se trouvoit à portée d'un vaisseau en danger

&

» & qui eût besoin d'un prompt secours, il le lui donne-
» roit sans attendre le signal, & en rendroit compte au
» général aussitôt qu'il le pourroit.

*Il faut aussi observer sur cet article XL, que suivant
une autre ordonnance du 27 septembre 1776, les commissaires de la marine ne doivent plus être employés à la
suite des armées navales, escadres ou divisions, & que
c'est au major de l'armée ou de la division à remplir leurs
fonctions.*

Après l'article XLVI de la note, lisez,

L'ordonnance du 25 mars 1765 a ajouté,

» Que lorsque le vaisseau, seroit désarmé, il remettroit
» ce devis au contrôle de la marine après l'avoir commu-
» niqué au commandant du port.

Après l'article 47 de la note, lisez,

*L'ordonnance du 25 mars 1765 a ajouté à toutes ces
dispositions les suivantes:*

» Un Capitaine de vaisseau doit tenir la main à ce qu'il
» ne soit apporté à bord que les choses nécessaires à l'équi-
» pement général du vaisseau, & à l'usage indispensable
» des personnes qui y sont embarquées, & qu'il ne soit
» emporté du bord ni ustenciles, ni munitions appartenantes
» au roi :

» Il lui est expressément défendu d'écrire aucune nou-
» velle concernant l'expédition, d'envoyer des lettres a
» terre, dans une rade étrangère, ou d'en donner aux bâ-
» timens de la rade, ou à ceux qu'il rencontre à la mer,
» sans la permission expresse du commandant de l'armée ou
» de l'escadre, & il doit être très-attentif à ce que ses offi-
» ciers & son équipage se conforment à cet ordre.

» Il doit veiller à la propreté du vaisseau, à la bonne
» nourriture de l'équipage, à la conservation des mate-
» lots, à l'entretien des hardes, & à tout ce qui peut con-
» tribuer à la santé de l'équipage.

» Il doit s'informer quels sont les vents qui règnent le
» plus ordinairement dans la rade ou le parage, en quelle
» saison ils soufflent & quels sont ceux qui sont le plus.à
» craindre.

» Il doit prendre des relèvemens exacts des pointes ou
» caps, des écueils, des passes, des battreries, des forts,
» de leur distance au mouillage. Il doit aussi lever les plans

» des rades inconnues & y rapporter les fondes de baſſe
» mer, & l'aire de vent du giſement des terres.

» Il doit tenir la main à ce que les gardes du pavillon
» & de la marine, les vo'ontaires, les canoniers, & les
» ſoldats faſſent regulièrement leurs exercices lorſque le
» temps le permet.

» Il doit recommander à ſes officiers de quart d'avoir
» la plus grande attention à ſerrer la ligne autant qu'il eſt
» poſſible, & à exécuter les mouvemens particuliers du
» vaiſſeau, & les évolutions générales avec la plus grande
» préciſion.

» S'il vient à perdre de quelque manière que ce ſoit le
» vaiſſeau dont le roi lui a confié le commandement, il doit
» être mis au conſeil de guerre, pour y être jugé ſur ſa
» conduite.

» Dans le cas de naufrage du vaiſſeau à la côte, ſur
» un écueil, ou par quelqu'autre accident que ce ſoit, la
» première attention du Capitaine doit être d'empêcher le
» déſordre, & de ſauver autant qu'il eſt poſſible, les effets
» du roi : il doit donner l'exemple de la fermeté, encourager
» les gens de l'équipage, les faire paſſer avant lui ſucceſſi-
» vement à terre & ne quitter le vaiſſeau que le dernier.

Après la ſeconde ligne de la page 282, ajoutez,

Les cinquante plus anciens capitaines de vaiſſeaux ont
rang de brigadiers des armées du roi, conformément à l'article 132 de l'ordonnance du 25 mars 1765.

Supprimez la vingtieme ligne de la page 282, commen-
çant par ces mots une ordonnance, *toute la page 283, ainſi*
que les ſept premières lignes de la page 284, & liſez à la
place ce qui ſuit:

L'ordonnance du 11 janvier 1762, a réglé les appoin-
-temens de chaque Capitaine de vaiſſeau ſervant dans les
ports, à trois mille livres par an.

Et quarante d'entre eux doivent en outre avoir un ſupplément de ſix cens livres par an. Le roi a déclaré que ce
ſupplément ſeroit accordé à ceux qu'il en auroit jugé ſuſceptibles ſoit par l'ancienneté, ſoit par la nature & la diſtinction de leurs ſervices.

Les Capitaines de vaiſſeaux majors de la marine, doivent en outre avoir en ſupplémens d'appointemens douze
cens livres par an.

Les appointemens du Capitaine de vaiſſeau commandant

la compagnie des gardes du pavillon amiral, ayant été réglés à six mille livres par les ordonnances des 18 novembre 1716, & 7 juillet 1732, le roi a déclaré par celle du 11 janvier 1762, qu'ils continueroient à en jouir, mais sans aucune augmentation.

Suivant cette dernière ordonnance, les Capitaines de vaisseaux commandans les compagnies des gardes de la marine dans les ports de Toulon, Brest & Rochefort, doivent jouir, outre leurs appointemens de Capitaines de vaisseaux, d'un supplément de deux mille livres par an.

L'ordonnance du 14 septembre 1764, a fixé les appointemens de chaque Capitaine de frégate à deux mille livres par an. Et s'il est employé aux détails de la majorité ou du port, il doit en outre jouir d'un supplément de six cens livres par an, relativement au détail de la majorité, ou de mille livres par an, relativement au détail du port.

Il faut observer sur ces supplémens d'appointemens, que n'étant accordés que relativement aux fonctions dont les officiers sont chargés dans le port, ils doivent cesser d'avoir lieu pour ceux de ces officiers qui quittent les détails auxquels les mêmes supplémens sont attachés, & alors ils ne doivent jouir que des appointemens attribués à leurs grades respectifs dans la marine.

Les appointemens de chaque Capitaine de brûlots ont été réglés à mille livres par an, ainsi que ceux de chaque Capitaine de flûte, par l'ordonnance du 11 Janvier 1762; mais par l'ordonnance du 14 septembre 1764, les appointemens de chaque Capitaine de brûlot ont été augmentés de cinq cens livres par an.

Remarquez que les appointemens & supplémens d'appointemens dont on vient de parler, ne doivent être payés qu'aux officiers compris dans les revues des ports où ils sont destinés, sans que ceux qui se sont absentés, même avec des congés du roi, puissent prétendre aucun payement pour le temps de leur absence. C'est ce qu'ont réglé tant l'article 2 du titre premier du livre 9 de l'ordonnance du 15 avril 1689, que l'article 6 de l'ordonnance du 11 Janvier 1762.

Suivant le règlement du 25 mars 1765, concernant ce qui doit être payé aux officiers généraux, aux Capitaines & autres officiers commandans les escadres & les vaisseaux de roi, en fupplément d'appointemens pour la dépenfe de leur table à la mer, les gages & la fubfiftance de leurs valets, l'indemnité des meubles, uftenfiles, &c. dont ils font tenus de fe fournir conformément à l'article 749 de l'ordonnance du même jour (*), & pour la fubfiftance des perfonnes nourries à leur table (**), il eft attribué à chaque Capitaine de vaiffeau commandant un vaiffeau de ligne & deux ou trois autres vaiffeaux ou frégates de 20 canons au moins, compofant une divifion armée en guerre, cent vingt livres par mois d'une forte, & quarante livres par jour d'autre forte.

A chaque Capitaine de vaiffeau commandant un vaiffeau de 80 canons & au-deffus, ou une divifion au moins de trois frégates armées en guerre, cent vingt livres par mois d'une forte, & trente cinq livres par jour d'autre forte.

A chaque Capitaine de vaiffeau commandant un vaiffeau au-deffous de 80 canons jufques & compris un vaiffeau de 50, cent vingt livres par mois d'une forte, & trente-une livres par jour d'autre forte.

A chaque Capitaine de vaiffeau commandant une frégate, galère ou autre bâtiment, cent vingt livres par mois d'une forte, & vingt-huit livres d'autre forte.

A chaque Capitaine de frégate commandant un vaiffeau, frégate ou autre bâtiment, cent livres par mois d'une forte, & vingt-quatre livres par jour d'autre forte.

___

(*) Suivant l'article 746 de l'ordonnance du 25 mars 1765, les Capitaines & les autres officiers commandant les vaiffeaux & les autres bâtimens de roi font chargés de la nourriture des officiers de leur état major, de ceux des troupes embarquées pour le fervice des vaiffeaux, de l'aumônier & du chirurgien, ainfi que de celle de l'ingénieur ou fous ingénieur conftructeur lorfqu'on en embarque : ils font pareillement chargés de la fubfiftance des officiers paffagers & autres qui font dans le cas d'être nourris fur le même pied que les officiers de l'état major.

Ils devoient auffi nourrir l'écrivain, mais l'ordonnance du 27 feptembre 1776 a fupprimé cette forte d'officier.

(**) Suivant cet article, les commandans doivent fe fournir de tous les meubles qui leur font néceffaires pour la tenue de leur table, tels que batteries de cuifine, buffets, tables, coffres à linge, cages à volailles, garde-manger, armoires autres que d'attache, chaifes, fontaines, bougies & chandelles, ainfi que les tapis de tables à jeu : il doit feulement leur être fourni des fourneaux de cuifine, une grande table à manger, & les bancs qui doivent l'accompagner dans la grande chambre, fans qu'ils puiffent en exiger pour la chambre du confeil.

A chaque Capitaine de brûlot commandant un brûlot ou autre bâtiment, quatre-vingt-dix livres par mois d'une forte, & dix-huit livres par jour d'autre forte.

A chaque Capitaine de flûte commandant une flûte ou autre bâtiment, foixante-fix livres treize fous quatre deniers par mois d'une forte, & douze livres par jour d'autre forte.

Il eft en outre attribué à chacun de ces Capitaines commandans cinquante fous par jour pour la fubfiftance de chacune des perfonnes qu'ils font tenus de nourrir à leur table.

Obfervez à ce fujet que dans les campagnes des ifles de l'Amérique, à la côte de Guinée & autres au-delà de la ligne, les mêmes Capitaines doivent avoir au défarmement, à compter du quatre vingt-onzième jour du départ, quatre livres par jour pour chacune des perfonnes qu'ils auront nourries à leur table, & la campagne à cet égard n'eft cenfée commencée que du jour que les vaiffeaux & autres bâtimens fortent des rades pour leur deftination directe; & lorfque ces vaiffeaux viennent à relâcher dans un autre port de France avant de faire route pour leur deftination, la campagne n'eft cenfée commencée que du jour de leur départ de ce dernier port.

Quand les vaiffeaux reviennent des ifles de l'Amérique, de la côte de Guinée & autres au delà de la ligne, & abordent en Europe, foit dans un port étranger ou dans un port de France autre que celui du défarmement, le traitement de quatre livres par jour pour chacune des perfonnes nourries à la table des commandans doit être réduit à cinquante fous à compter du jour de l'arrivée à un port d'Europe jufqu'au défarmement.

Page 284, ajoutez à la fin de la dix-huitième ligne une (*) pour indiquer la note fuivante:

(*) Ces difpofitions ont été modifiées par l'article 1177 de l'ordonnance du 25 mars 1765, qui porte que quand il n'y aura plus de poffibilité de réfifter ni de moyens de fauver l'équipage en brûlant ou coulant bas le vaiffeau, le Capitaine forcé de fe rendre, paffera au confeil de guerre pour être loué fur fa défenfe, ou être condamné à mort, s'il n'a pas combattu avec la plus grande bravoure. Au furplus voyez l'article COMBAT.

Page 306, ligne 12, fupprimez le mot mais, & les dix lignes fuivantes qui finiffent par ces mots, la prife du navire, & lifez à la place ce qui fuit:

Dans la fuite cette peine fut modérée par différentes lois, & l'ordonnance du 14 mai 1745 avoit réglé que la peine de ce délit feroit une amende de mille livres, un an de prifon & que le coupable feroit déclaré incapable de commander à l'avenir aucun bâtiment de mer. Cette punition devoit avoir lieu fans diftinguer fi la féparation de l'efcorte avoit été fuivie ou non de la prife du navire.

Page 307, après la treizième ligne, ajoutez ce qui fuit :

Enfin l'ordonnance du 25 mars 1765 qui forme le dernier état de la jurifprudence fur l'objet dont il s'agit, a rétabli la peine des galères qu'avoit prononcée l'ordonnance du 15 avril 1689.

Suivant l'ordonnance du 14 feptembre 1764, les grades de Capitaine de brûlot & de lieutenant de frégate doivent être accordés aux Capitaines des bâtimens marchands ou des corfaires, qui indépendamment d'une expérience reconnue dans la navigation, ont fait quelque action d'éclat à la guerre. C'eft la difpofition de l'article 15.

Et l'article 16 porte que le grade de Capitaine de flûte fera donné par récompenfe aux maîtres d'équipage & pilotes au fervice du roi, qui par l'ancienneté & la nature de leurs fervices auront mérité cette diftinction, de même qu'aux Capitaines des bâtimens marchands qui auront donné des preuves de leur intelligence dans les commandemens dont ils auront été chargés pour le fervice de fa majefté.

Page 307, ligne 17 & 18, fupprimez, par l'article premier du livre premier de l'ordonnance du 15 avril 1689 (*), & lifez à la place ce qui fuit :

Par le titre 78 de l'ordonnance du 25 mars 1765 (*).

Supprimez enfuite la note qui eft au bas de la page, & mettez-y la fuivante :

(*) Voici ce que porte cette loi :

Article 923. Les fonctions de Capitaines-d'armes feront remplies par le fergent, caporal, appointé ou canonnier des brigades, qui fe trouvera dans l'ordre des canonniers embarqués, le premier après le maître canonnier & les canonniers des claffes d'un grade fupérieur au fien.

924. Le Capitaine-d'armes aidera le maître canonnier dans toutes fes fonctions; il lui fera fubordonné, & fi pendant le cours de la campagne il vient à fuccéder au maître canonnier, alors le canonnier de la brigade qui fera immédi-

diatement après lui dans l'ordre des canonniers embarqués, sera chargé du détail des armes.

925. Il recevra du garde-magasin de l'artillerie, les armes & ustensiles qui y ont rapport, conformément à l'état que lui en remettra le maître canonnier, & il sera personnellement chargé desdits effets.

926. Le Capitaine d'armes fera embarquer les armes, les caisses à cartouches & ce qui appartient aux armes dans la forme prescrite au maître canonnier pour ce qui est de la grosse artillerie, & il aura sous les ordres de l'officier d'artillerie, les mêmes attentions pour sa partie; il tiendra de la même manière que le maître canonnier son inventaire & le registre de la consommation.

927. Il remettra au maître canonnier les caisses à cartouches, les balles, les moules, le papier à cartouches, les pierres à fusils & autres munitions pour être serrées dans les soutes.

928. Il maintiendra par sa vigilance & ses rondes fréquentes de jour & de nuit, le bon ordre dans les entreponts; il portera attention à ce qu'il n'y ait de feux allumés que dans les endroits permis, & à leur extinction aux heures prescrites.

929. Il ne fera point de cartouches à bord sans la permission de l'officier d'artillerie.

930. Il portera une grande attention à ce que l'armurier tienne toujours les armes nettes & en bon état, tant en-dedans qu'en-dehors; qu'il les frotte souvent avec une étoffe grasse & qu'il ne les démonte jamais sans ordre & qu'en sa présence, afin qu'il n'y soit fait que le travail absolument nécessaire.

931. Au désarmement, les armes seront rendues à l'arsenal nettes & réparées, & le capitaine d'armes ne touchera sa paye que sur la décharge du garde-magasin, visée de l'officier qui aura le détail de l'arsenal.

932. Il sera tenu de présenter au commandant d'artillerie, le certificat de bonne conduite qui lui aura été délivré par l'officier d'artillerie visé par le Capitaine.

Page 307, supprimez l'article Capitaine de port, *dont l'état & les fonctions ont été changés par les ordonnances rendues le 27 septembre 1776 : ainsi substituez à cet article le suivant :*

CAPITAINE DI PORT. C'eſt un officier établi dans un port conſidérable où il y a un arſenal de marine.

Autrefois le Capitaine de port étoit chargé de tout ce qui concernoit la conſervation, l'entretien & l'équipement des vaiſſeaux, ſous l'autorité de l'intendant auquel il en rendoit compte ainſi qu'au commandant : mais l'ordonnance du 27 ſeptembre 1776 concernant la régie & adminiſtration générale & particulière des ports & arſenaux de marine, a réglé que le détail de chaque port ſeroit dirigé & conduit ſous l'autorité d'un directeur général, par un directeur Capitaine de vaiſſeau & un ſous-directeur Capitaine de port.

Et par une autre ordonnance du même jour, concernant les officiers de port, le roi a déclaré qu'ayant par la précédente attribué aux officiers de port, des fonctions qui les mettent en concurrence continuelle de ſervice avec les officiers de vaiſſeau, ſa majeſté jugeoit néceſſaire pour la facilité & l'harmonie des opérations, de réunir ceux-là à ceux-ci pour ne former des uns & des autres qu'un ſeul & même corps. En conſéquence, il a été ordonné que les Capitaines de port feroient à l'avenir partie des Capitaines de vaiſſeau, à l'effet de quoi il leur ſeroit expédié des brevets de Capitaines de vaiſſeau & de port.

Mais en même temps le roi a réglé que les Capitaines de port ne prendroient rang dans leur grade & ne ſeroient portés ſur les liſtes qu'après les Capitaines de vaiſſeaux. Au ſurplus les Capitaines de port continuent d'avoir entre eux l'ancienneté qu'ils ont acquiſe par leur entrée au ſervice ou par leur avancement, & ils commandent aux lieutenans de vaiſſeau.

Les appointemens de chaque Capitaine de port ſont fixés à dix huit cens livres par an par l'ordonnance du 11 janvier 1762, qui ſe trouve confirmée à cet égard par l'article 8 de celle du 27 ſeptembre 1776 concernant les officiers de port.

Fin du Tome huitième.

Les Tomes 9 & 10 paroîtront à la fin de février ou au commencement de mars 1777.

www.ingramcontent.com/pod-product-compliance
Lightning Source LLC
Chambersburg PA
CBHW031734210326
41599CB00018B/2581